일본 고전문학을 그림으로 읽다

국보 『겐지모노가타리에마키』

源氏物語絵巻

源氏物語絵巻

국보『겐지모노가타리에마키』

일본 고전문학을 그림으로 읽다

김수미

KOREA UNIVERSITY PRESS
고려대학교 출판문화원

머리말

내가 국보 『겐지모노가타리에마키源氏物語絵巻』와 처음 만난 것은 지금으로부터 20년도 지난 일본 유학시절 때 일이다. 이 작품을 미술관에서 전시한다고 해서 직접 보러 찾아갔다. 석사과정에 입학하여 『겐지모노가타리源氏物語』 햇병아리 전공자로 입문한 나로서는 가슴 두근거리는 일이 아닐 수 없었다. 그때까지 나는 아직 '겐지에源氏絵'(『겐지모노가타리』의 그림)를 본 적이 없었던 것이다. 지금이야 인터넷이 발달하여 한국에서도 검색하면 『겐지모노가타리』를 그린 그림들의 이미지를 찾아볼 수도 있지만, 그때에는 불가능한 일이었다.

미술관을 들어서기 전, 마을 입구에서부터 사람들의 행렬이 길게 이어졌다. 무심코 지나쳐 갔는데, 알고 보니 이 전시회를 보려고 줄을 선 인파였다. 다시 되돌아가 줄을 서서 기다리며, 줄을 선 사람들을 살펴보니, 학생에서부터 양복을 입은 아저씨, 할아버지, 할머니까지 다양한 얼굴들이 시야에 들어왔다. 한참을 기다려서 겨우 들어갈 수 있었지만, 나는 그 시간이 지루하지 않았다. 이와 같이 옛 작품에 관심을 갖고 모여든 사람들의 모습에 묘한 감동을 느꼈다. 실제로 전시회 안에 들어가서도 작품 앞에 운집한 사람들 때문에 제대로 그림을 볼 수도 없었다. 느긋하게 감상하지 못한 아쉬움을 뒤로 한 채, 나는 전시회 팸플릿과 책자를 사 가지고 집으로 돌아왔다.

오랜 유학 생활을 마치고 귀국할 때, 나는 이 국보 『겐지모노가타리에마키』 관련 자료들을 챙겨왔다. 언젠가 이 작품을 한국에 소개하는 책을 출판하려고 마음속으로 생각하면서. 하지만, 바쁜 생활에 쫓겨 책을 집필하는 작업은 생각처럼 쉬운 일이 아니었다. 오히려 이 자료를 먼저 사용한 것은 강의수업에서였다. 대학 강단에 처음 섰을 때, 학생들에게 일본 헤이안 시대平安時代 문화를 소개하기 위한 보조 자료로서 본 작품의 그림 한 장면을 프린트하여 소개한 것이 계기가 되어, 이후 2014년 '그림을 통해 본 일본고전문학과 문화'(핵심교양과목) 2016년 '일본회화와 문화학'(학부) '회화자료를 통해 본 동아시아문화연구I, II'(대학원)과 같은 과목을 개설하였다. 이 수업을 진행하면서, 학생들로부터 이 그림들을 컬러로 볼 수 있는 책이 없냐는 질문에 지금 출판하려고 집필 중이라는 궁색한 답변만을 되풀이했다. 이 책의 출판은 나에게 누구도 강요한 바 없는 오래된 숙제와도 같았다.

나의 젊은 시절은 거의 『겐지모노가타리』와 같이 시간을 보냈다고 해도 과언이 아니다. 11세기 초 무라사키 시키부紫式部라고 하는 여성이 쓴 이 장편 소설은 일본이 자랑하는 대표적인 고전 작품 중 하나이다. 54권이나 되는 방대한 양은 한 번 읽기에도 엄청난 시간과 노력이 필요했다. 본 작품은 한국에서도 1975년 유정 역 『겐지源氏 이야기』(을유문화사), 1999년 전용신 역 『겐지 이야기』(나남출판사), 2007년 김난주 역 『겐지 이야기』(한길사), 2014년 이미숙 주해 『겐지 모노가타리』(서울대학교출판문화원)와 같이, 여러 차례 번역되어 한국 독자들에게 잘 알려져 있는 일본 고전 작품이다. 이외에도 많은 연구서를 비롯하여, 『아사키유메미시あさきゆめみし』(에이케이 커뮤니케이션즈, 2008)라는 만화 번역본이 출간되는 등, 여러 형태의 관련 서적이 한국에 출간되어 있다.

하지만, 『겐지모노가타리』를 그림으로 그린 국보 『겐지모노가타리에마키』를 소개하는 서적은 아직 국내에서 출간된 바 없다. 국보 『겐지모노가타리에마키』는 12세기 중엽 시라카와 상황白河院을 중심으로 한 궁정에서 제작된 것으로 추정되는데, 현존하는 『겐지모노가타리』 그림 중, 가장 오래된 작품으로 유명하다. 이 작품은 『겐지모노가타리』 본문의 일부분을 발췌한 그림설명문詞書(고토바가키)과 그림 한 장면을 이어서 만든 '에마키絵巻'라는 두루마기 형식으로 되어 있다. 따라서, 두루마기를 펼쳐 가며 오른쪽에서 왼쪽으로 전개되는 스토리와 그림을 감상하는 것이다. 하지만, 본서의 경우, 책장을 왼쪽에서 오른쪽으로 넘기며 보는 한국의 일반적인 출판 형태에 따라 제작되어 있다. 따라서, 독해의 혼동을 피하기 위해, 그림설명문 사진도판 윗부분에 진행순서에 따라, 오른쪽에서 왼쪽으로 1지1紙, 2지2紙, 3지3紙 …와 같이 표시해 두었으니 참조해 주셨으면 한다.

본서 3장에는 그림설명문의 도판과 더불어, 원문原文과 석문釈文, 그리고 한국어 번역문을 수록하였고, 이어 그림사진과 이에 관한 해설을 게재하였다. 4장은 국보 『겐지모노가타리에마키』의 그림설명문과 『겐지모노가타리』 원문의 해당 부분을 비교한 것으로, 각각의 일본어 본문과 한국어 번역문을 수록하였다. 또한, 본서 1장, 2장, 5장에는 『겐지모노가타리』와 국보 『겐지모노가타리에마키』에 관한 해설과 기초 지식을 수록함으로써, 학술적 연구 성과를 제공하고 일본 문학과 문화에 관한 이해를 돕고자 하였다.

이 작품이 제작된 헤이안 시대(794~1192)는 일본에서 왕조문화가 꽃피던 시기로, 일본 고유의 문화가 발달하던 때였다. 우리들은 일본과 가장 가까운 거리에 위치하여 친숙한 만큼, 일본에 대해 잘 알고 있다고 생각하기 쉽다. 하지만, 이 시기는 일본 상대上代나 근세近世에 비해 한국과의 교류 및 접점이 드물었던 시기로, 우리들에게 헤이안 시대의 문화는 생소하고 이질적인 부분이 많다. '그림'이라고 하는 시각적인 자료는 이와 같은 시간과 공간을 뛰어넘어 그 당시 사람들이 살던 문학과 문화를 좀더 알기 쉽게 이해할 수 있는 매체가 되리라 생각한다. 본서의 출간으로 지금까지 주로 문자로 된 책으로 독해하던 일본 고전 작품을 그림으로 만나 봄으로써, 다른 시각에서의 지식 정보를 얻고 즐거움을 느낄 수 있기를 희망한다.

이 책의 출판을 기획했을 때부터 가장 걱정이 되었던 부분은 바로 도판들의 저작권과 출판사 문제였다. 출판이라고 하는 긴 여정이 끝나려 하는 지금, 이 책에 도움을 주신 많은 분들께 감사의 인사를 드리고자 한다.

본서에는 현재 국보 『겐지모노가타리에마키』 작품으로 알려진 모든 도판들(그림설명문 37점, 그림 19점, 그림설명문 단간 9점, 그림 단간 1점)이 수록되어 있다. 이들 도판의 소장처로 도쿠가와 미술관德川美術館, 고토 미술관五島美術館을 비롯하여, 도쿄 국립박물관東京国立博物館, 서예문화원書藝文化院 등이 포함되어 있고, 이외에도 5장 기초지식 편에 실린 사진도판의 소장처로, 교토 국립박물관京都国立博物館, 뵤도인平等院, 고단샤講談社, 메이지도서출판사明治図書出版社가 있다. 한국에서 국보 『겐지모노가타리에마키』를 소개하는 서적을 출간한다는 말에 흔쾌히 도판 사용을 수락해 주시고 여러 가지 편의를 봐 주신 데 대해 감사하다는 말씀을 드리고 싶다. 또한, 출판을 허락해 주신 고려대학교출판문화원 윤인진 원장님과 출판에 힘써 주신 출판문화원 선생님들께도 이 지면을 빌려 감사의 뜻을 전하고자 한다. 이 자리에서 연구와 강의를 계속 이어갈 수 있도록, 따뜻한 격려와 관심을 보내 주신 고려대학교 교수님들과 학생들에게 감사드리며, 내 곁을 항상 지켜 준 가족들에게 고마운 마음을 전한다.

2020년 봄을 기다리는 겨울 끝자락에서

김수미

차례

일러두기 凡例

◉...본서는 현재 국보『겐지모노가타리에마키源氏物語絵巻』로 알려진 모든 도판을 수록하였다. 소장처는 도쿠가와 미술관徳川美術館과 고토 미술관五島美術館을 비롯하여 도쿄 국립박물관東京国立博物館, 서예문화원書藝文化院이며, 이외에도 개인 소장품 단간断簡이 포함되어 있다. 각각 도판의 소장처에 관한 정보는 본서의 '도판圖版 목록 및 출처' 부분에 밝혀 놓았다.

◉...본서 3장은 그림설명문詞書(고토바가키) 도판을 수록하고 원문原文, 석문釈文, 한국어 번역을 순서대로 붙였다. 원문은 그림설명문의 헨타이가나変体仮名를 그대로 현행 히라가나平仮名로 옮겨 놓았으며, 석문은 원문을 필자가 한자漢字, 구독점句読点, 탁점濁点을 붙여 읽기 쉽게 적어 놓은 것이다. 그림의 경우, 그림 도판과 더불어 그림해설을 수록하였다.

◉...3장 그림설명문 도판의 윗부분을 보면, 오른쪽에서 왼쪽으로 본문내용이 진행되는 순서에 따라, 그 시작되는 지점에 1지1紙, 2지2紙, 3지3紙 ……와 같이 표시해 두었다.

◉...그림설명문 원문에서 지워져 보이지 않거나, 탈자가 된 부분은 □로 표시하였다. □의 부분의 한국어 번역은『겐지모노가타리源氏物語』해당 본문에 의해 보완하였다.

◉...본서 4장은 국보『겐지모노가타리에마키』의 그림설명문과『겐지모노가타리』본문의 해당 부분을 비교해 놓은 것으로,『겐지모노가타리』본문의 경우, 쇼가쿠칸小学館에서 발행한『신편 일본고전문학전집 겐지모노가타리新編日本古典文学全集源氏物語』(阿部秋生·秋山虔·今井源衛 校注, 1994~1998)를 저본으로 삼았다.

◉...책이름의 경우『 』,『겐지모노가타리』의 권명巻名, 국보『겐지모노가타리에마키』의 장면명, 개별 작품이나 그림의 경우「 」를 사용하였다. 인용이나 대화의 내용은 " "로 표시하고 강조나 새로운 용어의 경우, ' '를 사용하였다.

◉...인명, 지명, 관직명 등 고유명사의 경우, 일본어 발음에 의거하여 표기하였다.

◉...외래어 표기는 현행 국립국어원 외래어 표기법에 따랐다.

◉...각 장에는 주注를 달아 해석과 학술적 지식을 수록하였다. 간략한 설명이나 정보 제공의 경우, 본문에 ( )를 표시하여 기입하였다.

1장

『겐지모노가타리源氏物語』 해설

『겐지모노가타리源氏物語』는 지금으로부터 약 천 년 전인 일본 헤이안 시대平安時代에 성립된 일본의 대표적인 고전 소설이다. 작자가 집필 중이던 당시부터 현재에 이르기까지 많은 이들의 관심을 받아 오며, 정전正典으로서 위치를 고수해 왔다. 일본에서는 이 작품의 탄생을 기념하여 천 년이 지난 2009년 11월 '고전의 날古典の日'을 제정하여『겐지모노가타리』에 관한 각종 행사를 행해 오고 있다. 일본이 세계 최초로 여성에 의한 장편 소설이라 자랑하는 이 작품은 가마쿠라 시대鎌倉時代 이미 남성 학자들에 의해 사본写本과 주석서注釈書가 저술되어 본격적인 연구가 시작되었으며, 도쿠가와 이에야스徳川家康는 전란 중에도『겐지모노가타리』연구회를 개최하는 등, 늘 논란의 중심이 되어 왔었다. 에도 시대江戸時代에는 이 작품을 소재로 하는 수많은 그림이 그려졌으며, 메이지 시대明治時代에는 이토 히로부미伊藤博文의 지원을 받아 영국에서 영어 번역본이 발간되어, 일본 문화를 유럽에 알리는 첨병의 역할을 담당하기도 하였다. 현재 일본 중고등학교 교과서에 대부분 실려 있으며, 연극, 영화, 만화 등 각종 미디어의 소재로도 제작되고 있다.

이와 같이 오랜 세월 동안 일본의 대표적인 문학작품으로 자리매김해 온『겐지모노가타리』가 어떠한 작품인지 그 시대배경과 작가, 작품 내용과 구성에 대해 살펴보고자 한다.

작품의 탄생과 작가

11세기 초에 성립된 『겐지모노가타리』는 전 54권으로 되어 있는 장편 모노가타리物語이다. 이 작품에는 500여 명의 인물이 등장하며 800여 수의 와카和歌와 70여 년간에 걸친 시간의 흐름 속에서 벌어지는 수많은 사건들이 치밀하게 구성되어 있다. 탁월한 심리묘사, 뛰어난 구성과 허구방식, 빼어난 문체 등으로 일본 문학사상 최고의 걸작으로 손꼽히는 작품이다.

그런데 현재 『겐지모노가타리』 원작에서는 작자명을 찾아볼 수 없다. 종래 이 작품을 집필한 작자로 여러 가지 설이 존재해 왔지만,[1] 현재는 무라사키 시키부紫式部라는 한 여성으로 보는 것이 정설이다. 일반적으로 모노가타리 작품이 특정 작가의 저작물로 존중받지 못하던 당시,[2] 무라사키 시키부는 『손비분먀쿠尊卑文脈』[3]에 이미 『겐지모노가타리』의 작자로서 그 이름이 기재되어 있었다. 또한, 가마쿠라鎌倉 초기의 모노가타리 평론서인 『무묘조시無名草子』[4]에는 『다케토리모노가타리竹取物語』『우쓰호모노가타리うつほ物語』『스미요시모노가타리住吉物語』 정도의 모노가타리 작품밖에 없었던 당시에 『겐지모노가타리』와 같은 걸작이 탄생한 것은 기적이라는 내용이 실려 있다.

이 작품의 작자, 무라사키 시키부는 헤이안 시대 이치조 천황一条天皇의 중궁인 후지와라 쇼시藤原彰子를 모시던 여관女房으로, 그녀는 당시 지방관 즈료受領 계급인 중류 귀족의 딸로 출생한다. 아버지는 지방 장관을 역임하고 한시문에 능한 후지와라노 다메토키藤原為時이다. 그녀는 어릴 때부터 아버지의 영향을 받아 한시문에 능통하였다. 999년 20살 연상인 후지와라노

1...『겐지모노가타리』 작자에 관해서는, 정편은 무라사키 시키부가, 속편은 그녀의 딸인 다이니노 산미大弐三位가 집필했다는 설, 무라사키 시키부의 아버지인 후지와라노 다메토키藤原為時가 이야기 골격을 착상하고 무라사키 시키부가 집필했다는 설, 무라사키 시키부가 집필한 내용에 후지와라노 미치나가藤原道長가 가필加筆했다는 설 등이 존재한다.

2...『겐지모노가타리』 이전에 제작된 유명한 작품, 『다케토리모노가타리』『이세모노가타리』 등도 현재 작자명이 알려지지 않았으며, 당시 모노가타리의 경우, 작자명이 알려지지 않은 경우가 대부분이었다. 이는 모노가타리의 문학적, 사회적 위상과도 연결되는 문제로, 당시 모노가타리의 경우, 한 명이 아닌 여러 명이 제작에 관여하거나, 후대 필사하는 과정에서도 본문의 변경 및 가필도 종종 행해져 왔다.

3...남북조 시대南北朝時代~무로마치室町 초기에 완성된 일본 계보도. 도인 긴사다洞院公定가 저자로, 1377~1395년 편집되었을 것으로 보인다. 황실과 더불어 미나모토源, 다이라平 등 일본 주요한 씨족의 계보를 적음.

4...가마쿠라 초기의 문학 평론서. 1196~1202년 성립된 것으로 추정. 작자로는 후지와라노 도시나리의 딸藤原俊成女이 유력함. 『겐지모노가타리』를 비롯한 모노가타리 인물과 구상構想에 대한 비평, 가집歌集 및 여성에 관한 비평 등이 실려 있다.

노부타카藤原宣孝와 결혼해 딸(다이니노 산미大弐三位)을 출산하지만, 얼마 안 되어 1001년 남편과 사별하게 된다. 이 무렵 무라사키 시키부는 『겐지모노가타리』 집필에 몰두하게 되는데, 이 작품에는 이러한 작자의 인간적 고뇌와 적막한 심정이 내재되어 있다고 보여진다.

이 『겐지모노가타리』 집필이 결국 세간의 주목을 받게 되고, 무라사키 시키부는 작자로서의 재능을 인정받아 당대의 세력가 후지와라노 미치나가藤原道長에게 발탁되어 미치나가의 장녀이자, 이치조 천황의 중궁인 후지와라 쇼시의 여관으로 출사하게 된다. 중궁 쇼시에게 『백씨문집白氏文集』 강의를 할 정도로 학식을 갖추고 있었으며, 중궁과 미치나가의 신망도 두터웠던 것으로 보인다. 그녀는 중궁과 미치나가의 후원하에 『겐지모노가타리』 작품 집필을 계속하게 된다.

현재 『겐지모노가타리』 작품 제작과 관련한 문헌적 자료는 거의 현존하지 않아 그 전모를 알기는 어려우나, 그 편린片鱗을 알 수 있는 자료로서 무라사키 시키부 본인이 집필한 『무라사키 시키부 일기紫式部日記』가 남아 있다. 이 일기 1008년 10월 17일자 기록에 의하면, 당대 유명한 학자 후지와라 긴토藤原公任가 무라사키 시키부의 처소에 와서 "이 근처에 와카무라사키若紫가 계십니까"라고 말을 걸며 휘장 사이로 엿보려 했다는 내용이 실려 있다. 여기서 '와카무라사키'란 『겐지모노가타리』의 여주인공을 지칭하는 것으로, 원래 무라사키 시키부는 도시키부藤式部라 불렸으나, 이와 같이 『겐지모노가타리』가 주목을 받게 되면서 여주인공 이름을 따서 무라사키 시키부라 불리게 되었다고 한다. 더욱이 이 기사로 인해, 그녀가 『겐지모노가타리』를 집필하고 있다는 사실이 후궁 내 여성뿐 아니라, 남성 귀족 학자들 사이에서도 널리 알려져 있었다는 사실을 확인할 수 있다.

또한, 현존하는 『겐지모노가타리』 54권이 언제 완결되었는지 그 정확한 시기도 알려져 있지 않다. 하지만, 『사라시나 일기更科日記』 본문에, 1021년 작자(후지와라노 다카스에藤原孝標의 딸)가 평소 동경하던 『겐지모노가타리』 50여 권[5]을 숙모로부터 받고 매우 기뻐했다는 기사가 적혀 있는 것으로 보아, 이 시기에 현재와 거의 같은 분량인 50여 권으로 작품이 완결되어 있었음을 알 수 있다.

그렇다면, 9세기 말~10세기 초 최초의 모노가타리로 알려진 단편 『다케토리모노가타리』가 나온 이래, 풍부한 인물묘사와 내용, 다채로운 표현기법과 와카, 잘 짜인 플롯, 수많은 인용·전거典拠 등을 갖춘 『겐지모노가타리』와 같은 뛰어난 대작이 불과 100여 년 만에 어떻게 탄생할 수 있었을까? 잠시 그 시대적 배경을 살펴보고자 한다.

헤이안 시대(794~1192)는 간무 천황桓武天皇이 현재 교토京都인 헤이안 경平安京으로 천도하면서 시작된다. 헤이안 초기(8세기 말~9세기)에는 율령제 재건에 힘을 쏟아, 대륙 문물을 받아들여 당풍 문화唐風文化가 발달하게 된다. 특히, 간무 천황의 뒤를 이은 헤이제이 천황平城天皇, 사가 천황嵯峨天皇, 준나 천황淳和天皇 시기에는 한시문이 유행하게 되어 칙찬 한시집勅撰漢詩集이 많이 편찬된다. 하지만 이후 스가와라노 미치자네菅原道真의 건의로 894년 견당사遣唐使 제도가 폐지되고 907년 당나라가 멸망하는 국제 정세 속에서 10세기 일본은 독자적인 국풍 문화国風文化의 토양이 형성되게 된다. 더욱이 이러한 국풍 문화 발전에 더욱 박차를 가하게 된 사건은 바로 일본 고유한 문자인 가나 문자仮名文字의 탄생이라 할 수 있다. 일본에서는 일찍이 한자의 음音과 훈訓을 차용하여 적는 만요가나万葉仮名가 있었지만, 헤이안 시대에 이르러 일본 고유한 음절 문자인 히라가나平仮名와 가타카나片仮名가 만들어지게 된다. 이로써 일본인은 자신들의 고유한 심성과 감정을 문장으로 적을 수 있는 수단을 갖게 되었으며 이를 계기로 일본에서는 와카, 모노가타리, 일기, 수필, 설화 등의 가나 문학仮名文学들이 비약적으로 발전하게 되었다.

이와 같은 문화사적 획기적인 사건과 더불어, 헤이안 중기에는 율령제가 붕괴되고 '셋칸 정치摂関政治'[6]가 행해지는 정치적인 변화가 일어난다. '셋칸 정치' 시대에는 후지와라 가문藤原家이 천황의 외척으로서 정치를 주도하는 시기로, 궁중과 귀족들을 중심으로 행사, 경연 등이 빈번히 행해졌으며, 귀족 사회의 소비 문화, 국풍 문화가 발전해 갔다. 문학, 음악, 그림, 의례, 서예 등 다양한 분야에서 일본만의 독자적인 문화가 육성되었으며, 이들 문화는 귀족들의 일상생활 속으로 파급되었다.

특히, 『겐지모노가타리』가 탄생한 이치조 천황 시대는 '셋칸 정치'가 정점에 달한 시기라 할 수 있다. 이 이치조 천황 시기에는 후지와라노 미치타카藤原道隆의 딸인 후지와라노 데이시藤原定子가 황후로, 미치나가의 딸인 쇼시가 중궁으로 세워지면서 일본 역사상 최초로 한 천황의 재위 기간에 두 황후가 존재하는 시기(一代二后)였다. 이와 같이, 후지와라 가문 일족끼리 천황의 외척으로 권력을 잡으려고 경쟁하는 가운데, 당시 후궁을 중심으로 한 문학 살롱도 이러한 정치적 후원하에 성행하게 되었다. 데이시의 문학 살롱에서는 『마쿠라노소시枕草子』의 작가인 세이쇼나곤清少納言이, 쇼시의 살롱에는 무라사키 시키부가 활약했던 것은 널리 알려진 이야기이다. 이러한 시기에 후지와라노 미치나가가 무라사키 시키부의 『겐지모노가타리』 집필을 후원한 것도, 궁중에서 쇼시 살롱이 데이시 살롱보다 문학적, 문화적 우위를 점하게 하고자 하는 정치적 의도가 깔려 있는 것으로 해석된다.

그런데, 『겐지모노가타리』는 작품의 시대 배경을 실제 무라사키 시키부가 활동했던 당시보다 약 50~100년 이전 시대인 10세기 후반 다이고 천황醍醐天皇, 스자쿠 천황朱雀天皇, 무라카미 천황村上天皇 시대로 설정하고 있다. 이 시기는 '셋칸 정치'가 행해지던 미치나가가 활약한 시대와는 달리, 천황이 직접 정치를 주도하던 시기로, 성대聖代라 일컬어지는 시대였다. 무라사키 시키부는 후지와라 가문의 '셋칸 정치'가 횡횡하던 시기에, 오히려 천황제가 가장 이상적으로 행해지던 옛 시대를 배경으로 히카루 겐지光源氏라는 황족 출신의 인물을 주인공으로 하여 황족의 이야기를 써 내려가려 하고 있는 것이다. 그렇다면, 무라사키 시키부는 이 작품에 어떠한 내용을 담고자 했던 것일까. 다음 장에서는 『겐지모노가타리』 작품 구성과 그 내용에 관해 살펴보고자 한다.

5…『사라시나 일기』 본문에는 "五十よ巻"이라 기재되어 있어, '50여 권五十余巻'인지, '54권五十四巻'인지 명확하지 않아 해석이 엇갈리는 부분이다. 본서에서는 '50여 권'으로 해석하였다.

6…'셋칸 정치'란 태정대신太政大臣 위에 셋칸(셋쇼摂政와 간파쿠関白)이라는 직위를 두어 이들이 정무의 실권을 장악한 정치 형태를 말한다. 일본에서는 후지와라 가문藤原家이 천황의 외척으로 후견인이 되어 셋칸의 지위를 독점하였다. 이 정치 형태는 10세기 중반 율령 정치가 형식화된 이후에 나타나 상황上皇이 정권을 잡는 11세기 말까지 지속되었다.

작품의 구성과 내용

『무라사키 시키부 일기紫式部日記』에 이 작품이 「겐지의 이야기源氏の物語」라 적혀 있는 것으로 보아, 작자 무라사키 시키부紫式部가 이처럼 부른 것으로 보이며, 이 제목이 헤이안 시대平安時代에 걸쳐 널리 사용되었다. 하지만, 가마쿠라鎌倉 이후 고주석서나 옛 사본을 보면, '히카루 겐지의 이야기光源氏の物語' '히카루 겐지光源氏' '겐지源氏' '무라사키의 이야기紫の物語' '무라사키의 연고紫のゆかり' '무라사키 연고의 이야기紫のゆかりの物語' 등 다른 제목들이 존재한다. 이는 각각 작품의 남녀 주인공인 히카루 겐지와 무라사키노우에紫上의 이름을 차용한 것으로 보이는데, 이외에도 '겐고源語' '시분紫文'과 같이 약칭의 제목도 존재한다.

위의 제목에서 알 수 있듯이, 이 작품은 히카루 겐지를 주인공으로 하여 그의 생애를 그린 것인데, 42권 이후는 히카루 겐지 후손들의 이야기로 전개되고 있다. 54권에 달하는 본 작품은 히카루 겐지의 생애를 그린 정편正編과 그 자손인 가오루薫·니오노미야匂宮의 반생을 그린 속편續編으로 이루어져 있다. 또한, 내용 전개에 따라 일반적으로 정편을 1부, 2부로 나누고 속편을 3부라 칭하는 3부 구성 분류법이 널리 사용되고 있다. 『겐지모노가타리』 3부 구성과 이에 속한 권명卷名, 줄거리는 다음과 같다.

제1부

「기리쓰보 권桐壺巻」~「등나무속잎 권藤裏葉巻」까지 33권

히카루 겐지의 탄생에서 젊은 시절 연애 편력을 거친 후, 준태상 천황准太上天皇이라는 영화의 정점에 이르기까지의 이야기.

◉ 줄거리

기리쓰보 천황桐壺帝의 시대, 많은 후궁들이 입궐해 있는 가운데, 기리쓰보 고이桐壺更衣는 천황의 총애를 한 몸에 받게 되고 제2황자, 히카루 겐지를 출산한다. 뛰어난 외모와 타고난 재능을 지닌 히카루 겐지의 등장에, 동궁 후보인 제1황자(훗날 스자쿠 천황朱雀帝) 측은 긴장하게 된다. 제1황자의 모후인 고키덴노 뇨고弘徽殿女御를 비롯한 다른 후궁들의 질시를 받게 된 나머지, 기리쓰보 고이는 겐지가 3살 되던 해

『 1부 』

1. 「기리쓰보 권桐壺巻」
2. 「댑싸리 권帚木巻」
3. 「우쓰세미 권空蝉巻」
4. 「유가오 권夕顔巻」
5. 「와카무라사키 권若紫巻」
6. 「스에쓰무하나 권末摘花巻」
7. 「단풍놀이 권紅葉賀巻」
8. 「벚꽃놀이 권花宴巻」
9. 「아오이 권葵巻」
10. 「비쭈기나무 권賢木巻」
11. 「하나치루사토 권花散里巻」
12. 「스마 권須磨巻」
13. 「아카시 권明石巻」
14. 「수로 말뚝 권澪標巻」
15. 「무성한 쑥 권蓬生巻」
16. 「관문 권関屋巻」
17. 「그림 경연 권絵合巻」
18. 「솔바람 권松風巻」
19. 「엷은 구름 권薄雲巻」
20. 「아사가오 권朝顔巻」
21. 「소녀 권少女巻」
22. 「다마카즈라 권玉鬘巻」
23. 「첫울음소리 권初音巻」
24. 「호접 권胡蝶巻」
25. 「반딧불이 권蛍巻」
26. 「패랭이꽃 권常夏巻」
27. 「화톳불 권篝火巻」
28. 「태풍 권野分巻」
29. 「행차 권行幸巻」
30. 「등골나물 권藤袴巻」
31. 「마키바시라 권真木柱巻」
32. 「매화가지 권梅枝巻」
33. 「등나무속잎 권藤裏葉巻」

유명을 달리한다. 이윽고 12살이 된 겐지는 성인식인 겐푸쿠元服를 치르게 되고 좌대신의 딸, 아오이노우에葵上와 혼인을 한다. 이때, 그는 겐지라는 성을 하사받아 황족에서 신적臣籍의 신분으로 바뀌게 된다.

한편, 기리쓰보 고이를 잊지 못하던 천황은 선황의 황녀, 후지쓰보藤壺가 그녀와 똑 닮았다는 말에 그녀를 비妃로 맞이하게 된다. 어머니를 일찍 여윈 겐지는 후지쓰보를 연모하지만, 그녀와의 이룰 수 없는 사랑에 번민하며, 우쓰세미空蝉, 유가오夕顔, 스에쓰무하나末摘花, 로쿠조미야슨도코로六条御息所, 하나치루사토花散里 등 여러 여성들과 관계를 맺으며 사랑의 편력遍歴을 계속해 간다.

후지쓰보가 사저私邸에 머무르고 있을 무렵, 겐지는 후지쓰보 침소에 침입하여 하룻밤을 보내게 된다. 이로 인해, 후지쓰보는 겐지의 아이를 출산하게 되지만, 세간에서는 이를 알지 못하고 이 황자는 기리쓰보 천황의 아들(훗날 레이제이 천황冷泉帝)로서 자라나게 된다. 둘만의 비밀을 품게 된 겐지와 후지쓰보. 중궁이 된 후지쓰보는 겐지를 멀리하고 연락을 끊어 버린다. 상심하던 겐지는 기타야마北山에서 후지쓰보를 닮은 소녀, 와카무라사키若紫(실은 후지쓰보의 조카)와 우연히 만나게 되고 그녀를 자신의 저택에 데려와 정성껏 양육한다. 이 소녀가 훗날 겐지의 평생의 반려자가 되는 무라사키노우에이다.

기리쓰보 천황의 사후, 정세는 급변한다. 겐지는 고키덴노 뇨고의 여동생이자 동궁의 비로 내정되어 있었던 오보로쓰키요朧月夜와의 밀회가 화근이 되어 실각하여 스마須磨·아카시明石 지방에서 칩거하게 된다. 그곳 아카시에서 겐지는 아카시노키미明石君라는 여인과 만나 딸(아카시노히메키미明石姫君, 겐지의 고명딸, 훗날 아카시 중궁明石中宮)을 낳게 된다. 2년이 지난 후, 고故 기리쓰보 천황의 영靈의 도움으로 사면된 겐지는 상경하여, 정계에 복귀하게 된다. 그 무렵, 스자쿠 천황은 양위하게 되고 레이제이 천황이 등극한다. 새로운 천황의 치세에, 겐지는 예전 로쿠조미야슨도코로의 딸(우메쓰보노 뇨고梅壺女御, 사이구노 뇨고斎宮の女御, 이후 아키코노무 중궁秋好中宮)을 양녀로 맞이하여 입궁시키고, 후지와라 가문의 도노추조頭中将 또한 자신의 딸을 후궁으로 입궐시켜 겐지와 서로 권력을 겨루게 된다. 귀경한 겐지는 우쓰세미, 스에쓰무하나와 재회를 하게 되고 아카시노키미와 그 딸도 상경하게 된다.

겐지는 로쿠조미야슨도코로의 저택을 인수받아 광대한 로쿠조인六条院을 조성하고 여기에 무라사키노우에, 하나치루사토, 아키고노무 중궁 등 여인들의 거처를 마련하여, 궁궐에도 뒤지지 않을 정도로 화려한 연회를 베풀며 세월을 보냈다. 이후, 겐지는 고故 유가오의 딸인 다마카즈라玉鬘(친부는 도노추조)를 찾아내 양녀로 맞이한다. 로쿠조인에 아름다운 다마카즈라가 있다는 소문에 귀공자들이 몰려들며 구혼을 하게 되고 겐지도 연심을 품게 되지만, 결국 그녀는 레이제이 천황에 출사出仕하기로 내정된다. 하지만 뜻밖에 그녀를 차지하게 된 것은 평소 그녀를 연모하던 히게쿠로 다이쇼髭黒大将였다.

한편, 겐지의 아들인 유기리夕霧와 도노추조의 딸, 구모이노카리雲居雁는 어린 시절 서로 첫사랑에 빠지게 된다. 하지만, 이들의 사랑은 구모이노카리를 입궁시키려던 부친의 반대에 부딪히게 되고, 결국 겐지의 중재에 도노추조도 혼인을 허락하게 된다. 이후, 겐지는 아카시노키미 사이에서 낳은 딸, 아카시노 히메키미를 무라사키노우에의 양녀로 삼아 입궁시켜 정계에서 확고한 자리를 구축한다. 이 무렵 레이제이 천황은 승려로부터 겐지가 자신의 실부実父임을 알게 되고 아버지를 신하로 두기 저어한 레이제이 천황은 겐지를 준태상 천황에 봉하게 된다. 이와 같이 겐지가 영화의 정점에 오르는 데서 1부는 막을 내린다.

제2부

「봄나물 상권若菜上巻」~「환상 권幻巻」까지 8권

영화의 정점에 달한 겐지가 온나산노미야女三宮와의 결혼 이후, 만년 어두운 숙명을 자각하고 고뇌하는 이야기.

◉ 줄거리

스자쿠 상황朱雀院은 출가하기 전, 애지중지하던 자신의 딸, 온나산노미야를 많은 귀공자들을 제치고 겐지와 혼인시킨다. 이는 지금까지 겐지에게 가장 사랑받는 아내이자 로쿠조인의 여주인이던 무라사키노우에의 위치를 흔드는 사건으로, 로쿠조인에 커다란 파장을 일으키게 된다. 이에 무라사키노우에는 심려한 나머지, 병석에 눕게 된다. 겐지가 무라사키노우에를 간병하는 사이, 이전부터 온나산노미야를 흠모해 왔던 가시와기柏木가 온나산노미야의 침소에 잠입하여 하룻밤을 지내게 되고, 온나산노미야는 가시와기의 아들인 가오루를 출산하게 된다. 세간에서는 가오루를 겐지의 아들로 여기고 귀하게 대우하지만, 가시와기와 온나산노미야와의 관계를 눈치챈 겐지는 냉담하기만 하다. 이에 상심한 온나산노미야는 출가를 결심하고 이를 우려한 가시와기는 병에 걸려 결국 유명을 달리한다. 이에 겐지는 자신과 후지쓰보와의 과거를 떠올리며 얄궂은 숙명을 절감한다.

한편, 가시와기는 자신의 부인 온나니노미야女二宮를 친우인 유기리에게 부탁하는 유언을 남긴다. 유기리는 그녀의 저택을 자주 방문하다가 그녀에게 반하게 되고 결국 무리하게 그녀를 차지한다. 이들 사이를 유기리의 정처 구모이노카리가 눈치채게 되고 결국 가정 내 불화로 번지게 된다.

오랜 병환 끝에 무라사키노우에가 겐지와 아카시 중궁이 지켜보는 가운데 숨을 거두게 된다. 겐지는 나중에서야 무라사키노우에의 죽음이 로쿠조미야슨도코로의 영혼이 저지른 일이라는 것을 깨닫게 된다. 일생의 반려자인 무라사키노우에를 잃은 겐지는 슬픔에 젖어 인생무상을 느끼며 출가를 생각하는 데서 정편이 막을 내린다.

『 2부 』 34.「봄나물 상권若菜上卷」

35.「봄나물 하권若菜下卷」

36.「가시와기 권柏木卷」

37.「횡적 권横笛卷」

38.「방울벌레 권鈴虫卷」

39.「유기리 권夕霧卷」

40.「법회 권御法卷」

41.「환상 권幻卷」

「구름속 숨은 달 권雲隱卷」

『 3부 』 42.「니오효부쿄 권匂兵部卿卷」

43.「홍매 권紅梅卷」

44.「다케카와 권竹河卷」

45.「하시히메 권橋姫卷」

46.「메밀잣밤나무 권椎本卷」

47.「잠자리매듭 권総角卷」

48.「햇고사리 권早蕨卷」

49.「겨우살이 권宿木卷」

50.「정자 권東屋卷」

51.「우키후네 권浮舟卷」

52.「하루살이 권蜻蛉卷」

53.「습자 권手習卷」

54.「꿈의 부교 권夢浮橋卷」

제3부

「니오효부쿄 권匂兵部卿卷」~「꿈의 부교 권夢浮橋卷」까지 13권

히카루 겐지의 사후, 그의 자손인 가오루와 니오노미야를 남주인공으로 하고, 하치노미야八宮의 딸인 큰 아씨大君, 작은 아씨中君, 우키후네浮舟를 여주인공으로 하여 3부 이야기가 전개된다. 특히, 우지宇治가 이야기의 무대로 등장하는「하시히메 권橋姫卷」부터 10권을 '우지10조宇治十帖'라 부른다.

◉ 줄거리

히카루 겐지의 사후, 겐지의 아들인 가오루(실부는 가시와기)와 아카시 중궁의 제3황자, 니오노미야는 세간의 촉망을 받는 당대 귀공자이다. 가오루는 젊은 모후 온나산노미야의 출가로 인해 남몰래 자신의 출생에 의심을 품고 불도에 관심을 갖는다.

그러던 차에, 가오루는 우지에서 세속과 등지고 불도에 정진한다는 하치노미야에 관한 소문을 듣게 되고, 그를 찾아가 지속적인 만남을 이어 간다. 그러던 어느 날, 가오루는 우지에서 하치노미야의 두 딸들을 엿보게 되고 사랑에 빠지게 된다. 이곳에서 가오루는 여관 벤弁으로부터 자신의 출생에 대한 비밀을 듣게 된다. 이후, 하치노미야는 가오루에게 두 딸의 후견을 부탁하고 세상을 등지게 되고 가오루는 하치노미야 사후에도 자주 우지에 들르며 두 아가씨를 보살핀다. 가오루는 기회를 엿봐 큰 아씨에게 고백을 하지만, 독신을 고수하려는 그녀는 이를 거절하고 대신 동생인 작은 아씨와 가오루를 맺어 주려 한다. 이에 가오루는 니오노미야를 우지에 데려와 작은 아씨에게 소개해 주고 자신은 큰 아씨에게 계속 구애를 한다. 하지만, 니오노미야는 그의 높은 신분 탓에 우지를 자주 방문하지 못하게 되고, 큰 아씨는 작은 아씨의 장래를 걱정하다가 병이 악화되어 숨을 거두게 된다.

이후, 니오노미야는 작은 아씨를 도읍에 있는 자기 저택으로 맞이하고, 큰 아씨의 사후, 가오루는 작은 아씨에게서 큰 아씨의 모습을 발견하고 점차 작은 아씨에게 마음이 기울게 된다. 이에 작은 아씨는 자신의 이복동생인 우키후네를 가오루에게 소개해 주는데, 호색인 니오노미야는 자기 저택에 있는 우키후네를 발견, 접근하게 된다. 이후, 가오루가 우키후네를 우지 저택에 데려다 놓게 되자, 이 사실을 알게 된 니오노미야가 우키후네를 찾아와 구애한다. 두 사람 사이에서 삼각관계에 놓인 우키후네는 고민하다 자취를 감춰 버리고 우키후네의 실종에 사람들은 슬퍼하며 장례를 치른다. 이후, 요카와 승도横川僧都와 여승은 의식을 잃고 산길에 쓰러져 있는 우키후네를 발견하고 오노小野 산장에 데려와 정성껏 보살펴 준다. 의식을 되찾은 우키후네는 다시 남성과의 망념에 휘말리지 않고자 출가를 단행한다. 가오루는 죽은 줄 알았던 우키후네가 살아 있다는 소식을 듣고 오노 산장으로 편지를 보내지만, 속세와 인연을 끊고자 하는 우키후네는 이에 응하지 않는

다. 이와 같이 열린 결말로 『겐지모노가타리』 속편은 끝맺음하고 있다.

위에 서술한 『겐지모노가타리』 54권 중, 41권 「환상 권幻巻」 다음에 위치한 「구름속 숨은 달 권雲隠巻」은 권명만 전해져 올 뿐, 본문이 없는 권이다. '구름 속 숨은 달'이란 겐지의 죽음을 상징적으로 표현하는 문구로 이 권에는 겐지의 마지막 생에 관한 내용이 기술되어 있을 것으로 추정된다. 『겐지모노가타리』 권명의 경우, 작자 무라사키 시키부가 명명命名한 것으로 보이며, 주요한 와카和歌에 등장하는 가어歌語를 사용한 것이 많다. 이외에도 주요한 사건, 어구에 의한 것이 있으며, 각 권의 주제나 배경, 내용 등을 표상하는 용어로 되어 있다.

현재 우리가 읽고 있는 『겐지모노가타리』 54권은 위의 순서대로 되어 있지만, 성립 당시 이 순서대로 집필되었는지 여러 설이 존재한다. 『겐지모노가타리』 성립 과정에 관한 연구로, 순서에 대한 의문을 처음 제기한 것은 와쓰지 데쓰로和辻哲朗이다. 그는 2. 「댑싸리 권帚木巻」부터 집필된 것으로 추정하고 있다.[7] 이후 아베 슈세이阿部秋生는 「겐지모노가타리 집필의 순서源氏物語執筆の順序」라는 논문에서 '와카무라사키 그룹若紫グループ'과 '댑싸리 그룹帚木グループ'이 존재하며, '와카무라사키 그룹'이 먼저 집필되고 그 후에 '댑싸리 그룹'이 쓰여졌다고 주장한다.[8] 이후, 『겐지모노가타리』의 연구에 있어 '성립 과정론成立過程論'이 성행하는 가운데, 다케다 무네토시武田宗俊는 '와카무라사키 계통若紫系' 17권과 '다마카즈라 계통玉鬘系' 16권으로 나누고 『겐지모노가타리』의 경우, 현행 54권이 순서대로 쓰여진 것이 아니라, 이야기의 골격을 이루는 '와카무라사키 계통'이 먼저 집필되고 이후 '다마카즈라 계통'이 삽입되었다고 주장하였는데,[9] 현재 이 설이 널리 통용되고 있다.

이와 같이 『겐지모노가타리』의 경우, 장편 모노가타리이지만, 전반부에는 각 권마다 단편 이야기와 같은 형태를 띠고 있으며, 각 권마다 서로 내용이 연결되지 않는 부분이 존재한다. 또한 각 권마다 다른 내레이터語り手가 상정되는 등 성립 과정에 대한 여러 문제점이 제기되어 많은 연구가 진행되어져 왔다.

또한, 그 광범위한 내용으로 작품 주제에서도 하나의 주제가 아닌 다양한 주제가 제시되어져 왔다. 현재는 근대 소설처럼 작자가 하나의 주제와 플롯을 가지고 집필한 것이 아니라, 작품을 집필해 나가는 과정에서 심화, 발전되어 갔다고 보는 견해가 일반적이다. 특히 『겐지모노가타리』의 경우, 3부 구성으로 나누어 1부는 히카루 겐지의 왕권과 숙명, 2부는 죄와 고뇌, 3부는 종교와 구제와 같이 각각의 주제를 다루고 있다고 파악된다. 이와 같은 3부 각각의 주제는 『겐지모노가타리』의 테마를 '왕권론王権論'의 입장에 입각하여 파악한 것이라 할 수 있다. '왕권론'은 히카루 겐지가 황자의 신분에서 신적으로 내려가 왕권을 상실한 후, 이를 다시 회복하는 이야기가 『겐지모노가타리』 이야기의 골격, 테마라고 보는 것이다. 겐지가 왕권을 되찾아 준태상천황 자리에 오를 수 있었던 원인이 사실 후지쓰보와의 밀통으로 태어난 아들, 레이제이 천황에 의한 것으로, '왕권론'과 죄와 숙명의 문제는 표리일체表裏一體를 이루는 것이라 할 수 있다.

특히, 이러한 히카루 겐지의 잠재왕권潜在王権을 가능케 한 주요한 요인으로 그의 '이로고노미色好み'라고 하는 성격을 들 수 있다. '이로고노미'란 호색好色의 뜻으로도 사용되지만, 연애의 정서를 파악하고 세련된 정취를 아는 것이라는 의미를 갖고 있으며, 이는 고대 제왕이 갖추어야 할 이상적 덕목으로 파악되었다. 오리구치 시노부折口信夫는 『겐지모노가타리』의 주인공인 겐지의 인물조형이야말로 바로 이러한 '이로고노미'의 계보를 잇는 것이라고 주장한다.[10]

한편, 『겐지모노가타리』의 주제를 이러한 '왕권론'이나 '남성의 이야기男の物語'의 시점이 아닌, 여성론적 입장에서 '여성의 이야기女の物語' '사랑의 이야기愛の物語'의 논리를 중시하는 시각도 존재한다. 당시 일부다처제의 혼인제도나 신분질서로 얽혀진 인간관계 속에서의 삶의 모습을 작품 내에 등장하는 각각의 여성들의 다채로운 모습을 통해 사랑과 허무한 인생을 그려 내고 있다는 것이다. 특히, 작품 끝부분에 등장하는 여주인공 우키후네가 남성이 주도하는 비극적 운명 속에서 벗어나 자아를 찾아간다고 하는 줄거리는 작자 무라사키 시키부가 이 작품을 통해 전달하고 싶었던 메시지라 평가받고 있다.

또한, 『겐지모노가타리』의 주제를 언급하는 데 또한 빼놓을 수 없는 것이 모토오리 노리나가本居宣長(1730~1801)의 '모노노아와레もののあはれ'이다. 에도 시대江戸時代 중기 국학자인 모토오리 노리나가는 『겐지모노가타리』가 유교, 불교 등 도덕적 관점에서 논해져 왔던 종래의 방식을 배척하고 일본 고유한 인간의 정취와 정情을 중시하는 '모노노아와레'야말로 이 작품의 주제이며 본질적인 미의식이라 주장하고 있다. 이러한 모토오리의 '모노노아와레론もののあはれ論'은 『겐지모노가타리』의 미의식으로 널리 수용되어 본 작품을 현재 일본을 대표하는 문학 작품, 일본인의 심성을 대표하는 고전으로 자리매김하는 데 커다란 역할을 하게 된다.

본서에서는 헤이안 시대부터 현재에 이르기까지 많은 사람에게 애독되고, 다양한 방식으로 향수되어 온 『겐지모노가타리』의 이야기를 국보 『겐지모노가타리에마키源氏物語絵巻』의 그림과 글을 통해 감상해 보고자 한다.

7...和辻哲郎「源氏物語について」『日本精神史研究』岩波書店, 1926, pp.193~215.

8...아베 슈세이는 '댑싸리 그룹帚木グループ'이라 칭해지는 「댑싸리 권帚木巻」「우쓰세미 권空蟬巻」「유가오 권夕顔巻」「스에쓰무하나 권末摘花巻」의 4권의 내용이, '와카무라사키 그룹若紫グループ'인 「와카무라사키 권若紫巻」과 「단풍놀이 권紅葉賀巻」~「스마 권須磨巻」의 내용에 전혀 반영되지 않고 있다는 사실을 지적, '와카무라사키 그룹'이 먼저 쓰여진 후, '댑싸리 그룹'이 제작되었다고 주장한다. 阿部秋生·青柳秋生「源氏物語執筆の順序上」『国語と国文学』1939. 8, pp.10~28,「源氏物語執筆の順序(下)」『国語と国文学』1939. 9, pp.16~31.

9...다케다 무네토시는 '와카무라사키 계통若紫系' 17권으로, 1.「기리쓰보 권桐壺巻」5.「와카무라사키 권若紫巻」7.「단풍놀이 권紅葉賀巻」8.「벚꽃놀이 권花宴巻」9.「아오이 권葵巻」10.「비쭈기나무 권賢木巻」11.「하나치루사토 권花散里巻」12.「스마 권須磨巻」13.「아카시 권明石巻」14.「수로 말뚝 권澪標巻」17.「그림 경연 권絵合巻」18.「솔바람 권松風巻」19.「옅은 구름 권薄雲巻」20.「아사가오 권朝顔巻」21.「소녀 권少女巻」32.「매화가지 권梅枝巻」33.「등나무속잎 권藤裏葉巻」을 들고 있으며, '다마카즈라 계통玉鬘系' 16권으로 2.「댑싸리 권帚木巻」3.「우쓰세미 권空蟬巻」4.「유가오 권夕顔巻」6.「스에쓰무하나 권末摘花巻」15.「무성한 쑥 권蓬生巻」16.「관문 권関屋巻」22.「다마카즈라 권玉鬘巻」23.「첫 울음소리 권初音巻」24.「호접 권胡蝶巻」25.「반딧불이 권蛍巻」26.「패랭이꽃 권常夏巻」27.「화톳불 권篝火巻」28.「태풍 권野分巻」29.「행차 권行幸巻」30.「등골나물 권藤袴巻」31.「마키바시라 권真木柱巻」을 들고 있다. 武田宗俊『源氏物語の研究』岩波書店, 1954, pp.70~78.

10...折口信夫「源氏物語における男女両主人公」『折口信夫全集』第八巻, 中央公論社, 1955, pp.322~344.

2
장

국보『겐지모노가타리에마키源氏物語絵巻』해설

국보『겐지모노가타리에마키源氏物語絵巻』는 11세기 초 무라사키 시키부紫式部라는 여성이 쓴 장편소설『겐지모노가타리源氏物語』를 회화화한 작품으로, '에마키絵巻'란 '두루마기 그림'을 지칭하는 용어이다. 12세기에 제작된 작품으로 추정되며, 현존하는 수많은 '겐지에源氏絵'(『겐지모노가타리』를 회화화한 그림의 총칭) 중에서도, 가장 오래된 작품으로 알려져 있다. 현재 국보로 지정되어 있어, 통칭 국보『겐지모노가타리에마키』라 일컬어진다. 본 작품은 대부분의 그림絵과 그림설명문詞書·絵詞이 나고야名古屋시에 있는 도쿠가와 미술관徳川美術館과 도쿄東京 세타가야世田谷 구에 있는 고토 미술관五島美術館에 나뉘어 소장되어 있어, 이 소장처의 이름을 따서 도쿠가와·고토본徳川·五島本『겐지모노가타리에마키』라고 지칭되기도 한다. 또한, 헤이안 시대平安時代 궁중 화가인 후지와라 다카요시藤原隆能가 그렸다고 전해지면서 한때 '다카요시 겐지隆能源氏'라는 이름으로 불리기도 하였다.[1]

메이지明治 말기 1911년에 도쿠가와 요시치카徳川義親(1886~1976)에 의해 처음 일반에게 공개된 이래, 각종 보존 작업과 모사가 행해져 왔고, 그 과정이 '소생되는 겐지모노가타리에마키よみがえる源氏物語絵巻'라는 제목으로 NHK에서 방송되어 화제가 된 바 있다. 현재 미술계뿐만 아니라, 일본문학, 문헌학, 민속학 등 학제간 연구도 활발하게 진행 중이다.

본 작품은 현존하는 '겐지에' 중에서도 작품성과 예술성이 가장 뛰어난 수작秀作으로 평가받는 작품이다. 각 그림화면에서 묻어 나는 풍부한 정취, 깊은 인간심리에 대한 이해는『겐지모노가타리』원작에 대한 높은 이해도와 감상안鑑賞眼을 보여 주고 있다. 또한, 본 작품의 그림설명문의 경우, 유일하게 헤이안 시대 제작된『겐지모노가타리』본문으로서, 현존하는『겐지모노가타리』본문 중 가장 오래된 유품이라 할 수 있다.

본 작품은 헤이안 말기에 제작된『반다이나곤에마키伴大納言絵巻』『시키산엔기에마키信貴山縁起絵巻』『조수인물회화鳥獣人物戯画』와 함께 일본 4대 에마키로 손꼽히며, 현대를 살아가는 우리에게 그 당시 사람들의 모습과 생활을 전해 주는 유용한 자료로서 여전히 그 가치를 발하고 있다.

모노가타리 그림物語絵과 겐지에源氏絵

헤이안 초에 발생한 모노가타리物語 장르는 10~11세기 초 그림과 밀접한 관련을 맺으며 발전·향수되어 왔다. 왕조 모노가타리王朝物語 성장기에 모노가타리 그림物語絵은 단순히 감상의 대상이 아닌, 새로운 이야기를 만들어 내는 계기, 혹은 원동력이 되기도 하였으며, 모노가타리의 발전과 더불어 귀족들의 일상생활 속으로 깊숙이 침투해 갔다.[2]

현재 이 시기에 그려진 모노가타리 그림이 남아 있지 않지만, 여러 기록에 의해 당시 모노가타리 그림이 활발히 제작·향수되고 있었음을 확인할 수 있다. 『야마토모노가타리大和物語』 147단에는 우다 천황宇多天皇(867~931)의 황후 온시温子(872~907)에게 「이쿠다가와 처녀 설화生田川処女説話」를 그린 그림이 헌상되었다는 내용이 적혀 있다. 이는 일본 문헌상 처음 등장하는 모노가타리 그림에 대한 기록으로서, 이 기록을 통해 이미 10세기 초 우다 천황 시기에 모노가타리 그림이 제작되고 있었음을 알 수 있다. 또한, 10세기 후반에 저술된 게이큐본桂宮本 『요시노부슈能宣集』에는 『스미요시모노가타리住吉物語』가 그림으로 그려졌다는 사실이 기록되어 있으며, 11세기 초에 성립한 『겐지모노가타리』 작품 도처에도 여러 등장인물들이 일상생활 속에서 모노가타리 그림을 감상하는 내용이 적혀 있다. 『겐지모노가타리』 본문을 보면, 스에쓰무하나末摘花, 다마카즈라玉鬘, 무라사키노우에紫上, 온나이치노미야女一宮 등 주로 귀족 여성들이 무료한 때 즐겨 보는 오락거리로서 그림이 등장하고 있다. 이들 장면에서 등장인물들은 자신의 처지를 그림 속 주인공에게 투영시켜 바라보고 있는데, 이러한 묘사는 헤이안 시대 실제로 모노가타리 그림을 감상하는 독자·감상자의 태도와 부합하는 것이라 할 수 있다. 또한, 우키후네浮舟와 니오노미야匂宮가 같이 그림을 바라보는 장면에서는 남녀가 서로 사랑을 확인하는 매체로도 그림이 사용되고 있었다.

1...에도 시대江戸時代 문화 연간文化初年(1804~1811) 후지와라 다카요시의 그림이라 적힌 『야마토니시키倭錦』가 유포되면서 '다카요시 겐지'라는 이름이 널리 사용된 것으로 보이나, 다카요시의 그림이라는 확증이 없어 현재 이 명칭보다 도쿠가와·고토본이라는 명칭을 사용하고 있다.

2...金秀美「物語絵と絵合」『源氏物語の鑑賞と基礎知識 No20. 絵合·松風』至文堂, 2002, pp.56~57.

이와 같이, 모노가타리 그림은 원래 여성의 무료함을 달래 주는 기호품으로 출발하여 주로 사적인 일상생활 속에서 향수되었지만, 점차 '그림 경연絵合'(에아와세)과 같이 공적인 행사에 등장하게 된다. 『겐지모노가타리』「그림 경연권絵合巻」에서는 두 차례 그림 경연 행사가 묘사되고 있다. 첫 번째 행사로는 후지쓰보藤壺의 후궁에서 열리는 '모노가타리 그림 경연物語絵合'(모노가타리 에아와세)으로 『다케토리모노가타리竹取物語』『이세모노가타리伊勢物語』『우쓰호모노가타리うつほ物語』『쇼산미노모노가타리正三位の物語』와 같이 당대 유명한 이야기 그림이 출품되었으며, 이후 어전에서 치러지는 그림 경연에는 천황과 각 남성 귀족들이 참석한 가운데 '시키에四季絵'와 같은 공식 행사 그림이 출품되어 경합을 벌이고 있다.

이와 같이, 『겐지모노가타리』 시대에 이미 『다케토리모노가타리』『이세모노가타리』 등과 같이 유명한 모노가타리 작품이 그림으로 제작되어 향수된 것으로 보아, 『겐지모노가타리』의 경우에도 작품이 완성된 지 얼마 지나지 않아 이를 회화화한 그림 작품이 존재했을 것으로 추정된다. 하지만 현재 남아 있는 작품으로는 앞서 말한 바와 같이, 12세기에 제작된 국보 『겐지모노가타리에마키』가 가장 오래된 것으로, 그 이전에 그려진 작품은 아쉽게도 전해지지 않고 있다. 이후 각 시대에 걸쳐 『겐지모노가타리』를 소재로 한 수많은 그림이 남아 있어 당시 『겐지모노가타리』 향수享受의 일면을 보여 주고 있는데, 이와 같은 그림들을 총칭하여 '겐지에'라 부르며, 이는 일본 회화사상 주요한 장르를 형성하고 있다.[3]

'겐지에'는 에마키(두루마기 그림), 책자의 삽입 그림冊子の挿絵, 부채扇面, 색종이色紙, 병풍屏風, 장지문障子 등 다양한 형태로 제작되어 왔다. 더욱이 중세 이후에는 『겐지모노가타리』 각 권의 본문으로부터 그림으로 그려질 만한 장면을 뽑아 제시해 놓은 이른바 '겐지 에고토바源氏絵詞'라는 작품군이 등장하게 된다. 이 작품군은 '겐지에 회화 가이드북'과 같은 성격을 지니며, 이러한 작품의 출판은 '겐지에'의 활성화를 촉진시키는 매개 역할을 담당했을 것으로 보인다.

이와 같이, 오랫동안 '겐지에'가 『겐지모노가타리』와 함께 애호되면서 많은 그림 작품들이 제작된 것은 그림이 지닌 시각적 효과에 의해 모노가타리 내용을 독자들에게 생생히 전달하여 그 모노가타리 세계로 독자들을 흡인해 가는 힘이 있었기 때문일 것이다. 본서에서는 그중에서도 가장 뛰어나고 오래된 작품으로 알려진 국보 『겐지모노가타리에마키』를 중심으로 성립과 전래 과정, 작품 구성과 내용 등의 문제를 살펴보고자 한다.

3…四辻秀記「国宝『源氏物語絵巻』について」『国宝源氏物語絵巻』五島美術館, 2010, p.203.

작품의 성립成立과 역사적 문헌 자료

그렇다면 국보『겐지모노가타리에마키源氏物語絵巻』는 언제 어떻게 제작되었을까?

국보『겐지모노가타리에마키』제작과 관련된 역사적 기록은 존재하지 않아, 현재 작품 성립과 관련한 정확한 상황을 단정하기에는 어려움이 있다. 하지만 역사적 문헌에는 국보『겐지모노가타리에마키』라 직접 지칭하지는 않았지만,『겐지모노가타리에마키』와 관련한 기록이 몇 건 남아 있어 그 단서가 되고 있다. 그 문헌들의 내용을 살펴보면 다음과 같다.

첫 번째 문헌은 미나모토노 모로토키源師時의 일기『츄슈기長秋記』1119년(겐에이元永 2년) 11월 27일자 기록으로, 12세기 시라카와 상황白河院과 다이켄몬인待賢門院인 후지와라 쇼시藤原璋子 시기에『겐지모노가타리에마키』가 기획되었다는 기사이다. 이 일기에 의하면, 도바 천황鳥羽天皇의 중궁이자 시라카와 상황의 양녀인 쇼시가 미나모토노 아리히토源有仁를 통해 모로토키에게『겐지모노가타리에마키』에 사용될 그림 종이紙를 조달해 오라고 명하였다는 내용이 적혀 있다. 이와 같은 시기에 시라카와 상황도 모로토키에게 그림 도안画図을 조달해 오라고 하명하였다고 한다. 즉, 이는 12세기 상황과 중궁이라는 권력자와 그 명을 받은 신하가 주체가 되어 그 기획하에 대규모『겐지모노가타리에마키』제작이 행해졌음을 의미한다.

두 번째 문헌으로는 구나이초宮内庁 쇼료부書陵部에 소장되어 있는『겐지히기쇼源氏秘義抄』에 실려 있는「겐지에 진정서源氏絵陳状」를 들 수 있다. 이 기록에 의하면, 가마쿠라 장군인 무네타카 친왕宗尊親王(1243~1274)이 자기 저택의 병풍 그림을 가문 대대로 내려오던 20권본二十巻本『겐지모노가타리에마키』를 표본으로 삼아 '겐지에'로 교체했다고 한다. 이 가보의 그림은 기노쓰보네紀の局, 나가토노쓰보네長門の局 등의 여관女房이 그렸고 그림설명문詞書은 후지와라노 다다미치藤原忠通, 미나모토노 아리히토가 담당하였다고 한다. 이 기록으로 13세기 중반 무네타카 친왕의 시기에 첫 번째 문헌에 등장하는 겐지에와 마찬가지로, 미나모토노 아리히토가 관여한『겐지모노가타리에마키』가 존재했다는 사실을 알 수 있다.

세 번째 문헌으로는 사다후사 친왕貞成親王(1372~1456)의 저술로 알려진 『겐지모노가타리 주석源氏物語注釈』을 들 수 있다.[4] 이에 의하면, 12세기 말 겐레이몬인 도구시建礼門院徳子(1155~1214, 다카쿠라 천황高倉天皇의 중궁, 다이라노 기요모리平清盛의 딸)가 소유한 '겐지에'가 있었으며, 그 '겐지에' 그림설명문의 필자로 미나모토노 아리히토, 후지와라노 고레미쓰藤原伊通가 참여하였다고 한다. 이 세 번째 문헌에 등장하는 '겐지에'는 두 번째 문헌에 등장하는 『겐지모노가타리에마키』와 마찬가지로, 미나모토노 아리히토가 그림설명문을 서사書寫하고 있어 동일한 작품이 거의 확실시되고 있다. 즉, 20권본 『겐지모노가타리에마키』는 가마쿠라 장군계에 전해지기 이전, 겐레이몬인인 황실이 소장하고 있었던 것으로 보인다.

앞서 말한 바와 같이, 이들 문헌에는 본 그림이 『겐지모노가타리』를 그린 그림이라 적혀 있을 뿐, 국보 『겐지모노가타리에마키』를 지칭하는 것인지 직접적인 언급은 없는 상황이다. 하지만, 도쿠가와 요시노부德川義宣, 이나가키 게이지稲垣敬二 등은 첫 번째 문헌에 등장하는 12세기 전반 시라카와 상황 시기에 제작된 『겐지모노가타리에마키』를 현존하는 국보 『겐지모노가타리에마키』라 주장하고 두 번째 문헌에 등장하는 20권본 『겐지모노가타리에마키』와 동일한 작품으로 파악하고 있다. 하지만. 이 주장은 종래 국보 『겐지모노가타리에마키』를 10권본十卷本[5]으로 파악해 온 미술학계의 주장과 대치되는 것으로 논란이 되어 왔다. 현재 학계에서는 이들 문헌 자료에 등장하는 '겐지에'가 다름 아닌 국보 『겐지모노가타리에마키』로, 시라카와 상황 시기에 제작된 20권본이라는 설[6]과 이들 문헌이 시사적이긴 하지만, 이를 실증하는 자료가 없어 판단을 유보하는 입장으로 나누어져 있다.

이와 같은 역사적 문헌과는 별도로, 서풍書風, 종이料紙, 제작 양식과 기법 등을 분석·연구한 결과, 본 작품은 시라카와 상황~도바 상황의 원정기院政期에 제작된 것으로 추정되고 있어 국보 『겐지모노가타리에마키』가 12세기 전반 원정기에 제작된 것은 거의 확실시되고 있다. 또한, 최근 미타무라 마사코三田村雅子는 국보 『겐지모노가타리에마키』의 탄생은 시라카와 상황이 집권하던 당시 정치상황과 깊은 연관이 있으며, 당시 43세이던 미나모토노 모로토키가 작품의 코디네이터로 제작 전체를 총괄하고 스케히토 친왕輔仁親王의 아들인 미나모토노 아리히토가 제작에 참여했을 거라는 의견을 제시한 바 있다.[7]

4...구나이초 쇼료부에 소장된 『겐지모노가타리 주석』은 비교적 최근 이이 하루키伊井春樹가 『겐지모노가타리에마키』 관련 자료로서 소개한 것이다.

5...10권본 설은 『고킨초몬슈古今著聞集』 제11권과 후지와라노 데이카藤原定家의 일기인 『메이게쓰기明月記』 1233년(조에이貞永2년) 3월 20일자의 기록에 유래한다. 이 두 기록에 의하면, 호조 야스토키北条泰時(1183~1242)가 싯켄執権이던 가마쿠라 전기, 우대신右大臣인 사이온지 사네우지西園寺実氏(1194~1269)가 그림설명문을 집필한 10권본 겐지에가 존재한다는 것이다. 이들 문헌에 의해 미나모토 도요무네源豊宗는 그 이전 시대에 제작된 국보 『겐지모노가타리에마키』의 규모도 10권일 거라 추정하고 있다(源豊宗 「源氏物語絵巻に就て」 『宝雲』 24号, 1939. 6, pp.1~22). 한편, 아키야마 데루카즈秋山光和는 작품의 구성적인 면에서 10권본 설을 주장하고 있다(秋山光和 「源氏物語絵巻の構成と技法」 『平安時代世俗画の研究』 吉川弘文館, 1964(2002 復刊), pp.213~264). 하지만, 후대 겐지에의 분량에 의해 국보 『겐지모노가타리에마키』를 10권본으로 추정하는 것에 의문을 제기하는 연구도 존재한다.

6...徳川義宣 「『源氏物語絵巻』 成立の背景とその形態」 『日本絵巻大成1 源氏物語絵巻·寝覚物語絵巻』 中央公論社, 1977, pp.144~153, 稲垣敬二 「『源氏秘義抄』 附載の仮名陳状」 『国語と国文学』 1964. 6, pp.22~31.

7...三谷邦明·三田村雅子 『源氏物語絵巻の謎を読み解く』 角河書店, 1998, pp.113~116.

당시 국보『겐지모노가타리에마키』정도의 작품을 제작하기 위해서는 당대 빼어난 화가들, 서예가들이 총동원되고 최고급 종이, 그림 도구, 물감 등 수많은 물품이 소요되었을 것은 자명한 일이다. 따라서 12세기 시라카와 상황 시기에 국보『겐지모노가타리에마키』와 같은 대작이 여러 차례 제작되기는 어려웠을 거라 생각된다. 이와 같은 이유로, 제작기법에 의해 12세기 전반에 제작된 것으로 추정되는 국보『겐지모노가타리에마키』와 12세기 전반에 제작된 것으로 등장하는 첫 번째 문헌의 '겐지에'는 동일한 작품일 가능성이 매우 크다고 생각된다. 향후 관련 기록의 발굴, 연구의 진행이 이루어져야 할 부분이지만, 문헌상 등장하는 '겐지에'를 현재 현존하는 국보『겐지모노가타리에마키』에 대한 언급으로 파악하려는 시각에 타당성이 있다고 생각된다.

작품의 전래伝来와 복원 모사

그렇다면 국보『겐지모노가타리에마키源氏物語絵巻』는 어떻게 전래하여 현재 우리에게 전해지게 되었을까?

13세기 중반 무네타카 친왕宗尊親王이 소유한 20권본二十巻本『겐지모노가타리에마키』에 대한 기록 이후로, 본 작품의 전래와 관련될 만한 문헌은 전해지지 않고 있다. 하지만 오와리 도쿠가와 가문尾張徳川家의 전승에 의하면, 국보『겐지모노가타리에마키』는 1615년 오사카 성大阪城 함락 당시 전승품으로 그 일부가 도쿠가와 이에야스徳川家康에게, 나머지가 하치스카 가문蜂須賀家에게 전해졌다고 한다.[8] 현재 국보『겐지모노가타리에마키』는 오와리 도쿠가와 가문에 전래된 갑권甲巻,

8…三谷邦明·三田村雅子 前掲書, p.216.

을권乙巻, 병권丙巻 3권과 하치스카 가문에 전래된 나머지 1권만 전해져 오고 있다.[9]

갑권의 경우, 『도쿄마와시오소바도구루이東京廻御側道具類』에 의하면, 본래 도쿠가와 가문의 에도江戸 저택에 소장되어 있던 것이 1866년에 오와리尾張 지방으로 이전되었다고 한다. 또한, 을·병 권의 경우, 에도 시대 후기까지 나고야성名古屋城의 니노마루二の丸에 보관되어 있었다는 기록이 『오소바도구초御側道具帳』에 남아 있다. 이와 같이, 오와리 도쿠가와 가문에 전래된 이들 3권은 1911년(메이지明治 44년) 도쿠가와 요시치카徳川義親에 의해 도쿄 제국대학東京帝国大学 내에 있는 야마우에고덴山上御殿에서 처음으로 일반에 공개되어 오랜 세월 동안 극소수에게만 알려졌던 명작의 본모습을 드러내게 된다. 이후, 1931년(쇼와昭和 6년) '재단법인 오와리 도쿠가와 여명회財団法人尾張徳川黎明会'의 설립과 더불어 도쿠가와 미술관徳川美術館에 기증되어 현재에 이르고 있다.

한편 에도 시대 하치스카 가문에 전래된 에마키는 메이지 유신明治維新 이후, 후루카와 미쓰라古川躬行,[10] 니나가와 노리타네蜷川式胤,[11] 가시와기 가이치로柏木貨一郎[12] 등의 손에 넘겨졌다가 메이지 초기 마쓰다 다카시益田孝[13]가 소장하게 된다. 전후戰後에는 다시 세쓰 이노스케瀬津伊之助,[14] 다카나시 니사부로高梨仁三郎[15] 등, 여러 소장자의 손을 거쳐 고토 게이타五島慶太[16]가 입수하게 되는데, 1960년(쇼와 35년) 고토 미술관五島美術館의 설립과 더불어 고토 게이타가 이곳에 기부하여 현재에 이르고 있다.

이와 같이 헤이안平安 말기 제작된 국보 『겐지모노가타리에마키』는 오랜 세월 동안 여러 소장자의 애장품으로 간직되어 오다가, 근대에 이르러 일반에 공개되어 그 작품 보

9...이들 갑·을·병 권에는 제작을 담당한 화가와 서예가를 추정하는 감정서書付·極札가 전해져 오고 있다. 이에 의하면, 에도 시대 고필 감정가인 하타케야마 규안畠山牛庵(1625~1692)은 도쿠가와본 갑권의 그림설명문을 아스카이 마사쓰네飛鳥井雅経(1170~1221)가, 을권과 병권을 자쿠렌寂蓮(?~1212)이 필사하였을 것으로 추정하고 있다. 또한 그림은 에도 시대 화가인 스미요시노 히로유키住吉広行(1755~1811)에 의해, 을권과 병권의 경우, 후지와라노 다카치카藤原隆親(헤이안 후기~가마쿠라 전기 궁중화가)가 담당하였을 것으로 보고 있다. 또한, 후지와라노 히로사다藤原広定(1793~1863)는 본 작품의 그림설명문을 후지와라노 고레후사藤原伊房(1030~1096)가, 그림을 후지와라노 다카요시藤原隆能(헤이안 후기 화가, 생년 미상?)가 담당하였을 것으로 추정하고 있다. 한편, 고토본의 경우, 현재 감정서가 전해지지 않고 있지만, 에도 시대 스미요시 히로유키가 저술한 『야마토니시키倭錦』(1804~1811년간 출판)와 『스미요시 가문 감정서住吉家鑑定控』(1849년)에 의하면 고토본으로 보여지는 '겐지에'를 후지와라노 고레후사가 그림설명문을 필사하고, 후지와라노 다카요시가 그림을 담당하였을 것으로 감정하고 있다(名児耶明「源氏物語絵巻の伝来と成立」『国宝源氏物語絵巻』五島美術館, 2000, pp.93~96). 이들 감정서에 기록된 화가, 서예가를 단서로 성립 시기를 추정하면, 헤이안 후기~가마쿠라 전기에 걸쳐 제작된 것으로 추정된다.

10...후루카와 미쓰라古川躬行(1810~1881) 에도 후기~메이지 초기 국학자国学者, 신직神職.

11...니나가와 노리타네蜷川式胤(1835~1882) 메이지 초기 관료, 고미술 연구가. 일본 도자기를 해외에 소개하고 박물관 개설에 힘씀.

12...가시와기 가이치로柏木貨一郎(1841~1989) 메이지 시대 고미술 감정가, 수집가.

13...마쓰다 다카시益田孝(1848~1938) 일본 실업가, 미쓰이 물산三井物産 설립에 관여하고 미쓰이 재벌의 기초를 다진 인물. 다도茶道로도 유명하여 돈오鈍翁라는 아호로도 유명.

14...세쓰 이노스케瀬津伊之助(1896~1969) 고미술상. 세쓰가토도瀬津雅陶堂의 초대 사장.

15...다카나시 니사부로高梨仁三郎(1904~1993) 일본의 실업가. 도쿄 코카콜라 바틀링東京コカ·コーラボトリング(Tokyo Coca-Cola Bottling)의 창업자.

16...고토 게이타五島慶太(1882~1959) 일본 실업가, 정치가. 도쿄급행전철東京急行電鉄 창업자. 도조 내각東條内閣에서 운송통신 대신運輸通信大臣 역임.

존을 위한 여러 작업들이 행해지게 된다. 근대 당시 본 작품을 소장하고 있던 도쿠가와 요시치카·마쓰다 다카시는 당시 미술 연구자·감정가로 유명한 다나카 신비田中親美(1875~1975)에게 의뢰하여, 도쿠가와 미술관 소장본 3권과 고토 미술관 소장본 1권의 모사본을 제작하였다(1935년 완성). 또한, 1933년에는 원래 두루마기 형식인 '에마키絵巻'였던 것을, 작품의 보존을 위해 그림絵과 그림설명문詞書으로 각각 분할하는 작업을 진행하게 된다. 분할은 그림의 경우 한 장면씩, 그림설명문의 경우, 2장2紙을 한 화면으로 하여 액자에 넣어 각각 보관하였다. 따라서 현재에는 도쿠가와 미술관에 그림 15점, 그림설명문 28점, 고토 미술관에 그림 4점, 그림설명문 9점이 각각 소장되어 있다.

한편 도쿠가와본, 고토본 이외에, 단간断簡의 발굴 작업도 진행되었다. 근대 초 그림설명문 단간으로, 「스에쓰무하나末摘花」「솔바람松風」「옅은 구름薄雲」「가시와기柏木」가 발견되었으며, 1945년 이후, 「와카무라사키若紫」「소녀少女」「반딧불이蛍」「패랭이꽃常夏」이 발굴되었다. 또한, 1977년에는 무로마치 시대室町時代 제작된 것으로 알려져 있던 「와카무라사키」 그림 단간絵断簡이 아키야마 데루카즈秋山光和의 연구 성과에 의해 국보 『겐지모노가타리에마키』 그림으로 인정되는 등, 현존 작품을 찾기위한 노력이 계속되어 왔다.

[표1]은 현존하는 국보 『겐지모노가타리에마키』의 그림과 그림설명문, 그리고 그 소장처를 제시한 것이다.

[표1] 국보 『겐지모노가타리에마키源氏物語絵巻』 현존 일람표

	그림 권명巻名	그림絵 /그림설명문詞書	소장처所蔵処
1	「와카무라사키若紫」	그림설명문 단간詞書断簡 그림 단간絵断簡	개인個人 도쿄 국립박물관東京国立博物館
2	「스에쓰무하나末摘花」	그림설명문 단간	도쿄·서예문화원東京·書芸文化院
3	「무성한 쑥蓬生」	그림설명문四紙 그림	아이치·도쿠가와 미술관愛知·徳川美術館 아이치·도쿠가와 미술관
4	「관문関屋」	그림설명문二紙 그림	아이치·도쿠가와 미술관 아이치·도쿠가와 미술관
5	「그림 경연絵合」	그림설명문二紙	아이치·도쿠가와 미술관
6	「솔바람松風」	그림설명문 단간	도쿄·서예문화원
7	「옅은 구름薄雲」	그림설명문 단간	예전에 마에다 가문 소장前田家旧蔵 , 이후 소실. 현재 모사품
8	「소녀少女」	그림설명문 단간	개인
9	「반딧불이蛍」	그림설명문 단간	개인
10	「패랭이꽃常夏」	그림설명문 단간	도쿄·서예문화원

11	「가시와기1柏木一」	그림설명문 단간모사본 그림설명문 단간 그림설명문三紙 그림	원본: 기시 가문 소장岸家旧蔵 도쿄·서예문화원 아이치·도쿠가와 미술관 아이치·도쿠가와 미술관
12	「가시와기2柏木二」	그림설명문八紙 그림	아이치·도쿠가와 미술관 아이치·도쿠가와 미술관
13	「가시와기3柏木三」	그림설명문二紙 그림	아이치·도쿠가와 미술관 아이치·도쿠가와 미술관
14	「횡적横笛」	그림설명문二紙 그림	아이치·도쿠가와 미술관 아이치·도쿠가와 미술관
15	「방울벌레1鈴虫一」	그림설명문三紙 그림	도쿄·고토 미술관東京·五島美術館 도쿄·고토 미술관
16	「방울벌레2鈴虫二」	그림설명문四紙 그림	도쿄·고토 미술관 도쿄·고토 미술관
17	「유기리夕霧」	그림설명문三紙 그림	도쿄·고토 미술관 도쿄·고토 미술관
18	「법회御法」	그림설명문五紙 그림	도쿄·고토 미술관 도쿄·고토 미술관
19	「다케카와1竹河一」	그림설명문三紙 그림	아이치·도쿠가와 미술관 아이치·도쿠가와 미술관
20	「다케카와2竹河二」	그림설명문八紙 그림	아이치·도쿠가와 미술관 아이치·도쿠가와 미술관
21	「하시히메橋姫」	그림설명문三紙 그림	아이치·도쿠가와 미술관 아이치·도쿠가와 미술관
22	「햇고사리早蕨」	그림설명문二紙 그림	아이치·도쿠가와 미술관 아이치·도쿠가와 미술관
23	「겨우살이1宿木一」	그림설명문二紙 그림	아이치·도쿠가와 미술관 아이치·도쿠가와 미술관
24	「겨우살이2宿木二」	그림설명문二紙 그림	아이치·도쿠가와 미술관 아이치·도쿠가와 미술관
25	「겨우살이3宿木三」	그림설명문一紙 그림	아이치·도쿠가와 미술관 아이치·도쿠가와 미술관
26	「정자1東屋一」	그림설명문三紙 그림	아이치·도쿠가와 미술관 아이치·도쿠가와 미술관
27	「정자2東屋二」	그림설명문三紙 그림	아이치·도쿠가와 미술관 아이치·도쿠가와 미술관

이후에도 국보『겐지모노가타리에마키』를 보존 및 복원 모사 작업은 계속되었다. 도쿠가와 요시치카는 가와즈라 요시오川面義雄(1880~1963)에게 목판 인쇄본 제작을 의뢰하여, 1959년 도쿠가와 소장본과 1963년 고토 소장본의 목판 인쇄본이 완성되었다. 또한 1955년(쇼와 30년) 도쿠가와 미술관의 학예원学芸員이던 일본 화가, 사쿠라이 기요카桜井清香(1895~1969)가 복원 모사에 착수하여 1962년에는 도쿠가와 소장본이, 1963년에는 고토 소장본이 완성되었다.[17]

최근에는 1999년부터 2005년에 걸쳐 도쿠가와 요시타카徳川義崇(1961~현재)에 의해 '겐지모노가타리에마키 전권 복원 프로젝트'가 추진되었다. 이 프로젝트는 오랜 세월 동안 벗겨지고 변색된 국보『겐지모노가타리에마키』를 복원하고자 연구소, 화가, 방송 언론 등이 참가한 대규모 사업이었다. 그림을 좀 더 정밀하게 복원하고자, 도쿄 국립문화재연구소東京国立文化財研究所에 의뢰하여 형광 X선 분석 장치를 사용한 과학적 조사를 행하였고, 이를 토대로 육안으로는 파악하기 어려운 원형태와 안료顔料를 분석하였다. 또한 이를 토대로 당시 모사에 일인자인 화가, 하야시 이사오林功를 비롯한 여러 화가가 이를 복원하는 작업에 착수하였는데 그 복원 작업 전 과정이 '소생되는 겐지모노가타리에마키よみがえる源氏物語絵巻'라는 제목으로 NHK에 방송되는 등, 이 복원 프로젝트에는 많은 인원과 다양한 단체·기관이 동원되었다.

이와 같은 보존 작업·복원 모사 작업은 국보『겐지모노가타리에마키』의 원모습을 복원시켜, 후대에 전하는 데 이바지했을 뿐 아니라, 연구에 더욱 박차를 가하는 계기가 되었다. 현재 헤이안 시대 원작과 더불어 이를 세밀하게 재현해 낸 복원 모사 작품을 동시에 우리가 감상할 수 있는 것은 이러한 작업과 노력의 성과라 할 수 있다.

17…四辻秀紀「尾張徳川家はどのようにして文化を継承してきたか」『文学·語学』205号, 2013, pp.74~75.

작품의 구성과 형태

국보 『겐지모노가타리에마키源氏物語絵巻』의 원형태는 『겐지모노가타리源氏物語』의 본문 일부분을 가나仮名 문자로 적은 그림설명문詞書과 그림絵 한 장면을 이어서 만든 두루마기 형식의 에마키絵巻로 되어 있다. 이는 종이를 이어 붙여 연속적으로 그림을 그린 연속식 에마키連続式絵巻가 아니라, 한 장에 그림 한 장면이 완결되도록 그린 단락식 에마키段落式絵巻의 형태로 되어 있다. 이와 같이, 본 작품은 그림 텍스트와 문자 텍스트가 결합한 것으로 그림과 문자를 동시에 해석하고 고찰하는 작업을 통하여 감상하는 작품이라 할 수 있다.

우선, 그림설명문은 잘게 자른 금은박 조각이나 가루가 뿌려져 있는 화려한 색채 종이를 사용하였고 그곳에 유려한 가나 문자仮名文字로 적혀 있다. 그 내용은 『겐지모노가타리』 본문 중 그림과 관련된 장면 일부분을 추출한 것으로 그 분량은 일정치 않아 짧게는 1장에서부터 길게는 8장까지 연결되어 있다. 그림의 경우, 약 43센티, 39센티인 두 종류 종이로 되어 있는데 그곳에 그림설명문의 본문 내용을 담은 한 장면이 그려져 있다.

앞서 [표1]에서 살펴본 바와 같이, 현재 국보 『겐지모노가타리에마키』는 『겐지모노가타리』 전권의 장면이 남아 있지 않고 그 일부분만 남아 있어 그 전모를 파악하기 어려운 실정이다. 현재 남아 있는 장면 중, 아키야마 데루카즈秋山光和는 「가시와기1柏木一」「가시와기2」「가시와기3」「횡적横笛」「방울벌레1鈴虫一」「방울벌레2」「유기리夕霧」「법회御法」의 그림 8점과 그림설명문이 애초 한 권으로 제작된 장면이라 추정하고 이를 '가시와기 그룹'이라 명명命名하였다.[18] 이들 장면을 보면, 『겐지모노가타리』 한 권당 1~3장면이 추출되어 그려져 있음을 알 수 있다. 이와 같이, '가시와기 그룹'이 제작 당시 두루마기 원형을 그대로 보존하고 있는 것이라면, 국보 『겐지모노가타리에마키』 전 작품에서도 '가시와기 그룹'과 동일한 숫자로 장면 선별을 하였을 것으로 추정된다. 이에 의해 전체 규모를 환산해 보면, 『겐지모노가타리』 원작이 총 54권이므로, 국보 『겐지모노가타리에마키』의 그림은 총 80~90점이 있었을 것으로 상정된다.

이와 같은 본 작품의 장면은 장면마다 화풍画風이나 서풍書風이 서로 다르고 그룹별로 그 차이가 확연한 것으로 보아, 몇 개의 그룹으로 나뉘어 제작된 것으로 보인다. 현재는 서풍의 유형으로 보아 보통 5그룹 정도가, 화풍으로는 4종류의 그룹이 관여한 것으로 보는 설이 가장 유력하다. 이를 표로 제시하면 다음과 같다.

[표2]를 보면 각 권은 일반적으로 서풍과 화풍이 서로 일

[표2] 국보『겐지모노가타리에마키源氏物語絵巻』의 서풍/화풍 분류[19]

그림 권명卷名	그림설명문詞書의 서풍書風	그림絵의 화풍画風
「가시와기1柏木一」「가시와기2柏木二」「가시와기3柏木三」「횡적橫笛」「방울벌레1鈴虫一」「방울벌레2鈴虫二」「유기리夕霧」「법회御法」	Ⅰ류類	A 류
「무성한 쑥蓬生」「관문関屋」	Ⅱ류	D 류
「그림 경연絵合」「솔바람松風」		그림 x
「와카무라사키若紫」「스에쓰무하나末摘花」「햇고사리早蕨」「겨우살이1宿木一」「겨우살이2宿木二」「겨우살이3宿木三」「정자1東屋一」「정자2東屋二」	Ⅲ류	C 류
「다케카와1竹河一」「다케카와2竹河二」「하시히메橋姫」	Ⅳ류	B 류
「옅은 구름薄雲」「소녀少女」「반딧불이蛍」「패랭이꽃常夏」	Ⅴ류	그림 x

치하는데, 다만 그림설명문만 존재하고 이에 대응하는 그림이 현존하지 않는 단간도 존재한다.

원래 서풍은 일찍이 1926년(쇼와昭和 원년) 다나카 신비田中親美에 의한 4종류 분류법이 정설로 되어 왔다. 하지만, 1959년(쇼와 34년)「반딧불이蛍」그림설명문 단간이 발견되면서, 고마쓰 시게미小松茂美가 이 단간과「옅은 구름薄雲」의 단간이 기존의 서풍과는 다른 종류라 밝히고 이를 Ⅴ류類 서풍으로 분류하였다.[20] 이후, 1971년(쇼와 46년)에 발견된「패랭이꽃常夏」그림설명문 단간도 Ⅴ류 서풍임이 확인되면서, 현재 본 작품은 5종류의 서풍으로 분류하는 것이 일반적이다.

각 서풍의 특징을 보면, Ⅰ류는 우아하고 섬세한 필체로 헤이안 시대의 전통적인 미의식에 부합한 필체이다. 또한, Ⅱ류는 힘이 있고 자유로운 필선, Ⅲ류는 글자 모양이 일정치 않고 연결이 매끄럽지 못한 필체, Ⅳ류는 생기가 있고 역동적인 새로운 필체, Ⅴ류는 단간으로 행수가 많지 않아 특징을 단정하기 어려움이 있으나, 대체로 붓을 기울여 쓴 필선으로 강약이 있는 정돈된 필체라 평가받고 있다.[21] 또한, 그림화면의 경우, A류는 고전적이고 섬세한 화풍, B류는 선명하고 알기 쉬운 화풍, C류는 유연하고 명쾌한 화풍, D류는 자유롭고 대담한 화풍을 보이고 있다.

이 중, '가시와기 그룹'의 장면이 그림설명문의 서풍(Ⅰ류) 면에 있어서도 그림의 화풍(A류) 면에 있어서도 가장 빼어난 작품으로 인정받고 있다. 이와 같이, 본 작품은 한 사람이 아닌 여러 화가, 서예가 등의 협동 작업에 의해 제작된 것으로 당대 인적 인프라의 집약된 예술혼을 느낄 수 있다.

18...秋山光和「源氏物語絵巻の構成と技法」『平安時代世俗画の研究』吉川弘文館, 1964(2002年 復刊), pp. 213~264.

19...[표2] 서풍書風의 분류는 고마쓰 시게미小松茂美, 화풍画風의 분류는 아키야마 데루카즈秋山光和의 주장에 의거하였다(小松茂美「源氏物語絵巻の成立」『日本の絵巻』一, 中央公論社, 1987, 秋山光和 前掲書, pp. 213~264).

20...小松茂美「源氏物語絵巻詞書断簡"蛍"の巻の新発見をめぐって」『美術研究』第209号, 1960, pp.242~256.

21...名児耶明「源氏物語の書」『国宝源氏物語絵巻』五島美術館, 2010, pp.217~218, 佐野みどり『じくっり見たい源氏物語絵巻』小学館, 2000, pp.86~87.

작품의 장면 내용과 화법

앞서 말한 바와 같이, 국보 『겐지모노가타리에마키源氏物語絵巻』는 하나의 그림장면과 이를 설명하는 그림설명문詞書 본문으로 되어 있는 단락식 에마키段落式絵巻이다. 따라서 이러한 본 작품의 특성상, 당연히 『겐지모노가타리源氏物語』 스토리 전체가 아닌, 일부 장면만을 선별적으로 골라 회화화하는 작업이 선행되기 마련이다. 그렇다면 국보 『겐지모노가타리에마키』는 어떠한 장면 내용으로 되어 있을까? [표3]은 본 작품에 그려진 그림화면의 내용을 간략히 표시한 것이다.

이들 장면 중, 후대 '겐지에源氏絵'와 장면과 겹쳐지는 것은 「무성한 쑥蓬生」「관문関屋」「유기리夕霧」「다케카와2竹河二」「하시히메橋姫」「겨우살이1宿木一」「겨우살이3」뿐으로, 이외 대부분의 장면(「가시와기1柏木一」「가시와기2」「가시와기3」「횡적横笛」「방울벌레1鈴虫一」「방울벌레2」「법회御法」「다케카와1」「햇고사리早蕨」「겨우살이2」「정자1東屋一」「정자2」)은 후대 '겐지에'와 거의 장면이 겹쳐지지 않는 독자적인 장면 선택을 하고 있었다.

중세 이후, 많은 '겐지에'가 그려졌지만, 그림장면의 경우, 같은 장면을 되풀이하여 그리는 유형화, 고정화 경향이 뚜렷이 나타났다. 그 가운데, 특이하게도 국보 『겐지모노가타리에마키』의 장면은 후대에 거의 계승되지 않았다. 중세 이후, '겐지에'에 주로 등장하는 유형화 장면은 연애 장면이나 혹은 의례·연회 장면이었다. 『겐지모노가타리』 중, 그림으로 그려질 만한 장면을 추출하여 적어 놓은 오사카여자대학 부속도서관 소장본大阪女子大学附属図書館所蔵本 『겐지모노가타리에고토바源氏物語絵詞』에 의하면, '겐지에'에 등장하는 장면은 남녀 대면 장면男女対面の場面, 하룻밤을 보낸 다음 날 장면後朝の場面, 방문길 장면訪問の途次の場面, 엿보는 장면垣間見の場面 등과 같은 연애 장면이 대다수를 차지하였고 그 다음으로 의례·연회 장면이 많이 그려졌다.[22]

이와 같이, 중세 이후 '겐지에'가 대부분 연애 장면이나 의례·연회 장면을 중심으로 그려진 데 비해, 국보 『겐지모노가타리에마키』의 경우, 이러한 후대 유형화 장면과는 달리, 인물 간의 내면 심정이나 인간사가 잘 표출되는 장면이 채택되어 있다. 물론 국보 『겐지모노가타리에마키』에서도 연애 장면이나 의례·연회 장면이 등장하지 않는 것은 아니다. 「하시히메」「다케카와2」와 같이, 남성이 여성을 엿보는 연애 장면도 존재하며, 「가시와기3」「겨우살이2」와 같이, 의례·연회 장면도 등장한다. 하지만 「가시와기3」의 경우, 가오루薫의 50일 생일 축하연御五十日の祝이라는 연회 장면을 그리고 있지만, 연회 자체를 다루고 있다기보다, 겐지源氏가 가오루를 안고 자신의 숙명을 생각하는 모습이 클

[표3] 국보『겐지모노가타리에마키源氏物語絵巻』의 그림화면 내용

그림 권명巻名	그림화면의 내용
「무성한 쑥蓬生」	겐지源氏가 스에쓰무하나末摘花의 황폐한 저택으로 들어가 재회하려는 장면
「관문関屋」	겐지 일행이 오사카 관문逢坂の関에서 귀경하는 우쓰세미空蝉 일행과 조우하는 장면
「가시와기1柏木一」	스자쿠 상황朱雀院이 딸인 온나산노미야女三宮를 병문안하러 로쿠조인六条院을 방문, 겐지와 함께 대면하는 장면
「가시와기2柏木二」	중태에 빠진 가시와기柏木를 친우인 유기리夕霧가 병문안하는 장면
「가시와기3柏木三」	가오루薫의 50일 생일 축하연御五十日の祝에서 겐지가 가오루를 안고 감회에 젖어 있는 장면
「횡적横笛」	침실에서 구모이노카리雲居雁가 우는 아이를 달래고 있고 남편인 유기리가 이를 쳐다보는 장면
「방울벌레1鈴虫一」	방울벌레 소리에 귀 기울이며 겐지와 온나산노미야가 증답하는 장면
「방울벌레2鈴虫二」	레이제이 상황冷泉院 저택에서 겐지를 비롯한 귀공자들이 달맞이 축연을 하는 장면
「유기리夕霧」	이치조미야슨도코로一条御息所의 편지를 유기리가 읽으려는 찰나, 뒤에서 구모이노카리에 이를 가로채는 장면
「법회御法」	무라사키노우에紫上의 임종 전, 그녀의 처소로 겐지와 아카시 중궁明石中宮이 찾아와 같이 와카和歌를 증답하는 장면
「다케카와1竹河一」	가오루가 다마카즈라玉鬘 저택을 방문하여 여관女房과 와카를 증답하는 장면
「다케카와2竹河二」	다마카즈라의 딸들이 바둑 두는 모습을 구로토노쇼쇼蔵人少将가 엿보는 장면
「하시히메橋姫」	우지宇治의 하치노미야八宮 산장에서 가오루가 큰 아씨大君, 작은 아씨中君를 엿보는 장면
「햇고사리早蕨」	작은 아씨가 우지를 떠나 도읍에 있는 니오노미야匂宮의 저택인 니조인二条院으로 이사할 준비를 하는 장면
「겨우살이1宿木一」	금상 천황今上帝이 가오루와 바둑을 두면서 딸인 온나니노미야女二宮와의 혼담을 권유하는 장면
「겨우살이2宿木二」	니오노미야와 로쿠노키미六君와의 혼인 셋째 날三日夜 아침, 신혼방의 정경
「겨우살이3宿木三」	니오노미야와 작은 아씨가 앞뜰을 바라다보며 서로 와카를 나누는 장면
「정자1東屋一」	우키후네浮舟가 언니인 작은 아씨 처소에서 그림을 바라다보고 있는 장면
「정자2東屋二」	우키후네가 머무르는 산조 저택三条家으로 가오루가 찾아가, 툇마루簀子에 앉아 대면을 청하는 장면

22…오사카여자대학 부속도서관 소장본『겐지모노가타리에고토바』의 회화화 장면을 분석한 시미즈 요시코의 조사에 의하면 연애 장면이 135장면, 의례·연회 장면이 60여 장면으로 이들 장면이 회화 장면의 대다수를 차지한다고 한다(清水好子「源氏物語絵画の一方法—新史料「源氏物語絵詞」紹介」『国語国文』29号, 1960, pp.1~14).

로즈업되어 있다. 또한 「겨우살이2」 장면도 니오노미야匂宮와 로쿠노키미六君의 혼례를 다루고 있지만, 혼례식 행사 장면을 그리고 있는 것이 아니라, 혼인 셋째 날三日夜 아침, 신혼방의 정경을 그리고 있다. 이와 같이, 본 작품에서는 연애 장면, 의례·연회 장면이라 할지라도, 유형화된 그림 화면과는 달리, 주로 인간의 내면을 담아내고 다양한 인물 군상을 묘사하는 장면이 채택되어 있었다. 이러한 장면의 특성은 모노가타리物語 주제를 표현하는 데 적합한 화면으로 그리고자 하는 화가, 제작자의 의도가 반영된 것으로 보여진다.[23]

이와 같은 국보 『겐지모노가타리에마키』 그림화면 내 여러 인간 군상의 모습은 당시 헤이안 시대平安時代 건축물인 '신덴즈쿠리寝殿造'를 공간적 배경으로 하여 그려지고 있다. 국보 『겐지모노가타리에마키』 그림 중, 풍경화로 그려진 화면은 「관문」 한 장면에 불과하며, 대다수 그림은 '신덴즈쿠리' 건축물을 무대로 하고 있다. 그중에서도 등장인물이 '신덴즈쿠리' 밖에 배치되어 있는 장면은 겐지와 고레미쓰惟光가 정원에서 이동하는 「무성한 쑥」 장면과, 남성이 건물 밖에서 여성을 엿보는 「다케카와2」 「하시히메」뿐이다. 이 세 장면을 제외하고 본 작품에서 등장인물들은 모두 '신덴즈쿠리' 안에 배치되어 있는 것이다. 그림화면 내에서 건축 공간은 서까래長押, 툇마루簀子, 난간高欄, 주렴簾, 병풍屏風, 휘장几帳 등의 건축선建築線에 의해 공간이 분할되고 그 각각의 공간 안에 등장인물들이 배치되어 있다. 그와 같은 건축물 내 인물 배치는 신분 위계에 따라 엄격하게 위치 질서가 적용되었는데, 신분이 높을수록 건축물 안쪽 공간에, 여성과 남성일 경우에는 여성을 건물 안쪽에, 주객主客인 경우에는 주인을 건물 안쪽에 배치하는 식으로, 당시 헤이안 시대의 장소 질서에 따라 인물이 배치되어 있다.

그렇다면 이와 같이 각각의 실내 공간에 배치된 여러 등장인물들을 어떻게 하나의 그림화면 내에 전부 담아낼 수 있었을까? 그 방법으로 국보 『겐지모노가타리에마키』에서는 '후키누키야타이吹抜屋台'라고 하는 부감 구도를 사용하고 있다. '후키누키야타이'란 건축물의 지붕이나 천정을 그리지 않고 실내 모습을 위에서 사선으로 내려다보는 부감 시점으로 그린 것을 말한다. 이 기법으로 의해 국보 『겐지모노가타리에마키』의 그림화면에서는 건물 안쪽에 있는 인물도 툇마루에 앉아 있는 인물도 모두 그림화면에 그릴 수 있었으며, 실내 정경 구석구석을 하나의 그림화면에 동시에 담아낼 수 있었던 것이다.

또한, 국보 『겐지모노가타리에마키』의 남녀 등장인물들은 둥그런 타원형의 얼굴, 두꺼운 눈썹, 일직선의 가는 눈, 갈고리 모양의 코, 작은 입과 같이 모두 유사한 얼굴로 묘사되어 있다. 이와 같은 기법을 '히키메카기하나引目鈎鼻'라 하는데, 이는 본 작품뿐만 아니라, 헤이안~가마쿠라 시대鎌倉時代에 제작된 여러 왕조 에마키王朝絵巻에도 자주 등장하는 표현 기법이라 할 수 있다. 이는 일견 간단한 기법처럼 보이지만, 실제로는 가느다란 선을 여러 겹 겹쳐서 표현한 것으로, 그 미세한 선의 차이로 등장인물들의 미묘한 감정과 정서를 표출해 내고 있다.

이와 같이, 국보 『겐지모노가타리에마키』는 여러 등장인물의 심리와 삶에 밀착된 모습을 회화화함으로써 헤이안 당시 귀족들의 모습을 조영照影해 내고 있다. 본 작품은 이러한 인물 군상의 모습을 다양한 구도와 화법, 색채 등 화려한 기법을 구사하여 표현해 내고 있을 뿐만 아니라, 내용 면에 있어서도 『겐지모노가타리』 본문 내용에 대한 깊은 해석과 통찰이 엿보인다. 따라서 본 작품은 모노가타리 내용을 충분히 숙지하고 있는 귀족 감상층을 대상으로 하여 빼어난 화가·서예가 등의 제작자 집단의 풍부한 표현력이 탄생시킨 걸작이라 할 수 있다. 또한, 본 작품은 『겐지모노가타리』를 단순히 회화화·시각화한 작품이 아니라, 그림과 그림설명문을 동시에 활용하여 문자와 회화가 지니고 있는 표현력·전달력을 적절하게 활용하여, 『겐지모노가타리』의 스토리를 전하면서도 『겐지모노가타리』와는 또 다른 작품 세계를 구축하고 있다.

다음 3부에서는 국보 『겐지모노가타리에마키』의 그림화면과 그림설명문을 독해하고 감상해 가는 과정을 통해, 본 작품이 지닌 여러 상징적 코드를 발견하고 『겐지모노가타리』와는 또 다른 해석의 가능성을 느껴 보고자 한다.

23... 김수미 「국보 『겐지모노가타리에마키源氏物語絵巻』의 독자적인 場面에 관한 一考察」 『일어일문학연구』 제102집, 2017. 8, pp241~261.

3장

국보『겐지모노가타리에마키源氏物語絵巻』그림설명문詞書과 그림絵

작품 줄거리 및 배경

『겐지모노가타리源氏物語』「와카무라사키 권若紫巻」은 히카루 겐지光源氏가 평생 가장 사랑하는 여인, 와카무라사키若紫(무라사키노우에紫上의 어릴 적 이름)를 만나는 대목으로 유명하다.

젊은 시절 학질에 걸린 겐지는 이를 치료하러 기타야마北山로 향한다. 그 산중을 거닐다가, 섶 울타리小柴垣 집에서 한 소녀를 발견하고 놀라게 된다. 그 소녀, 와카무라사키는 겐지가 어릴 적부터 연모하던 후지쓰보藤壷와 똑 닮아 있었던 것이다. 겐지는 돌아가신 어머니, 기리쓰보桐壺를 닮은 후지쓰보를 연모해 왔지만, 아버지의 비妃인지라 내색하지 못하고 있었다. 그날 저녁, 겐지는 승도僧都의 초대를 받아 섶 울타리 집을 방문하게 되고, 그곳에서 승도로부터 그 소녀가 후지쓰보의 조카라는 사실을 알게 된다. 어머니를 여의고 할머니 슬하에 있는 와카무라사키의 처지를 듣게 된 겐지는 그녀의 할머니에게 결혼을 전제로 한 후견인을 자청하지만, 할머니는 그녀의 어린 나이 때문에 망설인다. 하산한 후에도 겐지는 와카무라사키를 잊지 못하고 계속 편지를 보낸다.

그 무렵, 후지쓰보가 병을 치료하러 사가에 잠시 나와 있을 때, 겐지는 여관女房인 오묘부王命婦를 포섭하여 그녀의 침소에 잠입, 하룻밤을 보낸다. 이로 인해 회임을 하게 된 후지쓰보는 계속되는 겐지의 편지에 응하지 않고 괴로워한다. 이 무렵 겐지는 이상한 꿈을 꾸게 되고 천황의 아버지가 될 운명과 상서롭지 못한 기운이 함께 있다는 해몽을 받게 된다. 이러한 사실을 모르는 기리쓰보 천황桐壺帝은 후지쓰보의 회임에 기뻐하며 더욱 총애하게 된다. 이 아이가 훗날 천황에 오르게 되는 레이제이 천황冷泉帝으로 이로 인해 겐지는 준태상 천황准太上天皇 자리에 오르게 된다.

한편, 와카무라사키의 할머니가 돌아가신 후, 그동안 그녀를 돌보지 않았던 부친 효부쿄노미야兵部卿宮가 그녀를 맡으려 하자, 겐지는 한발 앞서 와카무라사키를 자신의 저택으로 데려온다. 겐지는 와카무라사키의 양육에 애정을 쏟게 되고, 이후 자신의 반려자로 맞이한다.

그림 단간絵断簡

[1-1] 도쿄 국립박물관東京国立博物館 소장

◉ 등장인물

- 히카루 겐지光源氏: 기리쓰보 천황桐壺帝과 기리쓰보 고이桐壺更衣 사이의 황자. 『겐지모노가타리源氏物語』의 남주인공
- 기타야마 승도北山僧都: 와카무라사키若紫의 조모祖母인 여승尼君과 형제지간

◉ 그림해설

본 그림화면은 겐지가 기타야마 승도 집에서 하룻밤을 머무른 후 귀경하기 전, 기타야마 승도와 함께 석별을 아쉬워하며 주연을 여는 장면이다. 겐지가 이끼가 낀 바위 위에 앉아 있고 승도가 마주 보며 앉아 있다. 겐지는 관冠을 쓴 평상복直衣 차림으로 오른손에 부채를 들고 있으며, 승도는 가사袈裟를 걸치고 있다. 배경으로는 푸른 산릉선이 보이고 오른쪽 상단 부분에 가파른 폭포가 자리 잡고 있다. 그 오른쪽 아래로 소나무가 한 그루, 중앙에 벚꽃나무가 세 그루 그려져 있다.

본 장면은 그림설명문詞書이 존재하지 않고, [1-1]의 그림 단간만이 전해져 오고 있다. 본 그림장면에 대응하는 내용을 『겐지모노가타리』에서 확인해 보면, 바위 위에 자리한 겐지의 위치나 폭포, 산이 공간적 배경으로 그려져 있는 점은 원문 내용과 동일하지만, 이 그림화면에서는 원문에 등장하는 도노추조頭中将, 사추벤左中弁과 같은 귀공자들의 모습은 찾아볼 수 없다.[1] 하지만 이들 귀공자들의 경우, 잘린 그림화면에 존재하고 있을 가능성도 있어 단순히 등장인물이 삭제된, 원작이 변형된 구도로 단정하기에는 신중을 기할 필요가 있다.

국보 『겐지모노가타리에마키源氏物語絵巻』에는 또 다른 「와카무라사키」의 장면으로, 그림설명문 단간 [1-2]가 남아 있는데, 여기에는 겐지가 도읍으로 돌아간 이후 와카무라사키 집을 방문하는 내용이 적혀 있다. 이는 『겐지모노가타리』에서 본 그림장면 이후 전개되는 대목으로, 즉 「와카무라사키 권若紫巻」에서는 적어도 2장면 이상이 추출되어 회화화絵画化된 것으로 파악된다.

한편, 본 그림은 무로마치 시대室町時代에 제작된 작품으로 알려져, 도쿄 국립박물관東京国立博物館에 소장되어 왔다. 이 그림을 보관한 상자에는 에도江戸 후기 저명한 화가이자 감정가인 스미요시 히로유키住吉広行(1755~1811)의 글이 적혀 있었는데, 그 문면[2]에 의하면, 이 그림의 화가는 도사 미쓰쿠니土佐光国, 즉 14세기 말~15세기 초 도사파土佐派 화가인 후지와라 미쓰쿠니藤原光国라는 것이다. 이로 인해, 이 작품의 제작시기가 무로마치 시대로 판단되어져, 그동안 국보『겐지모노가타리에마키』가 아닌 것으로 인식되어져 왔다. 더욱이, 이 그림에 그려진 겐지와 승도의 얼굴 표현 또한, 본 작품과는 전혀 다른 묘법으로 되어 있고, 이질적인 색감이라는 사실도 그동안 이 그림을 국보『겐지모노가타리에마키』와는 다른 작품으로 파악하게 한 원인 중 하나였다.

하지만, 이후 1977년 X선 사진을 이용한 아키야마 데루카즈秋山光和의 연구 성과에 의해, 본 그림은 국보『겐지모노가타리에마키』「와카무라사키」 단간으로 인정받게 된다. 아키야마에 의하면, 본 그림 [1-1]에 그려진 겐지 의복의 둥근 가라하나 문양唐花の丸文은 헤이안 시대 양식으로서 국보『겐지모노가타리에마키』에 그려진 의복 문양과 일치하며, 배경으로 그려진 벚꽃나무 꽃잎 문양과 산능선의 완만하고 유려한 선도 본 작품의 기법과 일치한다고 주장한다.[3] 또한 본 작품과는 다른 묘법으로 파악되던 인물의 얼굴 표현이나 의복·색채 등의 경우도 후세에 수정·가필된 것으로, 원작의 필체가 변형된 것으로 평가받고 있다.[4]

이와 같은 과정을 통해 본 그림은 현재 국보『겐지모노가타리에마키』의 목록에 수록되어 있다. 비록 단간이긴 하지만,「관문関屋」과 더불어, 산수 풍경을 공간적 배경으로한 보기 드문 화면으로, 작품 1부에 등장하는 젊은 시절 겐지의 모습을 확인할 수 있는 현존하는 유일한 그림장면이라 할 수 있다.

1...(귀공자)"몹시 아름다운 꽃 아래에서 잠시라도 발걸음을 멈추지 않고 그대로 돌아가는 것은 아쉬운 일입니다"라고 말씀하신다. 바위 그늘 이끼 낀 곳에 나란히 앉아 술잔을 드셨다. 떨어져 내리는 물의 풍경 등, 매우 운치 있는 폭포 근처였다. (「와카무라사키 권」 p.223)
(公達)「いといみじき花の蔭に、しばしもやすらはずたちかへりはべらむはあかぬわざかな」とのたまふ。岩隠れの苔の上に並みゐて、土器まゐる。落ち来る水のさまなど、ゆゑある滝のもとなり。(「若紫巻」p.223)

2...「겐지 와카무라사키, 기타야마 장소, 에마키의 단면, 두루마기 하나源氏若紫 北山之所 巻物之切 一軸」「도사 빈고노카미 미쓰쿠니의 그림土佐備後守光国筆」.

3...秋山光和「『若紫』図残欠と『源氏物語絵巻』」『図説日本の古典7源氏物語』集英社, 1978, pp. 136~139.

4...『国宝源氏物語絵巻』五島美術館, 2010, p.22.

「와카무라사키若紫」 그림설명문詞書

그림설명문 단간詞書断簡

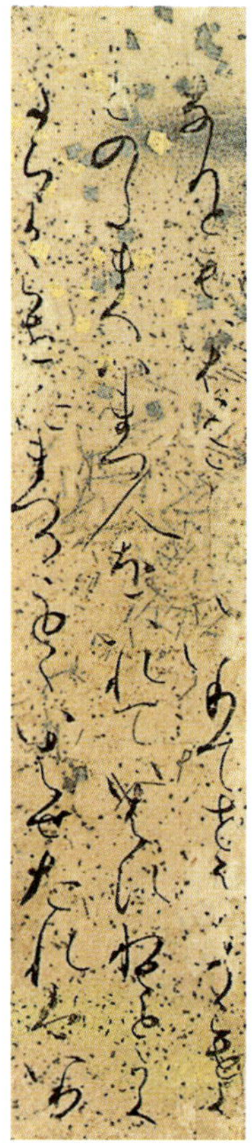

[1-2]
개인 소장

◉ **원문** 原文

なむともいはさりしいりてせうそこせよ
とのたまへはまつ人をいれていはすわさとかく
たちよらせたまへることゝいはせたれはいり

◉ **석문** 釈文

(源氏)「……なむとも言はざりし。入りて消息せよ」とのたまへば、まづ人を入れて言はす。わざとかく立ち寄らせ給へることと言はせたれば、入り……

◉ **한국어 번역**

(겐지源氏) "……얘기를 해 주지 않았는가. 들어가서 소식을 전하거라"라 말씀하시고, 먼저 사람을 저택 안으로 들여보내 말을 전하게 하였다. 겐지가 이처럼 일부러 찾아오셨다는 사실을 알리라 시키니, 수행원이 안으로 들어가……

작품 줄거리 및 배경

유가오夕顔가 죽은 후, 실의에 빠져 있던 겐지源氏에게 묘부命婦는 고故 히타치노미야常陸宮의 딸인 스에쓰무하나末摘花의 이야기를 꺼낸다. 홀로 남겨진 황실 혈통의 여인이 거문고를 즐겨 탄다는 내용에 겐지는 마음이 동한다.

어느 봄날 밤. 겐지는 묘부의 안내로 스에쓰무하나의 집 정원에 잠입, 그녀의 거문고 소리를 듣게 된다. 때마침 그녀를 만나고자 그 근처를 서성대는 도노추조頭中将와 마주치게 되고 이후, 겐지와 도노추조는 스에쓰무하나의 마음을 얻고자 서로 경쟁하게 된다. 드디어 겐지는 묘부의 중재로 도노추조보다 먼저 스에쓰무하나와 만나는 데 성공하지만, 뭔가 자신의 기대와는 다른 그녀의 분위기에 실망을 하게 되고 점차 발걸음이 뜸해졌다. 눈 내리던 어느 겨울날 밤, 모처럼 겐지는 스에쓰무하나를 찾아가 하룻밤을 같이 보낸다.

다음 날 아침, 겐지는 스에쓰무하나에게 눈이 쌓인 정원을 같이 보자며 권하게 되고 스에쓰무하나는 마지못해 방 안쪽에서 나오게 된다. 이때 겐지는 마침내 스에쓰무하나의 얼굴을 처음으로 자세히 보게 되는데, 기대와는 달리 그녀의 추한 용모에 경악한다. 하지만 겐지는 그녀의 성실한 인품과 빈곤한 처지를 생각하여 그녀를 돌봐 주려 마음을 고쳐먹는다.

그 무렵, 겐지는 자신의 저택인 니조인二条院으로 데려온 와카무라사키若紫가 아름답게 성장하는 모습을 바라보는 것을 낙으로 삼으며 지내고 있었다.

「스에쓰무하나末摘花」 그림설명문詞書

그림설명문 단간詞書断簡

[1-3]
서예문화원書芸文化院 소장

◉ **원문** 原文

されはよとむねつふれたまふうちつきて
あなかたはとみ□るものははなゝりけりふ
とめそとまるふけむほさちのゝりものと

◉ **석문** 釈文

……さればよと、胸つふれ給ふ。うちつぎて、あなかたはと見ゆるものは、鼻なりけり。ふと目ぞとまる。普賢菩薩の乗物と……

◉ **한국어 번역**

……겐지源氏는 '역시 그렇군' 하고 가슴이 무너져 내렸다. 다음으로 보기 흉하게 생각되어지는 것은 코였다. 겐지는 바로 스에쓰무하나末摘花 코에 눈길이 멈춰졌다. 보현보살普賢菩薩이 탄다고 하는 코끼리 코처럼……

작품 줄거리 및 배경

스에쓰무하나末摘花는 히카루 겐지光源氏와 인연을 맺은 수많은 여인들 중 드물게 추녀로 등장하는 인물이다. 히타치노미야常陸宮 가문이라는 고귀한 왕실 혈통의 여성으로 등장하지만, 못생긴 외모에 고풍스런 성격, 서투른 재주 등 『겐지모노가타리源氏物語』에 등장하는 수많은 여성 캐릭터 중 특이한 인물 설정으로 유명하다. 겐지는 젊은 시절 그녀와 맺어진 후, 기대와는 전혀 다른 그녀의 못생긴 모습에 실망하여 발걸음을 끊게 되지만, 그녀의 곤궁한 처지를 가엾게 여겨 후견인이 되어 준다.

이후 시간이 흘러 겐지는 스마須磨 아카시明石 지방으로 내려가게 되고, 이에 스에쓰무하나의 생활은 더욱 궁핍해진다. 심술궂은 숙모가 그녀를 자기 딸의 하녀로 삼아 규슈九州 지방으로 데리고 가려 하지만, 스에쓰무하나는 황폐한 저택에서 생활고를 견디며 겐지를 기다린다.

겐지가 아카시에서 귀경한 지 반년이 지난 어느 초여름 날 밤, 겐지는 우연히 그녀의 집 앞을 지나가게 된다. 어디서 본 듯한 느낌이 들어 고레미쓰惟光를 시켜 동정을 살펴보게 하니, 그곳이 바로 스에쓰무하나의 저택이었다. 겐지는 이런 황폐한 저택에서 말없이 자신을 기다려 준 스에쓰무하나의 갸륵한 마음씨에 감동하게 되어 그녀를 찾아가 재회를 한다.

이후 겐지는 그녀의 황폐한 저택을 수리해 주고 다시 그녀를 돌봐 주게 된다. 그녀에게 다시 행복이 찾아오고 2년 후, 겐지는 신축한 자신의 저택인 니조히가시노인二条東院으로 스에쓰무하나를 맞아들인다.

제2지第2紙　　　　제1지第1紙

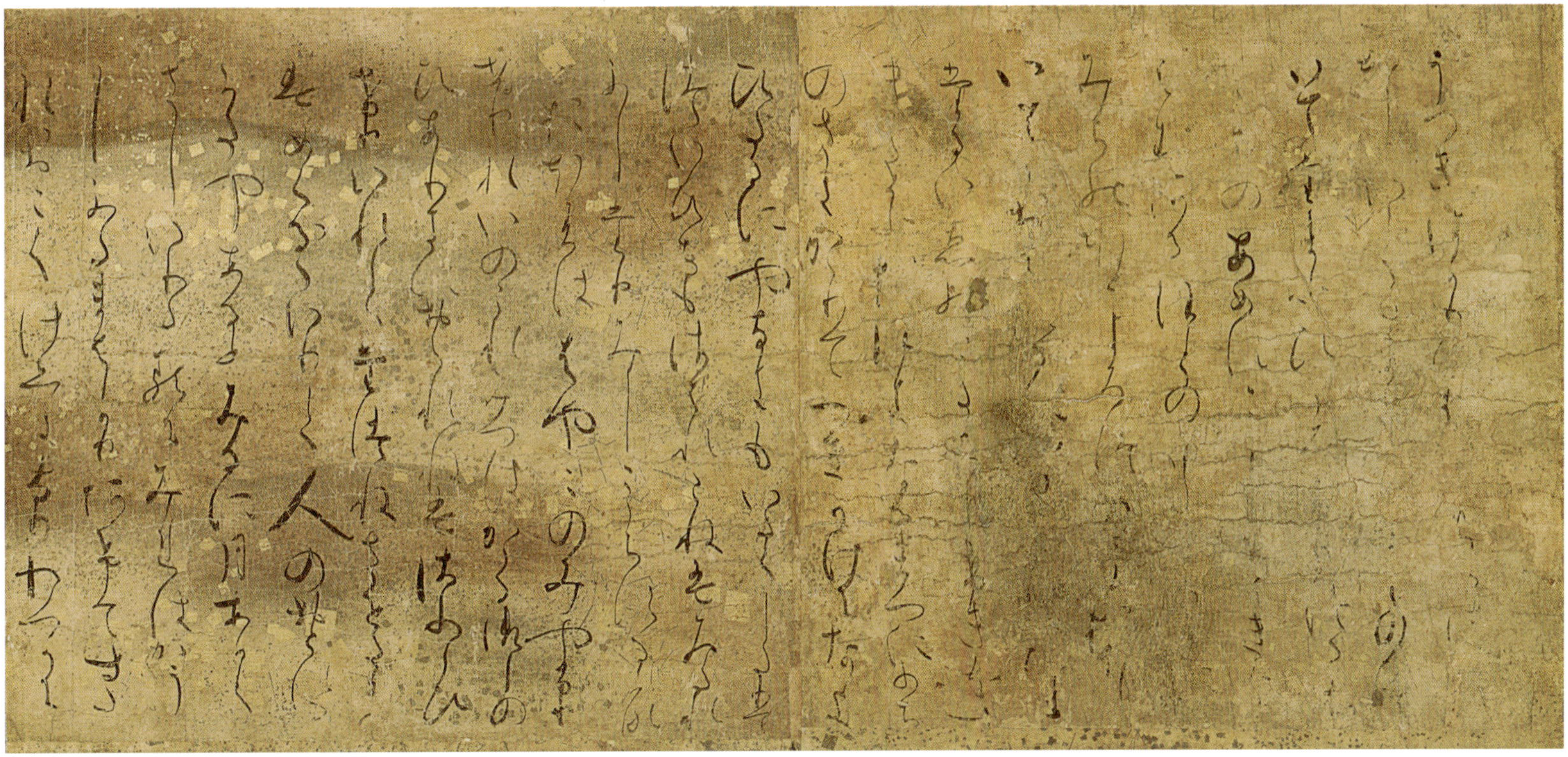

[1-4] 도쿠가와 미술관徳川美術館 소장

◉ 원문 原文

うつきはかり[に][は]□[ち][る][さ]□
ほしいてたま□しのひて
いてたまふひころふりつるな
こりのあめすこしそゝきて
えむあるほとのゆふ□[く][よ][に]
みちのほとよろつのことおほし
いてゝおは[す]るに[か][た]□[な]□[あ]れ
たるいゑのこたちしけきをす
きたまふおほきなるまつにふち
のさきかゝりてつきかけになよ
ひたるにやなきもいたくしたりて
ついひちもさはれらねはみたれ
ふしたりみしこゝちするかな
とおほすはやこのみやなり
けりれいのこれみつはかゝる御しの
ひありきにおくれねはさふらひ
けりいれてたつねさせたまへ
はめくる／＼いりて人のおとする
かたやあるとみるに月あかく
さしいりたるにみれはかう
しふたまはかりあけてすた
れおこくけしきなりわつかに

제4지第4紙

제3지第3紙

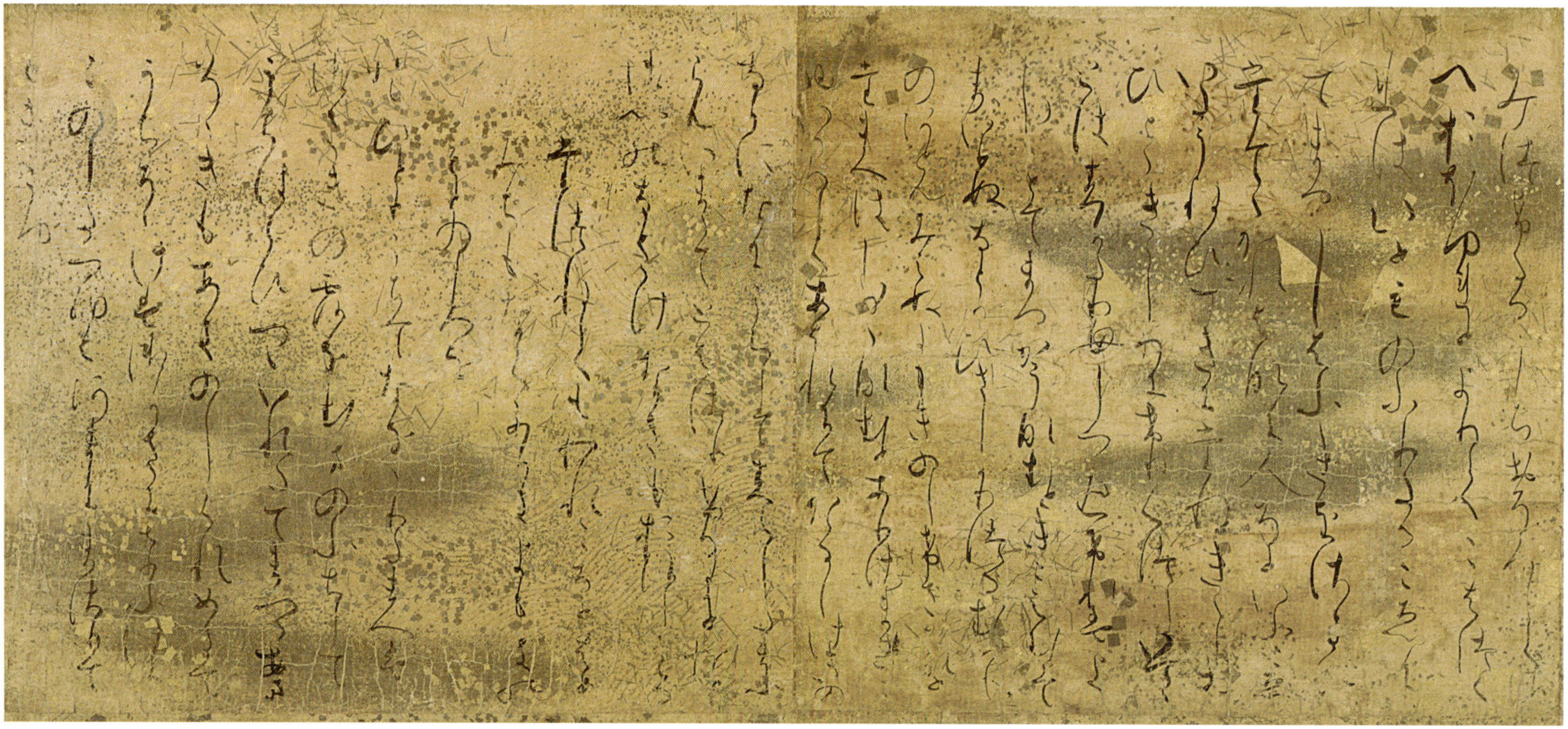

[1-5] 도쿠가와 미술관徳川美術館 소장

● **원문** 原文

みつけたるこゝちおそろしくさ
へおほゆれとよりてこはつく
れはいとものふりたるこゑに
てまつしはふきをさきに
たてゝかれはなに人そといふこゑ
いたうねひすきにたれときゝしお
ひとゝきゝしりにけりくつしいてゝ
とはすかたりもしつへけれはよ
し〱とてまつかうなむときこえむとて
まいりぬなとかひさしかりつるむかし
のあともみえぬよもきのしけさかなと
たまへはしか〱なむとありさまきこ
ゆいみしくあはれにてかゝるしけきの
なかになにこゝちしてすくしたまふ
らむまゝてとはさりけるよとわか
御心のなさけなさもおほしゝらる
　たつねてもわれこそとはめ
　みちもなくふかきよもきの
　もとのこゝろを
とひとりこちてなをゝりたまへは
御さきの露をむまのふちして
うちはらひつゝいれたてまつるあま
そゝきもあきのしくれめきて
うちそゝけは御かさにさ[ふ]ふけに
このしたつゆはあまにまさりて
ときこゆ

◉ 석문 釈文

卯月ばかりに、花散里 思し出で給 、忍びて出で給ふ。日ごろ降りつる名残の雨少しそそきて、艶あるほどの夕月夜に、道の程、よろづのこと、思し出でておはするに、かた な 荒れたる家の木立繁きを過ぎ給ふ。大きなる松に、藤の咲きかかりて、月影になよびたるに、柳もいたくしだりて、築泥もさはれらねば、乱れ伏したり。(源氏)「見し心地するかな」と思すは、はや、この宮なりけり。

例の、惟光は、かかる御忍びありきに後れねば、さぶらひけり。入れて尋ねさせ給へば、めぐるめぐる入りて、(惟光)「人の音する方やある」と見るに、月明くさし入りたるに、見れば、格子二間ばかり上げて、簾動く気色なり。わづかに見つけたる心地、恐ろしくさへ覚ゆれど、寄りて声づくれば、いと物古りたる声にて、まづ咳を先に立てて、(老女房)「かれは何人ぞ」と言ふ声、いたうねび過ぎにたれど、(惟光)「聞きし老人」と聞き知りにけり。くづし出でて、問はず語りもしつべければ、(惟光)「よしよし」とて、(惟光)「まづ、かうなむと聞こえむ」とて参りぬ。(源氏)「などか、久しかりつる。昔の跡も見えぬ、蓬の繁さかな」と給へば、(惟光)「しかじかなむ」と、有り様聞こゆ。いみじくあはれにて、(源氏)「かかる繁きの中に、なに心地して、過ぐし給ふらむ。今まで訪はざりけるよ」と、わが御心の情けなさも、思し知らるる。

(源氏) 尋ねても我こそ訪はめ道もなく深き蓬のもとの心を

と、ひとりごちて、なを下り給へば、御さきの露を、馬の鞭してうち払ひつつ、入れ奉る。雨そそきも、秋の時雨めきてうちそそけば、(惟光)「御かさにさふらふ[候カ]。げに木の下露は雨にまさりて」と聞こゆ。

◉ 한국어 번역

4월경 겐지源氏는 하나치루사토花散里(겐지의 여인)가 생각이 나셔서 조용히 외출하셨다. 요즈음 계속 내리던 빗줄기가 조금씩 가늘어지는데, 아름다운 저녁달이 비추는 길목에서 여러 가지 일들을 떠올리며 계실 즈음, 때마침 형체도 분명한 황량한 집에 수풀이 무성히 자라난 곳을 지나가게 되셨다. 커다란 소나무에 등나무 꽃이 매달려 피어서는 달빛 아래 하늘하늘 흔들리고 있는데, 버드나무도 몹시 늘어져서는 무너진 담장도 개의치 않고 그 담장 위로 뒤엉켜 덮여 있다. 겐지는 '어디선가 본 느낌인걸……'이라 생각이 드시는데, 그도 그럴 것이 이곳이 바로 스에쓰무하나末摘花의 저택이었던 것이다.

늘 그래 왔듯이 고레미쓰惟光는 이러한 겐지의 밤나들이에 줄곧 따라다녔던지라, 이날도 겐지를 수행하고 있었다. 겐지가 고레미쓰에게 저택에 들어가 동정을 살피게 하시니, 고레미쓰는 이곳저곳 들여다보며 '사람 소리가 나는 데가 없나' 하고 살펴보았다. 달빛이 환히 들어오는 곳을 바라다보니, 격자문格子이 두 칸쯤 들어 올려져 있는 곳에 주렴簾이 흔들리는 기척이 있었다. 간신히 인기척을 발견했지만, 도리어 무서운 기분마저 들었다. 고레미쓰가 가까이 다가가서 소리를 내자, 몹시 나이 들어 쉰 목소리가 먼저 헛기침을 한 후에, "거기 누구시오?"라며 말을 건넨다. 매우 나이 든 목소리였지만, 고레미쓰는 노파의 목소리가 어디선가 들은 적이 있다는 것을 깨달았다. 여인이 말을 꺼내며 묻지도 않은 이야기를 장황하게 이어 갈 것 같아서, 고레미쓰는 "됐소. 됐소"라 말하며 "우선 그렇게 전하겠소"라며 자리를 떴다. (겐지)"어찌 이리 늦어졌느냐. 옛 자취라곤 남아 있지 않을 정도로 쑥이 무성하구나"라고 말씀하시니, "여차저차 된 겁니다"라고 고레미쓰가 자초지종을 전해 드렸다. 겐지는 스에쓰무하나가 몹시 가련한 마음이 들어 (겐지)"이처럼 황폐한 곳에서 어떤 심정으로 지내고 계셨던 걸까? 여태껏 난 찾아오지도 않았다니……"라며 자신의 무정함을 깨달았다.

(겐지)
찾아가리니
내가 찾아가리니
길조차 사라져
쑥 무성한 옛집에
변함없이 자리한 그대 마음 곁으로

라고 겐지는 혼잣말로 되뇌면서 수레에서 내리시자, 고레미쓰가 겐지 발치에 있는 이슬을 채찍으로 털어 내면서 안으로 들어갔다. 이슬방울이 떨어지는 것이 마치 가을비가 흩뿌려지는 듯하자, 고레미쓰는 "여기 우산이 있습니다. 정말이지 나뭇가지에서 떨어지는 이슬방울이 비가 내리는 것보다도 더 심하군요"라 말씀드렸다.

[1-6] 도쿠가와 미술관徳川美術館 소장

◉ 등장인물

- 히카루 겐지光源氏
- 고레미쓰惟光: 겐지의 시종
- 여관女房 1명: 스에쓰무하나末摘花를 모시는 나이 든 시녀

◉ 그림해설

본 그림은 겐지가 스에쓰무하나의 황폐한 저택으로 찾아가 그녀와 재회하는 장면을 그린 것이다. 본 그림장면에서는 이와 같은 남녀의 재회를 실내에서 두 남녀가 만나는 모습을 그리는 것이 아니라, 남성이 정원을 가로질러 여성의 거처로 이동해 가는 모습을 통해 재회 장면을 형상화하고 있다.

국보 『겐지모노가타리에마키源氏物語絵巻』 대부분의 장면이 건축 공간 내부에 있는 인물상을 그린 것인 데 비해, 이 장면은 본 작품의 현존하는 그림 중 유일하게 이동하는 인물상의 모습을 클로즈업해서 그리고 있다. 「하시히메橋姫」처럼 건물 밖에 있는 인물을 그린 경우는 있지만, 이 경우에도 이동하는 모습이 아닌, 밖에 서 있는 정지된 인물상을 그린 것이었다.

여기서 겐지를 보면, 화면 좌 → 우로 움직이고 있다. 에마키絵巻(두루마기 그림)의 경우, 그림을 오른쪽에서 왼쪽으로 펼쳐 가며 보는 것이 자연스런 감상법으로, 따라서, 화면 내 인물의 이동이나 감상자의 시선은 우 → 좌로 향하는 것이 일반적이다. 이와 같은 사실을 감안하면 여기서의 겐지의 이동 방향은 역행逆行하는 방향이라 할 수 있다.[1] [5. 기초지식 편-에마키의 기법: 시간 표현과 인물 이동 참조]

이와 같이, 본 그림화면은 겐지를 가장 왼쪽

에 두고 크게 사선으로 3등분 되는 구도構圖를 지니고 있다. 겐지와 고레미쓰 – 풀이 무성한 정원 – 스에쓰무하나의 저택과 여관 – 순으로 배치되어 있는데, 겐지와 여관의 경우, 전신이 아닌 신체 일부분만이 좌우 가장자리에 그려져 있다. 오히려 화면의 중심을 채우고 있는 것은 쑥, 괭이밥, 모초 등과 같은 여러 종류의 잡초들이다. 이와 같이 겐지와 스에쓰무하나 저택 사이를 잡초들로 가득 찬 공간으로 설정함으로써, 그동안 두 사람 사이에 존재했던 시공간적 거리감을 표현하고 있다(田坂栄一説).[2] 이러한 정원의 넓은 공간을 겐지가 역방향으로 이동해 스에쓰무하나 저택 쪽으로 향해 가는 것은, 그동안 떨어져 있었던 겐지와 스에쓰무하나 사이의 거리감을 회복하고 과거의 관계가 복원되는 것을 의미한다.

그림화면을 자세히 살펴보면, 화면 왼쪽 상단으로 소나무에 등나무 꽃이 걸려 있고 왼쪽 하단 가장자리로 쓰마오리 우산妻折傘을 쓴 겐지가 그려져 있다. 겐지는 두건烏帽子을 쓴 평상복直衣 차림을 하고 있으며, 그 앞을 고레미쓰가 채찍으로 풀잎 이슬을 털어 내며 인도하고 있다. 오른쪽 상단 가장자리에 스에쓰무하나의 황폐한 저택이 배치되어 있는데, 망가진 툇마루簀子와 심하게 파손된 난간高欄 등은 원작에 기술된 내용보다 더 강렬하게 스에쓰무하나의 곤궁한 처지를 시각적으로 전해 주고 있다. 그 툇마루 안쪽에 놓여진 주렴 틈 사이로 늙은 여관의 옆얼굴이 엿보인다. 이 그림화면에서 시종인 고레미쓰와 늙은 여관을 보면, 얼굴에 코의 융기와 눈동자가 그려져 있음을 알 수 있다. 이는 설화 에마키説話絵巻에 나타나는 기법으로, 국보 『겐지모노가타리에마키』의 일반적 얼굴 형태인 '히키메카기하나引目鉤鼻'(일직선의 눈과 갈코리 모양의 코)와는 다른 모습이라 할 수 있다. [5. 기초 지식 편-에마키의 기법: 히키메카기하나 참조]

그런데, 이 그림화면은 겐지와 스에쓰무하나의 재회 장면인데도 불구하고 정작 여주인공인 스에쓰무하나가 그려지지 않고 있다. 『겐지모노가타리源氏物語』 원작에는 겐지, 스에쓰무하나, 고레미쓰, 여관과 같이 4명의 인물이 등장하고 있지만, 본 작품의 그림설명문詞書에서는 스에쓰무하나와 관련된 기술이 삭제되어 있으며, 이에 대응하듯이, 그림화면에도 스에쓰무하나의 모습은 등장하지 않고 있다.

원작과 그림설명문을 비교, 대조해 보면, ① 스에쓰무하나가 돌아가신 아버지를 꿈에서 보고 나서 비에 젖은 건물 안을 여관에게 닦게 한 후, 와카和歌를 읊으며 아버지를 그리워하는 장면, ② 스에쓰무하나의 어눌한 말투 등, 그녀에 대한 부정적인 묘사, ③ 고레미쓰와 여관의 대화 부분, ④ 겐지가 스에쓰무하나와 만나는 것을 주저하는 부분 등, 원문에는 있지만 그림설명문에는 삭제되어 있는 부분이 도처에 존재한다. [4. 본문비교 편 참조]

다마카미 다쿠야玉上琢弥는 이 두 남녀의 재회는 우연히 이루어진 것이 아니라, 사실 스에쓰무하나의 아버지, 히타치노미야常陸宮의 영혼의 도움에 의해 이루어진 것이라 주장하며, 스에쓰무하나의 꿈은 이를 암시하는 것이라 설명한다.[3] 이와 같은 종래의 견해를 고려한다면, 그림설명문에서는 아버지와 관련된 원작의 중요한 내용 ①이 생략돼 있는 것이라 할 수 있다. 또한, ② ④와 같이, 원작에 기술되어 있는 스에쓰무하나에 대한 부정적 묘사가 그림설명문에서는 삭제돼 있다. 즉, 그림설명문에서는 두 남녀의 재회 장면을 기술하는 데 있어서, 겐지가 스에쓰무하나의 마음씨에 감동하여 그녀를 찾아간다는 사실을 부각시키고자 불필요한 부분을 생략하고 있는 것으로 생각된다. 이러한 그림설명문의 의도와 부합하듯, 그림화면에서도 추녀로 알려진 스에쓰무하나의 모습 또한 그려지지 않고 있다. 따라서 본 작품의 그림설명문과 그림화면은 『겐지모노가타리』 원작의 내용을 충실히 묘사한 것이 아니라, 남성이 황폐한 저택에 사는 가련하고 아름다운 여인을 찾아간다고 하는 당시 모노가타리物語에 자주 등장하는 유형적 패턴에 충실한 화면으로 재구성되어 있는 것이라 할 수 있다.

1...川名淳子『物語世界における絵画的領域—平安文学の表現方法』ブリュッケ, 2005, p.365.
2...田坂栄一『豪華源氏絵の世界 源氏物語』[新訂版] 学習研究社, 1999, p.82.
3...玉上琢弥『源氏物語評釈』3巻, 角川書店, 1965, p.448.

작품 줄거리 및 배경

우쓰세미空蟬는 『겐지모노가타리源氏物語』 작품에서 히카루 겐지光源氏가 접근한 첫 번째 연애 상대로 등장한다. 겐지의 구애를 받지만 이를 거절하여, 젊은 겐지의 마음속에 오랫동안 각인된 여성이다.

우쓰세미는 에몬노카미衛門督의 딸로 애지중지 자라나지만, 아버지가 돌아가신 후, 나이 든 이요노스케伊予介(그림설명문의 히타치노스케常陸介와 동일 인물)의 후처가 된다. 우쓰세미가 의붓아들인 기노카미紀伊守 집에 머무를 무렵, 당시 약관이던 겐지가 우연히 그곳을 방문하게 된다. 겐지는 옆 처소에 머무르는 우쓰세미에게 이끌려 불현듯 그녀의 침소에 침입하여 하룻밤을 지낸다. 불의에 당한 우쓰세미는 자신의 처지를 생각하며 계속되는 겐지의 구애를 거절하고 남편과 함께 임지로 떠나게 된다.

10여 년이 지난 후, 겐지는 스마須磨, 아카시明石로부터 돌아오게 되고, 그 이듬해 가을 히타치 지방관常陸介이던 남편의 임기가 끝나 우쓰세미도 다시 귀경길에 오른다. 우쓰세미 일행이 오사카 관문逢坂の関을 지날 무렵, 때마침 이시야마 절石山寺에 참배하러 가는 겐지 일행과 조우하게 된다. 겐지는 옛일을 그리워하며, 이전에 우쓰세미와의 만남을 주선해 주던 그녀의 동생, 고기미小君를 불러 그녀에게 자신의 마음을 전하게 한다.

세월이 흘러, 우쓰세미는 남편인 히타치노스케와 사별하게 되고 의붓아들인 가와치노카미河内守(이전의 기노카미)의 끈질긴 구애를 피하고자 출가를 결심한다. 그 이후 우쓰세미는 겐지의 저택인 니조히가시노인二条東院에 머물며 그의 보호 아래 불도에 전념하는 모습을 마지막으로 작품에서 사라진다.

제2지第2紙 제1지第1紙

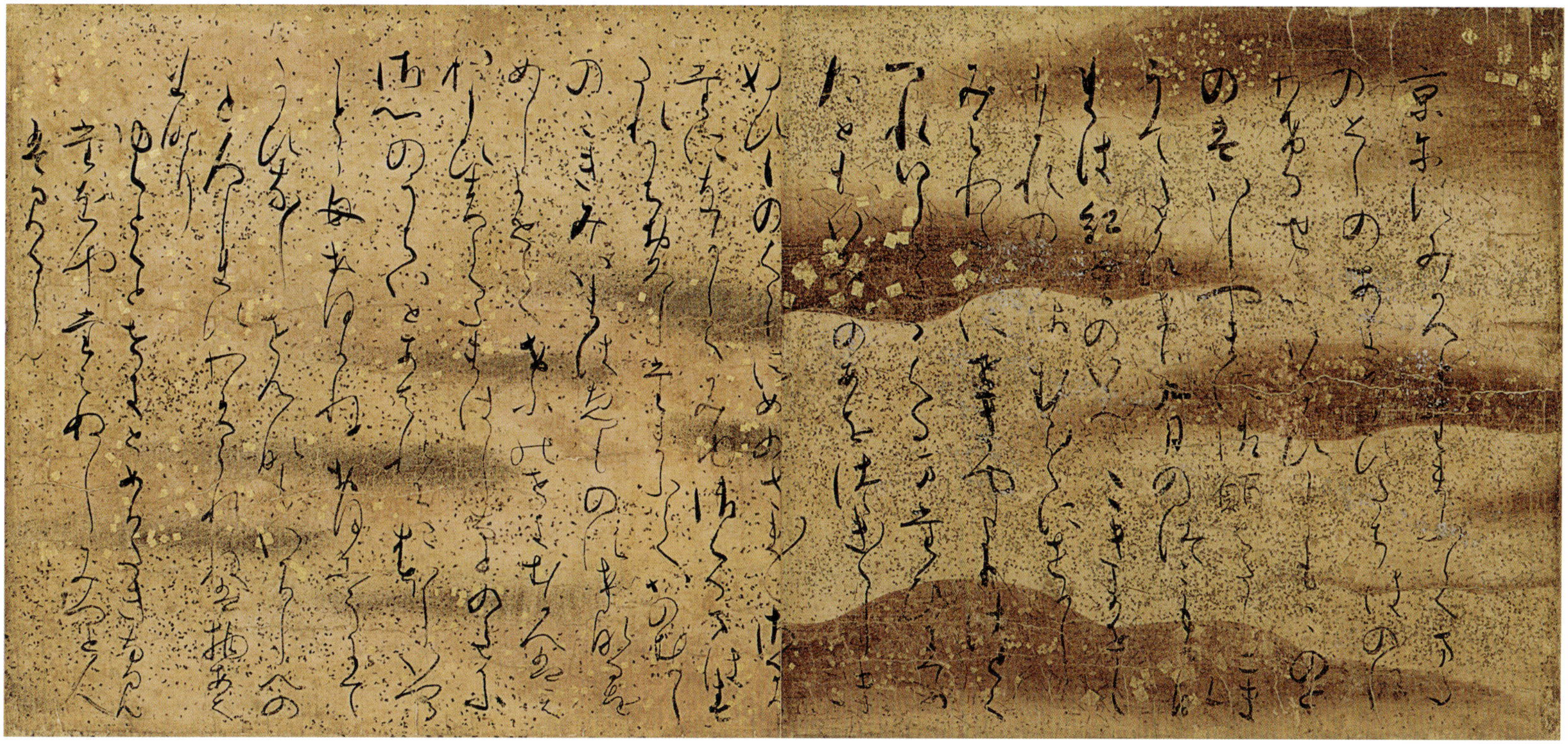

[1-7] 도쿠가와 미술관徳川美術館 소장

◉ 원문 原文

京にすみかへりたまふてまた
のとしのあきそひたちはのほ
りけるせきいるひしもこのと
のはいしやまに御願はたしにま
うてたまひけり九月のつこもりな
れは紅葉のいろ〳〵こきませし
もかれのくさむら〳〵にをかしく
みえわたるにせきやよりさとく
つれいてたるくるまたひすか
たともいろ〳〵のあをつき〳〵しき
ぬひものくゝりそめのさま〳〵さるか
たにをかしくみゆ御くるまはす
たれうちおろしたまふてかのむかし
のこきみいまはゑものすけなるを
めしよせてけふのせきむかへはえ
おもひすてたまはしなとのたまふ
御心のうちいとあはれにおほしいつる
ことゝもおほかれとおほそうにて
かひなしをんなもいにしへの
こと人しれすわすられねは物あは
れなり

ゆくとくとせきとめかたきなみ
たをやたえぬしみつと人
はみるらん

◉ 석문 釈文

京に住み帰りたまふて、またの年の秋ぞ常陸は上りける。関入る日しも、この殿は、石山に御願はたしに詣で給ひけり。

九月晦日なれば、紅葉の色々こきまぜ、霜枯れの草むらむらにをかしく見えわたるに、関屋よりさと崩れ出でたる車、旅姿ども、色々の襖(あを)つきづきしき縫物、括り染の様々さる方にをかしく見ゆ。

御車は簾うちおろし給ふて、かの昔の小君、今は衛門佐(えもののすけ)なるを召し寄せて、(源氏)「今日の関迎へは、え思ひ棄て給はじ」などのたまふ。御心のうち、いとあはれに思し出づることども多かれど、おほぞうにて甲斐(かひ)なし。女も、いにしへのこと人知れず忘れねば、ものあはれなり。

(空蝉) 行くと来とせきとめがたき涙をや絶えぬ清水と人は見るらん

◉ 한국어 번역

이윽고 겐지源氏가 도읍으로 돌아와 살고 있을 무렵, 그 이듬해 가을 히타치노스케常陸介가 귀경하게 되었다. 히타치노스케가 오사카 관문逢坂の関으로 들어서는 바로 그날, 겐지도 이시야마 절石山寺에 소원이 성취됨을 감사드리러 참배하러 가는 길이었다.

9월 말일이라 단풍이 형형색색으로 뒤섞여 있고 서리에 시든 풀잎이 여기저기 무리 져서 아름답게 펼쳐져 있는 가운데, 그 관문関屋으로부터 갑자기 수레가 들어왔다. 겐지 일행은 갖가지 색상의 사냥복과 이에 어울리는 자수, 염색을 한 여행 복장을 하고 있었는데, 장소와 잘 어우러져 운치 있게 보였다.

겐지는 수레의 주렴을 내린 채로, 지금은 우에몬노스케右衛門佐가 된 예전의 고기미小君(우쓰세미空蟬 동생)를 불러들여 (겐지)"오늘 관문까지 당신을 마중 나온 이 내 마음을 부디 저버리지 말아 주십시오"라 전하였다. 겐지의 흉중에는 실로 그립게 떠오르는 일들이 많았지만, 다른 이의 전언으로는 이를 제대로 전할 수가 없었다. 여인도 옛일을 남몰래 잊지 못하고 있었기에 마음이 저려 왔다.

(우쓰세미)

관문을 넘어갈 때도 돌아올 때도
막기 어려웠던
이 내 눈물을
끊임없이 흐르는 샘물이라
그대는 보시는지요

[1-8] 도쿠가와 미술관徳川美術館 소장

◉ 등장인물

- 히카루 겐지光源氏 일행
- 우쓰세미空蝉 일행

◉ 그림해설

본 그림은 당시 야마시로 국山城国과 오우미 국近江国의 국경 지역에 설치되어 있었던 오사카 관문逢坂の関(현재 시가 현滋賀県 오쓰 시大津市)을 배경으로, 겐지 일행과 우쓰세미 일행이 조우하는 장면을 그리고 있다.

보통 인물을 중심으로 하는 국보『겐지모노가타리에마키源氏物語絵巻』의 여타 그림과는 달리, 본 그림화면은 유일하게 풍경화로 그려져 있다. 본 그림의 산수山水 풍경은 간고 절神護寺이나 뵤도인平等院에 있는 그림障屛画과 헤이안 시대平安時代의 불화仏画의 산수화 계통을 계승하는 것으로 평가받고 있다.[1]

하지만, 본 그림은 원형을 식별하기 어려울 정도로 보존 상태가 좋지 않아 복원에 어려움을 겪은 것으로 알려져 있다. 과학적 데이터에 의해 본 그림의 염료 원소를 분석한 결과, 산능선에 그려진 단풍나무의 경우, 각각의 유기염료를 섞어 그 단풍잎을 한 장 한 장 다양한 색채로 미묘한 색감을 살려 세밀하게 묘사하고 있음이 판명되었다.[2]

복원된 그림을 보면, 녹색과 군청색으로 그려

진 산들이 화면 도처에 겹겹이 보이며, 그 위로 단풍으로 물든 나무와 상록수가 자리 잡고 있다. 화면 중앙으로부터 약간 오른쪽에는 관문을 상징하듯, 여행자를 수호하는 도조 신의 사당道祖神の祠과 도리이鳥居(신사의 입구 문)가 보이며, 화면 왼쪽 윗부분에는 비와 호수琵琶湖가 위치하고 있다. 안개가 가로로 길게 드리워져 있는 가운데, 완만한 산릉 곡선 사이로 우차牛車와 말을 탄 일행, 종자들의 모습이 엿보인다.

본 그림화면의 구도構圖를 살펴보면, 오른쪽에는 겐지 일행, 왼쪽에는 우쓰세미 일행이 배치되어 있다. 겐지 일행은 오른쪽 → 왼쪽으로 이동하고 있으며, 우쓰세미 일행은 왼쪽 → 오른쪽으로 향하고 있다. 본 그림에서는 이 두 일행이 가운데 지점에서 서로 만나는 것으로 겐지와 우쓰세미의 재회 장면을 형상화하고 있는 것이다.

겐지 일행 선두에는 여행 복장을 한 사내 두 명이 말을 타고 앞장서서 나아가고 있다. 이어서 산릉에 가려져 우차 일부분만 보이는 것이 겐지가 타고 있는 수레로 추정된다. 그림설명문詞書에 아름다운 풍경과 인물의 복장에 관해 기술되어 있듯이, 그림화면에서도 단풍에 물든 운치 있는 산수 풍경과 겐지 일행의 화려한 모습들이 잘 어우러져 있다.

화면 왼쪽 끝에서 오른쪽으로 향하는 우차가 우쓰세미가 타고 있는 '팔엽차八葉車'이다. '팔엽차'란 수레를 덮고 있는 천에 여덟 잎의 문양을 새긴 것으로 당시 커다란 팔엽 문양의 경우, 상황上皇이나 친왕親王, 고관대작이, 작은 팔엽 문양의 경우, 중류 귀족이나 승려, 여관女房 등이 사용하는 식으로, 신분의 고하高下에 따라 사용하는 문양의 크기에 차등을 두었다. 특히, 우쓰세미의 '팔엽차'는 화면에서 다른 풍경에 가려지지 않고 그 모양새 전체가 뚜렷이 묘사되어 있으며 그 색감 또한 화사하게 표현되고 있어 여주인공의 수레를 매우 공들여 그린 흔적이 역력하다. 원작에는 우쓰세미 수레에서 흘러나온 소맷자락이 화려하고 품위가 있었다는 내용과 함께, 그러한 그녀의 아름다운 수레 모습에 겐지뿐만 아니라 겐지 일행이 모두 눈길을 멈추고 바라봤다고 적혀 있다. 그러한 원작의 내용은 그림설명문에는 생략되어 있지만, 그림에 우쓰세미의 화려한 팔엽차와 그 수레 밖으로 보이는 소맷자락을 그림으로써, 원문의 묘사를 그대로 화면에 시각적으로 담아내고 있다.

이외에도, 원작에는 ① 우쓰세미의 의붓아들인 기노카미紀伊守가 마중 나오는 부분, ② 기노카미와 우쓰세미 일행이 비와 호수를 지날 무렵, 겐지 일행과 부딪치는 것을 피하고자 길을 양보하는 모습 등이 자세히 기술되어 있는데, 이 부분 또한 그림설명문에는 생략돼 있다. [4. 본문비교 편 참조] 이러한 원작의 서술은 당시 겐지의 눈부신 영전과 위용을 묘사하는 부분으로, 겐지와 우쓰세미와의 신분 차를 극명하게 드러내는 부분이라 할 수 있다. 이와 같이, 문자 텍스트에 적혀진 구체적인 내용과 등장인물의 세세한 행동 등을 실제 그림화면에 전부 담아내는 것은 불가능한 일이지만, 그림 [1-8]을 보면, 겐지 일행의 행렬이 우쓰세미 일행보다 화면의 많은 부분을 차지하도록 그림으로써, 겐지의 권세와 행차의 위용을 표현해 내고 있다. 즉, 이는 그림화면의 공간배치·구도를 통해 원작의 내용을 묘사해 내는 그림만의 독특한 표현 논리로서, 문자나 글로 묘사하는 모노가타리物語의 표현 논리와는 다른 방식이라 할 수 있다.[3]

1...小松茂美編『日本絵巻大成1 源氏物語絵巻·寝覚物語絵巻』中央公論社, 1977, p.5.

2...『よみがえる源氏物語絵巻ー全巻復元に挑む』2006, NHK出版, p.33,『国宝源氏物語絵巻』五島美術館, 2010, p.36.

3...김수미「『源氏物語絵巻』における人物移動の構図ー「蓬生」「関屋」を一例にしてー」『일본연구』 제34집, 2013. 2, pp.149~168.

「그림 경연 絵合」

작품 줄거리 및 배경

궁중에서 벌어지는 화려한 그림 경연絵合(에아와세)을 배경으로 레이제이 천황冷泉帝 치세에 히카루 겐지光源氏와 도노추조頭中将가 서로 권력을 겨루는 모습이 그려져 있다.

어느덧 세월이 흘러 스자쿠 천황朱雀帝이 퇴위하고 레이제이 천황이 등극한다. 스마須磨, 아카시明石에서 돌아와 정계에 복귀한 겐지는 로쿠조미야슨도코로六条御息所의 딸을 자신의 양녀로 삼아 입궁시킨다. 그녀가 우메쓰보노 뇨고梅壺女御(사이구노 노교斎宮の女御, 이후 아키코노무 중궁秋好中宮)이다. 그 이전에 도노추조의 딸, 고키덴노 뇨고弘徽殿女御가 입궁하여 천황의 총애를 받아 왔지만, 그림을 좋아하는 레이제이 천황은 점차 그림을 잘 그리는 우메쓰보노 뇨고에게 마음이 기울기 시작한다. 이에 질세라 도노추조는 유능한 화가를 모아 그림 제작에 열을 올리고, 겐지도 가보로 소중히 보관하던 그림을 꺼내 천황에 바치려 한다.

이윽고 3월 후지쓰보藤壺 앞에서 '모노가타리 그림 경연物語絵合'(모노가타리 에아와세)이 열리게 된다. 우메쓰보노 뇨고는 『다케토리모노가타리竹取物語』와 『이세모노가타리伊勢物語』와 같은 옛이야기 그림을 내놓고, 고키덴노 뇨고는 『우쓰호모노가타리うつほ物語』와 『쇼산미노모노가타리正三位の物語』와 같이 당대 유명한 이야기를 그린 그림을 출품하였다. 우세를 가르기 어렵게 되자, 겐지는 천황 앞에서 다시 그림 경연을 하자고 제안한다. 어전에서 치러지는 행사 당일, 차례로 명품들이 등장하는 가운데, 여전히 우열을 가늠하기 어려웠다. 하지만, 마지막으로 겐지 측이 내놓은 '스마 그림 일기須磨絵日記'(겐지가 스마에서 보낸 적적한 생활을 소재로 하여 그린 그림 일기)가 사람들의 마음을 울리게 되고 마침내 우메쓰보노 뇨고 측이 승리하게 된다.

그날 밤, 겐지는 돌아가신 기리쓰보 천황桐壺帝을 그리워하며, 호타루 친왕蛍宮과 함께 학문과 예능에 관한 이야기를 나눈다. 겐지는 현재 자신의 영화栄華와 살아온 지난날을 반추하면서 새삼 인생의 무상함을 절감한다.

제2지第2紙 제1지第1紙

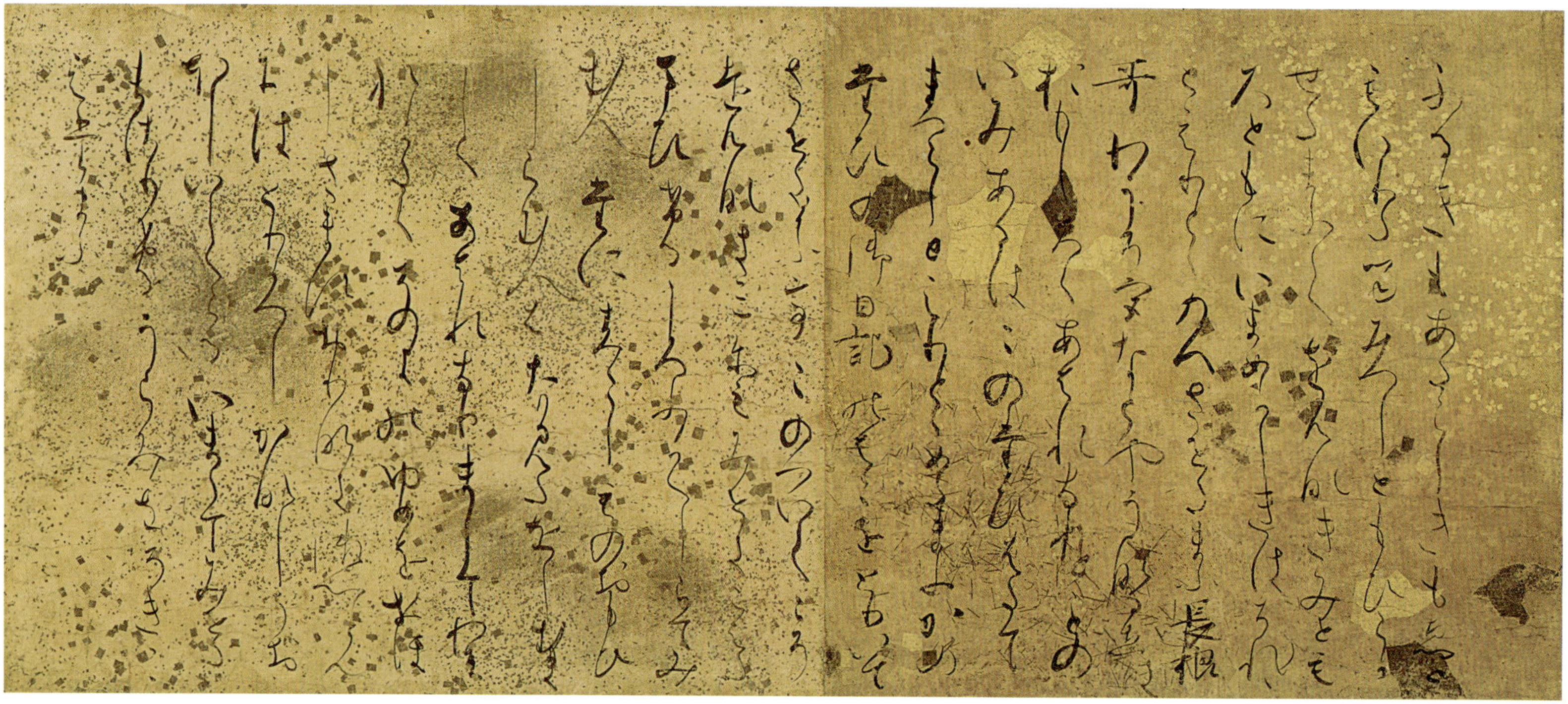

[1-9] 도쿠가와 미술관徳川美術館 소장

● 원문 原文

ふるきもあたらしきもゑと
もいりたるみつしともひらか
せたまふてをむなきみとも
ろともにいまめかしきはそれ〳〵
とえりとゝのへさせたまふ長根
哥わうそ宮なとやうなるゑは
おもしろくあはれなれとことの
いみあるはこのたひはたて
まつらしとえりとゝめたまふかの
たひの御日記のはこをとりいて
させたまふてこのついてこそ
をむなきみにもみせきこえた
まひけるこゝろふかくしらてみ
む人たにすこしものおもひ
しらむ人はなみたをしむま
しくあはれなりましてわす
れかたくそのよのゆめをおほ
しさますおりなき御心とも
にはとりかへしかなしうお
ほしいてらるいまゝてみせた
まさりけるうらみをそきこ
えたまふ

◉ 석문 釈文

古きも新しきも、絵ども入りたる御厨子(みづし)ども開かせ給ふて、女君ともろともに、いまめかしきはそれぞれと選(え)りととのへさせ給ふ。長恨歌、王昭宮などやうなる絵は、おもしろく、あはれなれど、事の忌(いみ)あるは、この度(たび)はたてまつらじと、選(え)りとどめ給ふ。

かの旅(たび)の御日記の箱を取り出でさせ給ふて、このついでこそ、女君にも見せ聞こえ給まひける。心深く知らで見む人だに、少しもの思ひ知らむ人は、涙惜しむまじくあはれなり。まして忘れがたく、その世の夢を思しさますおりなき御心どもには、とり返し悲しう思し出でらる。今まで見せ給はざりける恨みをぞ聞こえ給ふ。

◉ 한국어 번역

겐지源氏는 옛날, 오늘날의 갖가지 그림들이 들어 있는 궤를 여셔서는, 부인女君(무라사키노우에紫上)과 함께 색다른 것을 하나하나 골라 챙겨 두셨다. 장한가長恨歌, 왕소군王昭君과 같은 그림은 흥미롭고 마음 저미는 것이지만, 불길한 내용이라서 이번에는 올리지 않기로 하고 선택에서 제외했다.

겐지는 그 여행 일기旅の御日記('스마 그림 일기須磨絵日記'를 말함. 겐지가 스마에서 그린 그림 일기)를 담아 놓은 상자를 꺼내셔서는 이번 기회에 부인에게 보여 드렸다. 그때 사정을 자세히 모르고 보는 사람일지라도, 조금이라도 사리 분별이 있는 사람이라면 눈물을 적시는 심금을 울릴 만한 것이었다. 하물며 그 당시를 잊지 못하고 마치 악몽 같은 그 아픔에서 한시도 헤어나지 못하고 계시던 두 분은 이 그림을 바라보시며 슬프게 옛일을 떠올리셨다. 무라사키노우에 부인은 겐지가 지금까지 이 그림을 보여 주지 않은 것에 대해 섭섭함을 토로하셨다.

작품 줄거리 및 배경

히카루 겐지光源氏는 자신의 저택 니조히가시노인二条東院이 완공되자, 서쪽 별채西の対에 하나치루사토花散里를 불러들이고 동쪽 별채東の対에는 아카시노키미明石君를 맞이하려 한다. 지방 수령受領인 아카시노뉴도明石入道의 딸인 아카시노키미는 겐지가 아카시明石 지역에 머물렀을 당시 인연을 맺어 그의 딸을 출산한 여인이다. 겐지는 그녀에게 계속 상경을 재촉하지만, 아카시노키미는 자신의 신분 때문에 망설인다. 이에 아카시노뉴도는 도읍 가까이 오이大堰 강변 근처에 있던 증조부인 나카쓰카사노미야中務宮의 산장山荘을 수리하여 그곳에 딸을 이사시키려 한다. 겐지는 고레미쓰惟光로 하여금 산장의 수리를 도와주도록 지시하며 그녀를 맞이할 채비를 한다. 아카시노키미가 상경하는 날, 아카시노뉴도는 딸과의 이별을 아쉬워하며 당부의 말을 전한다.

이윽고 오이 산장에 아카시노키미 모녀가 도착하게 되고, 겐지는 무라사키노우에紫上에게 사가노 불당嵯峨野御堂에 들른다는 핑계를 대고 산장에 머무르는 그녀를 찾아온다. 그날 겐지는 아카시노키미와 오랜만에 다시 만나 지난날을 회상하며 감회에 젖는다. 그리고 처음으로 딸의 귀여운 모습을 보고 가슴이 벅차오름을 느낀다. 이 딸이 겐지의 외동딸로 이후 아카시 중궁明石中宮이 되는 아카시노히메키미明石姫君이다. 다음 날, 겐지가 귀경할 채비를 하는데, 도읍에서 겐지를 뒤쫓아 온 귀족들이 오이 산장에 모여들어 겐지는 아카시노키미와 시간을 보낼 틈도 없이 가쓰라노인桂院으로 자리를 옮겨 연회를 베풀게 된다.

이후, 겐지는 무라사키노우에를 생각하여 아카시노키미의 처소에는 한 달에 두어 번 들르는 것이 고작이었다. 겐지는 무라사키노우에에게 아카시노키미의 딸, 아카시노히메키미에 관한 이야기를 조심스레 꺼내며 양육을 부탁하는데, 아이를 좋아하는 무라사키노우에는 흔쾌히 이를 허락한다.

그림설명문 단간詞書断簡

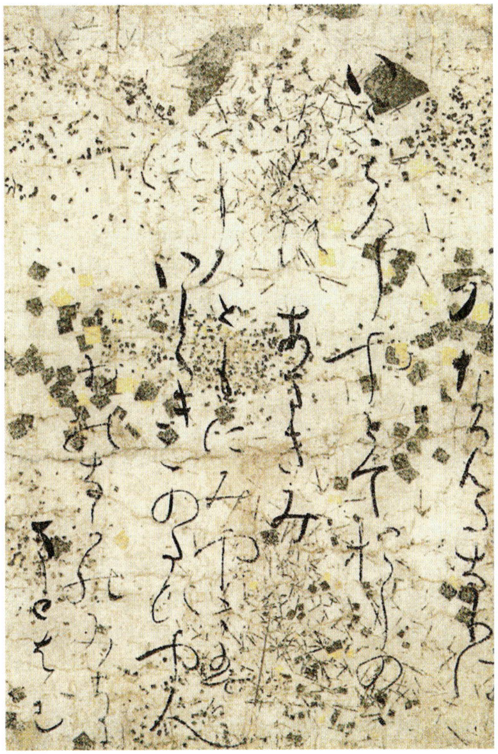

[1-10] 서예문화원書芸文化院 소장.

◉ **원문** 原文

のなみたなりけ□
いともろしやとておしのこ
ひかくす　あまきみ
もろともにみやこは
いてきこのたひや人
りのなかのみちに
まとはむ

◉ **석문** 釈文

(明石入道)……の涙なりけり
いともろしやとて、おしのごひ隠す。尼君
(尼君)もろともに都は出できこのたびやひとり野中の道にまどはむ

◉ **한국어 번역**

(아카시노뉴도明石入道)
……
눈물이려고
"정말이지 눈물이 많아졌구나"라며 눈물을 닦아 훔치셨다. 여승尼君(아카시노뉴도 부인)은

(여승)
도읍을 떠날 땐
그대와 함께였건만
이번 여행길은
나 홀로 들판에서
길을 헤매이려나

작품 줄거리 및 배경

히카루 겐지光源氏는 아카시노키미明石君와의 사이에서 태어난 고명딸, 아카시노히메키미明石姬君를 장차 입궁시키려고 마음먹고, 생모의 낮은 지위를 염려하여 무라사키노우에紫上의 양녀로 입적시키려 한다. 겐지는 오이 산장大堰山荘에서 쓸쓸히 겨울을 보내고 있는 아카시노키미에게 아이를 자신의 저택, 니조인二条院으로 데려가겠다고 말을 꺼낸다. 아카시노키미는 슬픔에 가슴이 메는 듯했지만, 모친의 권유에 따라, 아이의 장래를 생각해서 보내기로 결심한다.

그해 12월 아이를 데리러 오이 산장을 찾아온 겐지에게 아카시노키미는 딸을 맡긴다. 니조인에 도착하자마자, 어머니를 찾아 우는 아이를 달래며 무라사키노우에는 겐지에 대한 원망도, 아카시노키미에 대한 미움도 옅어진다. 겐지는 홀로 남겨진 아카시노키미가 안쓰럽게 생각됐지만, 아이의 양육을 위해 잘한 결정이라 위안한다. 니조인에서 아카시노히메키미의 '하카마기袴着'(어린아이가 처음으로 하의下衣를 입는 의식)가 성대히 행해지고, 이윽고 겐지의 딸로 맞아들여지게 된다.

그 무렵, 태정대신太政大臣이 돌아가시고 이어 후지쓰보藤壺도 세상을 떠났다. 겐지를 비롯하여 많은 사람들이 그 죽음을 애도하며 비통해했다. 49일이 지난 어느 날, 레이제이 천황冷泉帝은 후지쓰보 측근이었던 노승려로부터 자신의 친부가 겐지라는 사실을 알게 된다. 이에 레이제이 천황은 겐지에게 양위를 하려 하나, 겐지는 완강하게 이를 거절하면서, 한편으로 레이제이 천황이 혹여 출생의 비밀을 알게 된 게 아닐까 걱정한다.

그 무렵, 겐지는 니조인에 들른 우메쓰보노 뇨고梅壺女御와 함께 춘추 비교론春秋比較論에 대한 이야기를 나누다가 갑자기 자신의 연정을 토로한다. 하지만, 이를 뇨고가 받아 주지 않자, 무라사키노우에 처소로 돌아가 자신의 경솔한 버릇을 반성한다. 오랜만에 오이 산장을 찾아간 겐지는 아카시노키미와 옛일을 그리워하며 시간을 보냈다.

그림설명문 단간詞書断簡

[1-11] 마에다 가문 소장前田家旧蔵 이후 소재불명所在不明 현재 모사본模写本

◉ 원문 原文

たくひなくやはとおもふへきを
よにゝぬひかものなるおやのきこ
えなとこそくるしけれひとのほと
なとはさてもありぬへきものをな
とおほすはつかにあかぬほとにのみ
あれはにやこゝろのとかならすたち
かへりたまふもくるしくてゆめの
わたりのうきはしかとのみうちなけか
れてさうのことのあるをひきよせ
てかのあかしにてさよふけたり
しねもれいのおほしいてられて
ひわをわりなくせめたまへはす
こしかきあはせたりいかてかくのみ

◉ 석문 釈文

……類ひなくやはと思ふべきを、世に似ぬひがものなる親の聞こえなどこそ苦しけれ、人のほどなどはさてもありぬべきものを、などおぼす。はつかに、飽かぬほどにのみあればにや、心のどかならず立ち帰り給ふも苦しくて、「夢のわたりの浮橋か」とのみうち嘆かれて、箏の琴のあるを引き寄せて、かの明石にて小(さ)夜(よ)更(ふ)けたりし音(ね)も、例の思し出でられて、琵琶をわりなく責め給へば、すこし掻き合はせたり。いかでかくのみ……

◉ 한국어 번역

(겐지源氏)'……예가 없었던 것도 아니건만. 유례없이 괴짜라 소문나 버린 그녀 부친의 평판이 마음에 걸리는구나. 그녀 신분은 뭐 그런대로 괜찮기는 하다만……'이라고 생각하고 계셨다. 겐지는 잠시 그녀를 만나고 헤어지는 것이 아쉬웠던지, 서둘러 돌아가시는 것 또한 괴로워서 "꿈 나루터의 덧없는 다리浮橋이련가"라는 싯구만을 한숨지으며 읊조리셨다. 옆에 놓여 있는 쟁의금箏の琴을 겐지는 끌어당겨 놓고서, 그 아카시明石 해변에서 깊은 밤 들으셨던 그녀의 악기 음색이 또한 여느 때처럼 생각이 나셨던지, 비파琵琶를 타 달라고 재촉하셨다. 아카시노키미明石君가 겐지의 선율에 맞춰 잠시 연주를 하자, 겐지는 '어찌 이리 훌륭한 기량을……'

작품 줄거리 및 배경

히카루 겐지光源氏와 죽은 아오이노우에葵上(도노추조頭中将의 누이) 사이에서 태어난 유기리夕霧가 어느덧 성인식元服(겐푸쿠)을 치렀다. 겐지는 유기리 장래를 생각하여 예외적으로 6품六位에 불과한 미관말직으로 궁궐에 출사시키고 대학大学에서 학문에 전념케 한다.

그 무렵, 우메쓰보노 뇨고梅壺女御가 중궁中宮의 자리에 오르고, 겐지가 태정대신太政大臣이 된다. 내대신内大臣(이전의 도노추조)은 자신의 딸인 고키덴노 뇨고弘徽殿女御가 중궁 자리에 오르지 못한 것을 아쉬워하며, 다른 딸 구모이노카리雲居雁가 동궁비가 되는 것에 기대를 건다. 하지만 구모이노카리는 조모인 오미야大宮 슬하에서 같이 지내던 유기리와 사랑에 빠지고, 이를 알게 된 내대신은 노여워하며 구모이노카리를 자신의 저택으로 데려온다.

그해 고세치五節의 무희舞姫로 고레미쓰惟光의 딸이 선발되었다. 구모이노카리 일로 마음이 산란하던 유기리는 고레미쓰의 딸과 와카和歌를 서로 주고받게 되고, 이를 알게 된 고레미쓰는 기쁨을 감추지 못한다. 그 다음 해 2월, 스자쿠 상황朱雀院의 행궁行幸이 행해졌다. 이윽고 유기리는 문장생文章生 시험에 합격하고, 그해 가을에 5품五位인 지주侍従로 승진하였다.

그 무렵, 겐지는 로쿠조미야슨도코로六条御息所의 옛 저택을 수리하여 4초四町(토지면적의 단위, 1町=약1만 평방미터) 규모에 이르는 커다란 저택 조성에 착수한다. 새로이 완공된 저택에는, 동남쪽 건물에 겐지와 무라사키노우에紫上, 서남쪽 건물에 아키고노무 중궁秋好中宮, 동북쪽 건물에 하나치루사토花散里, 서북쪽 건물에 아카시노키미明石君가 각각 거주하도록 배치하였다. 이곳이 바로 겐지의 유명한 저택, 로쿠조인六条院이다.

「소녀少女」 그림설명문詞書

그림설명문 단간詞書断簡

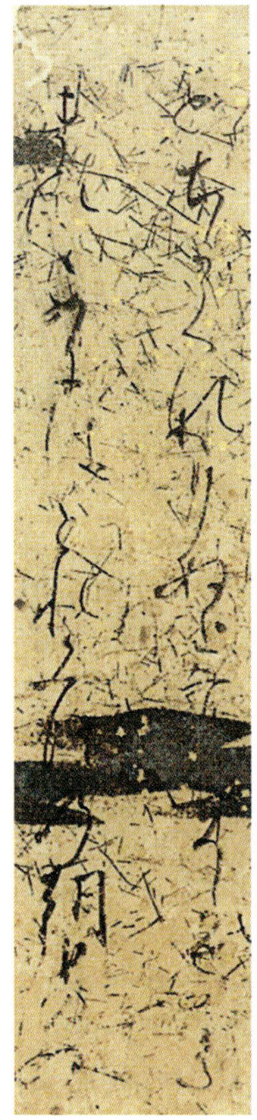

[1-12]
개인 소장

◉ **원문** 原文

とちかくなりぬとていそかせたまふ
まひゝぬにはこれみつの朝臣のつ

◉ **석문** 釈文

……と近くなりぬとて急がせ給ふ。
舞姫には、惟光朝臣の、津……

◉ **한국어 번역**

……날짜가 임박하여 서둘러 준비하셨다.
무희로는 고레미쓰 아손惟光朝臣인 셋쓰摂津……

작품 줄거리 및 배경

다마카즈라玉鬘는 도노추조頭中将와 유가오夕顔(도노추조의 애인. 이후 겐지源氏와 만남)의 딸로, 유가오 사후, 쓰쿠시筑紫 지방에서 자라난다. 아름답게 성인으로 성장한 다마카즈라에게 지방 호족인 다이후노겐大夫監이 청혼을 하게 된다. 무골 기질의 그가 무리하게 혼인을 추진하려 하자, 다마카즈라는 이를 피해 유모와 함께 상경한다.

다마카즈라 일행은 하세 절長谷寺에 참배하러 가는 도중, 이전에 유가오를 모시던 여관, 우콘右近(유가오 사후, 겐지를 모시며 로쿠조인六条院에 거주)과 우연히 만나게 된다. 이전부터 다마카즈라의 행방을 찾고 있던 겐지는 우콘의 소개로 다마카즈라와 만나게 되고 그녀를 자신의 양녀로 삼아 로쿠조인에 살게 한다. 이후, 모노가타리物語에서는 다마카즈라라는 로쿠조인의 새로운 여주인공을 둘러싸고 구혼담 이야기가 펼쳐진다.

로쿠조인에 아름다운 다마카즈라가 있다는 소문이 나자, 호타루 친왕蛍宮(겐지의 이복동생)을 비롯하여 귀공자들이 구혼하러 앞다투어 모여든다. 겐지는 그 구혼자들 중 호타루 친왕과의 교제를 권유하면서도 점차 그녀에게 이끌려 연심을 토로하게 된다. 봄비 내리던 어느 날, 호타루 친왕이 다마카즈라를 찾아오고 겐지는 일부러 그녀가 있는 곳에 반딧불이(개똥벌레)를 풀어놓는다. 호타루 친왕은 주렴 너머 어렴풋이 반딧불이에 비친 다마카즈라의 아름다운 모습을 보게 되고, 겐지의 계획대로 더욱더 그녀에게 매료된다. 장마가 계속되던 여름날, 로쿠조인 저택에서는 여인들이 모노가타리를 읽으며 한가로이 지내고 있었다. 겐지는 다마카즈라와 무라사키노우에紫上를 상대로 자신의 모노가타리론物語論을 들려주며 함께 느긋이 시간을 보낸다.

한편, 내대신内大臣은 로쿠조인에 아름다운 아가씨가 나타나 세간의 관심을 끌게 되자 이를 유감으로 생각한다. 그 여인이 유가오 사이에서 태어난 자신의 딸인지도 모른 채, 잃어버린 유가오 딸의 행방을 수소문하며 찾고자 한다.

그림설명문 단간詞書断簡

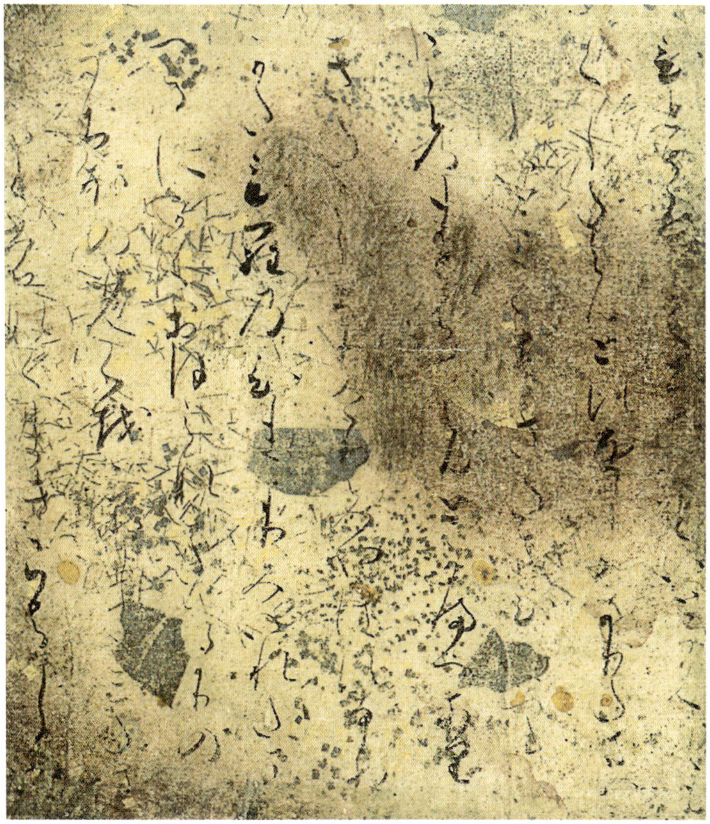

[1-13] 개인 소장

◉ 원문 原文

ひとさまかたち[な]といとかくしも
くしたらむとえをしはかりたまは
しいとよくすきたまひぬへき
こゝろまとはさむとかまへあり
きたまふなりけりみやはえならぬ
かたひらのひまよりみいれたま
へるにかくおほえなきひかりの
うちほのめくをゝかしとみたま
□□ともなくまきらはしつ

◉ 석문 釈文

……人ざま容貌(かたち)[な]ど、いとかくしも具(ぐ)したらむと、え推しはかり給はじ、いとよくすき給ひぬべき心まどはさむと、構へ歩(あり)き給ふなりけり。

宮はえならぬ帷子の隙より見入れ給へるに、かくおぼえなき光のうちほのめくを、をかしと見給[ふ。][ほ]どもなく紛らはしつ……

◉ 한국어 번역

(겐지源氏)'……다마카즈라玉鬘의 성품이나 용모 [등] 마저도 이처럼 훌륭히 겸비하고 있을 거라고 호타루 친왕蛍宮은 전혀 예상하지 못하고 계시겠지. 그 호색한 마음을 좀 괴롭혀 볼까'라고 이리저리 궁리하며 돌아다니셨다.

미야宮(호타루 친왕)는 아름다운 휘장 틈으로 안을 들여다보셨다. 이처럼 뜻하지 않는 빛이 그녀를 어렴풋이 비추고 있는 것을 아름답다고 생각하며 바라다보고 계셨[다.] [곧]바로 여관들이 반딧불을 보이지 않게 감추어 버렸다……

작품 줄거리 및 배경

한창 더운 여름날, 히카루 겐지光源氏는 로쿠조인六条院의 동쪽 쓰리도노東釣殿에서 유기리夕霧와 내대신内大臣(이전의 도노추조頭中将)의 아들들과 이야기를 나누고 있었다. 그 무렵, 내대신은 항간에서 자신의 딸이라 칭하는 고노에노키미近江君를 찾아내 딸로 맞아들였는데, 겐지는 고노에노키미를 화제에 올리며 농을 한다. 겐지는 자기 아들인 유기리를 사위로 맞아들이지 않으려는 내대신을 내심 불쾌하게 생각하던 참이었다. 겐지와 친부인 내대신과의 대립 관계를 알게 된 다마카즈라玉鬘는 마음이 불편하기만 하다.

한편, 내대신은 딸인 구모이노카리雲居雁가 홑옷 차림으로 낮잠을 자는 모습을 발견하고 훈계를 한다. 이내, 딸과 유기리와의 관계를 인정해 줄까 생각도 해 보지만, 겐지에게 지기 싫어하는 마음에 망설이게 된다. 하지만 더욱 큰 문제는 그 무렵 새로 딸로 맞아들인 고노에노키미였다. 귀족들의 생활 방식에 익숙지 않고 교양을 갖추지 못한 그녀의 돌발적인 행동은 곧 웃음거리가 되고, 내대신은 이제 와서 돌려보낼 수도 없어 그 훈육에 고심을 한다.

「패랭이꽃常夏」 그림설명문詞書

그림설명문 단간詞書断簡

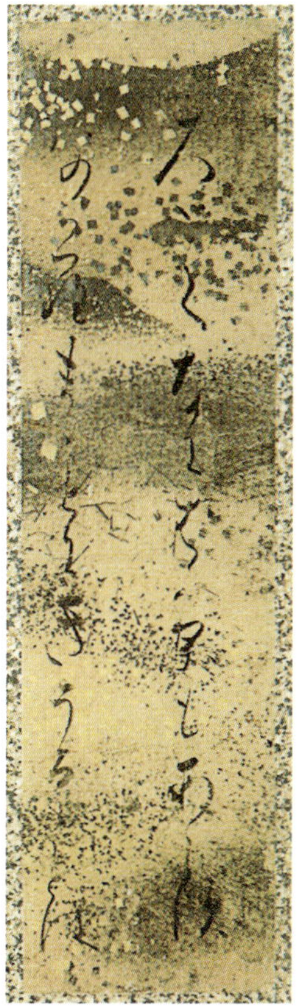

[1-14]
서예문화원
書芸文化院 소장

◉ 원문 原文

ろとてなにはかりもあらす
なからまことにきうることは

◉ 석문 釈文

……心とて、何ばかりもあらずながら、まことにき[弾きカ]得ることは……

◉ 한국어 번역

……비법이라 해도 뭐 그다지 대단치 않은 것이지만, 진실로 잘 연주하는 건……

작품 줄거리 및 배경

1부가 히카루 겐지光源氏의 영화가 정점에 달한 대목에서 막을 내리고 2부에서는 겐지가 중년이 된 이후, 로쿠조인六条院의 음영의 세계가 그려지고 있다.

이야기는 스자쿠 상황朱雀院이 출가를 앞두고 애지중지하던 딸, 온나산노미야女三宮의 혼담을 추진하는 데서 시작한다. 상황은 여러 후보들 가운데 겐지가 가장 황녀와 어울리는 배필이라 생각하고 혼인을 추진한다. 하지만 결혼 이후, 겐지는 당시 13살이던 어린 온나산노미야보다 오랫동안 자신의 옆자리를 지켜와 준 무라사키노우에紫上의 소중함을 새삼 깨닫게 된다.

그로부터 7년 후, 겐지의 저택인 로쿠조인에서 축국蹴鞠(공차기 놀이)이 있던 날, 온나산노미야를 은애하고 있었던 가시와기柏木는 우연히 그녀의 처소에서 그녀의 모습을 엿보게 되고 더욱 연모의 정을 불태운다. 그러던 중 여관女房을 통해 그녀의 침소에 잠입하여, 하룻밤을 보내게 된다. 둘의 관계는 남몰래 지속되고 온나산노미야는 가오루薫를 회임, 출산하기에 이른다. 가오루를 겐지의 아들로 알고 성대히 맞이하는 주위와는 달리, 가오루를 대하는 겐지의 태도는 냉담하기만 하다. 이에 온나산노미야는 겐지가 가시와기와의 관계를 눈치채고 있다는 것을 깨닫고 절망하여 출가를 결심한다.

황녀가 산후 병석에 누워 있다는 소식을 전해 들은 스자쿠 상황은 딸이 염려스러워 정진하던 불도도 멈추고 하산하여 로쿠조인을 찾아온다. 스자쿠 상황의 방문을 기회로, 온나산노미야는 아버지에게 출가시켜 줄 것을 읍소한다. 겐지는 이를 만류하지만, 온나산노미야의 결심은 단호하기만 하다. 스자쿠 상황은 결국 딸의 바람대로 출가시키기에 이른다.

그림설명문 단간詞書断簡 **1**

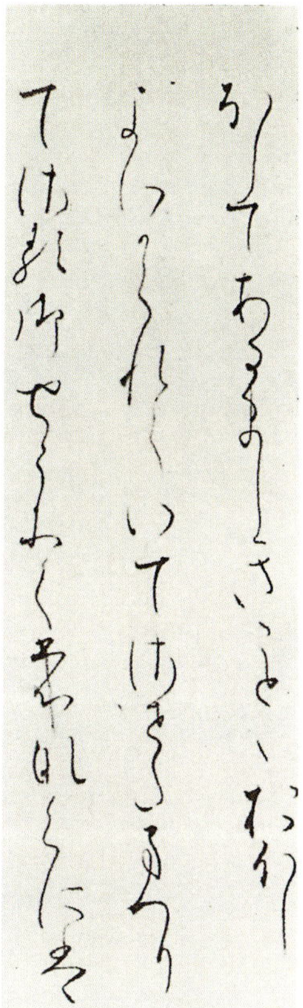

[1-15] 개인소장. 모사본模写本

◉ **원문** 原文

ほしてあるましきことゝおほし□
よにかくれていてさせたまへり□
てさる御せうそくもなくには□

그림설명문 단간詞書断簡 **2**

[1-16] 서예문화원書芸文化院 소장

◉ **원문** 原文

わたりおはしまいたれはあるしの院
もかしこまりましたまふよのなか
をかへりみるましうおもふたまへしか
ともなをまとゐさめかたきものは□

◉…「가시와기1」의 그림설명문의 경우, 이와 같이 2개의 단간이 존재한다.
단간 1은 필적연구가로 유명한 다나카 신비田中親美(1875~1975)에 의해 복원 모사된 부분이며, 단간 2는 서예문화원書芸文化院에 소장되어 있다. 위 단간 2개의 내용은, 그림설명문 제1지第1紙의 바로 앞부분에 해당한다.
◉…본 단간 2개의 석문釈文과 한국어 번역은 제1지第1紙~제3지第3紙의 내용과 합쳐 수록되어 있다.

제2지第2紙 제1지第1紙

[1-17] 도쿠가와 미술관徳川美術館 소장

● 원문 原文

のみちになむはへりける念すもたい
してもしおくれさきたつたう
りのさまならてなかくわかれなは
やかてこのうらみやかたみにのこら
むとあいなさにこのよのそしりをは
しらてなむかくものしはへるなとき
こえたまふ御かたちことにてもの
なまめかしうなつかしきさまにう
ちしのひやつれたまひてうるはし
きすみそめの御すかたのあらまほし
くきよけにらなるもうらやましくみ
たてまつりたまふれいのなみたおとし
たまふわつらひたまふさまことにおも
きなかやみにもはへらすたゝよはり給
る御みにあやしくわか／＼しくもの
なとまいることのさらになきにかくも
のしたまふありさまきこえたまふか
たはらいたきおましなれともとてみ帳
のまへに御しとねまいりていれたて
まつりたまふとかくひと／＼つくろひき
こえてゆかのしもにおろしたてまつる
みき帳すこしをしやらせたまひて
こかちのそうなとこゝちすれはまたけ
むつくはかりのおこなひにもあらぬに
かたはらいたしたゝおほつかなくおもふた
まふらむさまをさなからみたまふ
へきなりおほむめをしのこひたまふ
みやもいとやよはけにないたまひて
いくへうもおもふたまへらぬにかくわ
たりおはしまいたるついてに
あまにならせたまひてよときこ
えたまふさるこゝろさしものした
まはゝいとたふときことなるを

제3지第3紙

[1-18] 도쿠가와 미술관徳川美術館 소장

◉ **원문** 原文

さすかにかきらぬいのちのゆくすゑとほ
きかへりてことのみたれありよの
人にもそしらるゝことあるをなむ
なをはゝかりぬへきとのたまふて
おとゝのきみにかくなむすゝみた
まふときこえたまふいまはきりの
さまならはかたときのほとに
てもそのたすけありぬへき
さまにとなむおもひはへる
とのたまはすひころもか
くなむさけなとの人の
こゝろをたふろかして
かゝるこゝろすゝむるや
うもはへなるを
なとてきゝいれ
はへらぬなりときこ
えたまふ

◉ **석문** 釈文

……思して、あるまじきことと思し□、夜に隠れて出でさせ給へり。

かねてさる御消息もなく、にはかに渡りおはしまいたれば、主(あるじ)の院もかしこまりまし給ふ。(朱雀院)「世の中を顧(かへりみ)るまじう思ふ給へしかども、なを惑(まど)ゐ覚めがたきものは子の道になむはべりける。念誦も怠(たい)して、もし後れ先立つ道理のさまならで長く別れなば、やがてこの恨みや形見に残らむとあいなさに、この世の譏りをばｙ知らでなむ、かくものしはべる」など聞こえ給ふ。御容貌異にて、ものなまめかしうなつかしきさまに、うち忍びやつれ給ひて、うるはしき墨染の御姿の、あらまほしく清けに[ミセケチ]らなるも、うらやましく見たてまつり給ふ。例の、涙落とし給ふ。(源氏)「わづらひ給ふさま、ことに重き長病みにもはべらず。ただ弱り給へる御身に、あやしく若々しく物などもまいることのさらになきに、かくものし給ふ。」ありさま聞こえ給ふ。

(源氏)「かたはらいたき御座なれども」とて、御帳の前に、御褥まいりて入れたてまつり給ふ。とかく人々つくろひきこえて、床の下におろしたてまつる。御几帳すこし押しやらせ給ひて、(朱雀院)「御加持の僧など心地すれば、まだ験つくばかりの行ひにもあらぬにかたはらいたし。ただおぼつかなく思ふ給ふらむさまを、さながら見給ふべきなり。」御目おし拭はせ給ふ。

宮も、いとや弱げに泣い給ひて、(女三宮)「生くべうも思ふ給へらぬに、かく渡りおはしまいたるついでに、尼にならせ給ひてよ」ときこえ給ふ。(朱雀院)「さる志ものし給はば、いと尊きことなるを、さすがに限らぬ命の行く末遠き、かへりて事の乱れあり、世の人にも譏らるることあるをなむ、なを憚りぬべき」とのたまふて、大殿の君に、(朱雀院)「かくなむ、進み給ふときこえ給ふ。今はきりのさまならば、片時のほどにても、その助けありぬべきさまにとなむ、思ひはべる。」とのたまはす。(源氏)「日ごろもかくなむ邪気などの人の心をたぶろかして、かかる心に進むるやうもはべなるを、などて聞き入れはべらぬなり」と聞こえ給ふ。

◉ 한국어 번역

……라 생각하시고 스자쿠 상황朱雀院은 출가한 몸으로 해서는 안 되는 일이라 생각하시면서 도 어두운 밤을 틈타 산에서 내려오셨다.

미리 아무런 연통도 없이 갑자기 찾아오셨기 때문에, 주인인 겐지源氏는 황송해하셨다. (상황)"속세의 일은 뒤돌아보지 않으려 마음먹고 있었던 것을, 그래도 역시 번뇌에서 깨어나기 힘든 건 이렇듯 자식을 위하는 부모의 길인 모양입니다. 염송도 소홀히 하다가, 만일 부모 자식 순서가 뒤바뀌어 온나산노미야女三宮가 먼저 세상을 떠나는 일이 생긴다면 그 원한이 그대로 남아 원통하게 생각될 듯하여 세상의 비난도 각오하고 이렇게 찾아왔습니다"라고 말씀하셨다. 스자쿠 상황은 보통 사람들과는 달리 승려 복장을 하고 계셨다. 우아하고 부드러운 모습으로 눈에 띄지 않는 차림이셨는데, 중후한 먹물 염색을 한 옷차림이 더할 나위 없이 아름다운 모습인 것을, 겐지는 부러운 듯 바라다보고 계셨다. 겐지는 여느 때처럼 눈물을 떨구며 말씀하셨다. (겐지)"미야의 병환은 특별히 위중하고 오래된 게 아닙니다. 다만 연약하신 몸에 이상하게도 어린아이처럼 식사조차도 전혀 드시지 않으니, 이렇게 탈이 나신 겁니다"라 근황을 말씀 올렸다.

(겐지)"누추한 자리입니다만"이라 말하며, 온나산노미야 침소의 휘장 앞에다가 방석을 마련하고는 그 안으로 안내하셨다. 여관女房들이 온나산노미야의 옷매무새를 다듬어 주고 침소 아래로 내려앉게 모시었다. 스자쿠 상황은 휘장을 약간 옆으로 제치며, (상황)"가지기도加持祈祷를 올리는 승려가 된 듯한 심정이다만, 아직 영험함이 생길 정도로 수행을 쌓지 못한 것이 안타깝구나. 다만 네가 보고 싶어 했던 아비의 모습을 잘 봐 두려무나"라며 눈가의 눈물을 훔치셨다.

온나산노미야도 몹시 힘없이 눈물을 흘리시며, (미야)"도저히 살아갈 수 없을 것 같으니 이렇게 찾아오신 김에 저를 출가시켜 주세요"라 말씀드린다. (상황)"출가하려는 마음가짐은 실로 존귀한 것이나, 그렇다 하더라도 목숨이란 알 수 없는 일이니, 앞길 창창한 날에 오히려 번잡한 일이 생겨 세간 사람들의 비난을 받을 수도 있다. 역시 출가는 삼가는 편이 좋겠구나"라 말씀하시고, 겐지에게는 (상황)"이렇게 출가를 청하고 있으니, 더 이상 살 수 없는 목숨이라면 얼마 남지 않은 동안이라도 출가를 시켜 공덕을 받게끔 해 주고 싶소이다"라 말씀하신다. (겐지)"요 며칠 동안 그리 말씀하고 계셨지만, 귀신이 미야의 마음을 미혹시켜 그러한 마음이 들게 한 것이라 생각하여 귀 기울이지 않고 있었습니다"라 말씀하셨다.

[1-19] 도쿠가와 미술관徳川美術館 소장

◉ 등장인물

- 히카루 겐지光源氏
- 온나산노미야女三宮: 스자쿠 상황의 셋째 딸, 겐지의 정처
- 스자쿠 상황朱雀院: 겐지의 이복형
- 여관女房 4명

◉ 그림해설

본 그림은 국보 『겐지모노가타리에마키源氏物語絵巻』에서 「가시와기 권柏木巻」을 그린 3장면 중 첫 번째에 위치한다. 온나산노미야가 출산하고 나서 병석에 누워 있다는 소식을 듣고 아버지인 스자쿠 상황이 찾아온다. 본 그림은 로쿠조인六条院의 온나산노미야 거처에서 온나산노미야, 겐지, 스자쿠 상황이 서로 대면하고 있는 장면이다.

화면 중앙 부분에 가장 크게 그려진 인물이 스자쿠 상황이다. 회색 법복을 입고 왼손에 염주를 들고 오른손으로는 눈물을 훔치고 있다. 화면 맨 왼쪽에 자리 잡은 여성이 온나산노미야이다. 그녀는 양옆으로 화려한 휘장几帳을 둘러치고 그 안쪽에 앉아 소매로 얼굴을 가리며 울고 있다. 산후 병석의 몸이라 한 겹 옷單을 걸친 간소한 차림새이다. 그 두 사람 아랫부분에 휘장을 뒤로 한 채, 겐지가 앉아 있다. 두건烏帽子을 쓴 평상복直衣 차림으로, 옆얼굴에 소매를 대고 눈물을 떨구고 있다.

원문과 그림설명문詞書을 보면, 황녀의 침소 휘장 앞에 스자쿠 상황의 자리를 마련하고 온나산노미야가 침소 아래로 내려가 상황과 대면하는 것으로 되어 있는데, 그림화면에서도 이러한 모노가타리物語 기술과 상응하도록 인물과 구도가 배치되어 있다. 온나산노미야 양옆으로 화려한 휘장이 그려져 있고 그 앞부분에 스자쿠 상황이 위치하고 있다. 황녀 뒤편으로 침대御帳台가 놓여져 있는데, 그 침대 위에는 다다미畳가 깔려 있고 그 아래로 검은색 침대 측면대浜床도 보인다. 그 다다미 가장자리는 '운겐베리繧繝縁'(빨강, 파랑, 녹색 등 화려한 색깔의 천으로 다다미 가장자리를 둘러놓은 띠)로 장식되어 있다. '운겐베리'는 원래 천황天皇의 거처에 사용되는 문양이었으나, 이후 상황上皇이나 친왕親王의 거처, 신사神社 등에 사용된 것으로, 이를 통해 이 공간의 품격과 주인의 신분을 짐작할 수 있다. 주인공들이 위치한 중심부 이외에는 '고우라이베리高麗縁'(귀족들이 사용하는 문양) 다다미가 놓여 있다.

출가를 호소하는 온나산노미야와 이를 만류하는 겐지, 둘 사이에서 고민에 잠겨 있는 스자쿠 상황. 그림화면에서 이들 세 사람은 서로 고개를 돌리고 각기 다른 방향을 보고 있다. 이와 같은 인물들의 시선은 서로 엇갈리는 이들의 심리 상태를 암시하고 있는 듯하다.[1] 또한, 이들 세 명이 역삼각형으로 배치되어 있는 것 또한, 이들의 불안정한 관계를 형상화하는 구도라 할 수 있다.

특히, 본 화면에서는 다다미의 선과 휘장들이 각기 엇갈리게 그려져 있어 복잡한 화면 구성을 보이고 있다. 국보『겐지모노가타리에마키』의 다른 그림화면이 몇 개의 주요한 선으로 화면이 분할되어 있는 것과 비교해 보면, 본 그림의 복잡한 구도가 더욱 선명히 대비된다. 이러한 화면 구성 역시 본 장면의 등장인물들의 복잡한 심중을 표출하는 하나의 표현 수단으로 사용되고 있다.

한편, 화면 오른쪽 가장자리 부분에 각기 다른 4명의 여관들의 모습이 그려지고 있다. 휘장 뒤에서 이야기를 들으려 귀 기울이는 듯한 여관, 뒷모습만 보이는 여관, 얼굴을 가리고 우는 듯 보이는 여관, 침소 안으로 들어오려 하는 여관 등등.[2] 이들 여관들은 3명의 주인공들과 휘장을 사이에 두고 어느 정도 떨어진 거리에 있지만, 방 안의 무거운 공기를 감지하고 이에 동요하는 듯한 움직임을 보이고 있다.

이와 같이, 본 그림에서는 인간의 동태와 실내의 정경을 하나의 화면 안에 오롯이 담아내고 있다. 이처럼 실내의 모습을 구석구석 하나의 그림화면에 담아낼 수 있었던 것은, 이 그림이 건축물의 지붕을 그리지 않고, 위에서 경사진 각도로 내려다보는 부감 구도俯瞰構圖로 그려져 있기 때문이다. 이와 같은 일본 왕조 에마키王朝絵巻의 전통적인 화면 구성법을 '후키누키야타이吹抜屋台'라 한다. [5. 기초지식 편-에마키의 기법: 후키누키야타이 참조]

1...田坂栄一『豪華源氏絵の世界 源氏物語』[新訂版] 学習研究社, 1999, p.181.

2...三田村雅子『源氏物語天皇になれなかった皇子のものがたり』新潮社, 2008. p.8.
여관들을 서로 다른 동작으로 파악하는 미타무라 마사코의 해석과는 달리, 시미즈 후쿠코는 여관들 모두 소매로 눈물을 닦고 있는 모습으로 파악하고 있다(清水婦久子『国宝「源氏物語絵巻」をよむ』和泉書院, 2011, pp.36~37).

「가시와기2 柏木二」

작품 줄거리 및 배경

전도유망한 귀공자 가시와기柏木는 온나산노미야女三宮의 결혼 상대자로 자신의 이름이 거론되자 기대를 품어 보지만, 혼담이 겐지源氏로 결정되자 낙담한다. 가시와기는 스자쿠 상황朱雀院의 둘째 딸인 오치바노미야落葉宮와 혼인을 하게 되지만, 겐지의 젊은 아내 온나산노미야를 여전히 단념하지 못한다. 이후, 로쿠조인六条院에서 우연히 온나산노미야의 아름다운 모습을 엿보게 된 가시와기는 더욱 그녀에게 연정을 품게 되고, 결국 여관女房을 설득해 그녀의 침소에 침입하여 하룻밤을 보내게 된다. 그 이후에도 가시와기는 죄의식을 느끼면서도 온나산노미야와의 관계를 남몰래 지속해 가게 되고, 결국 온나산노미야는 가시와기의 아이를 회임하게 된다.

한편, 겐지는 가시와기가 온나산노미야에게 보낸 편지를 발견하고 둘 사이를 눈치채게 된다. 스자쿠 상황의 오십 세 생신 축하연五十賀에 참석한 가시와기는 겐지의 매서운 눈초리와 힐난 섞인 말에, 겐지가 자신과 온나산노미야와의 관계를 알고 있다는 걸 깨닫고 이에 상심한 나머지 몸져눕게 된다. 이후, 가시와기는 온나산노미야가 자신의 아이를 출산하고 출가하게 되었다는 소식을 듣고 더욱 병세가 악화된다.

가시와기의 용태를 걱정한 천황은 그를 곤다이나곤權大納言으로 승진시키고, 이에 유기리夕霧가 승진 축하차 가시와기를 방문한다. 유기리는 겐지의 아들로 가시와기와는 막역한 지우知友 사이이다. 가시와기는 유기리와 대면한 자리에서 자신의 죽음을 예견하고 자신의 아내 오치바노미야의 앞일을 유기리에게 부탁한다. 그리고 자신과 겐지 사이에 있었던 일을 넌지시 암시해 주며 중재를 부탁한다. 유기리가 슬퍼하며 돌아간 후, 가시와기는 허망하게 숨을 거둔다.

제2지第2紙　　제1지第1紙

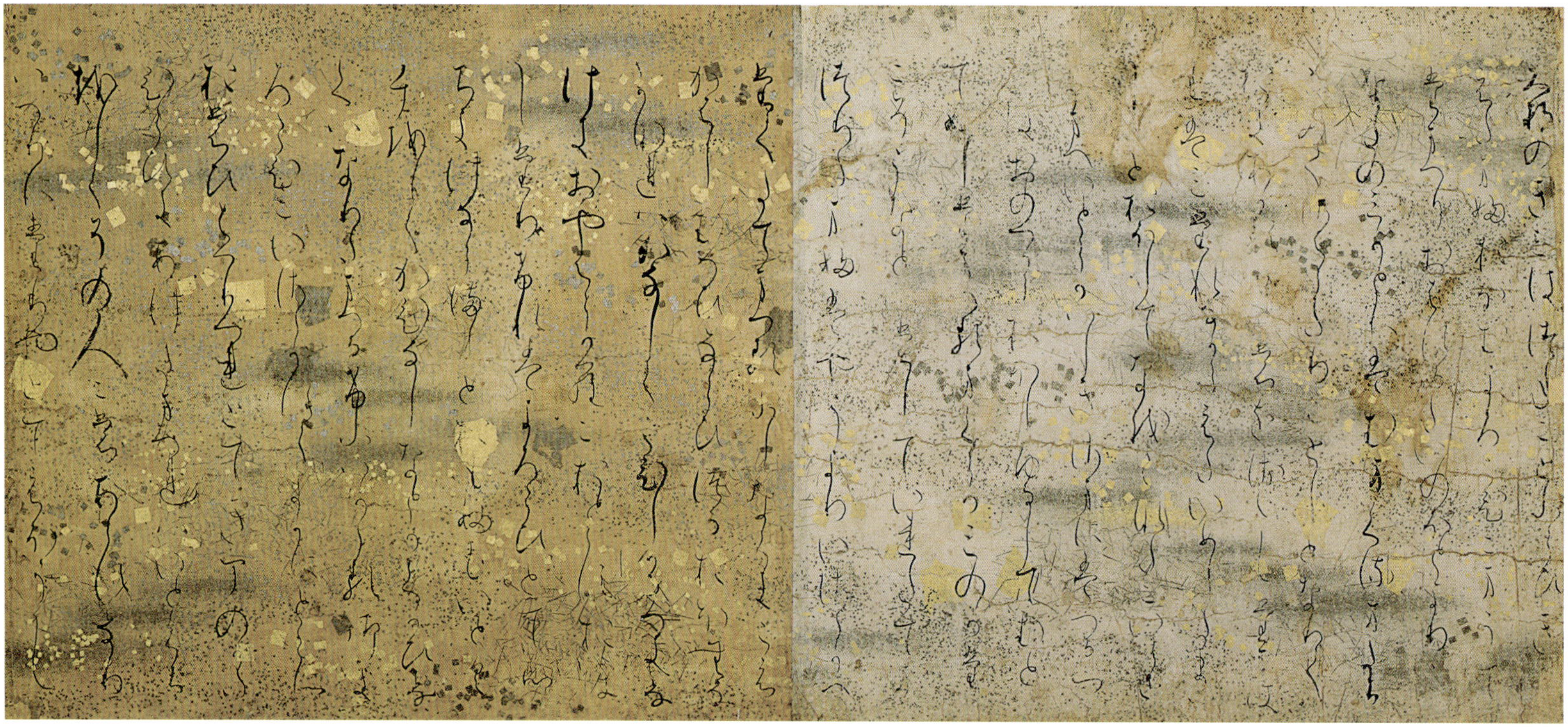

[1-20] 도쿠가와 미술관德川美術館 소장

● 원문 原文

大将のきみはつねにとふらひき[こ]
えたまふおほむよろこひにまうて
たまへりおはするたいのほとよりこ
なたのみかとにはむまくるまたち
こみてさはきたりことしとなりては
おきあかることもをさ／＼したまは
ねはみたれなからえたいめしたまは
しとおほしてなをこなたにいらせ
たまへいとらかはしきさまにはへるつ
みはおのつからおほしゆるしてむと
てふしたまへるまくらかみのかた
にそうなといたしていれたてま
つりたまふはやうよりいさゝかへ
たてたてまつるふしなくきこえ
かはしむつひならひつるおほむな
かなれはかなしくこひしかるへきな
けきおやはらからにおとらすおほ
したりけれはよろこひとて心
ちよけならましとおもふもいとく
ちをしくかひなしなとかくかひな
くはなりたまへるけふはかゝる御よ
ろこひにいさゝかすくよかにとこそ
おもひはへりつれとてき丁のかた
ひらひきあけたまへれはいとくち
をしくその人にもあらすなり
はへりにたりやとてえほうし

제4지第4紙　　　　　　　　　　　　　　　　제3지第3紙

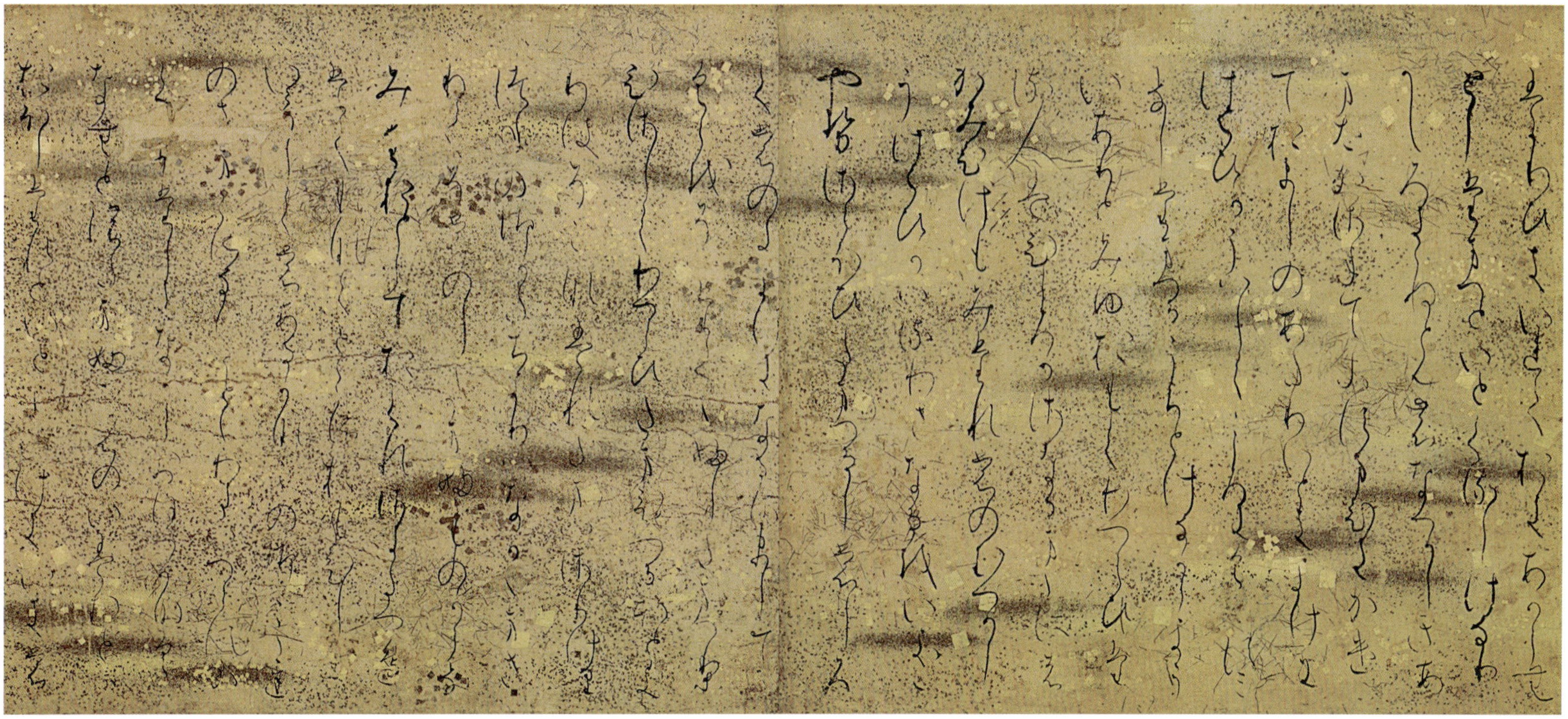

[1-21] 도쿠가와 미술관徳川美術館 소장

◉ **원문** 原文

はかりひきいれておきあからむ
としたまへといとくるしけなり
しろきゝぬとものなつかしきあ
またかさねてふすまひきかけ
ておましのあたりいときよけに
けはひかうはしくこゝろにくゝすみ
なしたまへるうちとけなからよう
いありとみゆおもくわつらひた
る人はひころかさなるまゝには
かみひけもみたれものむつかし
うけはひかはるわさなるをいよ／＼
やせさらほひたまへるしもしろ
くものきよけになるさましてま
くらをそはたてゝふしたまへり
ひさしくわつらひたまひつるほとよ
りはそこなはれたまはさりけり
つねの御かたちよりはなか／＼まさ
りてそものしたまふものからな
みたおとしておくれさきたつへ
たてもなくとこそおもひしに
いみしくもあるかなこの御こゝち
のさまこそなにことゝわきはへらすか
くしたしきなからおほつかなく
なむとのたまふにものいはむとは
おほしたれといとよはけにいきも

제6지第6紙　　제5지第5紙

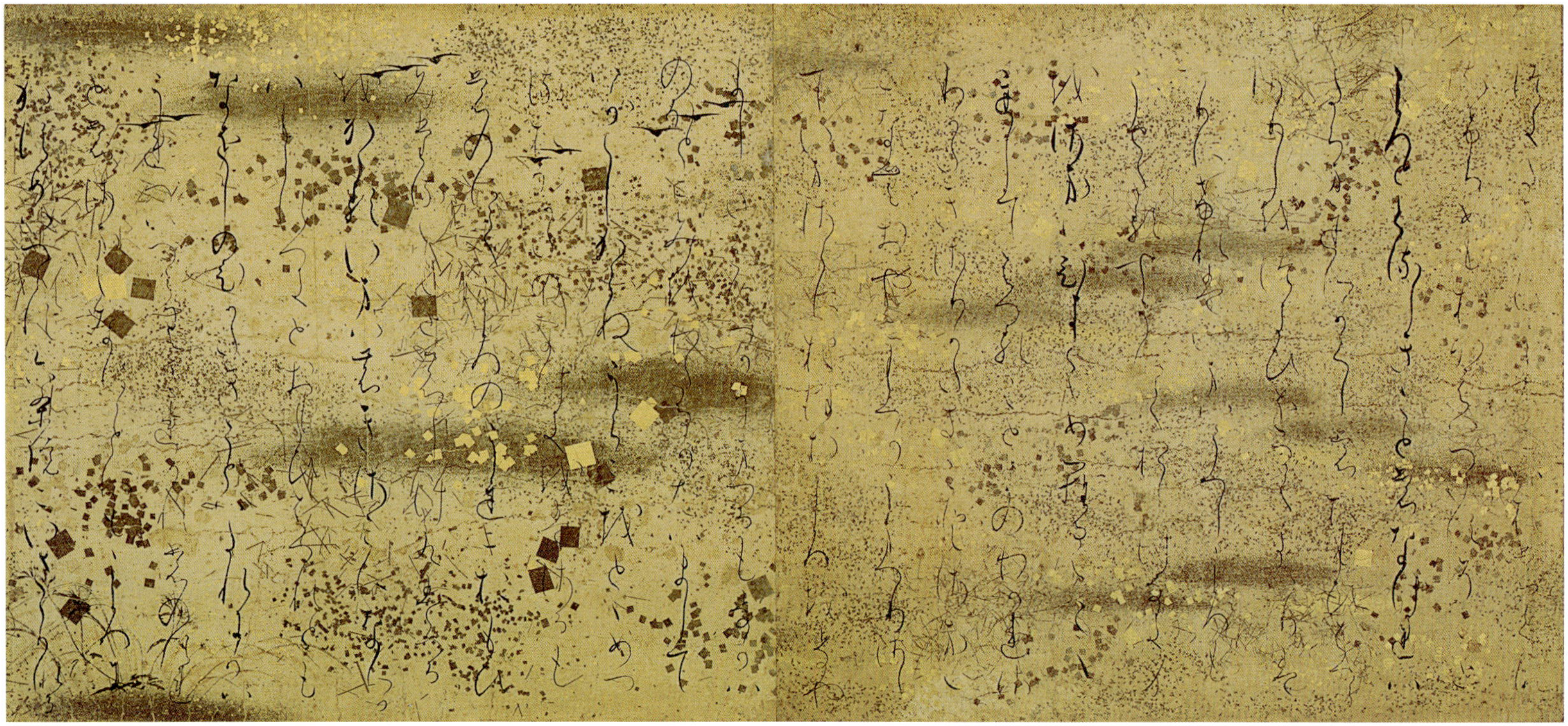

[1-22] 도쿠가와 미술관徳川美術館 소장

◉ 원문 原文

つきたま[は]すこゝろにはおもくな
るけちめもおほえはへらすそこと
こゝろとくるしきこともなけれは
たちまちにかくしもおもひはへら
さりしをつきひをへてよはりは
へりにけれはいまはうつしこゝろも
うせたるやうにておしけなき身
をさま〱ひきとゝめらるゝこゝ
ちしてはへることよのわかれさ
りかたきさりかたきことさま〱
になむおやにもつかうまつりさし
ていまさらにおほむこゝろをなや
ましきみにつかうまつるもなかは
のほとにみをわたるかたはまして
はか〱しからぬうらみをとゝめつ
るおほかたのなけきをはさるも
ものにてこゝろのうちにおもひ
みたるゝことのしけくはへる
をかゝるいまはのきさみになにか
はもらすへきとおもひはへれとも
なをしのひかたきことはたれにかは
うれへはへらむこれかれものすれ
ともさま〱なにことにもこゝろに
かすめはへらす六条院にいさゝかなる

제8지第8紙　　　　제7지第7紙

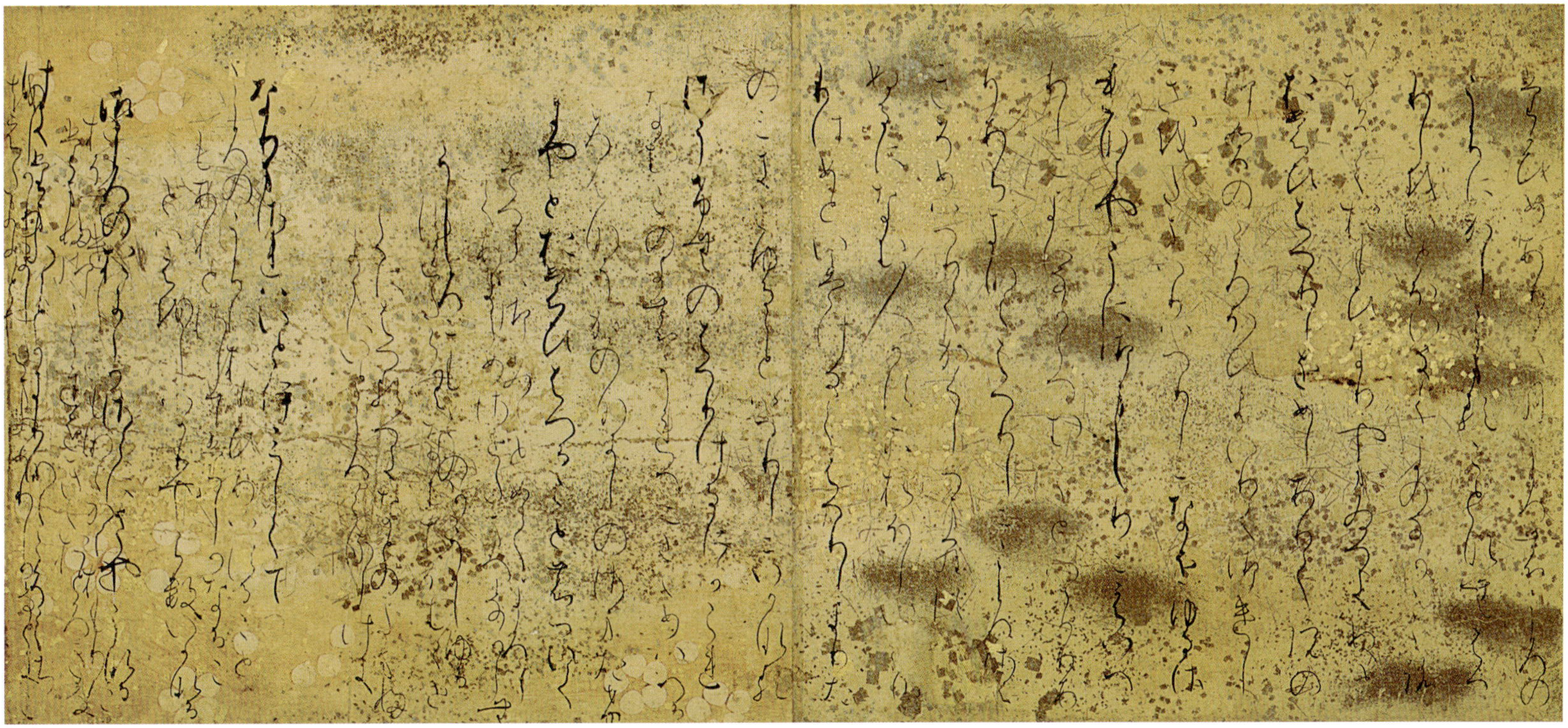

[1-23] 도쿠가와 미술관徳川美術館 소장

◉ 원문 原文

たかひめありて月ころのこゝろの
うちにかしこまることなむはへ
りしをいとほいなくよのなかこゝろ
ほそくおもひなりやまゐつきぬと
おもひはへりしをめしありて院の
御賀のころほひまいりて御けし
きをたまはりはへりしになをゆるさ
れなきやうに御ましりみえはへ
りしによになからへむことはゝかりあ
りあちきなくはへりしにこゝろさは
きそめはへりてかくしつまらす□
ぬるになむ人かすにはおほしい□さ
りけめといはけなくはへりしよりた
のみきこゆることはへりしにいかなる
さうけむのはへりけるにかこれ
なむこのよのうれへにとゝめはへる
ろんなうかのなにしのさまたけ
にやとおもひはへることのついて
はへらは御みゝとめてよろし
くあきらめさせたまへなからむ
うしろにもこのかうしゆる
されたらむなむおほむくと
くにはへるへきなとのたまふ
まゝにいとこゝろくるしけに
なりまされはいといみしくて
こゝろのうちにおもひあはすること
もあれとさしてたしかなるこ
とはえをしはかりやらすいかなる
御こゝろのおにゝかさらにさやうなる
おほむけしきもなくかくおもりた
たまふ御こゝちをきゝおとろきな
けきたまふことかきりなくこそくち
をしかりましたまふめりしかなときこ
えたまふとや

◉ 석문 釈文

大将の君は、常にとぶらひきこえ給ふ。御喜びに参で給へり。おはする対のほどより、こなたの御門には、馬、車たちこみて騒ぎたり。今年となりては、起き上がることもをさをさし給はねば、乱れながらえ対面したまはじと思して(柏木)「なをこなたに入らせ給へ。いと乱がはしきさまにはべる罪は、おのづから思し許してむ」とて、臥し給へる枕上の方に、僧など出だして入れたてまつり給ふ。

早うより、いささか隔てたてまつるふしなくきこえかはし、睦び馴らひつる御仲なれば、悲しく恋しかるべき嘆き、親·兄弟に劣らず思したりければ、喜びとて、心地よげならましと思ふも、いと口惜しく甲斐なし。

(夕霧)「などかく甲斐なくはなり給へる。今日は、かかる御喜びに、いささか健よかに、とこそ思ひはべりつれ」とて、几帳のかたびら引き上げ給へれば、(柏木)「いと口惜しく、その人にもあらずなりはべりにたりや」とて、烏帽子ばかり引き入れて、起き上がらむとし給へど、いと苦しげなり。白き衣どもの、なつかしきあまた重ねて、衾引きかけて、御座のあたり、いと清げに、気配香ばしく、心憎く住みなし給へる。うちとけながら用意ありと見ゆ。重くわづらひたる人は、日頃重なるままには、髪、髭も乱れ、ものむつかしう気配変はるわざなるを、いよいよ痩せさらぼひ給へるしも、白くもの清げになるさまして、枕をそばだてて、臥し給へり。

(夕霧)「久しくわづらひ給ひつるほどよりは、そこなはれ給はざりけり。常の御容貌よりは、なかなかまさりてぞ、ものし給ふ」ものから、涙落として、(夕霧)「後れ先立つ隔てもなくとこそ思ひしに、いみじくもあるかな。この御心地のさまこそ、何ごととわきはべらず。かく親しきながら、おぼつかなくなむ」とのたまふに、もの言はむとは思したれど、いと弱げに息もつき給はず。(柏木)「心には、重くなるけぢめも覚えはべらず。そこと心と苦しきこともなければ、たちまちにかくしも思ひはべらざりしを、月日も経で弱りはべりにければ、今はうつし心も失せたるやうにて。惜しげなき身を、様々引きとどめらるる心地してはべること、世の別れ、避りがたき避りがたきこと、様々になむ。親にも仕うまつりさして、今更に御心を悩まし、君に仕うまつるも、なかばのほどに、身をわたる方はまして、はかばかしからぬ恨みをとどめつる。大方の嘆きをば、さるものにて、心の内に思ひ乱るることのしげくはべるを、かかる今はのきざみに、何かは漏らすべきと思ひはべれども、なを忍びがたきことは、誰にかは愁へはべらむ。これかれものすれども、様々何事にも、心にかすめはべらず。六条院にいささかなる違ひ目ありて、月ごろの心の中に、かしこまることなむはべりしを、いと本意なく、世の中心細く思ひなり、病つきぬと思ひはべりしを、召しありて、院の御賀の頃ぼひ参りて、御気色を給はりはべりしに、なを許されなきやうに御目尻見えはべりしに、世に長らへむこと憚りあり、あぢきなくはべりしに、心騒ぎそめはべりて、かく静まらずなりぬるになむ。人数には思し入れざりけめど、いはけなくはべしより、頼みきこゆる事はべりしに、いかなる讒言のはべりけるにか、これなむこの世の愁へにとどめはべる。論なう、かのなにしの妨げにやと思ひはべる。事のついではべらば、御耳とめて、よろしく明らめさせ給へ。亡からむ後にも、この勘事許されたらむなむ、御功徳にはべるべき」などのたまふままに、いと心苦しげになりまされば、いといみじくて、心の中に思ひ合はすることもあれど、さして確かなる事は、え推しはかりやらず。

(夕霧)「いかなる御心の鬼にか。さらに、さやうなる御気色もなく、かく重りた[重りにカ]給ふ御心地を聞きおどろき嘆き給ふこと、限りなくこそ口惜しがりまし給ふめりしか」など、聞え給ふとや。

◉ 한국어 번역

다이쇼 님大将の君(유기리夕霧를 가리킴)은 가시와기柏木 병문안으로 늘 들르곤 하셨는데, 이번에는 승진을 축하하러 찾아와 주셨다. 가시와기가 기거하는 다이노야対屋 건물 주변부터 이곳 문에 이르기까지 말이나 수레가 꽉 들어차 소란스러웠다. 가시와기는 올해 들어 몸을 일으키는 일조차도 제대로 할 수 없었기에, 흐트러진 모습으로는 대면하지 않으리라 생각하셨지만, (가시와기)“그래도 예전처럼 이리로 들어와 주십시오. 이토록 흐트러진 차림새로 만나뵙는 무례는 관대히 봐주시리라 생각합니다”라 말씀을 건네시며, 승려 등을 밖으로 내보내시고 누워 계시는 머리맡 위로 유리기를 들이셨다.

일찍이 두 사람은 매우 격의 없이 서로 마음을 나누는 친밀하고 익숙한 사이인지라, 슬퍼하고 그리워하며 한숨짓는 건 부모형제에도 뒤지지 않으셨다. 그러기에 승진 축하 소식에 가시와기가 기운을 차리고 있으리라 생각하고 있었던 것을, 이런 가시와기의 모습을 보게 되니 유기리는 몹시 가슴 아프고 허망했다.

(유기리)"어찌 이리 허약해지셨습니까? 이처럼 경사스러운 소식에 오늘은 조금이라도 원기를 되찾았을 거라 생각하고 있었는데……" 라 말씀을 건네시면서 휘장의 천을 걷어 올렸다. (가시와기)"몹시 한스러운 일입니다만, 예전의 나와는 완전히 딴사람이 되어 버리고 말았습니다"라며 두건烏帽子만을 뒤집어쓰고서 몸을 일으키려 하셨지만, 몹시 고통스러운 모습이었다. 자주 입었던 하얀 옷들을 겹겹이 껴입고는 이불을 덮고 계시는데, 그 이부자리 근처는 매우 깨끗이 정돈되어 있고 훈향이 그윽하여 우아하게 지내는 모습이셨다. 꾸미지 않은 병상이었지만, 고상한 정취는 잃지 않은 듯 보였다. 중병을 앓고 있는 사람은 나날이 병세가 악화될수록 머리나 수염도 지저분해지고 보기 흉한 모습으로 변하기 마련인 것을, 가시와기는 점점 더 야위고 초췌해지시는 것조차도 오히려 창백하고 아름다운 모습으로 병상에서 베개를 세우고 누워 계셨다.

(유기리)"오래 병상에 계신 것치고는 얼굴이 상하지 않은 것 같군요. 평상시 모습보다 오히려 나은 것 같습니다"라고 유기리는 말씀하시면서도 눈물을 떨구신다. (유기리)"서로 한날 한시에 죽자고 생각하고 있었건만, 몹시 애석한 일입니다. 병세가 왜 이리 되었는지 알 수가 없군요. 이렇듯 막역한 사이이건만, 단지 그 이유가 궁금할 따름입니다"라 말씀하시자, 가시와기는 말을 꺼내려 하셨지만, 몹시 허약해진 탓인지 숨조차 제대로 쉬지 못하셨다. (가시와기)"제 심중으로도 왜 이리 제 병세가 중히 되었는지 그 원인을 알 수 없습니다. 그다지 마음속에 괴로운 일도 없었기에 갑작스레 이리 되리라고는 생각지도 못하고 있었는데, 며칠도 지나지 않아 쇠약해져 버리니, 지금은 살아 있는 것 같지도 않는 심정입니다. 아쉬울 것도 없는 몸을 어떻게든 부지해 가고 있는 심정인 것을, 그래도 이 세상과 헤어지려 하니 떠나기 아쉬운, 떠나기 아쉬운 일이 이것저것 있군요. 부모에게 효도도 족히 하지 못하고 지금까지 걱정만 끼치고 있으니…… 주상을 모시는 일도 제대로 하지 못하고, 이 한 몸 살아온 평생 제대로 뜻한 바를 이루지 못했다는 한恨만을 남기게 되었으니…… 하지만 이런 누구나 갖는 후회는 제쳐 놓는다고 하더라도, 내 마음속 깊이 고민이 되는 일이 있습니다. 이렇게 마지막 가는 길에 새삼스레 말을 꺼낼 필요가 있나 하는 생각도 들지만, 이처럼 마음에 담아 두기 어려운 비밀을 당신 이외에 그 누구에게 털어놓겠습니까? 여기저기 피붙이가 있긴 하지만, 매사 모든 일에 관해 내 마음을 털어놓을 자가 없습니다. 로쿠조인 님六条院(겐지源氏를 가리킴)께는 조금 불미스러운 잘못을 저질러 몇 달 동안 마음속으로 송구스럽게 생각하는 일이 있었습니다만, 나로서는 전혀 본심이 아니었습니다. 이렇듯 세상에 살아 있는 것조차 불안하게 생각되어 병이 걸린 거라 생각됩니다. 그러던 차에 겐지 님의 부름이 있어, 상황 전하의 생신 축하연 때에 찾아뵙고 안색을 뵈었는데, 역시 용서하지 않은 듯이 매서운 눈초리로 절 노려보시더군요. 그날 이후로, 전 이 세상에 살아남아 있는 것이 두려워졌습니다. 이젠 어쩔 도리가 없다는 생각이 들자, 마음이 산란해져 결국 이렇게 안정을 찾지 못하게 되었습니다. 겐지 님께서는 절 대단치 않게 생각하셨겠지만, 전 어릴 적부터 겐지 님을 믿고 따랐었는데, 어떤 이간질이 있었던 듯 그것만이 이 세상의 한으로 남습니다. 필경 저세상으로 가는 길에 장애가 되겠지요. 혹여 기회가 생기면 이 말을 기억해 두었다가 겐지 님께 잘 말씀드려 주십시오. 내가 죽은 후에라도 용서를 받을 수 있다면 당신의 공덕으로 알겠습니다"라 말씀하시는 도중에도 가시와기는 고통이 더욱 심해지는 모습이었기에, 유기리는 몹시 안쓰럽게 생각하였다. 마음속으로 짐작이 가는 일도 있긴 했지만, 정확한 일은 헤아릴 길이 없었다.

(유기리)"어찌 그리 자신을 책망하십니까? 아버님은 전혀 그런 기색도 없으셨고 이처럼 위중해지신 그대의 병중에 관해 들으시고 놀라 걱정하시며 더할 나위 없이 안타까워하시는 듯한 모습이셨습니다"라 말씀하셨다고 전해진다.

[1-24] 도쿠가와 미술관徳川美術館 소장

◉ 등장인물

- 가시와기柏木: 치사대신致仕大臣(예전의 도노추조頭中将)의 아들, 후지와라藤原 가문의 장자 가오루薫의 실제 아버지
- 유기리夕霧: 겐지源氏와 아오이노우에葵上의 아들
- 여관女房 5명

◉ 그림해설

본 그림은 국보『겐지모노가타리에마키源氏物語絵巻』에서「가시와기 권柏木巻」을 그린 3장면 중 두 번째에 해당한다. 현존하는 에마키 그림 중 보존 상태가 양호하여 당시의 윤곽이나 색감이 잘 드러나 있다. 본 화면은 병석에 누운 가시와기를 유기리가 찾아와 직접 대면하는 장면으로 가시와기 부친의 저택 내, 가시와기의 거처가 공간적 배경으로 그려지고 있다.

그림화면은 건축물의 선에 의해 명확하게 세 부분으로 나누어진다. ① 맨 오른쪽으로 장지문障子과 병풍屛風 안쪽의 공간, ② 화면 가운데 가시와기와 유기리가 대면하는 공간, ③ 휘장과 기둥 왼편으로 여관들이 모여 있는 공간이 바로 그것이다.

화면 오른쪽에 놓인 병풍과 장지문에는 아름다운 산수화가 그려져 있다. 이러한 에마키 화면 속에 등장하는 그림을 '화중화画中画'라 하는데, 이는 당시 헤이안 시대平安時代 야마토에大和絵의 실태를 파악할 수 있는 귀중한 자료이다. 그 안쪽으로 불경経巻이 놓인 책상経机 일부가 보인다. 이는 가시와기의 병을 치료하기 위해 승려가 기도하던 공간으로, 그림설명문詞書을 보면 가시와기가 승려를 밖으로 내보내고 유기리와 대면하였다는 내용이 나온다.

화면 중앙에는 세 개의 기둥이 놓여 있고 그 안쪽으로 가시와기의 병상이 마련되어 있다. 그 머리맡에 유기리가 가시와기 쪽을 향해 걱정스러운 얼굴을 하며 앉아 있다. 그림설명문에 적혀 있는 것과 동일하게, 가시와기는 하얀 옷에 두건烏帽子(에보시, 귀족 남성들이 평상시 머리에 착용함)을 쓰고 베개를 세운 채 침구를 덮고 누워 있다. 가시와기의 승진을 축하하러 온 유기리는 관冠을 쓰고 격식을 갖춘 옷차림을 하고 있다(冠直衣姿).[1]

그림설명문에 의하면, 가시와기의 거처는 훈향이 가득하고 우아한 정돈된 곳이었다고 한다. 이러한 그림설명문의 내용과 부합하듯이, 그림 화면에서도 화려한 휘장几帳과 커튼壁代, 병풍과 장지문 등의 세간도구가 갖추어진 매우 정갈하고 화려한 실내공간으로 그려져 있다. 「가시와기1」의 그림이 여러 다다미와 휘장들의 선이 서로 엇갈려 있는 복잡한 화면이었던 것과 비교해 보면, 본 그림은 비치되어 있는 세간들이나 건축 공간의 구획이 간결한 직선으로 되어 있어 매우 대조적인 화면 구성을 보이고 있다. 또한, 본 그림은 지붕을 그리지 않는 '후키누키야타이吹抜屋台' 기법으로 그려져 있지만, 「가시와기1」의 그림처럼 경사진 각도가 아니라, 매우 낮은 시점視点으로 바라보는, 거의 수평에 가까운 안정된 구도를 보이고 있다.

미타무라 마사코三田村雅子는 본 그림화면 중, 가시와기 침소에 걸려 있는 커튼의 벚꽃 문양은 이전 가시와기가 온나산노미야에게 첫눈에 반했을 당시 그녀가 입고 있던 벚꽃 옷을 상징하는 것이라고 해석한다.[2] 또한, 미타무라는 가시와기의 옷소매 안감이 짙은 빨간색으로 되어 있는 것 또한, 죽기 직전 온나산노미야를 향한 가시와기의 정념을 상징하는 것이라 한다.[3] 이와 같이, 본 그림화면에서는 죽기 직전에 온나산노미야를 생각하는 가시와기의 마음을 문양과 색채를 통해 레토릭 기법을 사용, 상징적으로 표현하고 있는 것이다. 이러한 가시와기의 유언과 그 마음을 이어받듯, 유기리는 가시와기 침소의 경계선에 걸터앉아 휘장을 젖히며 가시와기 병상 쪽으로 몸을 기울이고 있다. 이와같이, 가시와기 침소 안쪽과 바깥의 경계선에 자리 잡은 유기리의 위치는 가시와기의 비밀을 감지하고 있는 외부 존재로서 어울리는 토포스トポス(장소) 선정이라 할 수 있다.

휘장 너머에 모여 있는 5명의 여관들은 이러한 주인의 용태를 걱정하는 듯한 얼굴 표정을 짓고 있다. 다만 왼쪽 가장 위쪽에 있는 여관만이 위를 쳐다보며 다른 여관들과는 다른 표정으로 앉아 있다. 이를 그 옛날 가시와기를 온나산노미야 침소로 안내한 여관, 고지주小侍従로 해석하기도 한다.[4]

1…여기서 유기리가 입은 '노시直衣'는 귀족의 일상 평상복으로 집에서 편히 입는 옷차림이다. 하지만 천황의 칙명이 있을 경우, 이러한 차림으로도 궁궐 출입이 가능했다. 이 경우, 머리에 두건烏帽子(에보시) 대신 관冠(간무리)을 쓰고 입궁하였는데, 이러한 옷차림을 '간무리노시 복장冠直衣姿'이라 한다. 이 복장으로 궁궐 출입을 허가받는 이는 천황에게 신임을 받는 고관대작에 한하였다. 또한, 이 복장은 입궁 이외에도 불사佛事, 혹은 다른 이의 저택 방문 등 격식을 차려야 할 경우에도 착용하였다.

2…三田村雅子『源氏物語天皇になれなかった皇子のものがたり』新潮社, 2008, p.12.

3…三田村雅子 前掲書, p.12.

4…三田村雅子 前掲書, p.9, 横溝博「国宝『源氏物語絵巻』にあらわれる〈男〉と〈女〉」『男と女の文化史』東北大学大学院文学研究科出版企画委員会編, 東北大学出版会, 2013, p.24.

작품 줄거리 및 배경

가시와기柏木가 그렇게 세상을 떠난 후, 그해 3월 가오루薫의 '50일 축하연御五十日の祝い'이 로쿠조인六条院에서 성대하게 열렸다. 남쪽 신덴寝殿에 가오루의 자리를 마련하고 곱게 차려입은 유모와 여관女房들이 떡과 음식을 담은 노송 바구니 등을 늘어놓으며 성대하게 행사 준비를 하느라 여념이 없다.

그날, 겐지源氏는 출가한 온나산노미야女三宮의 거처를 방문하였다. 겐지는 온나산노미야가 출가한 이후, 오히려 더욱 정중하게 보살피고 있었다. 주변에서는 가오루를 겐지와 황녀 온나산노미야의 아들로 알고 귀히 대접을 하고 있었지만, 실제 가오루의 부친이 가시와기라는 걸 알고 있는 겐지의 심중은 실로 복잡하기만 하다. 겐지의 뇌리에는 자신과 후지쓰보藤壺(겐지의 의붓어머니, 기리쓰보 천황桐壺帝의 중궁)와의 밀통에 의해 태어난 레이제이 천황冷泉帝의 일이 스쳐 지나갔다. 겐지는 생부인 가시와기 얼굴을 빼닮은 가오루를 안고서, 어린 가오루의 장래를 염려하며 인생의 허망함을 느낀다.

이후, 『겐지모노가타리源氏物語』 속편에서 가오루는 니오노미야匂宮와 함께 남주인공으로 재등장한다. 청년으로 장성한 그는 자신의 출생에 막연한 의심을 품고 세간의 화려한 대우에도 불구하고 내면에 우수에 찬, 불도를 지향하는 인물로 조형되어진다.

제2지第2紙 제1지第1紙

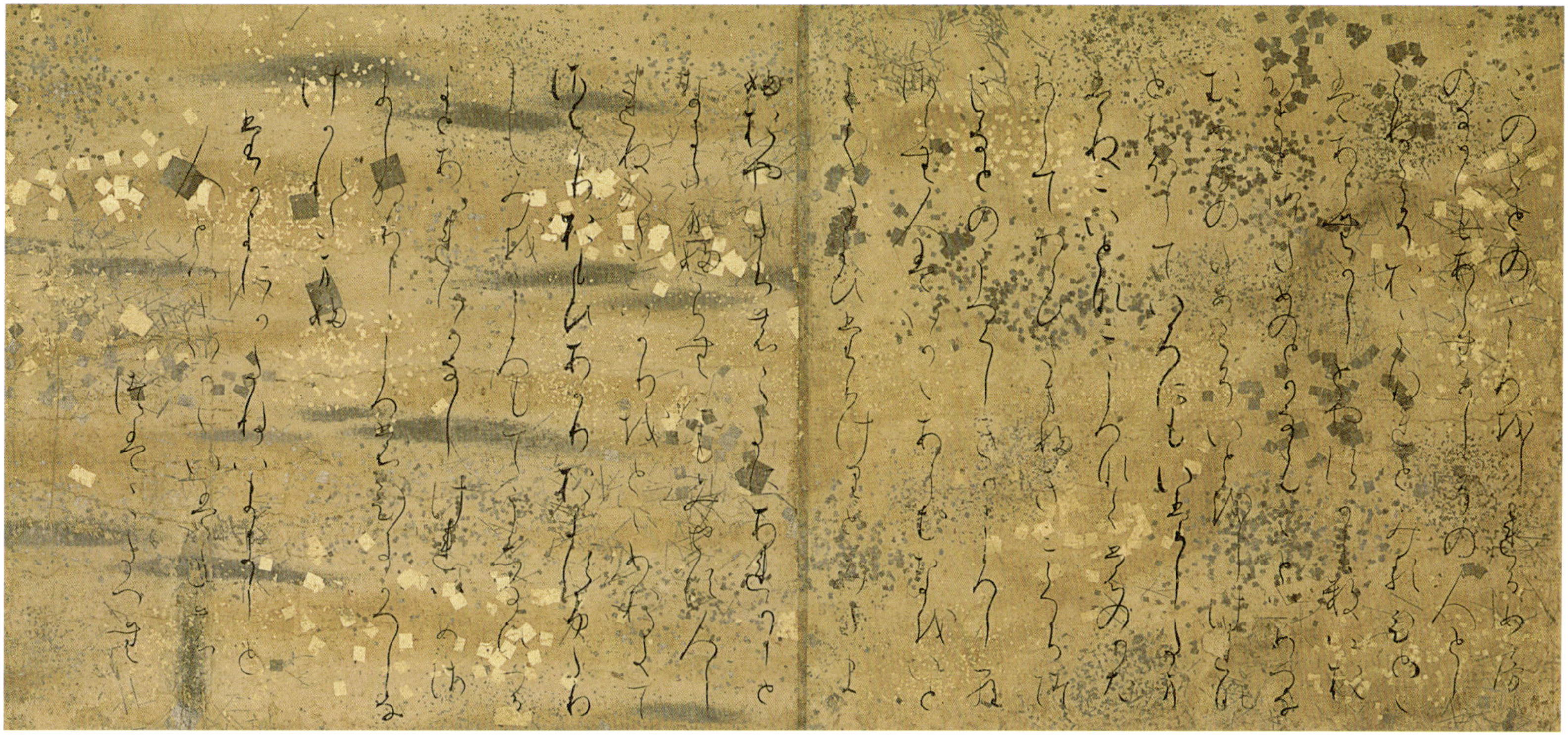

[1-25] 도쿠가와 미술관徳川美術館 소장

● **원문** 原文

このことのこゝろをしれる女房
のなかにもあらむかしその人とし
らぬこそおこなれとみるひと／＼
はあらむかしとやすからすはお
ほせと御ためのとかならむことはあへな
む女房のためこそいとをしけれな
とおほしていろにもいたしたま
はぬにいとなにこゝろなくものかた
りしてわらひたまふきみくちつ
きなとのうつくしきかこゝろしら
さらむ人はいかゝあらむなをいと
よくたよひたりけりとみたま
ふおやたちのこたにあれかしと
なきたまふらむにもみせす人し
れぬかたみはかりをとゝめおきて
さはかりおもひあかりおよすけたり
しみをこゝろもてうしなひつる
よとあはれにかなしけれはめさ
ましかりしこゝろもひきかへしな
けかれたまふ

たかよにかたねはまきしと
人とはゝいかゝいはねの[ま]
つはこたへむ

◉ 석문 釈文

(源氏)「この事の心を知れる女房の中にもあらむかし。その人と知らぬこそ、おこなれと見る人々はあらむかし」と安からずは思せど、(源氏)「御ための咎ならむことはあへなむ、女房のためこそ、いとをしけれ」など思して、色にも出だし給はぬに、いと何心なく物語して笑ひ給ふ君、口つきなどのうつくしきが、(源氏)「心知らざらむ人は、いかがあらむ。なを、いとよくたよひたりけり」と見給ふ。(源氏)「親たちの、子だにあれかしと泣き給ふらむにも見せず、人知れぬ形見ばかりをとどめおきて、さばかり思ひ上がり、およすけたりし身を、心もて失ひつるよ」とあはれに悲しければ、めざましかりし心も引き返し、嘆かれ給ふ。

(源氏)「誰が世にか種はまきしと人問はばいかが岩根の松は答へむ」

◉ 한국어 번역

(겐지源氏)'이 중에는 사건의 내막을 아는 여관女房도 있을 것이다. 그게 누구인지 내가 알아채지 못하는 걸 어리석다고 비웃는 자들도 있겠지'라고 생각하니, 겐지는 마음속이 편치 않았지만, (겐지)'나의 실책이 웃음거리가 되는 것은 참을 만하다. 그 여관이야말로 가엾게 되었구나'라 생각하시고 안색에 드러내지 않으셨다. 가오루薫가 매우 천진난만한 얼굴로 옹알거리며 방긋방긋 웃으시는데, 그 입가가 귀여웠다. (겐지)'사정을 모르는 자가 어찌 눈치챌 수 있겠는가. 정말이지 참으로 생부와 닮았구나'라 생각하며, 가오루를 바라다보신다. (겐지)'가시와기柏木 양친께서 하다못해 아이라도 있었더라면 하고 눈물짓고 계실 터인데, 이 아이를 보여 드리지도 못하는구나. 아무도 모르게 이 아이 하나만을 남겨 두고 그처럼 품위 있고 잘난 젊은이가 스스로 몸을 망쳐 버리다니'라 생각하니, 가엾고 슬픈 마음이 들어, 겐지는 가시와기를 괘씸하게 여기던 마음도 사라지고 한숨만 짓고 계셨다.

(겐지)
누가 이 세상에
이런 씨앗을 뿌렸냐고
사람들이 묻는다면
바위에 난 소나무 같은 이 아이는
뭐라 대답할 것인가

[1-26] 도쿠가와 미술관徳川美術館 소장

◉ 등장인물

- 히카루 겐지光源氏
- 가오루薰: 가시와기柏木와 온나산노미야女三宮 사이의 아들, 겐지의 차남으로 자라난다
- 여관女房 2명

◉ 그림해설

본 화면은「가시와기 권柏木巻」을 그린 세 개의 그림 중 마지막 장면이다. 현존하는 국보『겐지모노가타리에마키源氏物語絵巻』그림 중 가장 명작으로 손꼽히는 작품으로, 1999년 복원 작업에 착수하였을 당시, 하야시 이사오林功에 의해 가장 먼저 복원되었다. 무대는 가오루의 '50일 축하연御五十日の祝い'이 벌어지는 로쿠조인六条院 남쪽 신덴南寝殿을 배경으로 하고 있다.

그림화면은 몇 개의 건축물 사선으로 공간이 구획돼 있다. 맨 오른쪽에 정원이 배치되어 있고 그 옆에 툇마루簀子와 난간高欄이 보인다. 그 다음으로 서까래上長押 밑에 주렴御簾이 쳐져 있고, 그 안쪽에 휘장几帳이 늘어져 있다. 그 휘장과 주렴 사이로 툇마루 부분에는 여성의 옷자락이 흘러나온 것처럼 보이는데, 이를 '우치이데打出'라 한다. '우치이데'란 여성의 옷소매나 옷자락을 색색이 아름답게 겹쳐 놓아 주렴 밖에서 볼 수 있게 만든 것으로, 헤이안 시대平安時代 당시 장식을 목적으로 사용되었다.

등장인물들은 모두 왼쪽 공간에 배치되어 있다. 운겐베리繧繝縁(「가시와기1」 그림해설 참조)로 장식된 다다미畳 공간 왼쪽 상단에 겐지가 앉아 있고 그 아래쪽에 여관 2명이 대기하고 있다. 겐지 옆에는 빨간색으로 옻칠을 한 둥그런 선반高坏이 6개 놓여 있다. 그 위에 음식과 떡이 담겨 있고, 특히, 겐지 옆 선반에는 젓가락이 놓여 있는 것이 눈에 띈다. 당시 '50일 축하연'에는 생후 50일 된 아이에게 아이의 부친이나 증조부가 젓가락을 가지고 떡을 아이에게 세 번 씹게 하는 의식이 행해졌다. 이와 같이, 같은 음식을 먹는다는 행위는 가족, 혹은 같은 집단으로 맞아들인다는 것을 의미한다. 이러한 의식이 행해진 날인 만큼, 겐지는 관冠을 쓰고 하얀 옷을 겹쳐 입고 있으며 여관들도 당의唐衣(가라기누)와 치마裳(모)를 갖춰 입고 있다. 이러한 복장을 '모가라기누 차림裳唐衣姿'이라 한다.

여기서 겐지는 강보襁褓에 싸인 가오루를 안고서 아이의 순진무구한 얼굴을 쳐다보고 있다. 이 그림은 원래에는 가오루가 겐지를 향해 손을 뻗치는 모습으로 그려졌었지만, 이후 현존하는 그림처럼 완전히 강보에 둘러싸여 있는 형태로 변경된 사실이 X선 복원작업을 통해 확인되었다.[1] 이 그림은 국보 『겐지모노가타리에마키』 중 유일하게 겐지의 얼굴을 정면에서 그린 것으로, 가오루를 바라보는 겐지의 복잡한 심중을 극대화하여 그려 내고 있다. 자신의 아내, 온나산노미야와 가시와기 사이에서 태어난 가오루를 자기 아들로서 안고 있는 겐지. 여기서 겐지의 위치가 왼쪽 상단 끝부분에 머리가 눌려 있듯이 그려져 있는 것도 이러한 압박받는 겐지의 복잡한 심중을 표현하는 것으로 해석된다.[2]

그런데, 이 그림에서는 당연히 이 행사에 참여해야 할 가오루의 모친, 온나산노미야의 모습이 그려지지 않고 있다. 겐지의 왼쪽 기둥에 주렴이 말아 올려져 있는데, 그 사이로 보이는 휘장이 온나산노미야의 존재를 암시하고 있을 뿐이다.[3] 하지만 『겐지모노가타리源氏物語』 원작을 보면, 이 장면에서 온나산노미야는 상당히 비중 있게 서술되어 있음을 알 수 있다. 그림설명문詞書에는 생략되어 있지만, 원작에는 여관들이 자리를 비운 사이 겐지가 온나산노미야 곁으로 다가가 가시와기와의 사연을 추궁하듯 말을 걸자, 온나산노미야가 얼굴을 붉히는 장면이 등장한다. 그림설명문에서 겐지가 독백처럼 읊는 와카和歌도 원작에서는 겐지가 온나산노미야를 향해 읊는 와카로 묘사되어 있었다. 또한, 그림설명문에서 "나의 실책이 웃음거리가 되는 것은 참을 만하다. 그 여관이야말로 가엾게 되었구나"라며 사건의 내막을 아는 여관을 동정하는 부분은 원래 원작에서는 겐지가 "…… 온나산노미야야말로 가엾게 되었구나"라며, 미야를 가엾게 여기는 부분이었다. [4. 본문 비교 편 참조]

이와 같이, 그림설명문에서는 가시와기와 온나산노미야의 밀통 사건을 둘러싸고 겐지가 온나산노미야를 비난하는 원작의 내용이 삭제되어 있을 뿐 아니라, 가엾게 여기는 대상도 온나산노미야에서 여관으로 바뀌어 있다. 이처럼 원작에 서술된 온나산노미야 관련 내용이 그림설명문에 삭제되어 있는 것처럼, 그림화면에서도 온나산노미야는 그려지지 않고 있는 것이다. 그렇다면, 국보 『겐지모노가타리에마키』의 그림과 그림설명문에서는 본 장면의 여주인공인 온나산노미야를 왜 그리지 않고 있는 것일까? 이는 가시와기와 온나산노미야의 밀통 사건을 묘사함에 있어 출가한 온나산노미야를 삭제하기 위한 것으로, 이와 같은 본 작품의 서술·묘사 태도에는 제작층의 의도 및 의중이 반영된 것이 아닐까 생각된다.[4]

이 장면의 그림설명문은 현재 제1지第1紙, 제2지第2紙가 현존한다. 하지만 그림설명문의 분량이 적고 그 내용이 갑자기 겐지의 심중 부분에서 시작하고 있는 것으로 보아 원래 그림설명문 앞부분에 4~6지紙의 분량이 존재했지만, 이후 소실된 것으로 추정된다. 축하연의 정경이나 인물 묘사 부분 등이 생략된 것으로 보는 견해도 있다.[5]

1…『国宝源氏物語絵巻』 五島美術館, 2010, p.68.
2…三田村雅子 『源氏物語天皇になれなかった皇子のものがたり』 新潮社, 2008, p.13.
3…또는,이를 휘장이 아니라 온나산노미야의 옷자락으로 해석하기도 한다(清水婦久子 『国宝「源氏物語絵巻」をよむ』 和泉書院, 2011, pp.56~57, 小松茂美編 『日本絵巻大成1 源氏物語絵巻·寝覚物語絵巻』 中央公論社, 1977, p.11).
4…김수미 「復元模写「源氏物語絵巻」に関する一考察—女三宮の不在の意味」 『일본어문학』 제55집, 2013.12, pp.114~117.
5…小松茂美編 『日本絵巻大成1 源氏物語絵巻·寝覚物語絵巻』 中央公論社, 1977, p.10.

작품 줄거리 및 배경

가시와기柏木가 세상을 떠난 지 1주기를 맞이하였다. 유기리夕霧는 가시와기의 유지를 받들어 그의 아내 오치바노미야落葉宮의 저택에 들러 돌보아 주곤 하였다. 유기리의 견실한 태도에 점차 오치바노미야와 그녀의 어머니, 이치조노미야一条宮는 마음을 열기 시작하고, 유기리는 점차 오치바노미야에게 마음이 기울기 시작한다.

어느 가을날 저녁, 오치바노미야 저택을 방문한 유기리는 가시와기를 추억하며 그녀와 상부련相夫恋 곡을 합주하면서 고즈넉한 정취에 젖는다. 그날 이치조노미야는 가시와기가 아끼던 유품, 횡적横笛을 유기리에게 건네준다.

그날 밤 유기리는 자신의 저택으로 돌아와 선잠에 드는데, 가시와기가 갑자기 꿈에 나타나 이 횡적을 전하고 싶은 자손은 따로 있다고 말한다. 유기리는 옆에서 우는 아이의 울음소리에 놀라 꿈에서 깨어나는데, 구모이노카리雲居雁가 아이를 달래며 요즘 들어 자주 밤에 출타하는 남편을 질책한다. 유기리와 구모이노카리는 결혼한 지 어느덧 10년이 흘러 많은 자녀들을 낳고 안정된 가정생활을 꾸리고 있었다.

그 다음 날 로쿠조인六条院에 들른 유기리는 가오루薫의 얼굴이 가시와기와 똑 닮아 있는 것을 보고 놀라, 가오루가 가시와기의 아들이 아닐까 의혹을 품는다. 겐지源氏와 대면한 유기리는 슬며시 지난밤 꾼 꿈에 관한 이야기를 꺼내며 겐지의 안색을 살피는데, 겐지는 그 꿈에서 말한 자손이 가오루임을 깨닫고 유기리에게 자신이 가시와기의 횡적을 맡아야 할 사연이 있다고 말한다. 이에 유기리는 좀 더 캐묻고 싶었지만, 겐지는 말을 돌리며 입을 다물고 만다.

제2지第2紙　　제1지第1紙

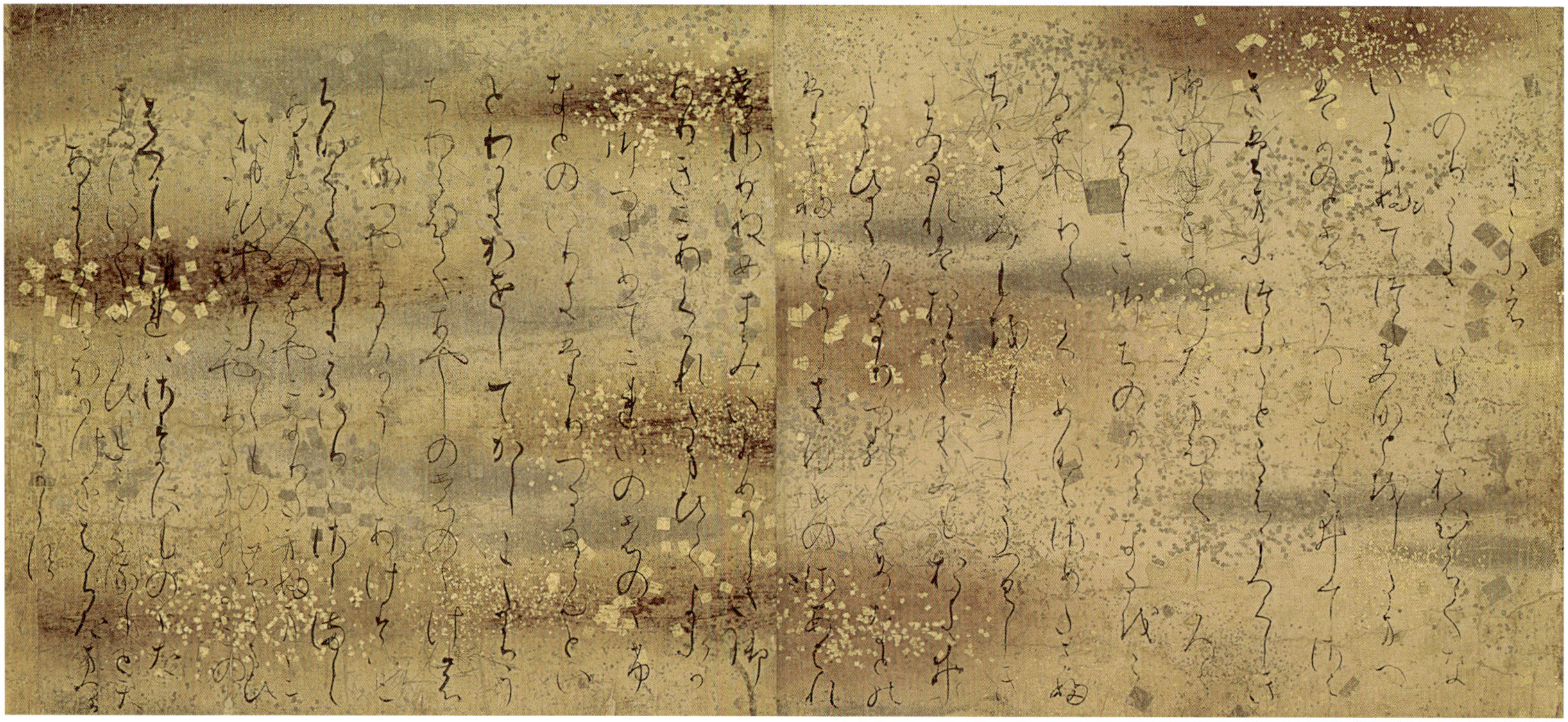

[1-27] 도쿠가와 미술관德川美術館 소장

● 원문 原文

よこふえ
このちこきみいたくおひえてな
いたまふてつたみなとをしたまへ
はめのともうへもおきゐてさは
きたまふつふ／＼とこえうつくしき
御むねをあけたまひてしろく
うつくしき御ちのかはらなるをこゝ
ろをやりてくゝめなくさめたまふ
ちこきみもをかしくうつくしき
きみなれはおとこきみもおきゐ
たまひていかなりつることそなとの
たまふさはかしきゆめのさあはれ
もさめぬ女きみいまめかしき御
ありきにあくかれたまひてよふか
き御つきめてにれいのものゝけ
なとのいりきたりつるならむとい
とわかきかをしてかしこたちう
ちわらひてあやしのものゝけの
しるへやまろかうしあけすはみ
ちなくてけにえいりこさらまし
あまた人のをやになりたまふまゝに
おもひやりふかくものはのたまひ
たりとてみやりたまへるまみの
はつかしけれはさすかにものゝた
まはすいてたまひねみくるしとて
あきらかなるほかけをはちたまへる
にくからす

◉ 석문 釈文

横笛

この児君いたく怯えて泣き給ひて、つだみなどをし給へば、乳母も上も起き居て騒ぎ給ふ。つぶつぶと肥え、美しき御胸を開け給ひて、白く美しき御乳のかはらなるを、心をやりてくくめ慰め給ふ。児君も、をかしく美しき君なれば、男君も起き居給ひて、(夕霧)「いかなりつることぞ」などのたまふ。騒がしき夢のさ[ミセケチ]あはれも覚めぬ。

女君、(雲居雁)「いまめかしき御歩きにあくがれ給ひて、夜深き御月めでに、例の物の怪などの入り来たりつるならむ」と、いと若き顔して畏立ち、うち笑ひて、(夕霧)「あやしの物の怪のしるべや。まろ格子上げずは、道なくて、げにえ入り来ざらまし。あまた人の親になり給ふままに、思ひやり深く、ものはのたまひたり」とて、見やり給へるまみの恥づかしければ、さすがにもののたまはず。(雲居雁)「出で給ひね。見苦し」とて、明らかなる灯影を恥ぢ給へる、憎からず。

◉ 한국어 번역

횡적横笛

이 어린 도련님이 몹시 겁을 먹고 우시며 젖을 토해 내시는 통에, 유모도 구모이노카리 부인雲居雁도 일어나서 허둥대셨다. 부인은 포동포동 풍만하고 아름다운 가슴을 열어젖히시고 하얗고 아름답지만 이미 말라 버린 젖을 아이에게 물리고는 안심시키면서 달래고 계셨다. 어린 도련님도 귀엽고 아름다운 동자였기 때문에 남편인 유기리夕霧도 일어나셔서 (유기리)"어찌된 일이오?"라고 물으셨다. 소란스러웠던 꿈의 아련함도 사라져 버렸다.

부인이 말하길, (구모이노카리)"당신이 젊은 사람처럼 밤 나들이를 쏘다니며 깊은 밤에 달구경을 해 대니 여느 때처럼 귀신 같은 것이 집에 들어온 게 아니겠어요?"라며 앳된 얼굴로 화를 내셨다. 유기리는 웃으며, (유기리)"내가 귀신을 불러들였다니 괜한 트집을 잡으시는군요. 내가 격자문格子을 열지 않았다면 길이 생기지 않았을 테니 물론 귀신이 들어오지 못했겠지요. 많은 아이을 낳으시더니 생각도 깊어졌는지 근사한 말을 하게 되셨군요"라 말씀하시며 쳐다보시니, 그 시선이 부인은 창피하게 느껴졌는지 더 이상 말을 잇지 못하셨다. (구모이노카리)"이제 그만하세요. 볼썽사납다고요"라 말하며, 환한 불빛 아래서 쑥스러워하는 모습이 밉지가 않았다.

[1-28] 도쿠가와 미술관德川美術館 소장

◉ 등장인물

• 유기리夕霧: 겐지光源氏의 장남. 구모이노카리의 남편
• 구모이노카리雲居雁: 도노추조頭中将의 딸, 유기리의 정처
• 유기리와 구모이노카리 사이의 갓난아이
• 유모
• 여관女房 2명

◉ 그림해설

그림화면은 유기리의 산조 저택三条邸, 늦은 밤 유기리와 구모이노카리 부부가 있는 침실의 풍경을 그리고 있다.

화면은 정면에서 낮은 시점으로 바라다보는 구도構圖로 「가시와기2柏木二」와 비슷하다. 화면 맨 위에 주렴이 말아 올려져 있고, 그 밑에 커튼壁代이 늘어져 있다. 정면에 보이는 세 개의 기둥 안쪽으로 두 부부의 침실이 엿보인다. 오른쪽과 왼쪽에는 장지문襖障子이 보이는데, 그 장지문에는 가라에唐絵 산수화가 그려져 있다.[1] 이와 같이 그림화면 속에 다시 그림이 그려져 있는 것을 '화중화画中画'라 한다. 현재 헤이안 시대平安時代 회화가 대부분 소실되어 현존하는 작품이 거의 남아 있지 않은 상황 속에서, 이러한 '화중화'는 당시 회화를 파악할 수 있는 귀중한 자료가 되고 있다.

가운데 기둥 오른쪽에 젖혀진 커튼 사이로 갓난아기를 안고 있는 구모이노카리의 모습이 보이고 그 앞에 유모와 여관들이 대기하고 있다. 가운데 기둥 왼쪽에는 두건烏帽子을 쓰고 넓은 소매의 잠옷 차림大袿姿을 한 유기리가 기둥에 왼손을 대고 구모이노카리 부인 쪽을 쳐다보고 있다. 가운데 기둥 앞에 놓여 있는 촛대御殿油는 이 그림화면의 시간적 배경이 밤임을 상징한다. 또한, 그림설명문詞書에 구모이노카리가 환한 불빛에 비치는 자신의 모습을 쑥스러워하는 내용이 있는데, 그림화면에 그려진 촛대는 이를 반영하는 소재라 볼 수 있다.

화면의 중심에 놓여 있는 구모이노카리는 그림설명문과 같이 풍만하고 아름다운 가슴을 열어젖히고 아이에게 젖을 물리고 있다. 여기서 구모이노카리는 머리카락을 귀 뒤쪽으로 넘겨 귀를 드러내 놓고 있는데, 이러한 모습을 '미미하사미耳はさみ'라 한다. 헤이안 시대에는 귀를 드러내 놓지 않고 머리카락을 길게 늘어트리는 머리 모양새가 귀족 여성의 멋과 우아한 미를 표현하는 수단이었다. 따라서 이러한 구모이노카리의 모습은 외견에 신경 쓰지 않고 가사에 몰두하는 주부의 모양새로서, 이미 많은 자식의 어머니로 가정을 꾸려 나가고 있는 그녀의 위치를 대변해 준다 할 수 있다. 이는 유기리의 연모대상으로 새로이 등장하는 오치바노미야落葉宮가 남편과 사별한 가련한 여인으로서, 헤이안 시대 멋과 정취를 표상하는 여성으로 묘사되는 것과 대비되는 모습이라 할 수 있다.

그림설명문을 보면, 그 무렵 남편이 오치바노미야에게 마음을 주고 있다는 사실을 눈치챈 구모이노카리는 유기리에게 당신이 깊은 밤 여자를 만나러 다니는 통에 귀신(모노노케もののけ)이 들어와 아이가 우는 거라 투정을 한다. 그러한 내용을 반영하듯이, 그림화면을 보면 왼쪽 공간에 장지문이 조금 열린 채로 그려져 있다.

이처럼 문이 열린 상태로 그려져 있는 것에 대해, 유기리가 밤늦게 들어온 이동 경로를 표시하기 위한 것이라는 설[2]과 귀신이 들어온 길을 표현한 것이라는 의견[3]으로 종래 그 해석이 나뉘어져 있다. 또한, 이 그림화면에서 귀신(모노노케)의 존재는 구모이노카리와 유모 사이에 쌀이 담겨져 있는 은쟁반을 통해 표상화되어 있다. 당시 '우치마키撒米'라 하여 악령과 잡신을 물리치기 위해 쌀을 뿌리는 풍속이 있었는데, 이 은쟁반은 이를 반영한 소재라 볼 수 있다.

이와 같이, 본 장면은 '가시와기그룹柏木グループ'의 다른 6장면(「가시와기1」「가시와기2」「가시와기3」「방울벌레1鈴虫一」「방울벌레2」「법회御法」)과는 달리, 유기리 부부간의 소소한 다툼, 일상적인 에피소드를 그리고 있다. 이러한 장면 구성에 대해, 아키야마 데루카즈秋山光和는 '가시와기그룹'의 주요 그림장면이 겐지·가시와기·온나산노미야女三宮의 삼각 구도 속에서 인간의 숙명宿命이라는 무거운 주제를 다루고 있는 것과는 달리, 「횡적」과 「유기리」 장면은 유기리 부부의 일상적인 모습이라는 가벼운 소재를 다루고 있어, 주요 줄거리 사이에 삽입된 일종의 막간극幕間狂言과 같은 성격을 지니고 있다고 평가하고 있다.[4]

1…小松茂美編『日本絵巻大成1 源氏物語絵巻·寝覚物語絵巻』(中央公論社, 1977, p.13)에서는 이 그림을 "장지문에 그려진 가라에 산수화唐絵山水の襖障子"라 해석하고 있으나, 鈴木敬三『初期絵巻物の風俗史的研究』([新装ワイド板] 吉川弘文館, 2010, p.54)에서는 야마토에大和絵라 설명하고 있다.

2…横島菜穂子「国宝源氏物語絵巻に関する一考察—「横笛」における襖障子の機能について」『日本美術研究』1, 筑波大学芸術学系 日本美術史研究室, 2001, pp.63~67.

3…三田村雅子『源氏物語天皇になれなかった皇子のものがたり』新潮社, 2008, p.36.

4…秋山光和「源氏物語絵巻の情景選択法と源氏絵の伝統」『平安時代世俗画の研究』吉川弘文館, 1964, pp. 265~277.

작품 줄거리 및 배경

온나산노미야女三宮는 출가 이후 한적한 생활을 보내고 있었다. 연꽃이 한창일 무렵, 겐지源氏는 온나산노미야의 지불개안공양持佛開眼供養 법회를 성대히 열어 주며 세심한 배려를 쏟는다. 겐지는 내심 그녀의 출가를 허락해 준 것을 후회하며, 전보다 더 정중하게 보살폈다.

그해 가을 무렵, 겐지는 온나산노미야가 머무르는 로쿠조인六条院 정원을 가을 들판처럼 바꾸어 주고, 그곳에 방울벌레鈴虫를 풀어놓았다. 8월 15일 저녁, 온나산노미야가 불전佛前에서 경을 읊으며 여관들과 공양을 드리고 있을 무렵, 겐지가 그 처소를 방문한다. 겐지는 온나산노미야와 함께 방울벌레 소리를 들으며 정취에 젖는다. 겐지는 미야가 출가한 이후에도 여전히 그녀에 대한 미련을 버리지 못하고, 자주 찾아와 그 마음을 노래로 전하였다.

본「방울벌레 권鈴虫巻」이후, 온나산노미야는「환상 권幻巻」에서 불도에 전념, 근행에 몰두하는 모습을 마지막으로, 모노가타리物語에서 사라지고 있다.

『겐지모노가타리源氏物語』2부 시작과 더불어, 새로운 여주인공으로 등장했던 온나산노미야는 겐지의 정처正妻로 로쿠조인에 들어온 이래, 겐지와 무라사키노우에紫上, 그리고 로쿠조인 세계에 파문을 던지는 여인으로 그려져 왔다. 그녀는 무라사키노우에와 마찬가지로, 겐지의 영원한 연모의 대상이던 후지쓰보藤壷의 조카로서, 작품 내에서 '무라사키의 연고紫のゆかり'라고 하는 여주인공 계보를 잇는 여성이었다.

이후, 온나산노미야는 3부에서 겐지의 사후, 산조노미야三条宮에 기거하며 불도에 전념하는 모습으로 재등장한다. 여기서 그녀는 모노가타리의 조연으로, 가오루의 불심佛心을 걱정하는 어머니로서, 이야기 속에서 간간이 그 모습을 드러내고 있다.

제2지第2紙　　　　제1지第1紙

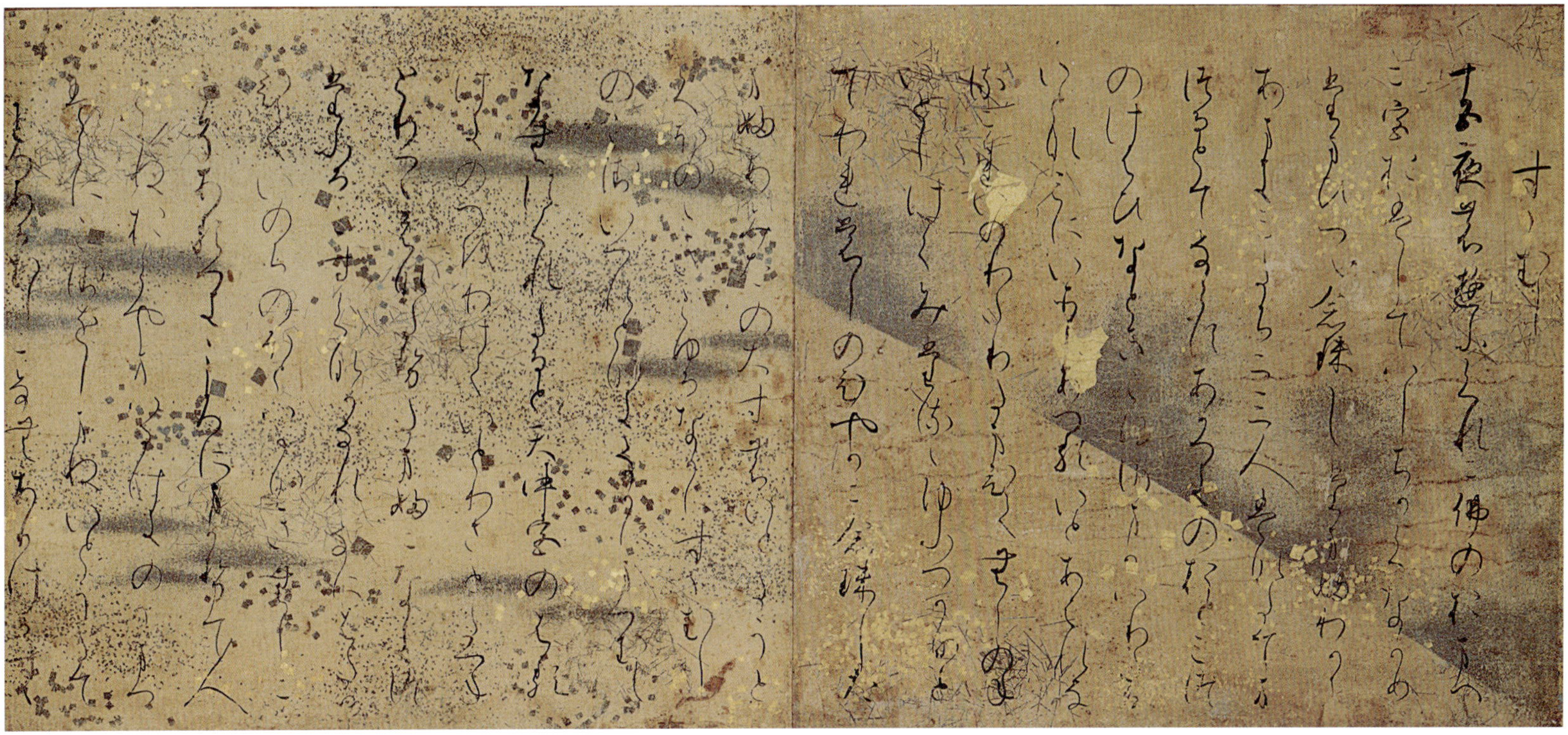

[1-29] 고토 미술관五島美術館 소장

◉원문 原文

すゝむし
十五夜のゆふくれに佛のおまへ
に宮おはしてはしちかくなかめ
たまひつゝ念珠したまふわかき
あまきみたち二三人はなたてま
つるとてならすあかつきのおとみつ
のけはひなときこゆさまかはりたる
いとなみにいそきあへるいとあはれな
るにれいのわたりたまひてむしのね
いとしけくみたるゝゆふへかなと
てわれもしのひやかに念珠した
まふあみたの大すのいとたうと
くほの〳〵きこゆるなかにすゝむし
のこゑいつれとなきなかにまつむし
なむすくれたるとて中宮のはる
けきのへをわけていとわさとたつね
とりつゝはなたせたまふになきつ
たふるゝすくなかなれなにはたか
ひていのちのほとはかなきむしに
こそあるへきこゝろにまかせて人
きかぬおくやまはるけきのゝまつ
はらにこゑをしまぬいとうたて
こゝろあるむしになむありけるすゝ

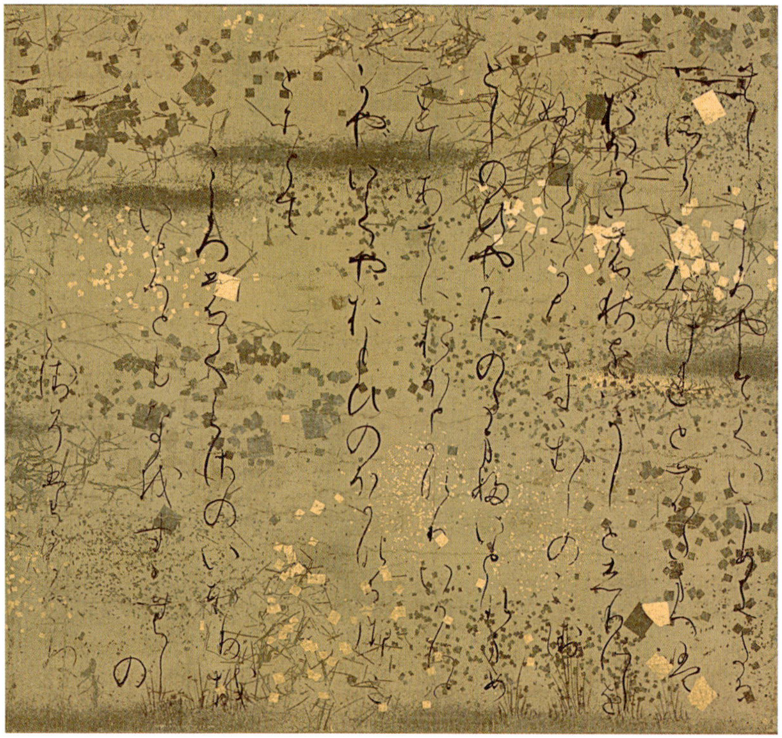

[1-30] 고토 미술관五島美術館 소장

◉ 원문 原文

むしはこゝろやすくいまめきたる
こそらうたけれとのたまへは
おほかたの秋をはうしとしりにしを
ふりすてかたきすゝむしのこゑ
としのひやかにのたまふいとなまめ
きてあてにおほとかなりいかにと
かやいてやおもひのほかなる御こ
とそとて
こゝろもてくさのいほりを
いとへともなをすゝむし
の
こゑそたえせぬ

◉ 석문 釈文

鈴虫

十五夜の夕暮に、佛の御前に宮おはして、端近く眺め給ひつつ、念珠し給ふ。若き尼君たち二三人、花奉るとて鳴らす閼伽坏の音、水の気配など聞こゆ。さま変りたる営みに急ぎあへる、いとあはれなるに、例の渡り給ひて、(源氏)「虫の音いとしげく乱るる夕かな」とて、我も忍びやかに念珠し給ふ。阿弥陀の大呪のいと尊く、ほのぼの聞こゆる中に、(源氏)「鈴虫の声、いづれとなき中に、松虫なむすぐれたるとて、中宮の、遥けき野辺を分けて、いとわざと尋ねとりつつ放たせ給ふに、鳴き伝ふるる少なかなれ。名には違ひて、命のほどはかなき虫にこそあるべき。心に任せて、人聞かぬ奥山、遥けき野の松原に声惜しまぬ、いとうたて心ある虫になむありける。鈴虫は心やすく、いまめきたるこそらうたけれ」とのたまへば、

(女三宮)おほかたの秋をばうしと知りにしをふり
棄てがたき鈴虫の声

と忍びやかにのたまふ、いとなまめきて、あてにおほどかなり。(源氏)「いかにとかや[ミセケチ]。いでや、思ひのほかなる御言ぞ」とて、

(源氏)心もて草のいほりをいとへどもなほ鈴虫の
声ぞたえせぬ

◉ 한국어 번역

방울벌레鈴虫[1]

8월 15일 해 질 무렵, 불단 앞에 온나산노미야女三宮가 툇마루 가까이에 앉아 수심에 잠겨 정원을 바라다보시며 염송을 외고 계셨다. 젊은 여승 두세 명이 꽃을 바치려고 달그락거리는 알가 그릇閼伽坏 소리, 물 따르는 소리 따위가 들려왔다. 여느 때와는 달리 근행으로 분주히 지내시는 것도 매우 애잔한 느낌이 들었다. 겐지源氏가 평상시처럼 이곳으로 건너와서는 (겐지)"벌레 소리가 참으로 소란하고 어지러운 저녁이로군요"라며 스스로 나지막한 목소리로 염송을 하셨다. 아미타여래다리니 소리가 매우 존엄하고 은은하게 울려 퍼지는 가운데, (겐지)"방울벌레 소리는 어느 것 하나 빼놓을 것이 없지요. 중궁께서 청귀뚜라미松虫가 각별하다고 해서 사람을 시켜 먼 들판을 헤치고 일부러 잡아다가 뜰에다 풀어놓게 하셨지만, 들판의 음색 그대로 우는 일은 드물었다고 합니다. 이름과는 달리,[2] 수명이 짧은 덧없는 벌레인 모양입니다. 사람이 듣지 않는 깊은 산속이나 먼 소나무 들판에서는 목청껏 소리를 아끼지 않고 울어 대니 정말이지 얄미운 벌레이지요. 그에 비해 방울벌레는 아무 데서나 격의 없이 구성진 소리를 내니 사랑스럽게 느껴집니다"라고 말씀하시자,

(온나산노미야)
본디 가을이란
삭막한 계절이라는 걸
알고 있었지만
방울벌레 소리 듣고 있자니
이 또한 버리기 어려운 계절이로니[3]

라고 나지막이 읊조리셨다. 매우 우아하고, 기품 있는 유연한 모습이셨다. 겐지는 "대체 무슨 말씀이신지요? 실로 뜻밖의 말씀이로군요"라 말씀하시며

(겐지)
본인의 의지로
이 초막草のいほり(겐지를 상징)이 역겨워
버리고 출가하셨지만
그래도 (당신은) 방울벌레처럼
변함없이 젊고 아름답기만 하네

1... '스즈무시鈴虫'는 현대어로 방울벌레를 말하고 '마쓰무시松虫'는 청귀뚜라미를 지칭한다. 하지만, 고어古語에서는 확정적이지는 않지만, 일반적으로 '스즈무시'는 청귀뚜라미를 의미하고 '마쓰무시'는 방울벌레를 의미한다고 한다(片桐洋一『歌枕歌ことば辞典』角川書店, 1983, p.221). 본서에서는 본문과 관련된 언어의 유희를 즐기기 위해, '스즈무시'를 방울벌레로, '마쓰무시'를 청귀뚜라미로 해석하고자 한다.

2... 청귀뚜라미는 일본어로 '마쓰무시'라 하는데, '마쓰'는 소나무라는 의미로 장수를 상징한다. 여기서는 '장수를 상징하는 이름과는 달리 수명이 짧다'라는 의미로 쓰였다.

3... 일본어로 '아키あき'란 단어는 '가을秋'이라는 뜻과 '질리다飽き'라는 뜻을 지닌 동음이의어이다. 즉, 이 와카和歌에서는 '가을'이라는 단어에 겐지가 '자신에게 싫증이 나 있다'는 의미를 겹쳐 사용하고 있다. 즉, 방울벌레를 정원에 풀어다 놓은 겐지의 배려를 생각하니 그 마음을 떨쳐 버리기 어렵다는 감사의 뜻을 표하면서도, 겐지가 가시와기 사건 이후 자신을 좋지 않게 생각하는 것을 알고 있다는 뜻을 내포한다.

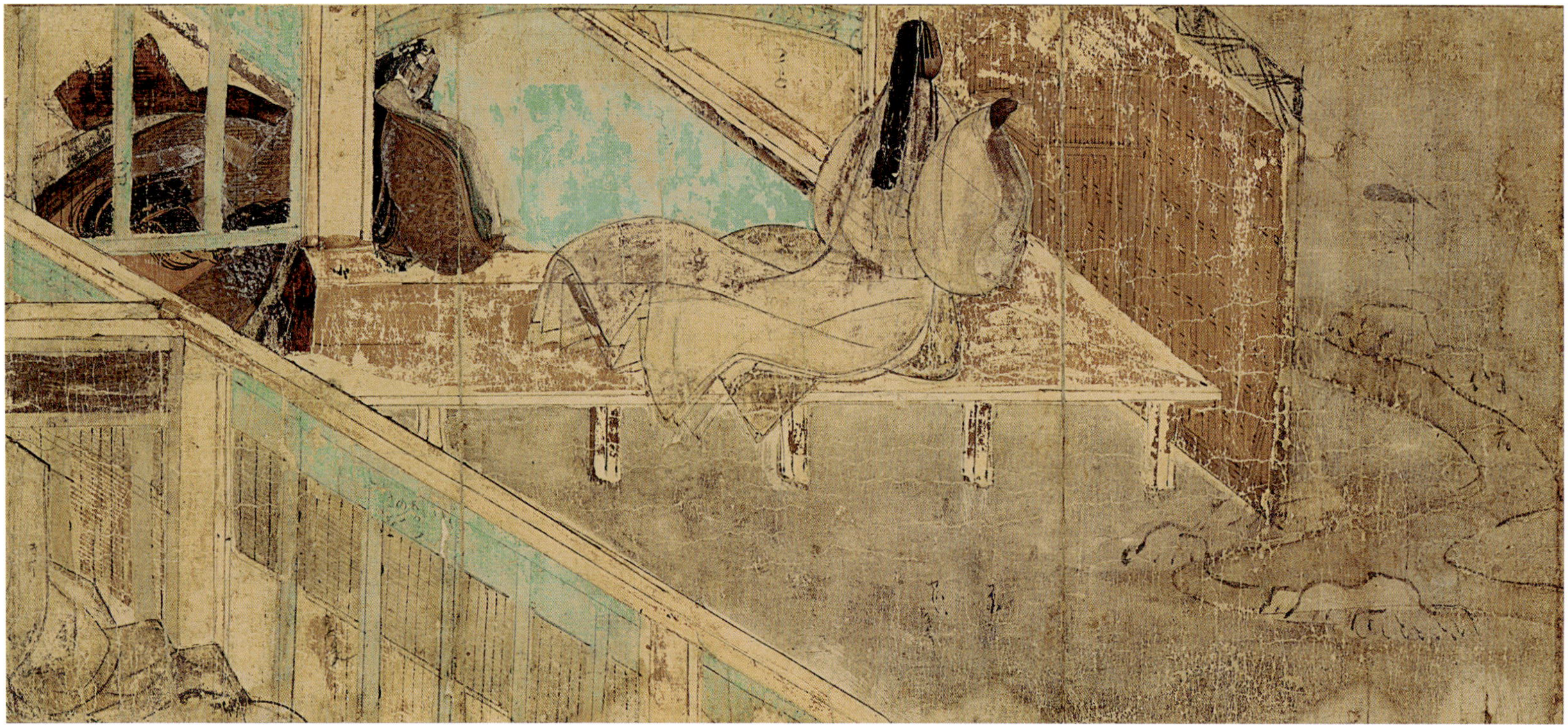

[1-31] 고토 미술관五島美術館 소장

◉ 등장인물

• 여관女房 2명

◉ 그림해설

본 그림화면은 가을 풍광의 뜰을 배경으로 출가한 온나산노미야女三宮 처소를 그리고 있다. 그림설명문詞書에는 겐지源氏가 온나산노미야의 처소를 방문하여 서로 정원에 있는 방울벌레鈴虫에 관해 이야기를 나누며 와카和歌를 증답하는 내용이 실려 있다. 하지만, 그림화면에서는 정작 여주인공인 온나산노미야의 모습이 그려지지 않고 있다. 또한 겐지의 모습도 보이지 않고 있는데, 그림화면 왼쪽 아래 주렴御簾 안쪽으로 비치는 옷자락이 겐지의 존재를 나타내는 것으로 보인다.

이 그림화면에 등장하는 인물은 2명. 대나무 울타리透垣 앞 툇마루簀子에 한 여성이 알가 그릇閼伽坏을 내려놓으며 서 있고, 그 안쪽 기둥 뒤로 한 여성이 얼굴에 소매를 대고 앉아 있다. 툇마루에 서 있는 여관은 긴 머리가 아니라, 어깨 근처까지로 머리를 자른 여승의 모습을 하고 있는데, 의상도 간략하게 하얀색 우치기袿(헤이안 시대平安時代 귀족 여성이나 여관들의 정장 예복 중 하나로, 당의唐衣 아래에 착용함)를 입고 있다.

그런데, 기둥 뒤에 앉아 있는 여성의 경우, 종

래에는 온나산노미야로 해석되어 왔다. 그림화면에서 이 여관은 미타무라 마사코三田村雅子의 지적과 같이, 온나산노미야의 일면을 반영하고 있다.[1] 즉, 툇마루 가까이에 앉아 상념에 잠겨 있는 듯, 정원을 바라보며 방울벌레의 울음소리에 귀 기울이고 있는 그림화면 속 이 여관의 모습은, 원작과 그림설명문에 "온나산노미야가 툇마루 가까이에 앉아 정원을 바라다보시며 수심에 잠겨 염송을 외고 계셨다"라 기술되어 있는 모습과 부합하는 것이라 할 수 있다.

하지만, 최근 이 여성을 온나산노미야가 아니라 여관으로 해석하는 주장이 제기되었다. 종래 이 여성의 의복은 스즈키 게이산鈴木敬三의 조사에 의해 화능거문花菱欅文의 우치기 위에 회색 마름 무늬 거문 모양의 호소나가細長(헤이안 시대 귀족 여성이 착용한 겉옷)를 착용한 것으로 귀족 여성의 의상으로 해석돼 왔다.[2] 하지만, 2005년 가토 준코加藤純子는 이 그림을 복원하는 과정에서 포털 형광 X선 분석 장치에 의해 이 여성의 의상이 소규小葵 문양의 우치기로 그 옷자락 끝에 능거문菱欅文이 그려졌다는 사실을 발견하였다.[3] 능거문은 당시 '모裳'(고대 일본에서 착용한 아래 의복. 치마와 비슷)의 문양으로 널리 사용된 것이었다. 당시 '모'라는 것은 자신보다 신분이 높은 사람을 모실 때 예를 갖추기 위해 여성이 착용하는 예복으로, 따라서 온나산노미야가 자신의 거처에서 '모'를 착용하는 것은 일반적으로 있을 수 없는 일이었다. 따라서 가토는 '모'라는 의상을 입고 있다는 사실에 의해 이 여성을 온나산노미야가 아니라, 온나산노미야를 모시는 여관으로 결론지은 것이다. 이러한 새로운 학설은 미술 사학계와 일본 문학계에 커다란 반향을 일으켰으며, 현재에는 이 여성을 여관으로 해석하는 설이 우세하다.

따라서, 이 새로운 학설에 의하면, 이 그림화면에서는 여관 2명만 그려지고, 온나산노미야는 등장하지 않는 것이 된다. 국보『겐지모노가타리에마키源氏物語絵巻』그림 중, 온나산노미야와 관련된 부분은 3장면으로,「가시와기1柏木一」「가시와기3」, 그리고 본 장면인「방울벌레1」이다. 이들 장면은 원작에서 온나산노미야가 중요한 역할로 등장하지만, 실제 그림에서는「가시와기1」에만 등장하고 나머지 그림에서 그녀의 모습은 삭제되어 있다. 그렇다면 어째서 원작에 등장하는 온나산노미야가 그림화면에는 그려지지 않고 있는 걸까? 더군다나, 온나산노미야가 본 장면에서 비중 있는 여주인공임을 감안할 때, 그림화면에 그녀가 등장하지 않는 것을 단순한 생략으로 치부하기에는 무리가 있다. 특히, 그녀의 모습이 생략된 그림화면「가시와기3」과「방울벌레1」의 경우, 온나산노미야가 등장하는「가시와기1」의 그림과는 달리, 온나산노미야가 출가한 이후의 시점을 그린 것이다. 즉, 온나산노미야가 이들 화면에 등장하지 않는 이유는 겐지–가시와기라고 하는 남성 간의 갈등구조에서 출가한 그녀를 제외하기 위한 에마키絵巻의 의도가 반영된 것이 아닐까 생각된다.[4]

본 그림은 국보『겐지모노가타리에마키』중에서도 가장 보존 상태가 좋지 않은 화면으로 손꼽힌다. 육안으로는 보이지 않지만 복원 작업을 통해, 그림화면 오른쪽 옆에는 정원수遣水가 흐르고 군데군데 풀을 심어 놓은 것이 확인되었다. 또한 채색이 벗겨진 화면 아래로 밑줄이나 '정원수やりみず' '휘장き丁' '뜰にわ' '방울벌레すゝむし' '초목せさい' '쌍여닫이문つまと' '다다미たゝみ' '주렴みす'과 같은 문자가 보인다. 이는 화가가 화면을 그릴 당시, 미리 그리고자 하는 소재를 표시해 놓은 것으로, 당시 에마키의 제작 과정이나 '쓰쿠리에つくり絵' 기법 등을 알 수 있는 귀중한 자료가 되고 있다. [5. 기초지식 편-에마키의 기법: 쓰쿠리에 참조]

1...三田村雅子『草木のなびき, 心の揺らぎ 源氏物語絵巻を読み直す』フェリス女学院大学, 2006, pp.156~169.
2...鈴木敬三『初期絵巻物の風俗史的研究』[新装ワイド板] 吉川弘文館, 2010, p.8.
3...〈よみがえる源氏物語絵巻~浄土を夢見た女たち〉NHKハイビジョン特集, 2005年11月17日放送.
4...김수미「復元模写「源氏物語絵巻」に関する一考察—女三宮の不在の意味」『일본어문학』제55집, 2013. 12, pp.114~117.

작품 줄거리 및 배경

「방울벌레2鈴虫二」는 모노가타리物語 전개상, 「방울벌레1」 장면에 바로 이어지는 부분이다. 8월 15일 겐지源氏는 출가한 온나산노미야女三宮의 처소로 찾아가 방울벌레 소리를 들으며 악기를 연주하며 시간을 보내고 있었다. 그 장소에 호타루 친왕蛍宮과 유기리夕霧가 찾아와 자연스레 연회가 시작된다. 그렇게 즐기고 있던 차에, 레이제이 상황冷泉院으로부터 달맞이 연회月見の宴에 참석해 달라는 전갈이 도착하고 겐지 일행은 수레를 타고 피리를 불며 레이제이 상황 처소로 이동한다. 겐지 일행의 급작스러운 방문에 상황은 반가이 맞이한다. 당시 레이제이 상황은 32세. 젊은 나이에 퇴위하여 한가로이 시간을 보내고 있던 중이었다.

사실 레이제이 상황은 겐지가 의붓어머니인 후지쓰보 중궁藤壺中宮과 밀통하여 태어난 아들이었다. 하지만, 이러한 사실은 세간에 알려지지 않고, 레이제이 상황은 기리쓰보 천황桐壺帝과 후지쓰보 중궁의 아들로서 귀히 성장하여 황위에까지 오르게 된다. 하지만 그는 천황의 자리에 오른 후, 자신의 친부가 겐지임을 깨닫게 되고, 이에 겐지에게 준태상 천황准太上天皇의 직위를 하사한다. 이날 오랜만에 달맞이 연회에서 마주한 레이제이 상황과 겐지. 이들은 서로 부자간임을 겉으로 표현하지는 못하지만, 서로 너무나도 닮은 모습에 새삼 혈육의 정을 느낀다. 이날 밤 일행은 새벽녘 헤어질 때까지 한시漢詩와 노래를 주고 받으며 연회를 즐겼다.

제2지第2紙 제1지第1紙

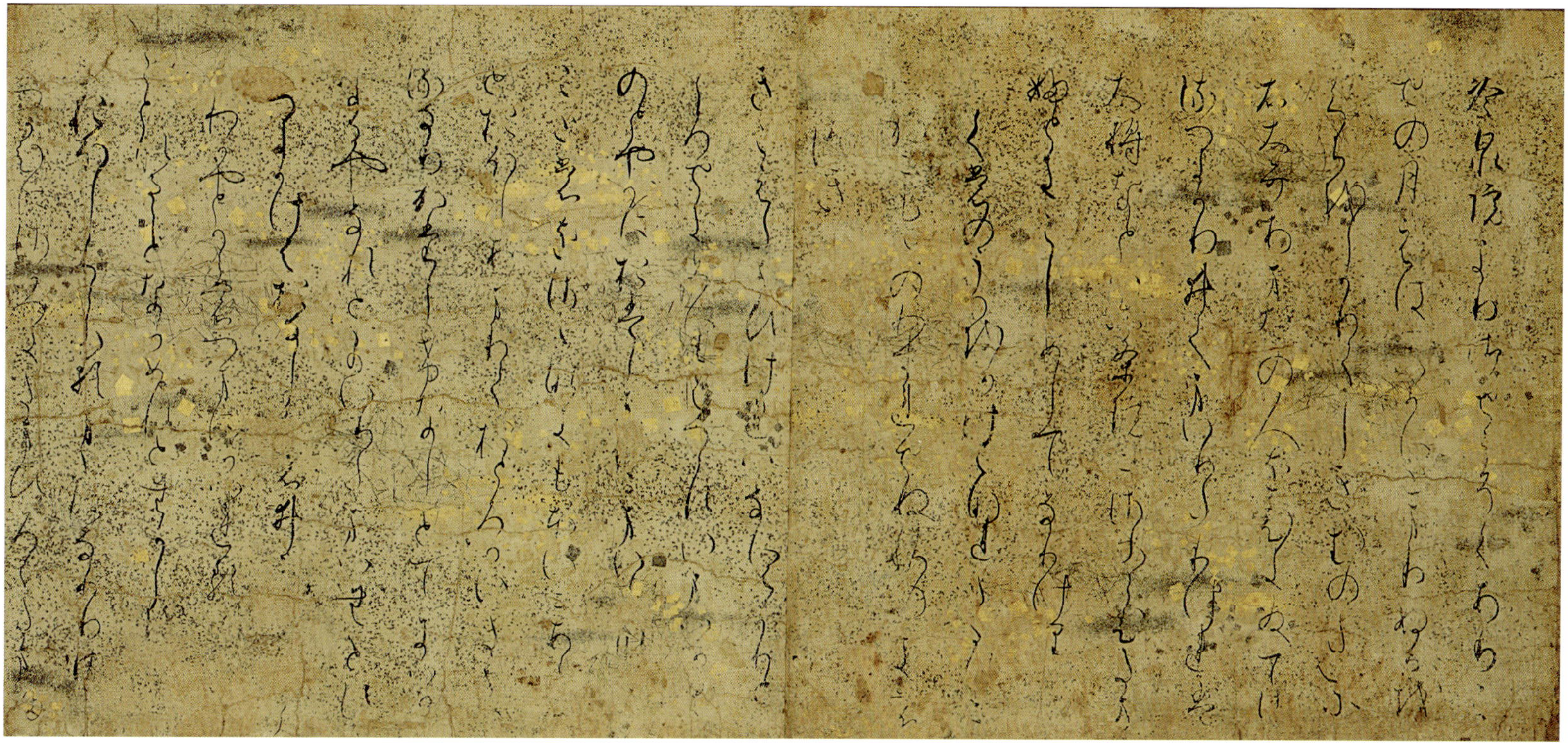

[1-32] 고토 미술관五島美術館 소장

◉ 원문 原文

冷泉院より御せうそくありこ
せの月えはにはかにとまりぬるを
くちをしかりてしきむのたいふ
右大弁あまたの人をひきゐてさ
るへきかりゐてまいりたりけれは
大将なとは六条院にさふらひたま
ふときこしめしてなりけり

くものうへをかけはなれたるすみ
かにもゝのわすれせぬ秋のよの
つき

きこえたまひけれはなにはかりと
ころせきみにもはへらすいまはかく
のとやかにおはしますにまいり[り]な[ ]
ことをさ〳〵なきもほいにあら[ ]
とおほしあまりておとろかいたま[へ]
るなりかたしけなしとてにはか
なるやなれとまいりたまはむとす

つきかけはおなしくもゐに[ ]
わかやとからのつまそかはれる

ことなることなかめれとむかしを[ ]
におほしくらふるまゝになめり[御]
つかひにさかつきたまひろくたまふ

제4지第4紙　　제3지第3紙

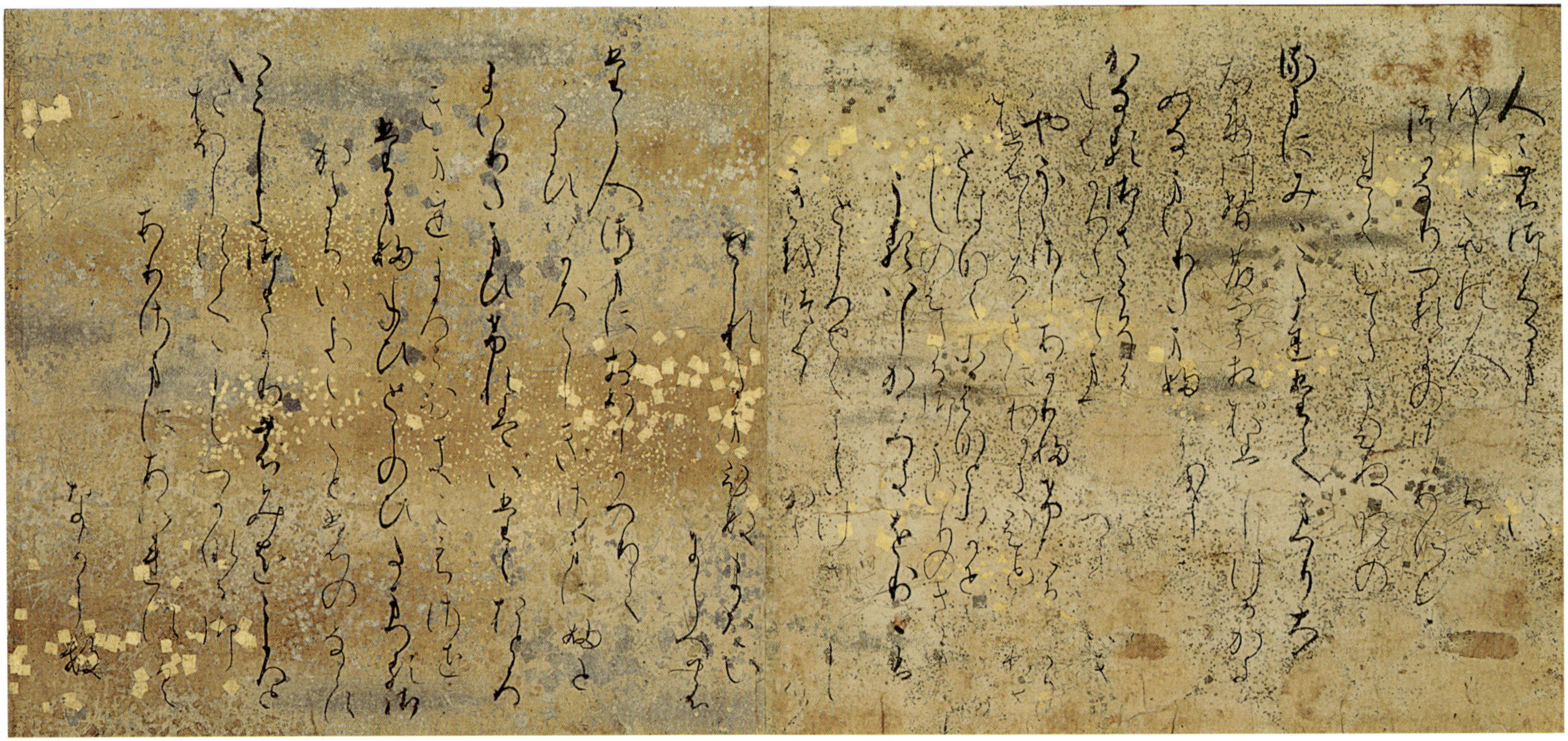

[1-33] 고토 미술관五島美術館 소장

◉ 원문 原文

人々の御くるましたい□
をしこせの人々□ちこ□
つかなりつるよの御あそひま□
れていてたまひぬ院の□
るまにみこたちたてまつり大将
右衛門督藤宰相おはしけるかきり
みなまいりたまふなをしに□
かなる御さうそく□はした□
ねはかりたてまつ□へてつき
やう／＼さしあかりふけたるそらの
おもしろきにわかきひと／＼わさ
とはなくふえなとふかせ□
しのひたる御まいりのさまなり
うるはしかるへきをり／＼は
ところせくよたけきゝし
きをつくし□かた□
せられたまひぬまたい
にしへの
たゝ人さまにおほしかへりて
こよひはかろ／＼しきさまにふと
まいりたまひけれはいたくおとろ
きまちよろこひきこえさせ
たまふねひとゝのひたまへる御
かたちいよ／＼ことものならす
いみしき御さかりのみをこゝろと
おほしすてゝしつかなる御
ありさまにあはれすく
なからす

◉ 석문 釈文

冷泉院より御消息あり。御前の月宴は、にはかに止まりぬるを、口惜しがりて、式部大輔、右大弁、あまたの人を率ゐて、さるべきかりゐて参りたりければ、大将などは六条院にさぶらひ給ふと聞こしめしてなりけり。

(冷泉院) 雲の上をかけ離れたる住処にももの
忘れせぬ秋の夜の月

聞こえ給ひければ、(源氏)「何ばかりところせき身にもはべらず。今はかくのどやかにおはしますに、参り馴　こともをさをさなきも、本意にあら　と思しあまりて驚かい給へるなり、かたじけなし」とて、にはかなる様なれど、参り給はむとす。

(源氏) 月かげは同じ雲居に　わが
宿からのつまぞ変はれる

異なることなかめれど、昔を　に思し比ぶるままになめり。御使に盃給ひ、録給ふ。

人々の御車次第　をし、御前の人々　ちこ　づかなりつる夜の御遊紛れて、出で給ひぬ。院の　車に、親王たち奉り、大将、左衛門督、藤宰相、おはしけるかぎり、みな参り給ふ。直衣に　かなる御装束　ば、下　ばかり奉　へて、月やうやうさし上がり、更けたる空のおもしろきに、若き人々、わざとはなく、笛など吹かせ給ふ。忍びたる御参りのさまなり。

うるはしかるべき折々折々は、ところせくよだけき儀式を尽くし　、かた　ぜられ給ひぬ。また、いにしへのただ人ざまに思しかへりて、今宵は軽々しきさまに、ふと参り給ひければ、いたく驚き待ち喜びきこえさせ給ふ。ねびととのひ給へる御容貌、いよいよ異ものならず。いみじき御盛りのみを心と思し棄てて、静かなる御ありさまにあはれ少なからず。

◉ 한국어 번역

겐지源氏가 있는 로쿠조인六条院에 레이제이 상황冷泉院으로부터 전갈이 당도했다. 어전御前에서 열릴 예정인 달맞이 연회가 갑자기 중단된 것을 아쉬워하며, 시키부노다이후式部大輔, 우다이벤右大弁 등 많은 사람들이 신분 높은 자들과 동행하여 상황 처소로 몰려오니, 상황께서는 유기리 다이쇼夕霧大将 등이 로쿠조인에 머물러 있다는 소식을 들으시고 전갈을 보내신 것이었다.

(레이제이 상황)
구름 위
구중궁궐로부터
멀어진 내 처소에도
잊지 않고 찾아와 주는
가을날 달밤이여

라 노래를 보내니, (겐지)"나는 그다지 번거로운 몸도 아니건만, 지금 레이제이 상황께서 이렇게 느긋하게 왕좌에서 물러나 계시는데, 내가 좀처럼 찾아뵙지도 않는 것을 불만스레 생각하신 나머지, 이렇게 급히 연통을 넣으신 모양이로구나. 정말이지 황송스러운 일이다"라고 생각하시고 갑작스러운 방문이라 여겨졌지만, 상황을 찾아뵈려 하셨다.

(겐지)
달빛처럼 당신은
궁궐에 있던 예전과 다름없이
구름 위에서 빛나고 있건만
내 가옥 처마 끝은
변해 버리고 말았나니

특별히 훌륭한 답가는 아니었지만, 옛일을 지금과 비교하여 생각나는 대로 읊으신 모양이다. 겐지는 사신에게 술잔을 건네고 하사품을 내리셨다.

신분의 순서대로 사람들을 태운 수레 행렬이 이어졌고 수행원들로 북적거렸다. 고즈넉하게 치르던 저녁 관현악 놀이를 중단시키고 겐지 일행은 로쿠조인을 출발하셨다. 겐지의 수레에 친왕親王이 동승하고 유기리 다이쇼, 사에몬노카미左衛門督, 도사이쇼藤宰相 등, 로쿠조인에 계셨던 분들이 모두 함께 길을 나섰다. 모두 가벼운 평상복直衣 차림으로, 그 위에다 하의 관례복下襲만을 겹쳐 입고서 달이 두둥실 떠올라 하늘 풍광이 운치 있게 깊어가는 가운데, 젊은이들은 자연스레 피리 등을 연주하셨다. 조용히 행해지는 행차의 모습이었다.

공식적인 방문일 경우에는, 엄숙하고 위엄 있는 의식을 전부 갖춰서 서로 대면을 하시었다. 하지만, 오늘 밤은 겐지가 다시 예전 신하일 때처럼 간소한 차림으로 갑자기 찾아오셨기에, 레이제이 상황은 몹시 놀라면서도 기쁜 마음으로 반갑게 맞이하셨다. 나이가 들면서 더욱 훌륭해져 가는 레이제이 상황의 용모는 점점 더 겐지와 똑 닮아지셨다. 한창 전성기일 때, 스스로 천왕의 지위를 버리고 한적한 생활을 하시는 모습을 뵈오니, 겐지는 감개가 무량해졌다.

[1-34] 고토 미술관五島美術館 소장

◉ 등장인물

- 히카루 겐지光源氏
- 레이제이 상황冷泉院: 기리쓰보 천황桐壺帝과 후지쓰보 중궁藤壺中宮 사이의 황자. 실은 겐지의 아들
- 호타루 친왕蛍宮: 겐지의 이복동생
- 유리기夕霧: 겐지의 장남
- 귀공자 2명

◉ 그림해설

이 그림은 「방울벌레 권鈴虫巻」을 그린 두 번째 그림이다. 그림화면은 만월이 떠 있는 밤, 레이제이 상황의 거처에서 상황과 겐지가 대면하고 있는 장면을 그리고 있다. 이 장면은 2000년 7월 19일에 발행된 2000엔 지폐의 뒷면에 무라사키 시키부紫式部 초상과 함께 실려져 있는 것으로 유명하다. 그 지폐 아랫부분에는 「방울벌레1」의 그림설명문詞書 문장의 일부가 적혀져 있다.

그림화면 오른쪽 상단을 보면 군청색 하늘 위로 만월 일부분이 그려져 있다. 현존 그림에는 색이 변질되어 달의 모습이 육안으로 확실히 보이지는 않지만, 복원 모사를 통해 은색의 달이 그려져 있는 것으로 확인되었다.

그림화면을 보면, 난간高欄 , 툇마루簀子, 다다미畳, 서까래長押 등의 건축물들이 비스듬한 사선으로 공간을 길게 구획되어 있고, 그 구획된 장소에 인물들이 각각 배치되어 있다. 맨 왼쪽 상단에 위치한 인물이 레이제이 상황. 그 앞에 마주 앉아 기둥에 기대고 뒷모습을 보이는 이가 겐지이다. 그 왼쪽 맨 아래에 기둥 옆에 자리 잡은 이가 호타루 친왕이고, 그 다음 사선인 툇마루 부분에 3명의 귀공자들의 모습이 보인다.

이 그림화면에 등장하는 건축물은 '신덴즈쿠리寝殿造'라는 헤이안 시대平安時代 대표적인 귀족들의 주거 건축 양식이다. 이 건축물에서는 중심에 위치할수록 격格이 높고 주변으로 갈수록 격이 낮은 공간으로 인식되었다. 즉, '신덴즈쿠리'에서는 신분에 따라 인물의 위치나 거처가 정해졌는데, 본 그림화면에서도 그러한 양상이 극명하게 드러나 있다. 이 그림화면을 보면, 건축물 안쪽에서 바깥쪽으로 갈수록, 상황, 겐지와 호타루 친왕, 그 다음에 귀공자 순으로 그려져 있어, 신분 위계질서에 따라 배치되어 있음을 확인할 수 있다. [5. 기초지식 편-헤이안 시대 생활과 문화: 건축공간 신덴즈쿠리 참조]

또한 이들의 옷차림을 살펴보면, 레이제이 상황은 관冠을 쓰고 옷자락을 길게 늘어트린 복장御引直衣姿을 하고 있다. 이 복장은 원래 천황의 일상복이지만, 상황이나 법황이 착용하기도 하였다. 겐지 일행은 상황전에서 달맞이 행사에 참석하기 위해 관을 착용한 예복 차림冠直衣姿을 하고 있는데, 특히, 귀공자 3명의 경우, 하의 관례복下襲[1] 옷자락을 툇마루 난간에 길게 걸쳐 놓고 있다. 그림설명문에는 겐지 일행이 레이제이 상황의 부름을 받고 연회에 가는 것이라 원래 입고 있던 가벼운 평상복直衣 위에 하의 관례복을 겹쳐 입고 참석하였다고 적혀 있다.

이 그림은 상황전에서 달맞이 연회를 즐기는 장면이지만, 그 내용은 부자지간인 레이제이 상황과 겐지가 서로 만나는 대목에 초점이 맞춰져 있다. 다른 사람들은 모르지만, 서로 부자父子라는 비밀을 가슴 깊숙이 간직하고 있는 겐지와 상황은 서로 얼굴을 마주하며 감회에 젖는다. 특히, 이 장면은 두 사람이 너무나도 닮아 있는 서로의 모습에 혈연의 이끌림을 느끼게 되는 대목인데, 이를 표현하듯, 이 그림에서는 겐지와 레이제이 상황 얼굴에 다른 그림에는 사용되지 않은 특수한 하얀색 안료顔料가 사용되었다고 한다. 이러한 사실은 복원 모사 결과 밝혀졌는데, 당시 복원 모사를 담당한 가토 준코加藤純子는 이를 달빛에 비친 얼굴의 음영을 표현하기 위해서 고안된 것이라 설명한다.[2]

또한, 본 그림화면에서 툇마루에 앉아 있는 3명의 귀공자들 중 가장 오른쪽에 위치한 인물이 유기리로 추정된다. 원작에서 유기리는 가시와기柏木의 유품인 횡적을 전해 받는 인물로 나오는데, 이 그림화면을 보면 가장 오른쪽 귀공자만이 하늘에 떠 있는 달을 쳐다보며 피리를 불고 있다. 이와 같이, 여타 귀공자들과는 다른 시선 처리와 가시와기를 회상하듯 피리를 불고 있는 모습은 작품 내 유기리를 형상화한 것이라 보여진다.

이처럼, 본 그림에서는 레이제이 상황전에서 유기리가 피리를 연주하는 것으로 그려져 있지만, 원작과 그림설명문을 보면 귀공자들이 피리를 불며 악기를 연주하는 곳은 레이제이 상황전이 아니라, 겐지 일행이 로쿠조인에서 상황의 거처로 이동하는 길 도중으로 기술되어 있다. 즉, 이 그림은 상황전에서의 연회장면 속에, 겐지 일행이 상황전으로 이동하는 과거의 장면 내용을 합성한 것으로 해석된다.[3] 이와 같이, 현재 시제時制만이 아니라, 과거·미래와 같이 다른 시간축을 하나의 그림화면 속에 합성하는 수법을 '이시동도법異時同図法'이라 하는데, 이는 주로 설화 에마키説話絵巻에서 나타나는 기법으로, 국보 『겐지모노가타리에마키源氏物語絵巻』에서는 드문 매우 주목할 만한 화면 구성법이라 평가받고 있다.[4]

1...'시타가사네下襲'(하의 관례복)는 당시 귀족 남성의 예복으로 가장 겉에 입는 포袍나 반비半臂 아래에 착용하는 옷이었다. 뒤쪽에 옷자락을 길게 늘어트렸으며 신분 위계에 따라 그 길이에 제한이 있었는데, 헤이안 후기 점차 길이가 길어졌다고 한다(1212年建暦2 大臣1丈, 大納言9尺, 中納言8尺).

2...『NHK名古屋取材班斎藤敦·森山真彦『よみがえる源氏物語絵巻－全巻復元に挑む』NHK出版, 2006, p.41.

3...千野香織『岩波日本美術の流れ3 10~13世紀の美術 王朝美の世界』岩波書店, 1993, p.93.

4...小松茂美編『日本絵巻大成1 源氏物語絵巻·寝覚物語絵巻』中央公論社, 1977, p.17.

작품 줄거리 및 배경

이치조노미야一条宮는 병환을 치료하러, 딸인 오치바노미야落葉宮와 함께 오노 산장小野山莊으로 내려간다.

8월 중순 유기리夕霧는 오노 산장에 병문안하러 찾아가 오치바노미야에게 남몰래 자신의 마음을 전한다. 날이 저물고 유기리는 짙은 안개를 핑계 삼아 돌아가지 않고 오치바노미야 처소에서 하룻밤을 보내지만, 오치바노미야는 계속되는 유기리의 구애에 마음을 닫고 받아들이지 않는다.

유기리가 돌아간 후, 전날 밤 유기리가 산장에서 머무른 것을 전해 듣게 된 이치조노미야는 딸의 앞날을 걱정한다. 그날 밤 유기리는 오치바노미야에게 편지를 보내지만, 오치바노미야는 답장을 하지 않는다. 딸에 대한 유기리의 마음을 확인하러 이치조노미야는 유기리에게 딸 대신 편지를 보낸다. 하지만 편지는 유기리가 막 읽으려는 찰나, 둘 사이의 관계를 의심하던 구모이노카리 부인雲居雁에게 빼앗기게 되고 이 때문에 유기리는 바로 편지를 읽지 못한다. 그 다음 날 저녁 무렵에야 이치조노미야의 편지를 보게 된 유기리는 당황하여 급히 답신을 쓰지만, 이치조노미야는 유기리의 답신이 오지 않는 것을 거절이라 여기고 낙담한 나머지, 병이 악화되어 숨지고 만다.

모후의 사후, 오치바노미야는 다시 이치조 저택一条邸으로 돌아오게 되고, 계속되는 유기리의 방문에도 밀실塗籠(누리고메, 문과 창 이외에 사방이 벽으로 된 공간)에 들어가 만나 주지 않는다. 하지만 그녀의 여관女房이 결국 유기리에게 밀실의 문을 열어 주게 되고, 둘은 그곳에서 하룻밤을 보내게 된다. 이후, 유기리와 오치바노미야의 혼인이 이루어지고, 이에 구모이노카리 부인은 이를 견디지 못하고 아이들을 데리고 친정으로 돌아가 버린다.

제2지第2紙　　제1지第1紙

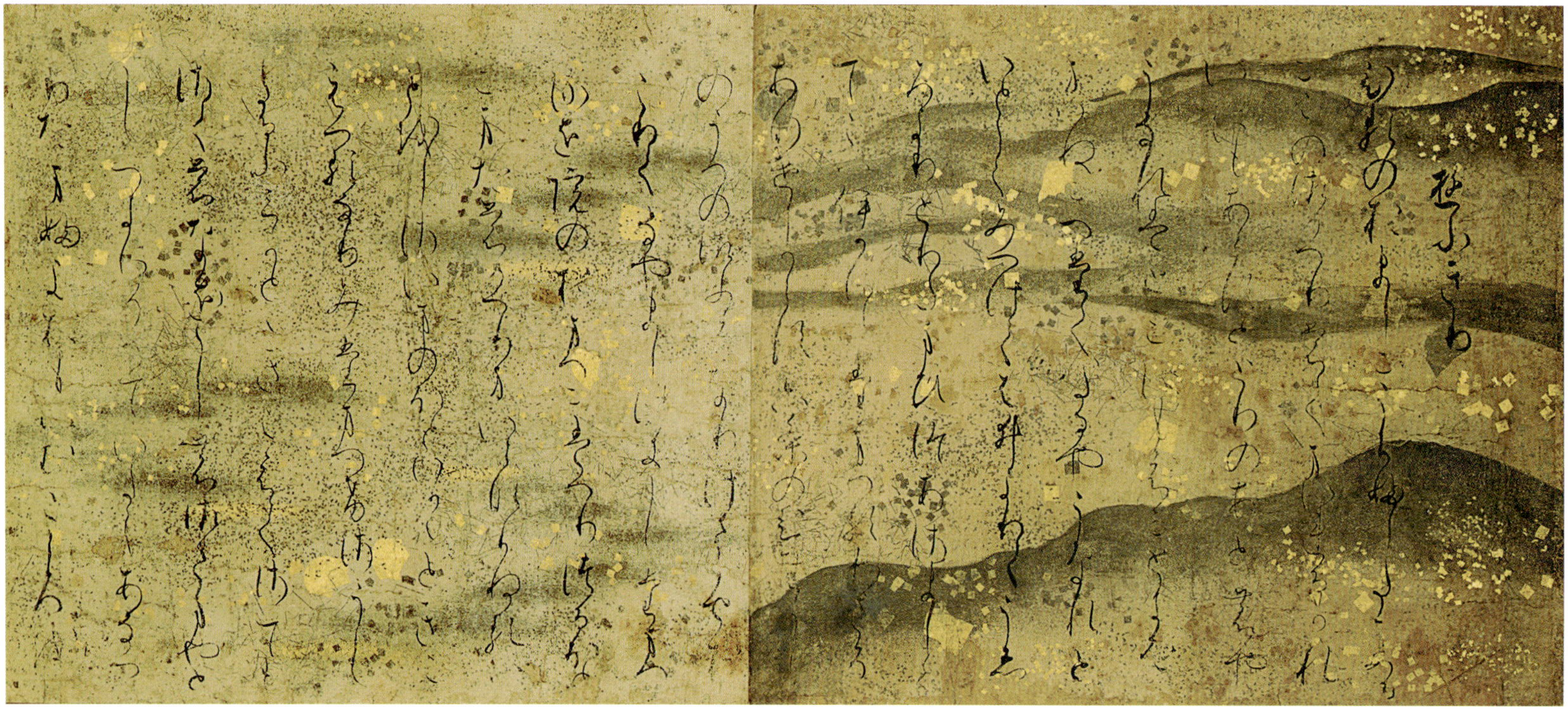

[1-35] 고토 미술관五島美術館 소장

◉ 원문 原文

ゆふきり
ひるのおましにうちふしたまへる
にこの御かへりもてまいれるかれ
いにもあらすととりのあとのや
うなれはとみにもえみときた
まはぬにへたてたるやうなれと
いとゝくみつけてはゐよりてうし
ろよりとりたまひつあさましく
てこはいかにしたまへるわさそ
あなけしからす六条のひむかし
のうへの御ふみなりけさかせお
こりてなやましけにしたまへ
るを院のおまへにはへりつるほと
にまたもかへりまいらなりぬるい
とをしさいまのほといかゝときこ
えつるなりみたまへけさうし
たるふみかとゝきこえてさても
さてもなを／＼しの御さまやと
しつきにそへていたくあなつ
りたまふよおもはむこころを

◉ 석문 釈文

夕霧

(夕霧が)昼の御座にうち臥し給へるに、この御返り持て参れるが、例にもあらずと鳥の跡のやうなれば、とみにもえ見解き給はぬに、隔てたるやうなれど、いととく見つけて這ゐ寄りて、背後(うしろ)より取り給ひつ。

(夕霧)「浅ましくて。こは、いかにし給へるわざぞ。あな、けしからず。六条の東の上の御文なり。今朝風邪起こりて、悩ましげにし給へるを、院の御前にはべりつるほどに、またも帰り参らなりぬるいとをしさ、今のほど、いかがと聞こえつるなり。見たま

제3지第3紙

[1-36] 고토 미술관五島美術館 소장

◉ **원문** 原文

はちたまへかしとあはめら
れてとし月にそふあなつり
はおほむこゝろならひにこそと
てふともさすかにみたまはて
もたまへり

へ。懸想したる文かと」と聞こえて、(夕霧)「さてもさても直々しの御さまや。年月に添へていたく侮り給ふよ。思はむ心を恥ぢ給へかし」とあはめられて、(雲居雁)「年月に添ふ侮りは、御心ならひにこそ」とて、ふともさすがに見給はで持給へり。

◉ **한국어 번역**

유기리夕霧

유기리가 낮의 거처昼の御座에 누워 계시는데, 하인이 오노小野에서 보낸 답신을 가지고 왔다. 이치조노미야一条宮(오치바노미야落葉宮의 모후)의 편지는 예전과는 달리 새 발자국 같은 필적이라 유기리가 곧바로 읽지 못하고 있던 차에, 구모이노카리 부인雲居雁이 칸막이 저쪽에 계신 듯했지만, 재빨리 이를 발견하고는 무릎걸음으로 다가와 뒤에서 편지를 빼앗으셨다.

(유기리)"황당하군요. 이게 대체 무슨 짓입니까? 정말 무례하군. 로쿠조인六条院에 계시는 동쪽 별채 어머님東の上(하나치루사토花散里를 가리킴)께서 보내신 편지입니다. 오늘 아침 어머님께서 감기에 걸려 괴로우신 것 같으셨는데, 아버님 저택에 가 있다가 다시 뵙지도 못하고 돌아온 것이 마음에 걸려 지금은 차도가 어떠신지 문안을 드린 것입니다. 보십시오. 이게 어디 연애편지입니까?"라 말씀하시고는, (유기리) "아무리… 아무리 그렇다 하더라도 볼썽사나운 행동 아닙니까? 세월이 흐를수록 나를 몹시 경멸하는군요. 내가 당신을 어찌 생각할지 부끄러워하지 않는 듯하니……"라 책망을 하자, 부인은 (구모이노카리)"세월이 지날수록 무시하는 건 당신 쪽이지요."라 말하며 편지를 가로채긴 했지만, 역시 바로 편지를 보지 못하고 들고 계셨다.

[1-37] 고토 미술관五島美術館 소장

◉ 등장인물

- 유기리夕霧: 겐지源氏와 아오이노우에葵上 사이의 아들
- 구모이노카리 부인雲居雁: 유기리의 정처. 도노추조頭中将의 딸
- 여관女房 2명

◉ 그림해설

본 그림은 유기리 저택에서 구모이노카리 부인이 유기리가 읽고 있는 편지를 빼앗기 바로 직전의 모습을 그리고 있다. 화면 왼쪽에 커다란 벼루를 앞에 두고 유기리가 편지를 들고 있으며 그 뒤로 구모이노카리 부인이 손을 뻗치며 다가오고 있다. 이 그림화면에서는 구모이노카리 부인은 서 있는 자세로 그려지고 있지만, 원작과 그림설명문에서는 모두 "무릎걸음으로 다가와這い寄りて"라 적혀져 있다.

그 뒤편으로 야마토에大和絵가 그려진 6첩 병

풍屛風이 놓여 있고 오른쪽에 놓인 장지문襖障子에도 야마토에가 그려져 있다. 그 장지문 너머로 여관 2명이 부부의 이야기를 엿들으려는 듯 귀 기울이고 있다. 왼쪽에는 검은 옻칠을 한 괘厨子가 사선으로 놓여 있고 그 뒤로 장지문이 보인다. 단정하면서도 격이 있는 실내 모습으로, 유기리의 성정이 잘 드러나 있다.

이 그림화면의 배경 시간을 보면, 원작에서는 ① "밤이 지났을 무렵宵過ぐるほどに" ② "촛대를 가까이 끌어당겨 편지를 보셨다御殿油近う取り寄せて見たまふ"라는 본문 기술과 같이 밤으로 설정되어 있다. 하지만 그림설명문詞書에는 이와 같은 ① ②의 기술이 삭제되어 있고, 그림화면에서도 촛대는 그려져 있지 않다. [4. 본문비교 편 참조] 대부분의 선행 연구에서는 본 그림화면의 시간대를 '밤'으로 해석하고, 화면에 촛대가 그려져 있지 않는 것을 단순한 생략이라 보고 있다. 하지만, 본 에마키에서는 그림화면과 그림설명문 모두 '밤'의 요소를 제거하고 있어, 원작과는 달리 '낮'으로 설정했을 개연성도 충분히 존재한다고 생각된다.

그럼 다음으로 두 주인공의 옷차림을 살펴보도록 하자. 이 그림에서 구모이노카리 부인은 하의로 빨간 치마緋の袴를, 상의로는 겉옷 안에 입는 홑옷単만을 걸치고 있는데, 그 윗옷은 안이 훤히 비치는 하얀 항라 천羅으로 그려져 있다. 이는 이곳이 자신의 저택 안 부부의 사적 장소라 할지라도, 당시 낮의 복장으로서는 매우 담대한 옷차림이라 할 수 있다.

이와 같은 본 그림화면의 구모이노카리의 옷차림은, 『겐지모노가타리源氏物語』「패랭이꽃 권常夏巻」에 등장하는 그녀의 복장을 연상시키는 것으로 종래 여러 가지 의견이 제시되어 왔다. 원작「패랭이꽃 권」을 보면, 그녀는 더운 여름날 항라 천으로 된 홑옷羅の単만을 걸치고 낮잠을 자고 있다가 아버지인 도노추조(당시 내대신內大臣)로부터 단정치 못하다며 훈계받는 장면이 나온다. 가와조에 후사에河添房江는「유기리」그림화면에서 구모이노카리의 잠옷과 같은 복장은 원작「패랭이꽃 권」의 옷차림을 염두에 두고 그린 것이라 지적하며, 이는 단순히 낮잠을 자는 단정치 못한 여성의 모습을 그리려 한 것이 아니라,「패랭이꽃 권」에서 아버지의 제지로 사랑하는 유기리를 만날 수 없어 밤새 잠 못 이루다 낮잠을 자게 된 과거 그녀의 모습을 투영시키기 위한 것이라고 설명한다. 즉, 가와조에는 본 그림화면의 구모이노카리의 옷차림은 유기리와의 사랑이 원만하게 이루어지지 못했던 과거의 시간이 재차 반복되고 있음을 상징적으로 표현하기 위한 것이라 해석하고 있다.[1] 이에 반해, 미타무라 마사코三田村雅子는 구모이노카리의 이러한 옷차림은 당시 노골적으로 질투하고 솔직하게 행동하는 그녀에 대한 호의적이지 않은 시선을 반영하는 것이라 해석하며, 하지만 이를 아름다운 신체로 표현하고 있다고 덧붙이고 있다.[2] 또한, 이나모토 마리코稲本万理子는 구모이노카리의 옷차림은 그녀에 대한 부정적 이미지, 해학성諧謔性, 반이상성反理想性 등을 표현하는 것이라 설명한다.[3]

원작이나 그림설명문에는 구모이노카리의 복장에 대한 묘사가 기술되어 있지 않다. 따라서 이러한 구모이노카리의 옷차림은 화가가 상정하여 그린 부분으로서, 유기리와 구모이노카리와의 관계, 그리고 그녀의 성격을 그림화면에 반영시킨 것이라 할 수 있다.

한편, 본 그림화면에서 유기리는 평상복直衣 소매에 팔을 걸친 채로 편안한 모습으로 앉아 있다. 그런데, 여기서 눈길을 끄는 것은 유기리가 두건烏帽子이 아니라, 관冠을 쓰고 있다는 점이다. 두건은 당시 귀족 남성이 일상생활에서 쓰는 모자인 데 비해, 관은 조정에 출사할 때나 방문 시 착용하는 모자로 공식적인 의복이라 할 수 있다. 따라서 본 그림화면에서 유기리는 편안한 옷차림을 하고 있으면서도, 자신의 저택 안에서, 그것도 부부의 사적 생활공간에서 격식을 갖춘 관을 쓰고 있는 언밸런스한 차림을 하고 있는 것이다. 이와 같이, 본 국보『겐지모노가타리에마키源氏物語絵巻』에서 귀족 남성이 자신의 저택 안에서 관을 착용한 예는 본 그림화면의 유기리뿐이다.[4] 선행 연구에서는 주로 구모이노카리의 옷차림에 주목하여, 관을 쓴 유기리의 복장에 관해서는 거의 다뤄지지 않고 있지만, 이 점은 본 화면을 이해하는 데 중요한 포인트라 생각된다.

그렇다면 본 그림화면에서 왜 유기리는 이와 같은 언밸런스한 복장으로 그려진 것일까? 이를 파악하기 위해서는 본 장면의 내용과 성격을 살펴볼 필요가 있다. 본 그림장면에서 중요한 소재가 되고 있는 것은 오노 산장小野山荘에서 온 편지이다. 구모이노카리는 이 서신을 오치바노미야落葉宮가 보낸 연서라고 오해하지만, 사실은 이치조미야一条宮가 딸의 장래를 유기리에게 맡기려고 그의 의중을 확인하고자 보낸 것이었다. 즉, 이 편지는 유기리와 구모이노카리 부인 사이의 부부 싸움의 매개체일 뿐 아니라, '황녀와의 혼사'라고 하는 중대사와 관련된 것이라 할 수 있다.

본 그림화면에서는 궤, 벼루, 병풍, 장지문 등의 가구 세간이 그려져 있는데, 그중에서도 벼루가 유기리 앞에 실물보다 매우 큰 모습으로 과장되게 그려져 있다. 이에 대해, 빨리 답신을 쓰고 싶어 하는 유기리의 초조함이 반영된 것으로 보는 해석(三田村雅子說)[5]과 이치조노미야에게 긴급하게 답신을 해야 할 필요성을 표현한 것으로 보는 의견(清水婦久子說)[6]이 존재한다. 즉, 이 그림에서 이치조노미야의 편지와 이에 대한 유기리의 답신은 유기리와 황녀의 결혼이라고 하는 본 장면의 주제를 표현하는 중요한 요소라 할 수 있다.

종래 이 화면은 유기리 가정家庭에서 일어난 부부 싸움이라는 가벼운 테마를 그린 작품으로 평가받아 왔다. 또한 그러한 테마와 걸맞게 구모이노카리나 유기리의 옷차림도 밤에 부부의 사적 공간에서 편안한 복장을 하고 있는 것으로 해석되어져 왔다. 하지만 이 그림은 단순히 가정 내 부부간의 일상적인 모습을 그린 것이 아니라, 그와 동시에 스자쿠 상황朱雀院의 황녀 오치바노미야와의 결혼이라는 테마와도 깊이 연관되어 있는 장면이라 할 수 있다. 따라서, 본 장면에서는 그와 같은 2개의 서로 다른 테마를 표현하기 위해, 유기리는 가정 내에서 편안한 옷차림을 하고 있으면서도, 편지를 펼쳐 보는 순간, 관을 쓴 격식을 차린 복장으로 그려지고 있는 것이다.[7]

앞서 구모이노카리와 마찬가지로, 원작과 그림설명문에는 유기리의 옷차림에 대한 기술이 없으므로, 이는 그림화면의 의도에 맞게 묘사된 것이라 할 수 있다. 즉, 그림 속 유기리의 언밸런스한 복장은 단순히 실제 생활에 적합한 옷차림으로 그려진 것이 아니라, 본 그림화면의 의도에 부합하는 의미성을 지닌 레토릭으로, 상징성을 지닌 기호로 표현된 것이다.[8]

1…河添房江「復元模写から読み解く『源氏物語絵巻』と『源氏物語』」『国語と国文学』2006. 6, pp.1~14.
2…三田村雅子『源氏物語天皇になれなかった皇子のものがたり』新潮社, 2008, p.45.
3…稲本万理子「『源氏物語絵巻』の詞書と絵をめぐって―雲居雁·女三宮·紫上の表象」『交渉することば 叢書想像する平安文学』第4巻 勉誠出版, 1999, pp.219~240.
4…본 에마키 작품「겨우살이1宿木一」에서 천황今上帝과 가오루薫가 궁중清涼殿에서 바둑을 두는 장면이 나오는데, 이 그림화면을 보면, 둘 다 관을 쓰고 있다. 여기서 천황은 자신의 거처이지만, 상황이 되기 전까지 궁중에서 관을 써야 하며, 퇴위한 후 상황上皇이 된 후에야 두건烏帽子을 쓰는 것이 당시 관례였다.
5…三田村雅子『源氏物語天皇になれなかった皇子のものがたり』新潮社, 2008, p.45.
6…清水婦久子『国宝「源氏物語絵巻」をよむ』和泉書院, 2011, p.85.
7…김수미「『国宝源氏物語絵巻』詞書と絵―夕霧段の解釈をめぐって」『일본문화학보』제62집, 2014. 8, pp.39~54.
8…김수미 전게논문, pp.39~54.

작품 줄거리 및 배경

무라사키노우에紫上는 어린 나이에 히카루 겐지光源氏와 맺어진 이후, 작품 내에서 겐지가 가장 사랑하는 여성으로, 여주인공 역할을 담당하여 왔다. 그러나 겐지가 중년이 된 이후, 스자쿠 상황朱雀院의 황녀, 온나산노미야女三宮를 정처正妻로 맞아들이게 되자, 로쿠조인六条院에서 그녀의 위치가 흔들리게 되고 그녀의 심중에 고뇌가 쌓여만 간다.

이에 무라사키노우에는 출가를 희망하지만, 겐지는 이를 허락지 아니한다. 점차 병세가 악화되어 가던 무라사키노우에는 여악女楽 행사를 마친 후, 갑자기 발병하여 위독한 상태에 빠진다. 겐지의 정성스러운 간호에 정신을 되찾지만, 가을이 되어도 역시 그녀의 용태는 회복되지 않았다. 마침 궁중에서 사저私邸에 들른 아카시 중궁明石中宮과 겐지가 그녀의 처소를 찾아 담소를 나누게 되고 그 다음 날 아침, 무라사키노우에는 겐지와 중궁이 지켜보는 가운데 숨을 거둔다. 향년 43세. 일생의 반려자를 잃어버린 겐지는 그 슬픔에서 헤어나지 못하고 그녀를 그리며 세월을 보내는 것으로 『겐지모노가타리源氏物語』 정편正編은 끝을 맺는다.

제2지第2紙 제1지第1紙

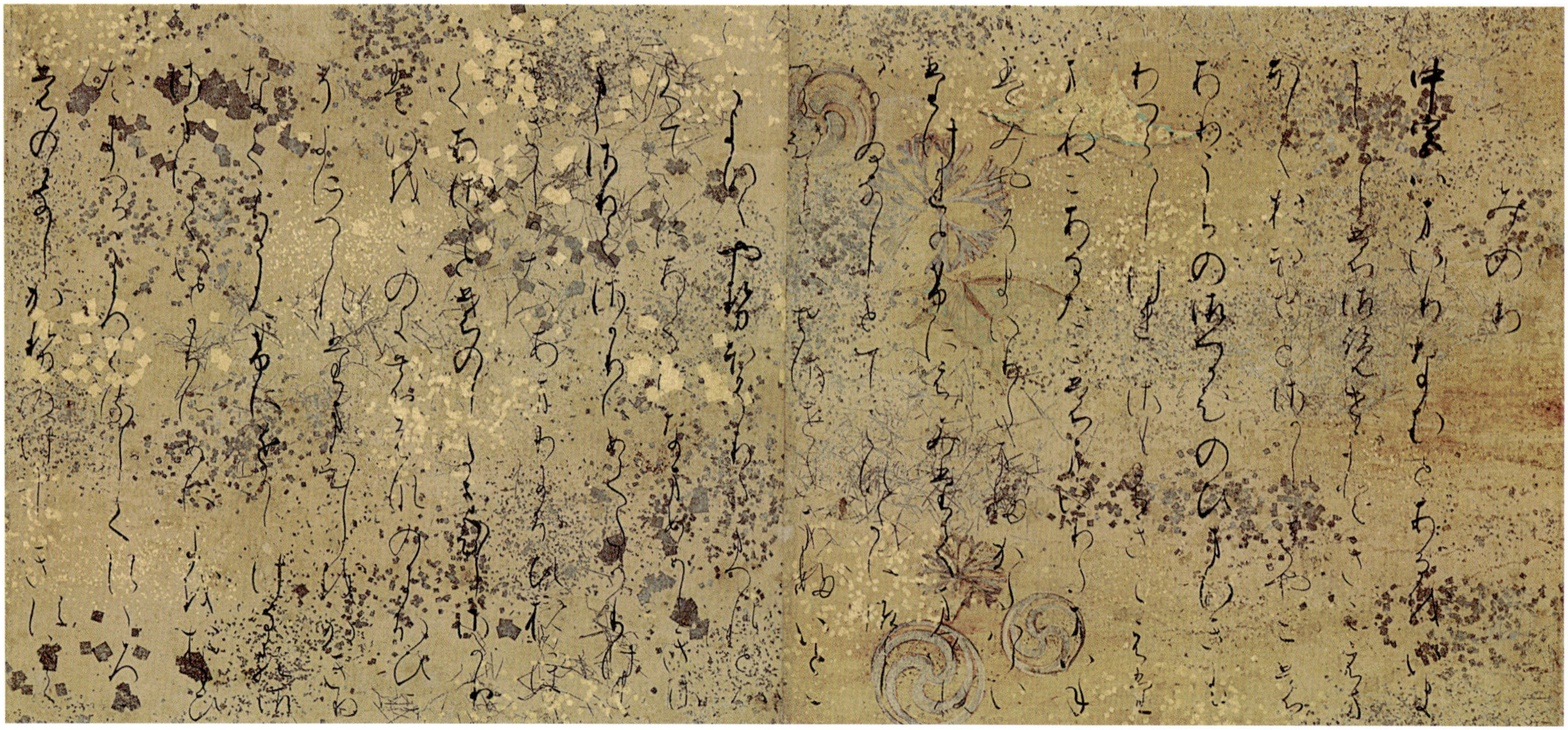

[1-38] 고토 미술관五島美術館 소장

●원문 原文

みのり

中宮はまいりなむとあるをいま
しはしも御覧せよときこえま
ほしくおほせとさかしきやにも
ありうちの御つかひのひまなきも
わつらはしけれはさもえきこえた
まはぬにあなたにもまいりたまはね
はみやそまいりたまふかたはらい
たけれとけにえみたてまつらね
はかゐなしとてこなたに御し
つらひことにせさせたまふいとゝ
こよなくやせほそりたまへれとか
くてこそあてになまめかしきさ
まゝさりてさかりにめてたかりけれ
ときしかたはあまりにほひおほ
くあさ／＼とものしたまひしさかり
はなをこのよのはなのにほひに
そよそへられたまひしをかきり
なくらうたけにをかしけなる御
さまにていとかりそめによをおもひ
たまへるこゝろくるしくすゝろに
ものかなしかせのけしきすこく

제4지第4紙　　　　　제3지第3紙

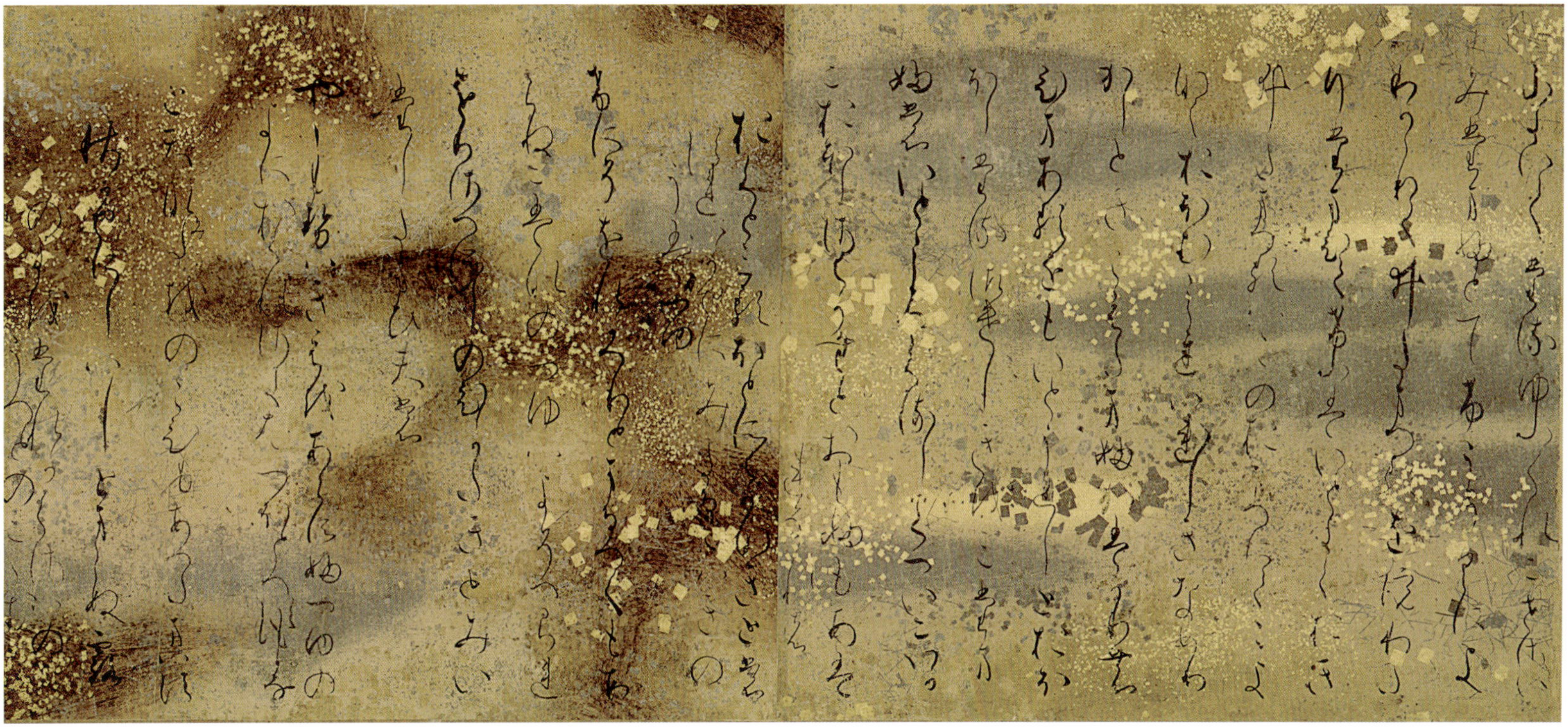

[1-39] 고토 미술관五島美術館 소장

●원문 原文

ふきいてたるゆふくれにせさい
みたまふとてけうそくによ
りかゝりてゐたまへるを院わた
りたまひてけふはいとよくおき
ゐたまへるはこのおまへにてこよ
なくおほむこゝちはれ／＼しきなめり
かしときこえたまふかはかりの
ひまあるをもいとうれしとおほ
ほしたる御けしきをみたま
ふもいとこゝろくるしくついにいか
におほしさはかむとおもふもあは
れなれは
おくとみるほとそはかなきとも
すれはかせにみたるゝはきの
うはつゆ
けにそをれかへりとまるへくもあ
らぬにはなのつゆはよそへられ
をりさへそしのひかたきとみい
たしたまひても
やゝもせはきえをあらそふつゆの
よにおくれさきたつほとへすもかな
とてなた[み]をのこひもあへたまはす
秋かせにしはしとまらぬ露
のよをたれかくさはの
うへとのみゝむ

제5지第5紙

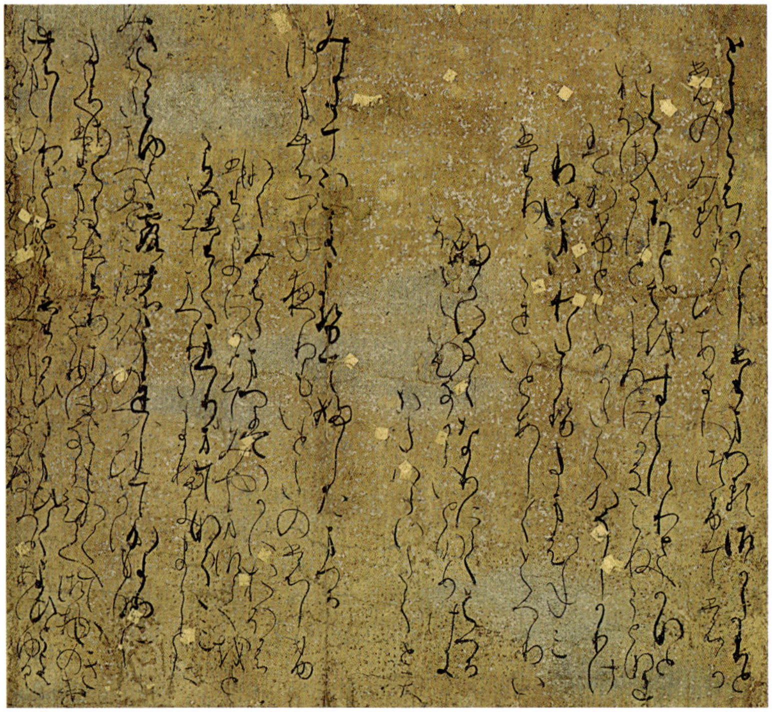

[1-40] 고토 미술관五島美術館 소장

● **원문** 原文

ときこえかはしたまへる御かたちと
ものみるかひあるにつけてもか
くてちとせをすくすわさかなと
おほさるれとこゝろにかなはぬことなれ
はかけとゝめかたくかなしかりけ
りいまはわたらせたまひねみ
たりこゝちいとあしくはへりい
ふかいなくなりにてはへる
ほとゝいひなからいとなめけに
かたはらいたくとて
みき丁ひきよせてふしたまへる
さまのつねよりもいとたのもしけ
なくみえたまへはいかにおほえ
たまふにかとてみやま御てをと
らへたてまつりまてなく／＼み
たてまつりたまふにまことに
きえゆく露のこゝちしてかきりに
みえたまへはみ修行のつかひかすもなく
たちさはきたりさき／＼もかくていき
いてたまひしをりにならひて御物のけ
のしわさとうたかひたまひてよひとよ
さま／＼のことをしつくさせたまへとあけゆく
ほとにたえはてさ[せ]たまひぬ

◉ 석문 釈文

御法

中宮は参りなむとあるを、今しばしも御覧ぜよと聞こえまほしく思せど、さかしきやにもあり、内裏の御使ひの隙なきも、わづらはしければ、さもえ聞こえ給はぬに、あなたにも参り給はねば、宮ぞ参り給ふ。かたはらいたけれど、げにえ見たてまつらねば、甲斐なしとて、こなたに御しつらひ、ことにせさせ給ふ。

いとどこよなく痩せ細り給へれど、かくてこそ、あてになまめかしきさままさりて、盛りにめでたかりけれど、来し方はあまり匂ひ多く、あざあざとものし給ひし盛りは、なをこの世の花の匂ひにぞ、よそへられ給ひしを、限りなくらうたげに、をかしげなる御さまにて、いとかりそめに世を思ひ給へる、心苦しく、すずろにもの悲し。

風の気色すごく吹き出でたる夕暮に、前栽見給ふとて、脇息に寄りかかりて居給へるを、院渡り給ひて、(源氏)「今日は、いとよく起き居給へるは。この御前にて、こよなく御心地晴々しきなめりかし」と聞こえ給ふ。かばかりの隙あるをも、いとうれしと思ほしたる御気色を見給ふも、いと心苦しく、ついにいかに思し騒がむと思ふも、あはれなれば、

(紫上)おくと見るほどぞはかなきともすれば風にみだるる萩の上露

げにぞ、折れ返り止まるべくもあらぬに、花の露はよそへられ、折さへぞ忍びがたきと、見出だし給ひても、

(源氏)ややもせば消えを争ふ露の世に後れ先立つほど経ずもがな

とて、涙をのごひもあへ給はず。

(明石中宮)秋風にしばし止まらぬ露の世をたれか草葉の上とのみ見む

と聞こえかはし給へる御容貌どもの、見る甲斐あるにつけても、かくて千歳を過ぐすわざかなと思さるれど、心にかなはぬことなれば、かけ止めがたく悲しかりけり。

(紫上)「今は渡らせ給ひね。乱り心地、いと悪しくはべり。言ふ甲斐なくなりにてはべるほどと言ひながら、いとなめげにかたはらいたく」とて、御几帳引き寄せて臥し給へるさまの、常よりもいと頼もしげなく見え給へば、(中宮)「いかに覚え給ふにか」とて、宮ま[宮もカ]御手をとらへたてまつり給て、泣く泣く見たてまつり給ふに、まことに消えゆく露の心地して、限りに見え給へば、御修行の使、数もなく立ち騒ぎたり。先々も、かくて生き出で給ひし折にならひて、御物の怪のしわざと疑ひ給ひて、夜一夜、様々のことをし尽くさせ給へど、明け行くほどに、絶え果てさせ給ひぬ。

◉ 한국어 번역

법회御法

아카시 중궁明石中宮이 환궁하려 하는 것을 무라사키노우에紫上는 잠시라도 더 머무르다 가라고 부탁드리고 싶었지만, 너무 나서는 것 같은 데다, 천황께서 사신을 잇달아 보내 환궁을 재촉하시는 것도 번거로워서 차마 말을 꺼내지 못하고 계셨다. 그러던 차에, 무라사키노우에가 중궁이 계시는 곳으로 갈 수 없을 정도로 중한 병환인지라 중궁께서 이쪽으로 건너오셨다. 이렇게 중궁을 맞이하는 건 황송한 일이었지만, 그렇다고 뵙지 못하는 건 덧없고 아쉬운 일이라 생각하시고, 이곳 거처에 자리를 따로 마련하셨다.

무라사키노우에는 몹시 더할 나위 없이 마르고 야위어지셨지만, 그 때문에 오히려 우아함과 화사함이 더해지고 한창때처럼 아름다우셨다. 지난 세월 몹시 향기 넘치고 화사하게 계시던 한창때에는 역시 이 세상 아름다운 꽃에 비견될 정도였는데, 지금은 더할 나위 없이 가련하고 사랑스러운 모습으로 이 세상을 덧없이 스쳐 가는 곳이라 생각하시는 모습도 애잔하고 공연스레 슬퍼지는 것이었다.

바람 기색이 몹시 불어치는 저녁 무렵, 무라사키노우에는 앞뜰을 바라다보시려고 사방침에 기대어 계시는데, 겐지源氏께서 건너오셔서는 (겐지)"오늘은 다행히 일어나 계시는군요. 중궁이 곁에 계시니 기분도 몹시 상쾌해 보이십니다"라고 말씀을 건넨다. 이 정도로 병환이 잠시 소강상태를 보이는 것조차 겐지가 몹시 기뻐하시는 기색이라, 이를 바라보시는 무라사키노우에는 마음이 아파 왔다. 결국 내가 눈을 감는 마지막 순간에는 얼마나 슬퍼하며 한탄을 하실까 생각을 하니 안쓰러운 마음이 들어

(무라사키노우에)

내가 일어나 있는 걸

보는 것도 한순간

덧없음이리니
자칫하면 바람이 흩날리는
싸리 위에 놓인 이슬처럼

이 노래처럼, 실제로 바람에 싸리나무가 휘청거리며, 그 위에 놓인 이슬이 잠시도 머무르지 못하고 곧 떨어지려 하는데, 하필 이러한 때 무라사키노우에가 자기 목숨을 싸리꽃 이슬에 비유하니, 겐지는 참을 수 없이 서글픈 마음이 들어 정원을 내려다보시며

(겐지)
서로 앞다투어
사라지는 이슬처럼
허망한 이 세상에
먼저 가고 뒤에 남는 일 없이
그대와 한날한시에 죽으리오다

라 노래를 읊으며, 차마 눈물을 다 닦아 내시지도 못하셨다.

(아카시 중궁)
가을바람에 곧 흩어져 버리는
이슬처럼 허망한 이 세상 목숨인 것을
그 누가 풀잎에 맺힌 이슬만의 일이라
여길 수 있으리오.
우리 모두 같은 운명이리니

라 서로 노래를 읊으시는 그 모습들이 눈이 흡족할 정도로 아름다우시니, 겐지는 이대로 천년만년 살고 싶다고 생각하셨지만, 이룰 수 없는 일이기에 단지 그녀를 이 세상에 머무르게 할 방도가 없는 것이 서글픈 일이었다.

(무라사키노우에)"이제 돌아가 주세요. 기분이 어지러워 몹시 좋지 않습니다. 이처럼 쇠약해져 어쩔 수 없는 몸이라고는 하지만, 예를 갖추기 어려우니 정말 송구스러울 따름입니다"라 말하며, 휘장御几帳을 끌어당겨 누우시는 모습이 보통 때와는 달리 몹시 기운이 소진된 듯 보였기 때문에 (중궁)"기분이 좀 어떠십니까?"라며 중궁도 무라사키노우에의 손을 잡으시고 울며 울며 바라다보신다. 무라사키노우에는 정말로 곧 사라지는 이슬처럼 마지막이라 생각되는 모습이셨기 때문에, 저택 안에서는 수행승御修行을 부르기 위해 모여든 심부름꾼들로 꽉 차 소란스러웠다. 이전에도 이처럼 목숨이 위태로웠다가 소생하신 적이 있었던지라, 겐지는 그때의 일을 상기시키며 이번에도 귀신御物の怪의 소행일 거라 의심하시고는 밤을 새워 온갖 방법을 다해 기도를 올리셨다. 하지만, 동이 틀 무렵 무라사키노우에는 끝내 숨을 거두고 마시었다.

[1-41] 고토 미술관五島美術館 소장

◉ 등장인물

• 히카루 겐지光源氏

• 무라사키노우에紫上: 겐지의 부인

• 아카시 중궁明石中宮: 겐지와 아카시노키미明石君 사이의 딸, 무라사키노우에의 양녀

◉ 그림해설

본 그림은 무라사키노우에가 숨을 거두기 하루 전, 겐지와 아카시 중궁이 그녀의 처소를 방문하여 병문안하는 장면을 그린 것이다. 그림설명문詞書으로 알 수 있듯이, 세 등장인물은 허망한 인간의 목숨을 정원에 나 있는 싸리꽃 이슬에 비유하며 와카和歌를 읊고 있다.

이러한 본문 내용을 화면 구성에 반영하듯, 그림화면 왼쪽에는 정원의 가을 풀들을, 오른쪽 건물 안에는 세 등장인물을 배치하고 있다. 건물 안 공간은 난간高欄과 툇마루簀子(스노코),

그리고 등장인물이 있는 차양의 공간廂(히사시), 그 안쪽의 안채母屋(모야)로 나누어진다. 안채와 차양의 공간 사이에는 주렴御簾이 말아 올려져 있으며, 툇마루와 차양의 공간 사이에는 주렴이 쳐져 있어 정원과 건물 안의 공간을 구분하고 있다. 그런데 그중 겐지가 앉아 있는 공간 옆부분은 서까래上長押와 주렴이 그려지지 않고 곧바로 정원으로 이어져 있다. 서양에서는 이와 같이 그림화면에서 불필요한 부분을 생략하는 것을 '트리밍 기법trimming'이라 하는데, 이는 '트리밍 기법'과 상통하는 것이라 할 수 있다. 이와 같이 본 그림화면에서 당연히 있어야 할 건축 요소를 제거한 것은 정원의 가을 풀들을 부각시키기 위한 것으로, 이는 의도적으로 생략한 것으로 파악된다.

본 그림에서 가을 풀들은 단순한 '풍경'의 차원을 넘어 화면 구성과 등장인물들의 심리를 반영하는 주요한 요소로 주목받아 왔다. 복원 작업 결과, 본 그림의 정원에는 싸리萩, 도라지桔梗, 등골나물藤袴, 여랑화女郎花, 참억새薄 등과 같은 가을 풀들이 세밀하게 묘사되어 있음이 확인되었다.

특히, 이 그림화면에서는 가을 풀들이 누워 있는 모습을 통해 '가을 바람'의 존재를 상징적으로 표현해 내고 있다. 또한 건물과 정원 사이에 쳐져 있는 주렴이 흔들리는 모습을 통해 밖의 바람이 무라사키노우에가 있는 건물 내부까지 침입하고 있음을 나타내고 있다.[1] 이와 같은 정경은 세 등장인물의 와카에서 무라사키노우에의 목숨을 "가을 바람에 흩어져 버리는 싸리 위 이슬"에 비유한 것과 오버랩되는 풍경이라 할 수 있다. 즉, 이 그림화면에서는 이러한 풍경을 통해, 무라사키노우에의 심리 상태, 등장인물의 심정을 표현해 냄으로써, 무라사키노우에의 임종 장면을 보다 효과적으로 연출해 내고 있다고 할 수 있다.

그림 다음으로 화면 구도와 인물의 묘사에 주목해 보자. 화면은 실내를 '후키누키야타이吹抜屋台'라고 하는 부감 구도로 그리고 있는데, 급경사로 그려진 불안정한 구도는 등장인물의 불안한 심리상태를 잘 반영해 주고 있다. 건물 내에는 오른쪽 가장 안쪽에 무라사키노우에가 홑옷 소매로 얼굴을 가리고 휘장几帳 옆에 앉아 있다. 사방침에 기대어 침구衾를 걸치고 있는 모습은 오랜 병환을 앓고 있는 그녀의 몸 상태를 말해 준다. 그녀 앞에 앉아 있는 겐지는 두건烏帽子을 쓴 일상복直衣 차림에 한 손에는 부채를 들고 왼쪽 소매로는 얼굴을 가리며 눈물을 억누르고 있다.

무라사키노우에 앞에 뒷모습을 보이며 앉아 있는 이가 아카시 중궁이다. 친부인 겐지와는 휘장을 사이에 두고 있다. 즉, 본 그림화면에서는 겐지와 무라사키노우에, 두 부부가 가장 가까운 거리에 위치하는 것이 아니라, 아카시 중궁을 사이에 둔 인물 배치로 그려져 있는 것이다. 이에 대해 미타무라 마사코三田村雅子는 이 장면에서 아카시 중궁이 무라사키노우에의 가장 가까운 자리에 그려진 것은 그녀가 마지막 순간에 의지한 인물이 다름 아닌 양녀 격인 아카시 중궁으로, 그림에서 겐지와 떨어진 거리만큼 부부간의 소원해진 관계가 그려지고 있다고 설명한다.[2]

이전「가시와기1柏木一」그림에서도 온나산노미야가 출가를 청하는 장면에서 겐지와 온나산노미야女三宮의 사이에 스자쿠 상황朱雀院이 그려진 바 있다. 이 삼각 구도는 겐지와 온나산노미야와의 거리를 표현한 것으로, 스자쿠 상황을 온나산노미야와 더 가까운 존재로서, 겐지와 연결시키는 매개적 인물로 배치하고 있음을 알 수 있다. 이와 같이 그림화면에서 그려진 인물의 배치와 거리, 구도는 각 등장인물 간의 관계를 표현하고 그 장면을 해석하는 화가의 의도가 내포된 것이라 할 수 있다.

그런데, 아카시 중궁은 화면중심에 크게 그려져 있는 겐지와 무라사키노우에와 비교해 보면, 뒷모습 상반부만 극도로 작게 그려져 있음을 알 수 있다.『겐지모노가타리源氏物語』에서, 아카시 중궁은 아카시노키미明石君의 딸이자 무라사키노우에의 양녀로 등장하는데, 이 당시 아카시 중궁은 23세의 나이로 어린 아이가 아닌, 이미 자녀를 둔 성인 여성이었다. 그런데도 불구하고 아카시 중궁은 왜 실제 크기와 달리, 그림화면에서 비현실적으로 작게 표현되어 있는 것이다.

원래 그림화면에 있어 주요한 인물, 혹은 중요한 사항을 크게 묘사하는 것은 동서양 회화에서 널리 사용되는 기법이었다.[3] 이 장면에서 아카시 중궁은 겐지와 무라사키노우에와의 관계를 잇는 역할을 하며, 더욱이 무라사키노우에와 가까운 존재로 그려지고 있다. 그림설명문에 아카시 중궁이 무라사키노우에의 기분을 살피며 손을 잡고 우는 내용이 기술되어 있듯이, 그녀는 무라사키노우에와 가장 심정적 동조를 하는 인물로 등장하고 있다. 또한, 아카시 중궁은 무라사키노우에의 양녀이지만, 신분상 중궁이라는 지위로, 무라카시노우에가 직접 자신의 거처로 온 아카시 중궁을 황송해하며 맞이하는 기술이 보인다. 그렇다면 이처럼 본 장면에서 역할상으로도, 신분상으로도 주요한 인물인 아카시 중궁을, 본 그림화면에서는 어째서 이처럼 작게 표현하고 있는 것일까?

여기서 잠시 아카시 중궁이 읊은 와카를 살펴보도록 하자. 여기서 아카시 중궁은 "가을 바람에 흩어져 버리는 건 풀잎에 맺힌 이슬(무라사키노우에의 목숨을 상징) 만의 일이 아니라, 인간 모두의 운명"이라는 와카를 읊어 이들 부부를 마음을 어루만지고 있다. 즉, 인간은 생사, 숙명 앞에 모두 똑같은 운명이라는 아카시 중궁의 와카를 표현하려는 듯, 본 그림화면에서 아카시 중궁은 작고 왜소한 뒷모습으로 그려져 있는 것이 아닐까? 즉, 아카시 중궁의 화면 속 극도로 작게 묘사된 뒷모습은 아카시 중궁의 실제 크기가 아닌, 임종을 눈앞에 둔 무라사카노우에의 심경을 반영하는 모습이며, 죽음 앞에선 모든 인간이 왜소한 존재라는 것을 형상화하기 위한 모습이라 생각된다.[4]

국보『겐지모노가타리에마키源氏物語絵巻』가 원근법遠近法의 원리에 충실히 따르지 않은 그림화면이라는 사실은 이미 선행 연구에서 밝혀진 바이다.[5] 본 그림화면에서 아카시 중궁과 같이, 비현실적으로 작게 그려진 인물 표현은 원근법, 역원근법과 같은 회화적 논리에 의한 것이 아니라, 그 장면에서 그 인물을 통해 표현하고자 하는 해석, 상징성을 반영한 결과라 보여진다. 즉, 국보『겐지모노가타리에마키』에서는 원작 텍스트에서 문자로 표현된 등장인물들의 존재와 그 성격을 그림화면 속에서 다양한 시각적 표현을 통해 구현해 나가고 있는 것이라 할 수 있다.[6]

1...三田村雅子『草木のなびき, 心の揺らぎ 源氏物語絵巻を読み直す』フェリス女学院大学, 2006, p.51.

2...三田村雅子 前掲書, pp.47~48.

3...吉田秀和『吉田秀和全集17』白水社, 2001, p.115.

4...김수미「그림의 전달력·문자의 표현력—『국보 겐지모노가타리에마키国宝 源氏物語絵巻』를 중심으로」『일본연구』제78호, 2018. 12, pp.67~90.

5...高橋亨『物語と絵の遠近法』ぺりかん社, 1991, p.12, 吉田秀和 前掲書, p.115.

6...김수미 전게논문, pp.67~90.

작품 줄거리 및 배경

히카루 겐지光源氏를 주인공으로 한 『겐지모노가타리源氏物語』 정편正編이 「법회 권御法卷」「환영 권幻卷」에서 막을 내리고, 이후 속편續編에서는 겐지 자손들을 중심으로 이야기가 진행된다. 속편 중 처음 세 권인 「니오효부쿄 권匂兵部卿卷」「홍매 권紅梅卷」「다케카와 권竹河卷」은 속편이 본격적으로 시작하기 전 이야기들을 모아 놓은 것으로, 겐지가 죽은 후, 그 일족의 후일담이 적혀져 있다.

「다케카와 권」에서는 히게쿠로 태정대신髭黒太政大臣('히게쿠로'란 검은 수염이란 뜻)이 죽은 후, 그 부인인 다마카즈라玉鬘 일가의 에피소드가 소개되어 있다. 다마카즈라는 원래 도노추조頭中将와 유가오夕顔 사이에서 태어난 딸이었지만, 유가오 사후, 행방불명이 된 그녀를 찾아내 양녀로 삼아 로쿠조인六条院에 맞아들인 것은 겐지였다. 아름다운 용모와 품성을 지닌 그녀는 로쿠조인의 히로인으로 겐지의 사랑을 받으며 호타루 친왕蛍宮, 히게쿠로髭黒, 가시와기柏木, 레이제이 천황冷泉帝 등 많은 남성들로부터 구혼을 받게 된다. 하지만 결국 그녀를 차지한 것은 예상외로 무골 기질의 히게쿠로였다.

그로부터 24~25년의 세월이 흘러 다마카즈라는 3남 2녀의 어머니가 되었다. 아름답게 성장한 다마카즈라의 두 딸, 큰 아씨大君와 작은 아씨中君에게 혼담이 끊이지 않았다. 여러 귀공자들 중에서 다마카즈라는 14~15세로 훌륭하게 성장한 가오루薫를 사위로 마음에 두고 있었다.

제2지第2紙　　제1지第1紙

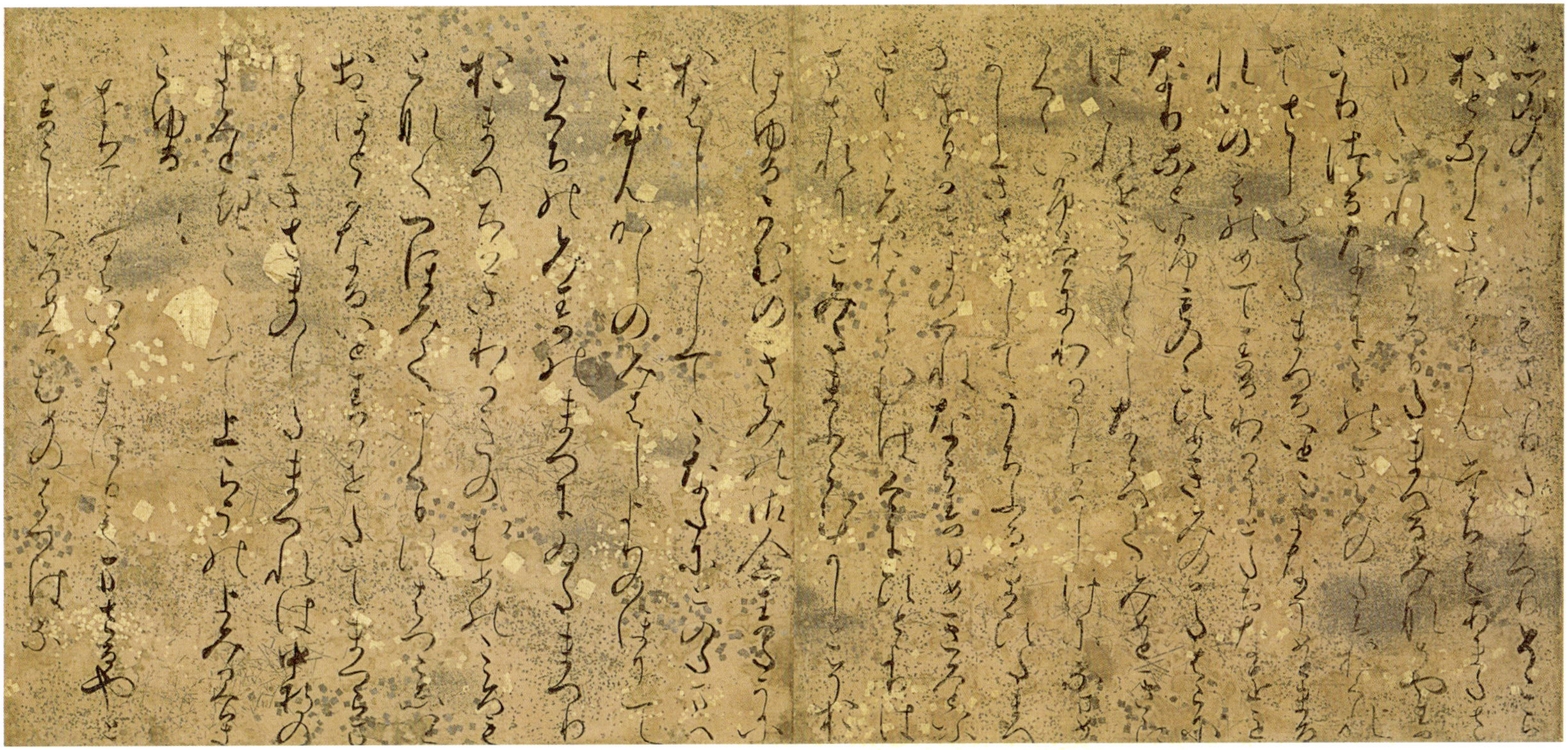

[1-42] 도쿠가와 미술관德川美術館 소장

●원문 原文

しゐのしゝうもまいりたまへりそこら
おとなしきわかきむたちもあまたさ
ま〳〵いつれかわろひたまへるみなめやす
かりつるなかにこのきみのたちおくれ
てさしいてたまへるいとこよなうめとまる
れいのものめてするわかうとたちなをこと
なりなといふものゝひめきみのかたはらに
はこれをこそさしならへてみめときゝに
くゝいふけにわかうをかしけになまめ
かしきさましてうちふるまひたまへ
るをひかせよのつねならすひめきみといふ
ともこゝろおはせむはけにひとよりは
まされりとみたまふらむかしとそお
ほゆるかむのきみの御念すたうに
おはしましてこなたにとのたまへ
はひむかしのみはしよりのほりて
とくちのみすのまへにゐたまへり
おまへちかきわかきのむめのこゝろも
となくつほみてうくひすはつこゑいと
おほとかなるいとすかせたてまつらま
ほしきさまのしたまへれは中将の
きみときこえて上らうのよみかけき
こゆる
　をりてみはいとゝにほひもまさるやと
すこしいろめけむめのはつはな

제3지第3紙

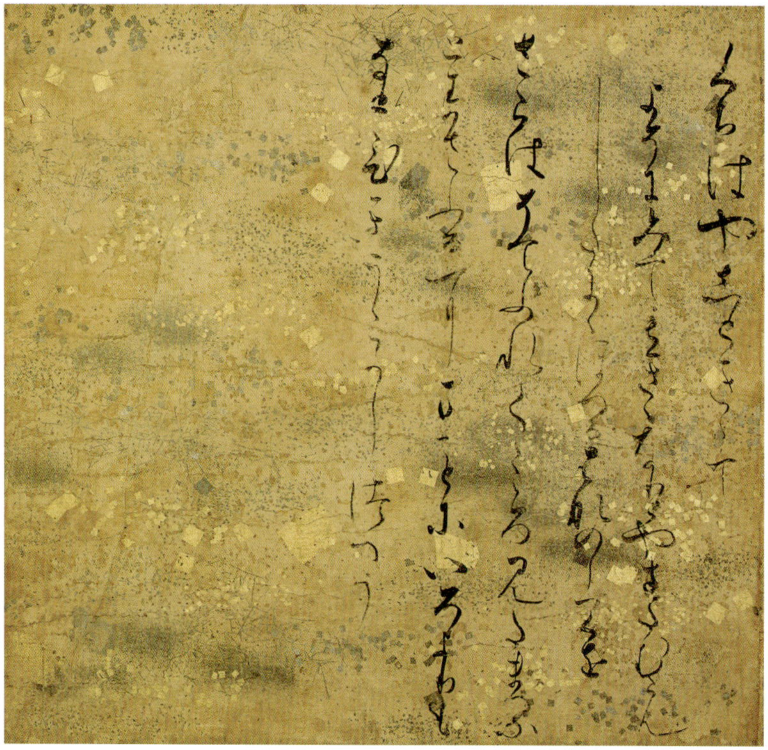

[1-43] 도쿠가와 미술관徳川美術館 소장

● 원문 原文

くちはやしときゝて
よそにみてもきゝなりとやさたむらむ
したにゝほへるはなのしつくを
さらはそてふれてこゝろみたまへな
とすさふるにまことにいろよりも
なとひきうこかしつへう

◉ 석문 釈文

四位侍従も参り給へり。そこら大人しき若君達も、あまた様々、いづれか悪び給へる、みなめやすかりつる中に、この君の立ち後れてさし出で給へる、いとこよなう目止まる。例のものめでする若人たち「なを、ことなり」など言ふものの、「姫君のかたはらには、これをこそ、さし並べて見め」と聞きにくく言ふ。げに若うをかしげに、なまめかしきさまして、うちふるまひ給へる追ひ風、世の常ならず。姫君といふとも、心おはせむは、げに、人よりはまされりと見給ふらむかしとぞ思ゆる。

尚侍の君の御念誦堂におはしまして、(玉鬘)「こなたに」とのたまへば、東の御階より上りて、戸口の御簾の前に居給へり。御前近き若木の梅の、心もとなくつぼみて、鶯初声、いとおほどかなる。いと透かせたてまつらまほしきさまのし給へれば、中将の君と聞こえて、上臈の詠みかけきこゆる。

(中将の君)折りて見ばいとど匂ひもまさるやとすこし色めけ梅の初花

口はやしと聞きて、

(薫)「よそに見てもぎ木なりとや定むらむ下に匂へる花のしづくを

さらば袖ふれて心見給へ」などすさぶるに、(女房)「誠に、色よりも」など、引き動かしつべう。

◉ 한국어 번역

시이노지주四位侍従(가오루薫를 가리킴)도 (다마카즈라玉鬘 저택에) 찾아오셨다. 성인이 된 많은 젊은 귀공자들도 모두 제각기 훌륭하니 그 누가 모자란 이가 있으시겠는가. 모두 무난해 보이는데, 그중에서도 가오루가 한발 늦게 도착해서 그 모습을 드러내시니 더할 나위 없이 시선이 모아졌다. 늘 그렇듯 금방 다른 것에 마음이 쏠리곤 하는 젊은 여관若人들은 "역시 다른 분들과는 다르다니까"라고들 수군거리면서, "아가씨 곁에 이런 분이야말로 (사위로 맞아) 나란히 뵈었으면 좋겠네요"라며 듣기 거북한 말을 해 댄다. 참으로 젊고 아름다운 데다 우아한 모습을 하고 계셨는데, 가오루가 거동하실 때마다 스치는 향기는 마치 이 세상 것 같지가 않았다. 아무리 여염집 아가씨라 할지라도 인간의 마음을 지닌 분이라면 정말이지 가오루가 다른 사람보다 뛰어나다는 걸 납득할 거라 생각했다.

간노키미尚侍の君(다마카즈라를 가리킴)가 염송당에 계시면서, (다마카즈라) "이쪽으로 오십시오"라 부르시니, 가오루는 동쪽 계단으로 올라가 입구 앞에 걸려 있는 주렴 앞에 앉으셨다. 정원 가까이에 서 있는 어린 매화나무에는 봉오리가 미덥지 못하게 맺혀 있고 휘파람새의 첫 울음소리가 아련히 들려왔다. 이때 가오루는 연애 상대로 삼고 싶을 정도로 멋진 모습을 하고 계셨기에, 추조노키미中将の君라 불리는 상급 여관上臈이 그에게 와카和歌를 건넸다.

(추조노키미)
꺾어서 보면
더욱더 그 향기도
그윽할지니
조금은 호색함을 보여 주시지요
첫 매화 같은 그대여

가오루는 재빠른 솜씨라 여기며

(가오루)
남들 눈에는
나를 마른 고목이라
정해 버린 모양이군요.
마음속에는 향기로운
꽃이슬이 맺혀 있을진대

(가오루) "실제로 내 소매를 만져 확인해 보시지요"라며 가오루는 농을 걸어 오니, 여관들은 "정말이지 매화 색깔보다도 가오루 님의 향기가 더……"라 말하며, 소매를 끌어당길 듯이……

[1-44] 도쿠가와 미술관徳川美術館 소장

◉ 등장인물

- 가오루薫: 가시와기柏木와 온나산노미야女三宮의 아들. 히카루 겐지光源氏의 아들로 자라난다
- 추조노키미中将の君을 포함한 여관女房 6명 (모노가타리物語 원문에는 추조노키미가 아니라, 사이쇼노키미宰相の君란 이름으로 등장)

◉ 그림해설

본 그림은 정월 초 다마카즈라玉鬘 저택을 방문한 가오루가 염송당 앞에서 부인과 대면하기 전, 여관들과 와카和歌를 주고받는 장면을 그리고 있다.

화면은 크게 세 부분으로 나누어진다. 오른쪽 공간에는 정원이 배치되어 있고 그 가운데에 어린 매화나무가 자리 잡고 있다. 그 정원 왼쪽으로 염송당 건물의 툇마루簀子가 사선으로 길게 화면을 구분하고 있다. 툇마루 중앙에는 쌍여닫이 문妻戸과 정원으로 향하는 계단이 있고 활짝 열린 여닫이문 앞 계단 상단부에 가오루가 앉아 있다. 신년하례차 다마카즈라를 찾아온 가오루는 관冠을 쓰고 격식을 갖춘 옷차림을 하고 있다(冠直衣姿). 벚꽃 문양의 겉옷을 차려입고 단정히 계단에 앉아 있는 모습이 화면 가운데에 커다랗게 그려져 있다. 그 건물 안쪽으로 여러 명의 여관들의 모습이 보인다. 툇마루 앞에 주렴과 휘장 사이로 여관들이 가오루를 엿보고 있고 서까래上長押의 사선 안쪽으로 맨 왼쪽 윗 공간에는 여관들 3명이 모여서 담소를 나누고 있다. 특히, 주렴 안쪽에 위치한 여관들의 경우, 주렴 빗살 사이로 비친 모습이 그려져 있는데, 이러한 수법은 근세 이후, 에마키絵巻에는 종종 사용되고 있으나, 국보『겐지모노가타리에마키源氏物語絵巻』중에는 본 그림이 유일하다.

정원을 보면, 가오루 오른쪽 옆으로 매화나무가 화면에서 큰 비중을 차지하며 그려져 있고 그 나뭇가지 위로 휘파람새鶯가 보인다. 예로부터 휘파람새는 봄을 알리는 새로, 매화와 잘 어울리는 소재로 여겨졌다. 건물과 여관들, 가오루가 부감 시점俯瞰視點으로 위에서 내려다보는 각도로 그려져 있는 데 비해, 이 매화나무는 수평 시점에서 묘사된 것이 특색이다. 그림 설명문詞書에도 나와 있듯이, 매화나무는 염송당 옆 정원에 심어져 있는 풍경임과 동시에, 추조노키미라 불리는 여관과 가오루의 노래에도 등장하는 중요한 소재이다. 본 장면에서 가오루의 아름다운 모습은 그윽한 향기를 지닌 매화로 비유되고 있다. 여관들은 그런 가오루의 출중한 용모에 가슴 설레어 하며 가오루와 한 가로이 노래를 주고받는다. 본 그림화면에서는 정원에 매화 한 그루를 배치함으로써 이와 같은 한가로운 시공간을 효과적으로 표현해 내고 있다.

그런데, 현존하는 본 그림에서 매화나무는 붉은 꽃받침 틀만 남아 있고 나머지 꽃잎 부분은 탈색되어 있어 꽃잎의 색깔을 확인할 수 없다. 2003년 바바 야요이馬場弥生가 본 화면을 복원할 당시, 이를 홍매화로 묘사한 이후, 본 장면의 매화는 홍매화로 인식되어 왔다. 이와 같이, 이 매화나무 꽃을 홍매화로 그린 것은 가오루의 아름다움을 표현하기 위한 것으로 해석되기도 하지만, 이후 시미즈 후쿠코清水婦久子는 그림 설명문의 가오루의 와카에서 "마음속에는 향기로운 꽃이슬"이라고 '향기'가 강조된 것처럼, 그림화면도 흰 매화로 보는 것이 타당하다는 주장을 제기하였다.[1]

매화는 중국에서 도래한 식물로 8세기경 일본에 들어온 것으로 추정되고 있다.[2] 하지만 상대 시대에 들어온 매화는 흰색 매화이고, 홍매화는 9세기 이후에야 일본에 도래한 것으로 추정된다. 헤이안 시대平安時代 초부터 홍매화를 소재를 읊는 노래가 등장하기 시작하는데, 특히 홍매화는 색깔이 아름답고 흰 매화는 향기가 유명하여 이를 비교하는 노래가 많이 읊어졌다. 또한, 와카나 모노가타리 작품에서 흰 매화의 향기는 그리움의 표상으로 옛날을 회상하는 매체로 주로 사용되었다.

본 장면에서는 추조노키미와 가오루의 와카에서 매화의 향기가 강조된 바와 같이, 흰 매화로 보는 편이 타당하다고 생각된다. 또한, 『겐지모노가타리源氏物語』 원작을 보면, 본 장면 전후로 다마카즈라가 가오루를 상대로 옛날을 회상하며 회포를 푸는 내용이 기술되어 있다. 이러한 원작의 내용을 고려해 보면, 본 그림화면의 매화는 흰색 매화로 보는 쪽이 적합하다고 보여진다.

1…清水婦久子『国宝「源氏物語絵巻」をよむ』和泉書院, 2011, pp.102~103.

2…매화는 『고지키古事記』『니혼쇼키日本書紀』『후도키風土記』등 상대 작품에는 등장하지 않고 있다. 『만요슈万葉集』의 경우에도 헤이조平城 천도 이후, 주로 후기 작품에 실려 있다. 나라 시대奈良時代 귀족들에게 매화는 이국취미異国趣味의 꽃으로 사랑받았으며, 『만요슈』에는 120수 가까이 매화에 관한 노래가 실려 있다. 매화에 관해서는 平田喜信·身崎寿 著『和歌植物表現辞典』東京堂出版, 1994, pp.47~53 참조.

작품 줄거리 및 배경

「다케카와 권竹河巻」에서는 다마카즈라玉鬘 두 딸의 혼사 문제를 중심으로 이야기가 전개된다. 두 딸의 나이는 어느덧 18~19세. 사랑스러운 용모와 심성을 지닌 여성으로 성장한 두 딸들에게 많은 귀공자들이 구혼을 하게 된다. 어머니인 다마카즈라가 『겐지모노가타리源氏物語』 정편에서 그러하였듯이, 그녀들 또한 속편에서 구혼담의 여주인공으로 그려지고 있다.

먼저 큰 아씨大君에게 천황과 레이제이 상황冷泉院, 그리고 유기리夕霧의 아들인 구로토노쇼쇼蔵人少将가 구혼을 하지만, 다마카즈라는 쉽게 결정을 내리지 못한다. 그녀는 내심 가오루薫를 사위로 생각하고 있었던 것이다. 하지만 다마카즈라는 젊었을 당시 그녀를 연모하던 레이제이 상황의 강력한 요구를 뿌리치지 못하고, 결국 큰 아씨의 혼처를 상황으로 정한다. 입궁한 큰 아씨는 레이제이 상황의 총애를 받게 되어 딸과 아들을 차례로 출산하지만, 그녀를 시기하는 이들로 인해 마음고생이 끊이지 않는다. 한편, 작은 아씨中君는 '나이시노카미尚侍'(천황을 보필하고 후궁의 예식을 담당하던 관청 '나이시노츠카사内侍司'의 장관 격)라는 직책으로 입궁하여 화려하고 안락하게 궁중생활을 하게 된다.

그 후로 다시 세월이 흘러 가오루는 추나곤中納言으로 승진한다. 다마카즈라는 자신의 저택을 찾아온 가오루와 함께 남편의 사후 자식들에 관한 이야기를 주고받으며 회포를 풀며 시간을 보냈다.

제2지第2紙　　　　제1지第1紙

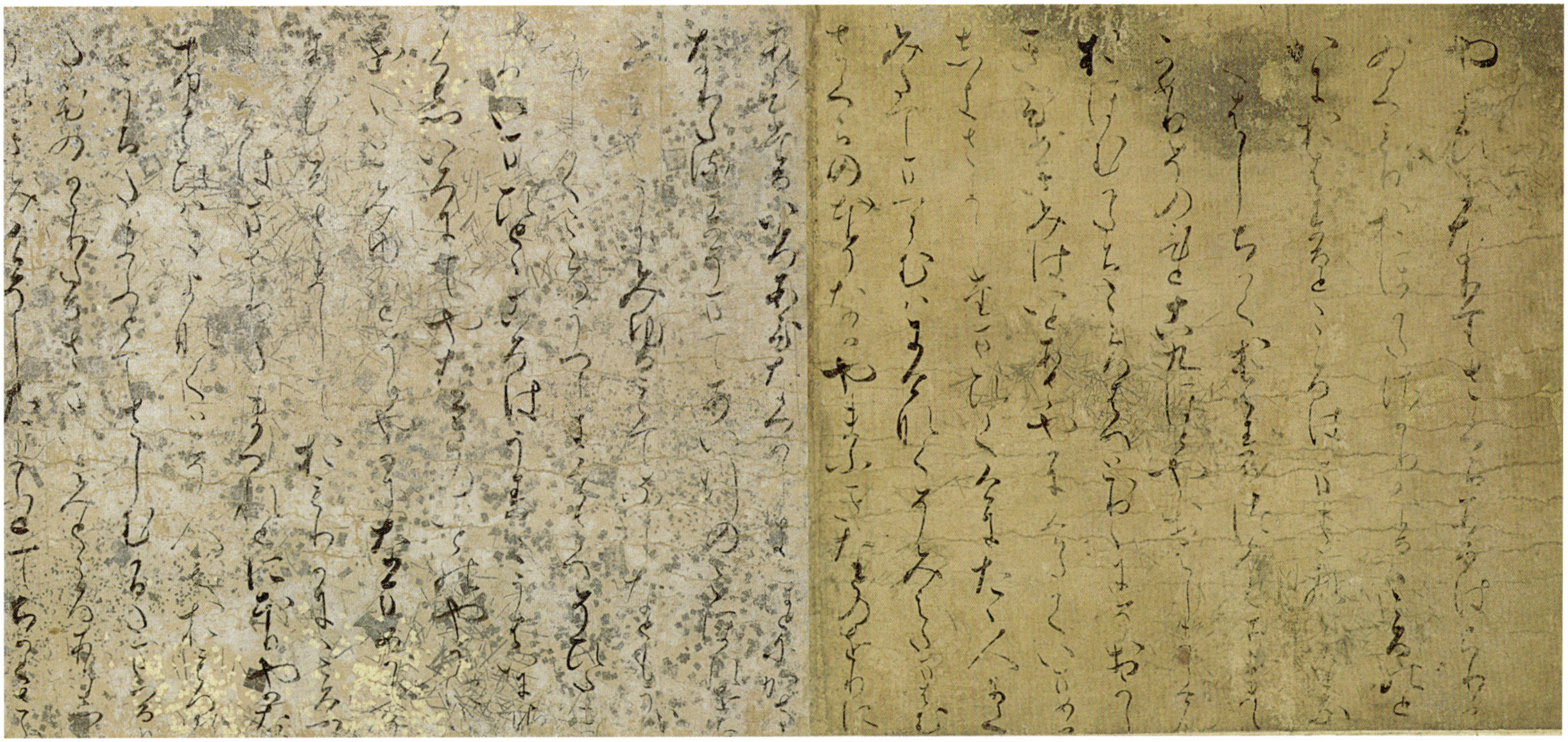

[1-45] 도쿠가와 미술관徳川美術館 소장

◉ **원문** 原文

やよひになりてさくらあるはちりか
ゐくもりおほかたさかりなるこゝろのと
かにおはするところはまきるゝことな
くはしちかくおはするつみもあるまし
かめりそのひと十八九ほとやおはしましけむ
おほむかたちこゝろはへとり〳〵にそおかし
きひめきみはいとあさやかにけたかくいまめか
しきさましたまひてけにたゝ人にて
みたてまつらむはにけなくそみえたまはむ
さくらのほそなかやまふきなとのをりに
あひたるいろあひなつかしきほとにかさ
なりたるすそまてあい行のこほれをち
たるやうにみゆるもてなしなともうを
かしくこゝろうつしきけさへそひたま
へりいまひとゝころはうすこうはいに御
くしいろにてやなきのいとのやうにた
を〳〵とみゆいとそひやかになまめかしう
すむたるさましておもりかにこゝろふか
きけはまさりたまへれとにほひやかなる
けはひはこよなくとそ人もおもへる
こうちたまふとてさしむかひたまへるひ
たひのかゝりたるさまいとみところありしゝ
うのきみけそしたまふとてちかくさふ

제4지第4紙　　　　　　　　제3지第3紙

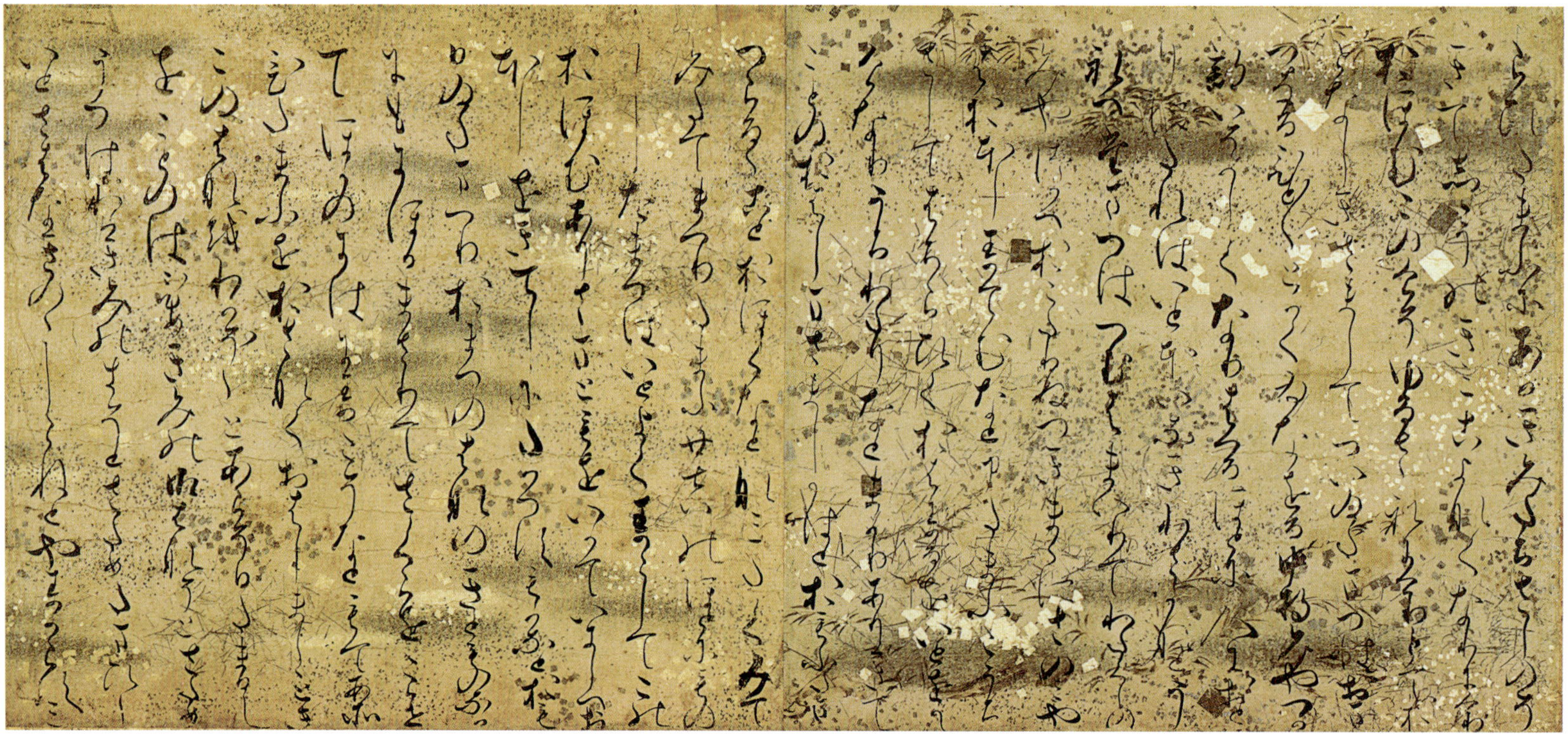

[1-46] 도쿠가와 미술관徳川美術館 소장

◉ **원문** 原文

らひたまふにあかきみたちさしのそ
きてしゝうのきみこよなくなりにけり
おほむこのけそゆるされにけりとてお
となしきさましてついゐたまへはおま
へなるひと／＼とかくゐなをる中将みやつか
へいそかしくなりはへるほとに人におと
りにたれはいとほいなきわさかなとう
れへたまへはへむはまいりてわたくしの
みやつかへおこたりぬへきまゝにさのみや
はおほしすてむなと申たまふこうち
さしてはちらひておはするをいとをかし
けなりうちわたりなとまかりありきて
ことのおはしまさましかはとおもふたま
へらるゝことおほくなとなみたくみて
みたてまつりたまふ卄七八のほとにもの
したまへはいとよくすこしてこの
おほむありさまともをいかていにしへお
ほしをきてしにたかへすもかなとおも
ひゐたまへりおまへのはなのきとものなか
にもにほひまさりてさくらをゝらせ
てほかのにはにすこそなともてあそ
ひたまふをおさなくおはしましゝとき
このはなをわかそ／＼とあらそひたまひし
をことのはひめきみの御はなそとさため
うへはわかきみのきそとさためたまひし
いとさはなきのゝしらねとやすからすみ

제6지第6紙 **제5지**第5紙

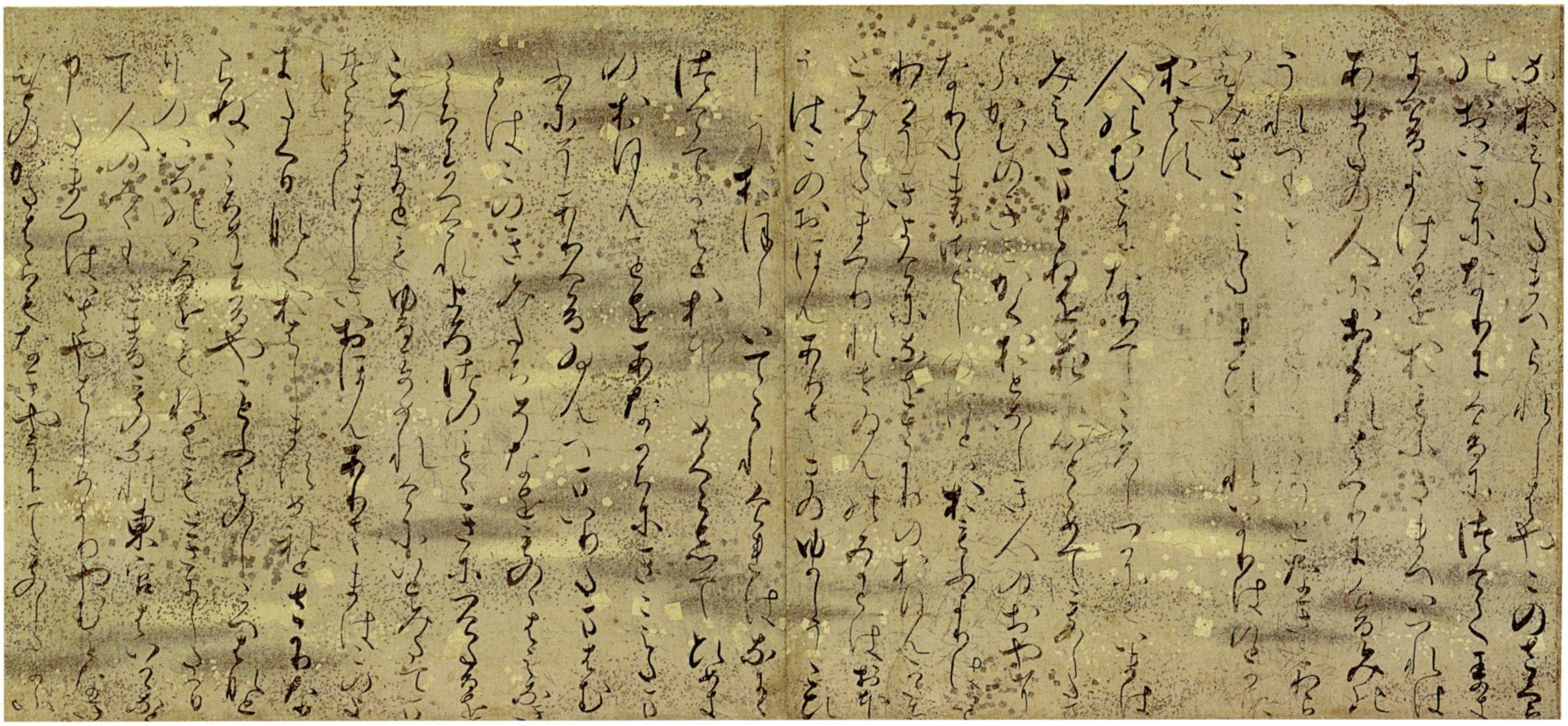

[1-47] 도쿠가와 미술관德川美術館 소장

◉ 원문 原文

なおもふたまへられしはやこのさくら
のおいきになりにけるにつけてすき
にけるよはひをおもふたまへいつれは
あまたの人におくれはへりにけるみの
うれへもとゝめかたくこそとなきみわら
ひみきこえたまひてれいよりはのとかに
おはす

人のむこになりてこゝろしつかにもいまは
みえたまはぬを花に心とゝめてものしたま
ふかむのきみかくおとなしき人のおやに
なりたまひ御としのほとはおもふよりはいと
わかうきよけになをさかりのおほむかたち
とみえたまへりれせゐむのみかとはおほ
うはこのおほむありさまのゆかしうこひ
しうおほしいてられけれはなにゝ
つけてかはとおほしめくらしてひめき
のおほむことをあなかちにきこえたま
ふにそありけるゐむへまいりたまはむ
ことはこのきみたちそなをものゝはえなき
こゝちすへけれよろつのことゝきにつけたるを
こそよひともゆるすめれけにいとみたてま
つらまほしきおほむありさまはこのよ
にたくひなくおはしますめれとさかりな
らぬこゝちそするやことふえのしらへはなと
りのいろのいろをもねをもときにしたかひ
て人のみゝもとまるものなれ東宮はいかゝなと
申たまへはいさやはしめよりやむことなき
ひとのかたはらもなきやうにてものしたまふ

제8지第8紙　제7지第7紙

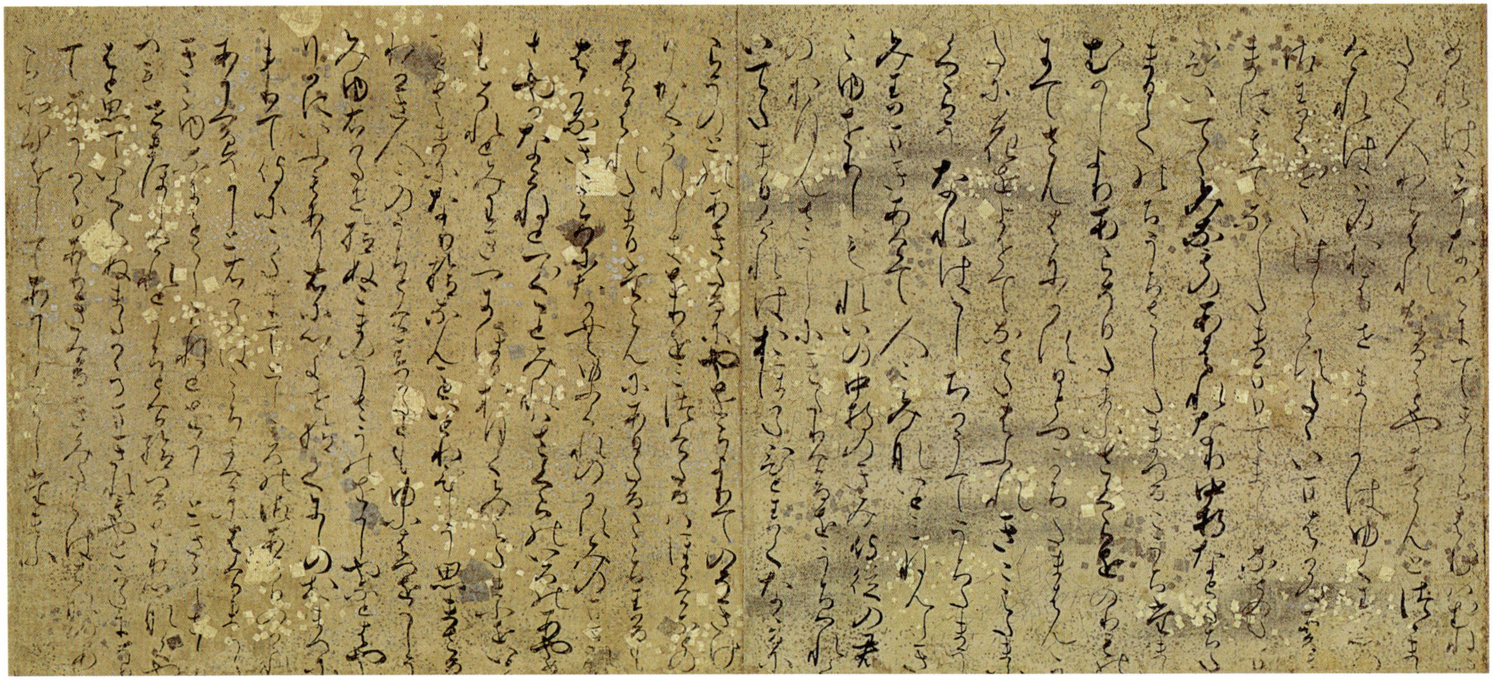

[1-48] 도쿠가와 미술관德川美術館 소장

● 원문 原文

めれはこそなか/\にてましらはむはむねい
たく人わらはれなることやあらむとつゝまし
けれはとのおはせましかはゆくすゑの
御すくせ/\はしらすたゝいまはかゐあるさ
まにもてなしたままひてましなとのたま
ひいてゝみなものあはれなり中将なとたちた
まひてのちうちさしたまへるこうちたまふ
むかしよりあらそひたまふさくらをのりもの
にてさむはにかすひとつかちたまはむか
たに花をよせてなとたはふれきこえたまふ
くらうなれはゝしちかうてうちたまう
みすまきあけて人々みないとみねむしき
こゆをりしもれいの中将のきみ侍従の君
のおほむさうしにきたりけるをうちつれて
いてたまひけれはおほかたひとすくなゝるに
らうのとのあきたるにやをらよりてのそきけ
りかくうれしきをりをみつけたるはほとけなとの
あらはれたまひたらむにあひたるこゝちするも
はかなきこゝろになむゆふくれのかすみのまきれは
さやかならねとつく/\とみれはさくらのいろのあやめ
もそれとみわきつにほひおほくみえたまふをいとゝ
ことさまになり給なむことといとわひしう思まさる
わかき人々のうちとけすかたともゆふはへをかしう
みゆ右かたせ給ぬこまのうさうのをかしやなとはや
りかにいふもあり右に心よせ給てにしのおまへに
まりて侍にかたにてとしころの御あそひのかゝれは
ありつるそかしと右かたはこゝちよけにはけまかし
きこゆなにことゝしらねとをかしときゝてさしら
へもせまほしけれとうちとけ給へるをり心なくや
はと思ていていぬまたかゝるまきれもやとかたにそひ
てそうかゝひありきけるきみたちははなのあ
らそひをしてあかしくらしたまふ

◉ 석문 釈文

弥生になりて、桜あるは散りかゐ曇り、大方盛りなる心のどかにおはすると、心は紛るることなく、端近くおはする罪もあるまじかめり。その人十八九ほどやおはしましけむ。御容貌、心ばへ、とりどりにぞおかしき。姫君は、いとあざやかに気高く、いまめかしきさまし給ひて、げに、ただ人にて見たてまつらむは似げなくぞ見え給はむ。桜の細長、山吹などの、折に合ひたる色あひ、なつかしきほどに重なりたる裾まで、愛敬のこぼれ落ちたるやうに見ゆる。もてなしなどもうをかしく、心うつしき気さへ、添ひ給へり。いま一所は、薄紅梅に、御髪いろにて、柳の糸のやうにたをたをと見ゆ。いとそびやかに、なまめかしう澄むたるさまして、重りかに心深き気は、まさり給へれど、匂ひやかなる気配は、こよなくとぞ、人も思へる。

碁打ち給ふとて、さし向かひ給へる額のかかりたるさま、いと見所あり。侍従の君、見証し給ふとて、近くさぶらひ給ふに、兄君たち、さしのぞきて、「侍従の君、こよなくなりにけり。御碁の見証、許されにけり」とて、大人しきさまして、突いゐ給へば、御前なる人々、とかく居直る。中将、「宮仕へ、忙しくなりはべるほどに、人に劣りにたれば、いと本意なきわざかな」と愁へ給へば、(右中弁)「弁は参りて、私の宮仕へ、怠りぬべきままに、さのみやは、思し棄てむ」など申し給ふ。碁打ちさして恥ぢらひておはするを、いとをかしげなり。(中将)「内裏わたりなどまかり歩きて、故殿おはしまさましかば、と思ふ給へらるること多く」など、涙ぐみて見たてまつり給ふ。二十七八のほどにものし給へば、いとよく過ごして、この御ありさまどもを、いかで、古思しをきてしに、違へずもがなと、思ひ居給へり。

御前の花の木どもの中にも、匂ひまさりて、桜を折らせて、(姫君)「外のには似ずこそ」などもて遊び給ふを、(中将)「幼くおはしまししし時、この花をわがぞわがぞと、争ひ給ひしを、故殿は、姫君の御花ぞと定め、上は、若君の木ぞと定め給ひし。いとさは泣きののしらねど、安からず、みな思ふ給へられしはや、この桜の老木になりにけるにつけて、過ぎにける齢を思ふ給へ出づれば、あまたの人に後れはべりにける身の愁へも、止めがたくこそ」と、泣きみ笑ひみ、聞こえ給ひて、例よりは、のどかにおはす。人の婿になりて、心静かにも今は見え給はぬを、花に心止めて、ものし給ふ。

尚侍の君、かく大人しき人の親になり給ひ、御年のほどは思ふよりは、いと若う清げに、なを盛りの御容貌と見え給へり。冷泉院の帝は、多うは、この御ありさまのゆかしう、恋しう思し出でられければ、何につけてかはと思しめぐらして、姫き[姫君カ]の御事を、あながちに聞こえ給ふにぞありける。

院へ参り給はむことは、この君たちぞ、「なをものの映えなき心地すべけれ。よろづのこと、時につけたるをこそ、世人も許すめれ、げに、いと見たてまつらまほしき御ありさまは、この世にたぐひなく、おはしますめれど、盛りならぬ心地ぞするや。琴·笛の調べ、花·鳥の色の色をも音をも、時に従ひて、人の耳も止まるものなれ。東宮はいかが」など申し給へば、(玉鬘)「いさや。はじめより、やむごとなき人の、かたはらもなきやうにて、ものし給ふめればこそ。なかなかにてまじらはむは、胸いたく、人笑はれなることやあらむとつつましければ。殿おはせましかば、行く末の御宿世々々は知らず、ただ今は甲斐あるさまにもてなしたままひて[給ひてカ]まし」などのたまひ出でて、みなものあはれなり。

中将など立ち給ひて後、打ちさし給へる碁打ち給ふ。昔より争ひ給ふ桜を、賭物にて、「三番に数一つ勝ち給はむ方に、花を寄せて」など、戯れきこえ給ふ。暗うなれば、端近うて打ち給う。御簾捲き上げて、人々、みないどみ念じきこゆ。折しも、例の中将の君、侍従の君の御曹司に来たりけるを、うち連れて出で給ひければ、大方人少ななるに、廊の戸の開きたるに、やをら寄りて、のぞきけり。かくうれしき折を見つけたるは、仏などの現はれ給ひたらむに、合ひたる心地するも、はかなき心になむ。夕暮の霞の紛れは、さやかならねど、つくづくと見れば、桜の色の文目も、それと見分きつ。匂ひ多く見え給ふを、いとど異ざまになり給なむこと、いとわびしう思ひまさる。若き人々のうちとけ姿ども、夕映えをかしう見ゆ。右勝たせ給ぬ。(女房)「高麗のうざう[ら声カ]のをかしや」など、はやりかに言ふもあり。(女房)「右に心寄せ給て、西の御前にまりて[寄りてカ]侍にかたにて、年ごろの御遊びのかかればありつるぞかし」と、右方は、心地よげに励まかしきこゆ。何事と知らねど、をかしと聞きて、さしらへもせまほしけれど、うちとけ給へる折、心地なくやはと、思て出でて去ぬ。またかかる紛れもやと、かたに添ひてぞ、うかがひ歩きける。

君たちは、花の争ひをして、明かし暮らし給ふ。

◉ 한국어 번역

삼월이 되어 벚꽃이 하늘하늘 떨어져 하늘을 뒤덮으며 여기저기 벚꽃이 한창일 무렵, 한가로이 지내시며 별다른 할 일도 없어 아가씨들이 툇마루 가까이 나와 계셔도 뭐라 책망할 사람도 없는 듯했다. 아씨들의 나이는 18~19살 정도가 되었을까요? 용모도 심성도 모두 아름다웠다. 큰 아씨大君는 매우 또렷한 이목구비에 기품이 있고 세련된 아름다운 모습을 하고 계셔서, 과연 일반 신하와 혼인을 맺기에는 아깝다고 생각될 정도였다. 벚꽃 겉옷에 황매화색 등 계절에 어울리는 빛깔의 옷을 부드럽게 겹쳐 입고 있었는데, 그 소매까지 애교가 넘쳐흐르는 듯이 보였다. 그 몸가짐 등 또한, 보는 이가 마음을 빼앗길 정도로 아름다움을 갖추고 계셨다. 다른 쪽인 작은 아씨中君는 옅은 홍매화 옷에 머리카락도 반지르르 윤기가 흐르고 버들가지처럼 찰랑찰랑 부드러워 보였다. 실로 늘씬한 몸매에 우아하고 진중한 모습을 하고 있었는데, 기품 있고 사려 깊게 보이는 느낌은 언니를 능가하였지만, 화려하고 아름다운 기색은 언니 쪽이 각별하다고 여관들도 생각하였다.

바둑을 두시려고 서로 마주 앉아 계시는데, 앞이마에 흘러내리는 머리 모양새가 참으로 볼만한 풍경이었다. 지주노키미侍従の君[1]께서 심판을 보신다고 하여 아씨들 곁에 대기하고 계시는데, 형들이 그곳을 들여다보며 "누이에게 지주가 각별한 모양입니다. 바둑 심판을 허락한 걸 보면……"이라 말을 걸며 짐짓 어른스레 그곳에 끼어 앉으시니, 그 앞에 앉아 있던 여관들이 여기저기서 몸가짐을 고쳐 앉는다. 추조中将[2]가 "궁중 생활에 시간을 쫓겨 지주에게 선수를 빼앗기고 말았으니 정말이지 안타까운 일이야"라며 아쉬워하시니, 우추벤右中弁[3]이 말하길, "벤弁으로 궁중에 출사하여 집안일을 소홀히 한 사이에 이처럼 누이에게 버려지게 되다니요"라고 푸념을 한다. (이를 듣고) 아씨들이 바둑 두는 것을 잠시 멈추고 부끄러워하시는 모습은 실로 아름다워 보였다. (추조)"궁중 부근을 출입하면서 아버님이 살아 계셨더라면 하고 생각될 때가 많습니다"라며 눈물을 머금고 누이들을 바라다보신다. 이 추조는 나이가 27~28세 정도로 매우 훌륭히 성장해 계셨기에, 이 누이들을 어떻게 해서든 아버님이 생전에 정해 두신 대로 입궁시켜야겠다고 마음먹고 계시었다.

아씨들은 뜰 앞에 있는 꽃나무 중에서 가장 윤기 나는 벚꽃을 꺾어 오게 해서는 "다른 곳의 꽃들과는 비교도 안 될 정도로 예쁘지요"라 칭찬을 하며 즐거워하셨다. (추조)"누이들이 아직 어리셨을 적에, 이 꽃을 서로 자기 거라 다투셨는데, 그때 아버님은 큰 누이 꽃이라 정하셨고 어머님은 작은 누이 나무라 정하셨지요. 저는 그다지 울거나 소란을 피우지는 않았지만, 내심 불만이었지요. 이 벚꽃이 어느덧 노목이 되어 버린 걸 보니, 지난 세월이 절로 생각이 나서, 많은 분들을 먼저 떠나보내고 나 홀로 이렇게 남아 있는 것이 참을 수 없이 한스럽게 생각됩니다"라며 눈물짓다가 웃음을 보이다가 하며 이야기를 하시면서 여느 때보다 한가로이 그곳에 머물러 계셨다. 추조는 다른 집안의 사위가 되어 요즘은 본 저택에 느긋하게 들르지도 못하셨던 것을, 오늘은 꽃에 마음을 빼앗겨 이처럼 머무르고 계시는 것이었다.

간노키미尚侍の君(다마카즈라玉鬘를 가리킴)는 이처럼 성인이 된 분들의 부모라고 하기엔 나이가 생각보다 너무 젊고 아름다워서 오히려 한창때의 용모라 생각될 정도셨다. 레이제이 상황冷泉院은 아직도 다마카즈라를 잊지 못하고 그리워하고 계셨기에, 무슨 일을 핑계 삼아 만날까 궁리하다가 따님의 입궁을 무리하게 청하신 것이었다.

하지만 레이제이 상황과의 혼사에 관해 아들 형제들은 "역시 이러한 혼인은 맥빠진 일이지요. 만사 시대의 추세에 따르는 것이야말로 세상 사람들도 납득하는 법입니다. 레이제이 상황의 용안은 실로 계속 바라다보고 싶을 정도로 이 세상에서도 더할 나위 없이 아름다우시지만, 역시 한창때는 지난 듯한 느낌이지요. 거문고와 피리의 선율도, 꽃의 빛깔, 새의 지저귐도 계절과 어울려야 비로소 사람의 귀에도 머무르는 법입니다. 차라리 동궁과 인연을 맺는 게 어떨는지요?"라 말씀드리니, (다마카즈라)"글쎄요. 그건 어떨는지. 동궁 곁에는 먼저 입궁한 고귀한 분이 견줄 자가 없을 정도로 늘 함께 계시는 모양이니…… 공연히 입궁을 하였다가 속상하고 남의 웃음거리가 되는 일이 생기는 게 아닐까 조심스러워서…… 만일 아버님이 살아 계셨더라면, 앞으로의 운명, 숙명까지는 알 수 없다 할지라도 우선 당장은 입궁한 보람이 있게끔 든든히 보살펴 주셨을 텐데……" 라 말씀을 꺼내시니, 모두들 마음이 저려 왔다.

추조 등 오라버니가 물러간 후에, 아씨들은 멈추던 바둑을 다시 두기 시작하셨다. 어릴 적부터 자기 거라 서로 다투셨던 벚꽃을 내기 삼아 "세 번 중 두 번 이기신 쪽에게 꽃을 양보하도록 하지요"라고들 농을 주고받았다. 날이 어두워지니, 툇마루 가까이에 앉아서 바둑을 두셨다. 주렴을 올려놓고 여관들도 모두들 편을 갈라 경쟁하듯 응원하였다. 때마침 일전의 추조노키미中将の君(구로토노쇼쇼蔵人の少将를 가리킴)가 지주의 방에 찾아오셨는데, 이 집 형제들이 지주를 데리고 나가셨기 때문에 인기척조차 느껴지지 않을 정도로 조용하였다. 복도 문이 열려 있었기에 추조는 살며시 다가가 안을 들여다보았다. 이처럼 반가운 기회가 마치 부처님을 우연히 만난 것 같은 심정이 드는 건 아마도 부질없는 연심戀心 때문이겠지요. 저녁 무렵 안개 때문에 뚜렷이 보이지는 않았지만, 뚫어지게 쳐다보니 벚꽃색 옷자락이 보이는 걸로 보아 그녀라는 걸 알아챌 수 있었다. 너무나도 아름다운 모습이셨기에, 이 여인을 다른 남자에게 빼앗기는 것이 더욱더 안타깝게 생각되었다. 젊은 여관들이 긴장을 풀고 편안하게 앉아 있는 모습이 저녁노을에 비쳐 아름답게 보였다. 결국 오른쪽인 작은 아씨가 이기셨다. (여관)"고려악을 합주하는 가락이 멋지군요"라는 등 기세 좋게 떠들어 대는 여관들도 있다. (여관)"저 벚꽃나무는 원래부터 오른쪽 편이어서 작은 아씨의 서쪽 방 앞에 서 있었던 거예요. 그런 걸 괜스레 결론을 내려고 그동안 이 놀이를 계속해 왔던 거지요"라며 오른편은 기분이 좋아 작은 아씨 편을 들며 말을 거든다. 추조는 무슨 이야기인지 정확히 알아들을 수는 없어도 흥미롭게 듣고 있다가 자기도 한마디 끼어들고 싶었지만, 아씨들이 느긋하게 즐기고 계시는데 눈치 없는 행동이라 생각하고 그 자리를 떴다. 그러면서 또 이렇게 엿볼 기회가 없을까 하고 한쪽 구석에 붙어 엿보면서 어슬렁대고 있었다.

이렇듯 아씨들은 꽃을 놓고 겨루며 세월을 보내고 계시었다.

1...지주노키미侍従の君: 지주侍従, 혹은 도지주藤侍従라 불림. 다마카즈라와 히게쿠로 사이의 삼남. 큰 아씨와 작은 아씨의 오라버니.

2...추조中将: 다마카즈라와 히게쿠로 사이의 장남. 큰 아씨와 작은 아씨의 오라버니. 이후, 큰 아씨와 작은 아씨를 엿보는 추조中将(구로토노쇼쇼蔵人の少将)와는 다른 인물.

3...우추벤右中弁: 다마카즈라와 히게쿠로 사이의 차남. 큰 아씨와 작은 아씨의 오라버니.

[1-49] 도쿠가와 미술관德川美術館 소장

◉ 등장인물

- 추조中将: 유기리夕霧와 구모이노카리雲居雁 사이의 아들(다마카즈라玉鬘의 아들인 추조中将와는 다른 인물. 『겐지모노가타리源氏物語』 원문에는 추조가 아니라, 구로토노쇼쇼蔵人少将란 이름으로 등장)
- 큰 아씨大君: 히게쿠로髭黒와 다마카즈라 사이의 큰 딸
- 작은 아씨中君: 히게쿠로와 다마카즈라 사이의 작은 딸
- 4명의 여관女房

◉ 그림해설

본 그림은 다마카즈라 두 딸이 혼사가 정해지기 전, 저택에서 한가로이 시간을 보내고 있는 장면을 그린 것이다. 때는 3월. 자매는 정원 가운데 심어져 있는 벚꽃을 걸고 내기 바둑을 두고 있다. 그 주변에서 여관들이 구경을 하고, 우연히 다마카즈라 저택을 찾아온 추조는 이 풍경을 주렴 너머로 엿보고 있다.

본 그림은 국보 『겐지모노가타리에마키源氏物語絵巻』의 다른 그림들처럼 위에서 내려다보는 '후키누키야타이吹抜屋台' 부감법으로 그려져 있지만, 건물 및 인물의 배치는 다른 그림과 다른 독특한 화면 구도로 되어 있다. 우선 화면 한가운데가 정원으로 되어 있고 그 가운데에 벚꽃이 그려져 있다. 그 정원을 중앙에 두고 건물들이 오른쪽, 왼쪽, 위쪽으로 ㄷ자 모양으로 둘러싸여 있다. 국보 『겐지모노가타리에마키』의 그림 대부분이 사선으로 공간을 분할하여, 한쪽 면에 건물·인물을 배치하고 다른 면에 정원과 식물을 구분하여 배치한 것과 비교해 보면, 이 「다케카와2」 화면 구도는 독특한 배치를 하고 있다.

그중, 왼쪽 건물을 보면 툇마루簀子 가까이 안

쪽 공간에서 두 여인이 바둑을 두고 있다. 위쪽에서 정면으로 앉아 있는 여성이 큰 아씨라고 추정된다. 얼굴은 주렴에 가려 보이지 않지만, 옷차림을 보면, 은색 천에 흰 벚꽃 문양의 겉옷小桜文の上着을 입고 그 아래에 붉은색, 황색, 녹색 옷을 겹쳐 입고 있다. 그 앞에 뒷모습을 보이며 앉아 있는 여성이 작은 아씨이다. 흰색 천에 은색 매화 문양의 겉옷梅文の上着을 걸치고 그 아래로 마름 꼴菱文 옷을 입고 있다. 이들 자매의 얼굴은 그려져 있지 않지만, 화사한 옷차림으로 두 여인의 맵시를 표현해 내고 있다. 특히, 그녀들의 손이 인상 깊게 묘사되어 있어 바둑을 두는 모습에 초점이 맞춰져 있음을 알 수 있다. 이들 옆 툇마루 난간 근처에는 여관이 1명 앉아 있고, 건물 안쪽으로 여관 1명이 주렴 사이로 비쳐 보인다. 위쪽 와타도노渡殿(건물과 건물을 잇는 복도형 공간)에는 여관 2명이 화려한 정장을 입고 나란히 앉아 있다. 오른쪽 여관은 노란색 겉옷에 부채檜扇를 들고 있고 왼쪽 여관은 암홍색蘇芳色 겉옷을 차려입고 있다. 두 여관들 윗부분에 주렴이 바람에 살랑거리듯 나부끼고 있고, 그 왼쪽 옆으로 푸른색 안개가 길게 드리워져 있다.

화면 오른쪽에는 한 남성이 건물의 주렴 사이로 이러한 여성들의 모습을 엿보고 있다. 그는 큰 아씨를 사모하는 유기리의 아들, 추조로 관冠을 쓴 정장 차림을 하고 있다. 화면이 탈색되어 있어 관을 그린 밑선이 처음과는 달리 수정된 것을 알아볼 수 있다.[1] 이처럼 당시 남성들이 여성을 엿보는 장면은 예로부터 에마키絵巻의 주요한 소재가 되어 왔는데, 이를 '가이마미垣間見'라 한다. [5. 기초지식 편-에마키의 기법: 가이마미 참조] 이 그림에서는 이러한 '가이마미'를 건물 간의 독특한 구성으로 남성과 여성 간의 거리감을 표현하고 있는 것이 이채롭다. 추조가 이들 여인들을 바라다보는 시야에 벚나무를 배치하여, 그 벚나무를 사이에 두고 여성을 바라보게 함으로써 이들 사이의 거리감과 장애를 암시하고 있다.

특히, 화면 가운데 크게 자리 잡은 벚나무와 꽃잎은 본 화면의 분위기를 잘 표현해 주는 매개체라 할 수 있다. 이 벚나무 부분을 '에미시오그래피Emissiography' 촬영법[2]으로 분석해 보니, 육안으로는 잘 보이지 않지만 정원에 많은 벚나무 꽃잎이 떨어져 있는 모습이 나타났다고 한다.[3] 이 화면에서는 만개한 벚나무와 정원에 떨어진 흩트려진 꽃잎, 그리고 화려한 여인들의 옷의 빛깔 등을 통해 3월의 화사하고 느긋한 분위기를 잘 표현해 내고 있다.

한편, 이 장면에 등장하는 바둑은 중국에서 7세기 무렵 일본에 들어왔다고 하는데, 귀족들이 즐겨 하는 유희였다. 헤이안 시대平安時代 수필인 『마쿠라노소시枕草子』에 의하면, 당시 즐겨 하던 놀이로는 활쏘기小弓, 바둑碁, 공놀이鞠를 꼽고 있으며, 무료함을 달래는 것으로는 바둑, 쌍륙双六, 모노가타리物語를 들고 있다. 특히, 국보 『겐지모노가타리에마키』에서는 본 장면 이외에도 「겨우살이1宿木一」의 그림에 천황과 가오루가 내기 바둑을 두는 장면이 등장한다. 또한, 『겐지모노가타리』 「우쓰세미 권空蟬巻」에 등장하는 우쓰세미空蟬와 의붓딸인 노키바노오기軒端荻가 바둑을 두는 장면도 겐지에源氏絵에 자주 회화화되는 장면 중 하나이다. 이와 같이, 당시 바둑은 남녀 모두가 즐겨 하던 놀이였음을 알 수 있다.

이 장면에서 벚꽃의 여주인을 정하는 내기 바둑의 승부는 작은 아씨의 승리로 끝나고 있다. 그 승부가 암시하는 것일까. 작은 아씨는 이후 예전에 어머니인 다마카즈라가 누리던 '나이시노카미尚侍'라는 직위를 물려받아 안락한 궁중생활을 영위하게 된다. 그림화면에서 큰 아씨와 다른 여관들의 옷차림이 화려한 색감으로 그려져 있는 데 비해, 작은 아씨의 옷은 단조로운 흰색 톤으로 그려져 있다. 하지만 이와 같은 흰 색깔은 가운데 그려진 벚꽃나무의 옅은 분홍빛 꽃잎 색깔과 잘 매치되며, 많은 여인들의 화려한 의상 속에서, 오히려 작은 아씨를 돋보이게 하는 효과를 자아내고 있다.

1…『国宝源氏物語絵巻』五島美術館, 2010, p.134, 小松茂美編『日本絵巻大成1 源氏物語絵巻·寝覚物語絵巻』中央公論社,1977, p.25.

2…피사체에 포함된 중원소가 1차 X線을 받아 발생되는 광전자光電子로 안료나 화면을 촬영하는 기법.

3…NHK名古屋取材班(斎藤敦·森山真彦)『よみがえる源氏物語絵巻―全巻復元に挑む』NHK出版, 2006, p.29.

작품 줄거리 및 배경

「하시히메 권橋姬卷」부터 본격적인 『겐지모노가타리源氏物語』 속편이 시작된다. 우지宇治가 이야기 무대로 등장하는 「하시히메 권」부터 10권을 '우지 10조宇治十帖', 혹은 '우지모노가타리宇治物語'라 부른다.

니오노미야匂宮는 주상今上帝과 아카시 중궁明石中宮 사이에서 태어난 세 번째 황자이며, 정편에도 등장한 바 있는 가오루薰는 친부親父가 가시와기柏木이지만, 세간에는 겐지源氏와 온나산노미야女三宮의 아들로 알려져 있다. 속편에서는 당대 귀공자로 명성이 높은 니오노미야와 가오루, 그리고 하치노미야八宮의 딸인 큰 아씨大君, 작은 아씨中君, 우키후네浮舟를 중심으로 이야기가 펼쳐진다.

겐지의 이복형제인 하치노미야는 황족이지만, 정계에서 밀려난 후, 도읍에서 떨어진 우지로 내려와 살게 된다. 그는 아내를 잃고 남겨진 두 딸, 큰 아씨와 작은 아씨를 양육하면서 불도에 정진하는 한적한 생활을 이어가고 있었다. 한편, 자신의 출생과 숙명에 관해 번민하던 가오루는 하치노미야에 관한 소문을 듣게 되고 그에게 관심을 갖게 된다. 그를 만난 후, 그의 인품과 신앙 생활에 경도된 가오루는 자주 우지로 찾아가 그와의 만남을 이어 간다.

그로부터 3년이 지난 어느 가을날, 가오루는 하치노미야를 만나러 여느 때와 같이 우지로 발걸음을 옮겼다. 때마침 하치노미야는 부재중으로, 가오루는 그곳에서 악기를 연주하던 그의 두 딸을 우연히 엿보게 되고 처음 본 두 딸의 아름다운 모습에 가오루는 곧바로 마음을 빼앗기게 된다. 이후, 가오루는 하치노미야 가족들과 친분을 쌓아 가면서, 두 딸 중 큰 아씨를 향한 연심을 키워 나간다. 하치노미야는 자신의 사후 두 자매의 장래를 가오루에게 부탁하게 되고, 가오루는 기꺼이 이를 받아들인다. 그러던 중, 우연히 그곳에서 만난 여관, 벤弁를 통해 가오루는 자신의 출생에 관한 비밀을 전해 듣게 되고 충격에 휩싸인다.

제2지第2紙　　　　제1지第1紙

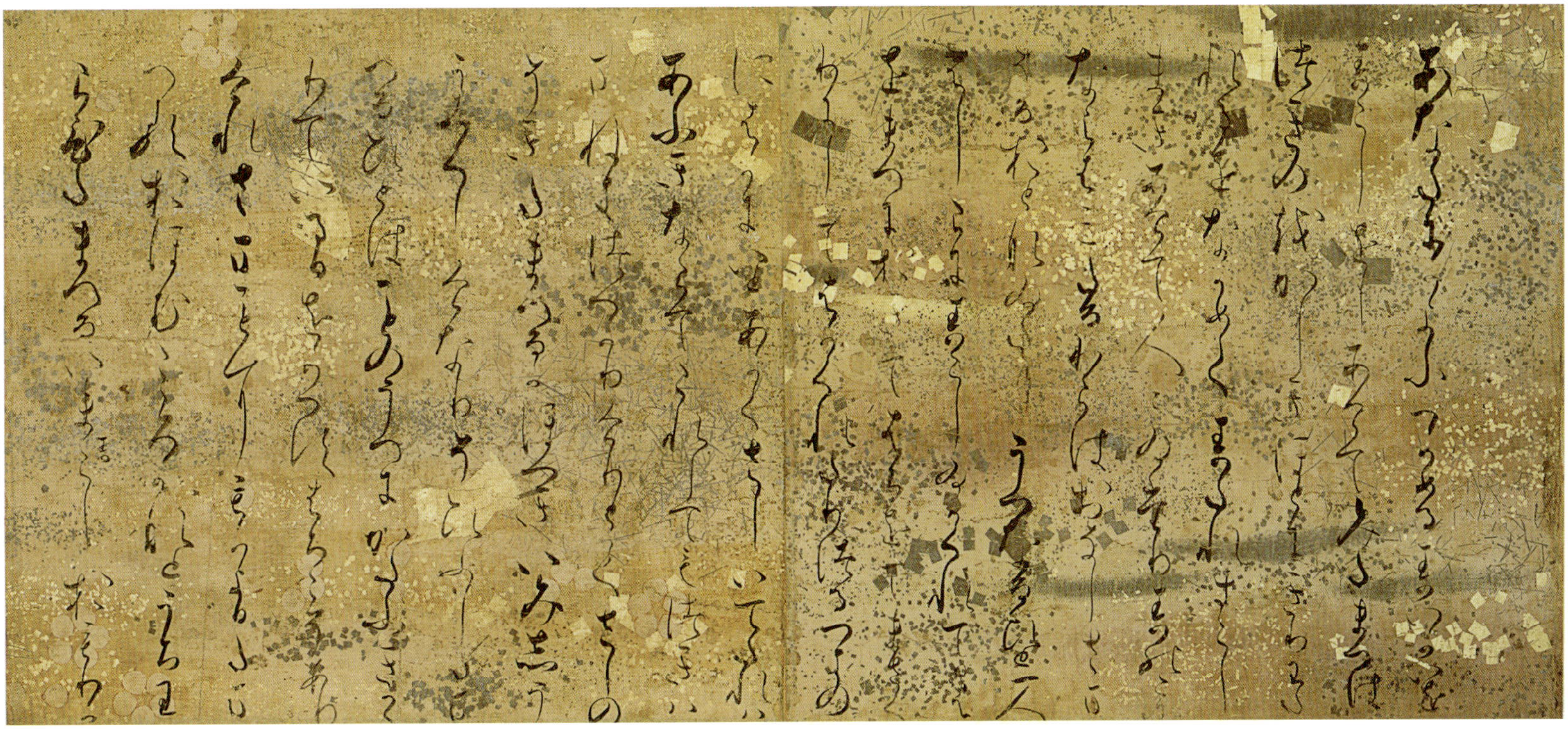

[1-50] 도쿠가와 미술관徳川美術館 소장

● 원문 原文

あなたにかよふへかめるすいかいを
すこしをしあけてみたまへは
つきのをかしきほとにきりわた
れるをなかめてすたれすこし
まきあけて人々ゐたりすのこに
なえはみたるわらはおなしさま
なるおとなゐたりうへなるひと一人
はしらにすこしゐかくれてひは
をまへにおきてはちをてまさく
りにしてはかくれたりつるつきの
にはかにいとあかくさしいてたれは
あふきならてこれしてもつきは
まねきつへかりけりとてさしの
そきたまへるかほつきいみしう
うつくしけなりそひふしたま
へるひとはことのうへにかたふきかゝ
りているひをかへすはちこそあり
けれさまことにもかよひたま
へるおほむこゝろかなとうちわ
らひたまへるいま[す]こしおもりか

제3지第3紙

[1-51] 도쿠가와 미술관徳川美術館 소장

◉ 원문 原文

にあい行つきたまへ
りゝゝ

◉ 석문 釈文

あなたに通ふべかめる透垣を、すこし押し開けて見給へば、月のをかしきほどに霧わたれるを眺めて、簾すこし巻き上げて、人々居たり。簀子に、萎えばみたる童、同じさまなる大人居たり。

上なる人、一人柱にすこし居隠れて、琵琶を前に置きて、撥を手まさぐりにしては、隠れたりつる月の、にはかに、いと明くさし出でたれば、(中君)「扇ならで、これしても、月は招きつべかりけり」とて、さしのぞき給へる顔つき、いみじう美しげなり。

添ひ臥し給へる人は、琴の上にかたぶきかかりて、(大君)「入る日を返す撥こそありけれ。さま異にも通ひ給へる御心かな」と、うち笑ひ給へる。いますこし重りかに愛敬づき給へり。

◉ 한국어 번역

가오루薫가 저쪽으로 통하는 듯 보이는 울타리 문透垣을 조금 열어젖히고 들여다보시니, 달이 아름답게 비칠 무렵 여인들이 주렴을 조금 말아 올리고 안개가 자욱한 풍경을 바라다보며 앉아 있었다. 툇마루簀子에는 풀기가 빠진 낡은 옷을 입은 여동과 그와 같은 차림새를 한 여관이 앉아 있다.

위쪽上에 있는 분 중, 한 여인은 기둥에 살짝 몸을 감추고 비파琵琶를 앞에 두고서 술대를 손으로 만지작거리고 있는데, 구름 속에 숨어 있던 달이 홀연히 나와 밝게 비추니, (작은 아씨中君)"부채가 아니라 이 술대로도 달을 불러올 수가 있군요"[1]라 말하며, 달을 엿보시는 그 얼굴 생김새가 몹시 아름다웠다.

그 곁에 엎드려 계시는 아씨는 쟁의금箏の琴 위로 몸을 기대면서, (큰 아씨大君)"저물어 가는 해를 불러오게 하는 술대가 있다는 말은 들어 봤지만, 달이라니……[2] 별난 걸 생각해 내는구나"라며 웃으셨다. 좀 더 진중하고 애교가 있는 듯 보이셨다.

1…부채로 달을 불러올 수 있다는 고사故事가 있었던 듯 보이지만, 출처 미상. 부채와 술대의 형태가 닮아 있는 데서 기지를 발휘한 농담.

2…술대로 저물어 가는 해를 불러온다는 말은 있지만, 달을 불러온다는 말은 들은 적이 없다는 내용. 『각카로쿠楽家録』巻四十八 료오마이陵王舞 비곡秘曲에 「해를 불러오는 수법日掻手」라는 무곡舞曲이 있는 것으로 보아 이러한 발상이 있었던 것으로 보인다.

[1-52] 도쿠가와 미술관徳川美術館 소장

◉ 등장인물

- 가오루薰: 가시와기柏木와 온나산노미야女三宮 사이의 아들
- 큰 아씨大君: 하치노미야八宮의 큰 딸
- 작은 아씨中君: 하치노미야의 작은 딸
- 여관女房 1명
- 여동女童 1명

◉ 그림해설

본 그림은 안개가 자욱이 낀 가을날 달밤, 하치노미야의 우지宇治 저택에서 가오루가 악기를 연주하며 담소를 나누는 두 자매를 엿보는 장면이다. 이 장면은 가오루와 두 자매의 첫 만남을 형상화한 전형적인 '가이마미垣間見'의 한 장면임과 동시에, 이들 남녀 주인공 간의 사랑 이야기인 '우지모노가타리宇治物語'의 출발을 알리는 중요한 장면이다.

본 화면에서는 가오루와 여주인공 사이의 공간을 울타리透垣, 툇마루簀子 등 기다란 사선을 통해 구분하여 그 거리감을 표현해 내고 있다. 우선 오른쪽 울타리 담 건너편에 서 있는 남자가 가오루이다. 관冠을 쓴 평상복直衣(노시) 차림으로, 오른손에는 부채를 들고 왼손으로 울타리를 살며시 열면서 안을 들여다보고 있다. 원래 『겐지모노가타리源氏物語』 원문에는 '가이마미' 당시 가오루는 사냥복狩衣(가리기누)[1] 차림으로, 귀경할 무렵에야 평상복 차림으로 갈아입었다고 적혀 있다. 따라서 본 그림에 그려진 가오루의 평상복 차림은 '가이마미' 당시의 현재시제現在時制가 아니라, 미래 시점의 복장을 그린 것이라 할 수 있다. 이와 같이 본 그림장면은 여러 시제가 혼재되어 있는 중층된 시간이 반영된 화면이라 할 수 있다(河添房江說).[2] 특히, 가오루의 옷차림은 당시로는 드물게 허리띠를 밖으로 드러내어 맨 착용법을 하고 있는데,[3] 허리띠 부분의 밑선을 몇 차례 수정한 흔적이 보인다. 이는 원래 사냥복 차림으로 그려진 것을 이후에 현존 그림과 같이 평상복 차림으로 수정한 것으로 해석된다.[4]

왼쪽 건물에는 두 자매, 그리고 여관과 여동이 그려져 있다. 툇마루 앞부분에 앉아 있는 여성이 여동이고 뒤에 앉아 있는 인물이 여관이다. 두 자매는 두 개의 기둥 안쪽에 위치하고 있다. 이 중, 맨 안쪽에 엎드려 있는 여성의 위치를, 『겐지모노가타리』 본문에서는 "안쪽에 있는 분内なる人"이라 기술하는 데 반해, 본 그림설명문詞書에서는 "위쪽에 있는 분上なる人"으로 바뀌어 있다. 이는 그림에서 화면 위쪽에 그려진 이들의 위치를 표현하기 위해 원문의 내용을 변경한 것으로 보인다. 자매 중, 한 여성은 기둥 뒤에서 하늘을 바라다보며 비파琵琶 앞에서 술대撥을 들고 앉아 있고, 다른 한 명은 그 뒤쪽에서 쟁의금箏の琴 앞에 몸을 기대며 엎드려 있다. 이 두 여성 중 누가 큰 아씨이고 누가 작은 아씨인지 예로부터 논란이 되어 왔다.

우선 고주석서古注釈書[5]나 스즈키 게이산鈴木敬三[6] 등은 비파 앞에 있는 이를 큰 아씨, 쟁의금 앞에 있는 이를 작은 아씨로 해석한다. 이 해석은 『겐지모노가타리』에서 어릴 적 큰 아씨가 비파를 배우고, 작은 아씨가 쟁의금을 연주했다는 본문 내용에 의거한 것이다. 하지만 현행 대부분의 주석서나 연구[7]의 경우, 비파 앞의 여인을 작은 아씨, 쟁의금 앞의 여성을 큰 아씨로 파악하고 있다. 이는 악기에 의해 구분한 종래설과는 달리, 원문에 제시된 두 자매의 성격에 의해 구분한 결과이다. 『겐지모노가타리』 본문에서 큰 아씨는 신중하고 품위 있는 내성적인 성격으로, 작은 아씨는 밝고 귀염성 있는 사랑스러운 성격으로 대조적으로 그려져 있는데, 이러한 인물의 성격에 따라, 안쪽에서 조심스레 엎드려 있는 이를 큰 아씨로, 좀 더 앞쪽에서 고개를 들고 명랑하게 달을 바라보는 쪽을 작은 아씨로 해석하고 있는 것이다. 이러한 해석에 대해, 미타니 구니아키三谷邦明는 이 그림장면에서 두 자매는 선명하게 대비되어 그려지지 않고 있으며, 가오루도 처음 만난 두 여성이 각자 누군지 정확하게 식별하지 못하고 있다고 지적한다.[8] 실제로 『겐지모노가타리』 본문에서는 큰 아씨의 경우, "진중하고 그윽한 분위기가 있다重りかによしづきたり"로, 작은 아씨의 경우, "사랑스럽고 빛나게 아름다운 분으로 보였다らうたげににほひやかなるべし"로 묘사되고 있어 두 자매의 성격이 분명하게 대비되고 있었다. 하지만, 본 작품의 그림설명문을 보면, 큰 아씨는 "진중하고 애교가 있어 보이셨다重りかに愛敬づきたまへり"로, 작은 아씨는 "얼굴 생김새가 몹시 아름다워 보였다いみじううつくしげなり"로 성격 및 인물에 대한 묘사가 변경되어 있음을 확인할 수 있다. 특히, 그림설명문에 서술되어 있는 큰 아씨의 "애교가 있다"라는 묘사는 원작에서 작은 아씨의 성격으로 제시된 것으로, 그림설명문에서는 원문처럼 두 자매의 성격이 명확하게 구분되지 않고 있다. [4. 본문비교 편 참조]

이와 같이 그림설명문과 그림화면에서 이 두 여성의 성격과 악기가 혼재되어 표현되고 있듯이, 실제 『겐지모노가타리』 작품 내에서 두 자매는 모두 가오루의 연모의 대상으로 등장하고 있다. 이 장면 이후, 가오루는 큰 아씨에게 마음이 기울어지게 되지만, 큰 아씨의 사후, 다시 작은 아씨에게 연정을 느끼고 접근하게 된다.

한편, 가오루와 두 자매의 첫 만남을 그리는 본 그림화면에는 우지의 공간적 풍취가 물씬 풍기는 상징물로 점묘되어 있다. 우선 건축물을 보면, 다른 귀족 저택의 경우, 툇마루 끝부분에 난간이 설치되어 있는 것과는 달리, 이 우지 저택에는 난간이 없는 간소한 양식으로 그려져 있어 시골풍 분위기를 자아내고 있다. 두 자매 위로 말아 올려진 주렴 또한, 당시 궁중이나 귀족들의 저택에서 사용하던 고급 재질의 주렴御簾(녹색 천으로 겉을 두르고 섬세한 입자로 짠 것)과는 달리, 대나무로 짠 소박한 모양새이다.

정원을 보면, 가오루 앞에 대나무로 엮은 울타리와 단풍으로 물든 담쟁이넝쿨蔦이 보인다. 단풍은 가을이라는 시간적 배경을, 담쟁이넝쿨은 우지 지방을 상징하는 식물로 공간적 배경을 나타낸다. 또한, 현재 화면에 뚜렷이 보이지는 않지만, 복원작업에 의해 확인한 결과, 오른쪽 화면 위로 은색 만월滿月과 은푸른빛 안개가 그려져 있었다. 우지 지방은 안개로 유명한데, 특히, 이 그림에서는 화면 윗부분뿐만 아니라, 가오루와 두 자매 사이에도 군데군데 안개가 길게 드리워져 있어, 전체 화면에 안개로 둘러싸인 가을 달밤의 풍광을 잘 담아내고 있다. 이 안개들은 마치 이들 남녀 사이를 연결해 주는 듯, 그녀들을 바라보는 가오루 시선과 같은 방향으로 긴 타원형으로 그려져 있다. 이에 대해, 미타니는 안개뿐만 아니라, 가오루의 소맷자락, 여관의 머리카락, 주렴의 곡선, 쟁의금, 비파 등 이 화면 안에 많은 타원형의 선들이 존재하며, 이러한 선묘線描는 감상자로 하여금 이 그림에 몰입시키는 흡인력으로 작용하고 있다고 설명한다.[9]

원래 모노가타리物語 작품에 등장하는 '가이마미' 장면은 많은 에마키絵巻의 사랑 장면에 즐겨 회화화되는 소재였다. 더욱이 본 대목은『겐지모노가타리』중에서도 전형적인 '가이마미'의 장면으로, 후대의 겐지에源氏絵에서도 많이 채택된 대표적인 장면이라 할 수 있다. 이와 같이, 본 그림화면에서는 남녀 간의 첫 만남을 '가이마미'라는 구도와 우지라는 이채로운 공간의 경물들을 사용하여 몽환적인 분위기 속에서 아름답게 형상화해 내고 있다.

1...사냥복狩衣(가라기누): 원래는 사냥하는 의상으로 착용하였으나, 헤이안 시대平安時代에는 귀족이 평상시 입는 간략한 의복으로도 사용됨.

2...河添房江「「橋姫」の段の多層的時間」『文学』7-5 岩波書店, 2005, pp.116~129.

3...小松茂美編『日本絵巻大成1 源氏物語絵巻·寝覚物語絵巻』中央公論社, 1977, p.27.

4...鈴木敬三『初期絵巻物の風俗史的研究』[新装ワイド板] 吉川弘文館, 2010, p.66, 小松茂美編 前掲書, p.27.

5...『細流抄』『岷江入楚』『湖月抄』등.

6...鈴木敬三『初期絵巻物の風俗史的研究』[新装ワイド板] 吉川弘文館, 2010, pp.63~64.

7...小松茂美編 前掲書, p.26~27, 清水婦久子『国宝「源氏物語絵巻」をよむ』和泉書院, 2011, pp.124~125,『国宝源氏物語絵巻』五島美術館, p.144.

8...三谷邦明·三田村雅子『源氏物語絵巻の謎を読み解く』角川選書, 1998, pp.60~64.

9...三谷邦明·三田村雅子 前掲書, p.62.

작품 줄거리 및 배경

하치노미야八宮가 세상을 떠난 후, 가오루薰는 우지宇治에 자주 찾아와 큰 아씨大君에게 자신의 마음을 전하지만, 큰 아씨는 가오루의 연심을 받아들이지 않고, 하치노미야의 유언대로 우지에서 독신으로 지내려 한다. 대신 큰 아씨는 동생인 작은 아씨中君를 가오루와 맺어 주려 한다. 이에 가오루는 니오노미야匂宮를 우지로 데려와 작은 아씨에게 소개하고 자신은 큰 아씨에게 구애를 계속한다. 하지만 얼마 안 되어 큰 아씨가 병에 걸려 세상을 뜨고 우지에는 작은 아씨만 홀로 쓸쓸히 남겨진다. 계절이 바뀌어 햇고사리가 나는 봄이 돌아오고, 니오노미야는 작은 아씨를 도읍에 있는 자신의 저택, 니조인二条院으로 맞이하려 한다.

도읍을 떠나기 하루 전날, 가오루는 우지를 찾아와 작은 아씨와 대면을 하고 서로 흉금을 나눈다. 가오루는 작은 아씨의 상경 준비를 도와주며 그녀를 니오노미야에게 소개해 준 일을 이제 와서 후회한다. 도읍으로 이주할 생각에 들떠서 준비에 여념이 없는 여관女房들과는 달리, 정든 우지를 떠날 생각에 작은 아씨의 심정은 복잡하기만 하다. 작은 아씨는 출가를 하여 여승이 된 벤弁과 석별의 아쉬움을 나누고 벤은 우지에 그대로 남는다.

니조인에 도착한 작은 아씨에게 니오노미야는 세심하게 애정을 쏟고, 이를 본 가오루는 하치노미야의 부탁을 떠올리며 안심하면서도, 그녀에게 흔들리는 마음을 어쩔 수가 없다.

제2지第2紙　　　　**제1지**第1紙

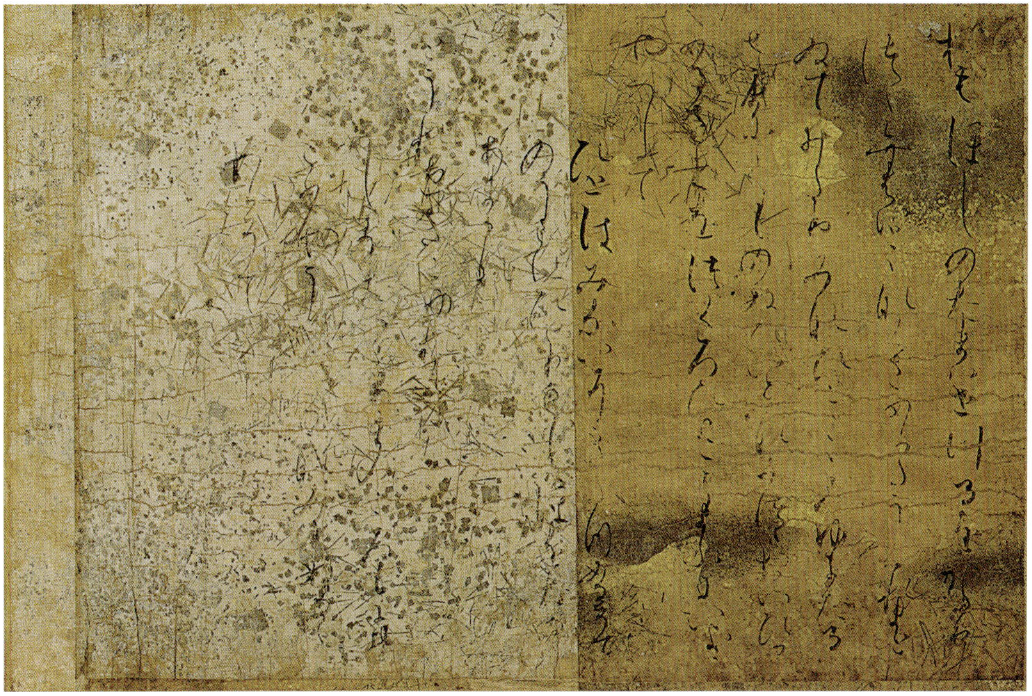

[1-53] 도쿠가와 미술관德川美術館 소장

◉ **원문** 原文

おもほしのたまはせつるをかたり
つゝ弁はいとゝなくさめかたうくれまと
ゐてゐたりみなひとこゝろゆきたる
さまにてものぬひいとなみつゝおいひか
めるさまをつくろひさまよふにいよ／＼
やつして
　ひとはみないそきたつめるそて
　のうらにひとりもしほをたるゝ
　あまかな
とうれゑきこゆれは
　しほたるゝあまのころもにおと
　らめやうきたるなみにぬるゝ
　わかそて

◉ **석문** 釈文

思ほしのたまはせつるを語りつつ、弁は、いとど慰めがたう、くれ惑ゐて居たり。皆人、心ゆきたるさまにて、物縫ひ営みつつ、老いひがめるさまをつくろひさまよふに、いよいよやつして、

(弁)人はみな急ぎ立つめる袖のうらにひとり藻塩を垂るるあまかな

と愁ゑきこゆれば、

(中君)「しほたるるあまの衣に劣らめや浮きたる波に濡るるわが袖

◉ **한국어 번역**

벤弁은 가오루薫가 남기신 말씀을 작은 아씨中君에게 전해 드리며, 한층 더 슬픔을 억누르기 어려워 어찌할 바를 모르고 앉아 있다. 다른 사람들은 모두 흡족한 모습으로 바느질하며 늙고 비뚤어진 모습을 치장하느라 분주하기만 한데, 벤은 더욱더 야윈 모습으로

(벤)
사람들은 모두 재봉질하며
상경 준비를 서두르건만
나 홀로 소매 안자락이
해수 물에 젖은 해녀처럼
눈물에 젖어 있는 여승이로니

라며 슬픔을 노래로 읊조리자,

(작은 아씨)

[1-54] 도쿠가와 미술관徳川美術館 소장

해수 물에 적시듯
눈물 젖은 그대의 승복 옷자락에
뒤질 리가 있으리오
파도에 떠다니는 듯 불안함에
내 소매 또한 눈물에 젖어 있나니

◉ 등장인물

- 작은 아씨中君: 하치노미야八宮의 작은 딸로 니오노미야匂宮의 부인
- 벤弁: 하치노미야 가문의 여관으로 하치노미야 부인과 친척뻘. 어머니가 가시와기柏木의 유모로 가오루薫의 비밀을 알고 있다
- 여관女房 4명

◉ 그림해설

본 그림은 작은 아씨가 니오노미야의 저택으로 옮기기 하루 전, 우지宇治 저택에 있는 작은 아씨 거처의 풍경을 그리고 있다. 이사 준비로 분주한 여관들의 모습과는 대조적으로, 작은 아씨와 벤은 서로 와카和歌를 주고받으며 이별을 슬퍼하고 있다.

본 그림화면은 다른 화면과는 달리, 휘장几帳의 선에 의해 V자로 공간이 구분되어 있다. 그 휘장 안쪽으로 두 기둥 사이에 작은 아씨가 앉아 있고 왼쪽 휘장 앞으로는 여승 차림을 한 벤이 위치하고 있다. 오른쪽 휘장 앞에는 이사 준비를 하는 여관들 4명의 모습이 그려져 있다.

화면 가장 안쪽에 위치한 작은 아씨는 연듯

빛 겉옷萌葱の表着 아래에 '다섯 겹의 가사네五衣の襲'[1]를 겹쳐 입고 붉은 명주 치마緋の袴를 두르고 있다. 소매로 입을 가리며 슬픔에 잠겨 있는 모습이다. 그 위로 주렴이 말아 올려져 있고, 오른쪽 옆 기둥 장지문에는 화조화花鳥畵가 그려져 있다. 『겐지모노가타리源氏物語』 원문에서 이 장면의 시간적 배경은 햇고사리가 나오는 '봄'으로 설정되어 있지만, 본 그림 장지문을 보면, 참억새薄, 도라지桔梗와 같은 가을 풀들이 그려져 있어 '가을'을 시간적 배경으로 하고 있음을 알 수 있다. 여기서 '봄'이 니오노미야 저택으로 거처를 옮기는 새로운 출발을 의미하는 시간대라고 한다면, 장지문의 가을 풀로 대변되는 '가을'이라는 시간은 우지와의 이별을 아쉬워하는 주인공의 심중을 표현한 것으로 보인다.

작은 아씨 옆 왼쪽 휘장 앞에 앉아 있는 이가 여관인 벤이다. 출가를 해서 허리춤까지 자른 머리를 하고 가사袈裟를 입고 있다. 오른손에는 염주를 들고 있고 왼쪽 소매를 얼굴에 대고 앉아 있다. 벤의 경우, 옆얼굴에 코의 융기가 또렷이 그려져 있는 얼굴 생김새로, 이는 국보 『겐지모노가타리에마키源氏物語絵巻』의 일반적인 얼굴 형태인 '히키메카기하나引目鈎鼻'와는 다른 모습이라 할 수 있다. 특히, 작은 아씨와 벤의 경우, 소매로 얼굴을 가리고 눈물을 흘리며 슬퍼하는 모습으로 그려져 있는데, 이러한 묘사는 그림설명문詞書에 두 사람이 이별을 슬퍼하며 흘린 눈물 때문에 소매가 젖어 있다는 와카의 내용과 일치한다.

한편, 방 안에는 옷감反物을 담은 옷상자衣箱가 작은 아씨와 여관들 사이에 놓여 있어 이사 준비를 하는 당시 상황을 잘 표현해 주고 있다. 오른쪽 휘장 옆으로 두 명의 여관이 옷감을 펼쳐서 개고 있는데, 뒷모습을 보이며 옷감을 잡고 있는 여관의 경우, 일을 하기 위해 머리를 뒤로 묶는 '모토유이元結'의 머리모양을 하고 있다. 그 옆에서 한 여관은 옷감을 들고 바느질을 하고 있다. 이들은 작은 아씨와 휘장을 사이에 두고 등지고 앉아 들떠서 이사 준비에 여념이 없는 모습이다.

이와 같이 본 화면은 V자로 공간을 분할하여 왼쪽에는 여주인공의 심정에 동조하며 슬퍼하는 여관, 벤을 배치하고, 오른쪽에는 여주인공의 입장과는 관계없이 현세적으로 행동하는 여관을 분류하여 배치하고 있는 것이다.[2] 그림설명문에서는 벤 이외의 여관들을 "모두 흡족한 모습으로 바느질하며 늙고 비뚤어진 모습을 치장하느라 분주하기만 한데……"와 같이, 늙고 추레한 여관들로 묘사하고 있다. 하지만 그림화면을 보면, 이들 여관들의 모습은 하나같이 젊고 아름다운 여성들로 바뀌어져 있는 것을 확인할 수 있다. 이는 앞서 벤과 나머지 4명의 여관들을 구분하여 그림화면에 배치한 것과 같이, 나이 든 벤과 대조적으로 표현하기 위해, 이들 여관을 젊은 여성의 모습으로 시각화한 것이라 생각된다.

이 그림은 「정자1東屋一」과 더불어, 국보 『겐지모노가타리에마키』 중에서 드물게 여성들만이 등장하는 화면이다. 미타무라 마사코三田村雅子는 이 그림화면에서는 '재봉', '옷감'과 같이 매우 여성적인 모티프를 사용하여 여심을 잘 표현하고 있다고 지적하며, 이러한 본 그림의 성격상, 여성이 주도권을 가진 그룹이 제작에 참여했을 거라 추정하고 있다.[3] 아버지, 언니와 같이 살았던 추억의 장소, 우지를 떠나기에 마음이 아픈 작은 아씨. 그런 그녀를 안쓰럽게 떠나보내며 우지에 남으려 하는 벤. 여주인이 차기 동궁 후보인 니오노미야과 결혼하여 그 저택으로 이주하는 것에 들떠 동요하는 여관들의 마음. 본 그림화면은 이러한 상황 속에서 여러 갈래로 교차하는 여심들의 모습을 효과적으로 담아내고 있다.

1…'다섯 겹의 가사네五衣の襲'는 여러 겹의 우치기袿(히토에単와 우와기表衣 사이에 입는 옷)를 겹쳐 입는 옷차림으로, 그 옷들의 아름다운 배색으로 미적 감각을 표현하였다. 때로 15겹, 20겹을 겹쳐 있는 경우도 있었지만, 헤이안 후기부터 5겹이 일반화되었다.

2…김수미 「『源氏物語絵巻』における画面構成の方法—女房の配置と存在意義」 『일본연구』 제74호, 2017.12, pp.29~52.

3…三田村雅子 『源氏物語天皇になれなかった皇子のものがたり』 新潮社, 2008, p.58.

작품 줄거리 및 배경

『겐지모노가타리源氏物語』「겨우살이 권宿木巻」에서는 우지宇治의 작은 아씨中君를 둘러싼 가오루薫와 니오노미야匂宮의 삼각관계가 본격적으로 그려지기 시작한다. 이와 동시에 가오루와 황녀인 온나니노미야女二宮, 니오노미야와 유기리夕霧의 딸인 로쿠노키미六君와의 혼담에 관한 이야기도 전개된다.

현재 천황의 슬하에는 후지쓰보藤壷 소생인 황녀, 온나니노미야가 있었다. 14살 되던 해, 일찍이 어머니를 여의고 후견인도 없이 홀로 남은 그녀를 천황은 애지중지 키우며 보살핀다. 어느덧 온나니노미야가 아름답게 성장하자, 천황은 그녀의 장래를 염려하여 가오루와 짝을 맺어 주려 한다.

늦가을 가랑비에 국화도 젖어 들던 어느 날 저녁 무렵, 천황은 궁중에 있던 가오루를 불러 바둑을 청하며 온나니노미야와의 혼인을 넌지시 권한다. 가오루는 이를 조용히 사양하는 노래를 읊는다. 하지만 내켜하지 않는 가오루의 마음과는 달리, 온나니노미야와의 혼인 날짜가 정해지고 혼담은 진척되어 간다. 사실 가오루는 죽은 큰 아씨大君를 잊지 못하고, 그녀의 모습과 똑 닮은 작은 아씨에게 점점 더 마음이 기울어져 가고 있었던 것이었다. 이윽고 온나니노미야의 성인식裳着이 행해지고, 바로 그 다음 날 가오루와의 혼인이 이루어졌다. 천황의 사위라는 세간의 선망의 눈길에도 불구하고, 가오루는 여전히 죽은 아씨를 그리며 우지에 사찰을 건립하는 데 힘을 쏟으며 세월을 보낸다.

제2지第2紙　　　　　　　　　　　　제1지第1紙

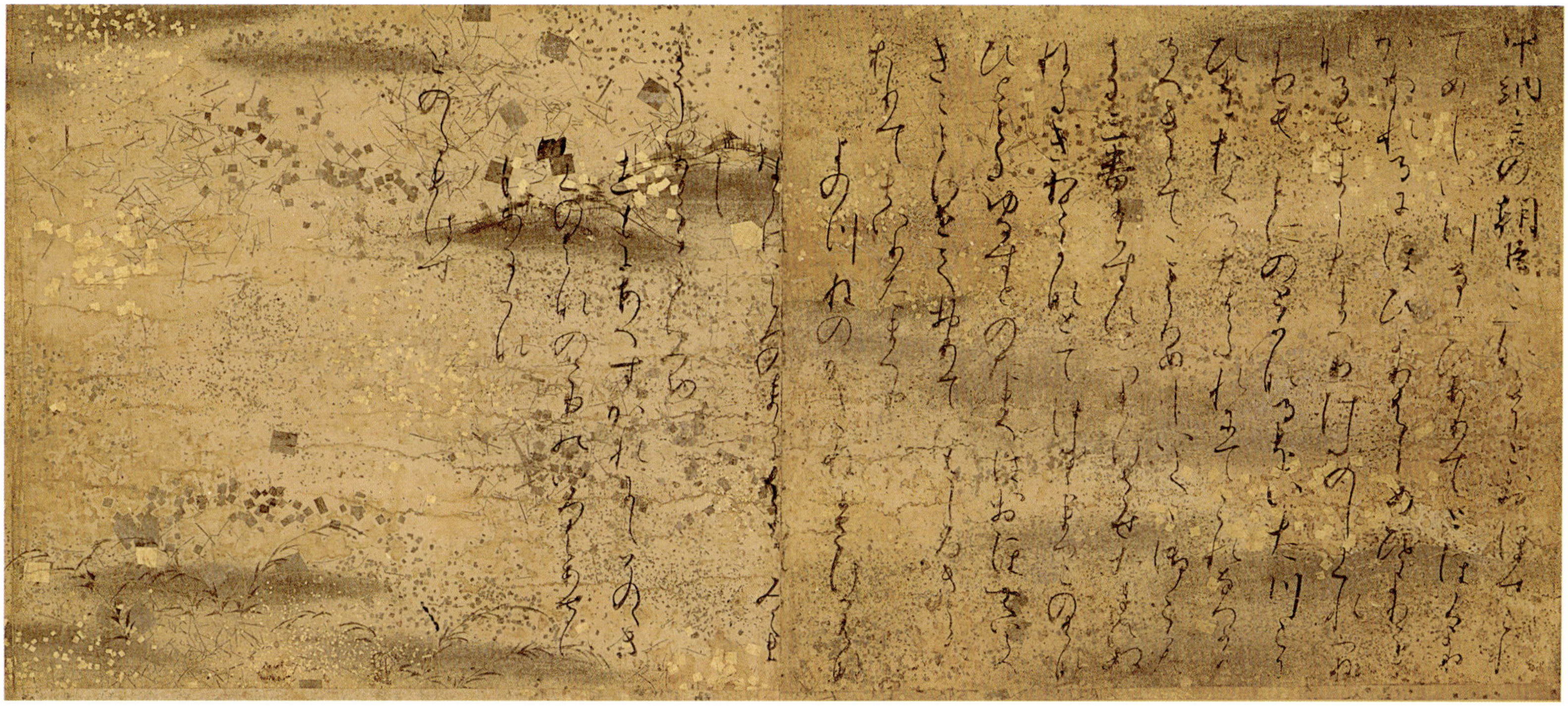

[1-55] 도쿠가와 미술관徳川美術館 소장

● 원문 原文

中納言の朝臣こなたにとおほせられ
てめしいつるかひありてとほくより
かほれるにほひよりはしめひとよりこと
なるさましたまへりけふのしくれつね
よりもことにのとかなるをいたつらに
ひをおくるたはふれにてこれなむよか
るへきとてこはむめしいてゝ御こかた
きに三番にかすひとつまけさせたまひぬ
ねたきわさかなとてけふはまつこのはな
ひとえたゆるすとのたまへはおほむいらへ
きこえさせておりておもしろきえた
おりてまいりたまへり
　よのつねのかきねにさけるはな
ならはこゝろのまゝにをりてみえま
し
よういあさからすみゆ
　しもにあへすかれにしそのゝき
　くのはなのこりのいろはあせす
　もあるかな
とのたまはす

◉ 석문 釈文

(帝)「中納言の朝臣、こなたに」と仰せられて、召し出づる甲斐ありて、遠くよりかほれる匂ひよりはじめ、人より異なるさまし給へり。

(帝)「今日の時雨、常よりも、ことにのどかなるを、いたづらに日を送る戯れにて、これなむよかるべき」とて、碁盤召し出でて、御碁敵に、三番に数一つ、負けさせ給ひぬ。(帝)「ねたきわざかな」とて、(帝)「今日は、まづこの花一枝、許す」とのたまへば、御答へ聞こえさせで、下りて、おもしろき枝折りて、参り給へり。

(薫) 世の常の垣根に咲ける花ならば心のままに
折りて見えまし

用意浅さからず見ゆ。

(帝) 霜にあへず枯れにし園の菊の花残りの色は
あせずもあるかな

とのたまはす。

◉ 한국어 번역

(천황)"추나곤中納言(가오루薫를 일컬음)을 이리로 들게 하라"라는 명을 내려 가오루를 불러들였다. 그러한 분부가 내려질 만큼, 가오루는 멀리서도 풍겨지는 향기는 물론이고, 보통 사람들과는 달리 훌륭한 풍채를 지니고 계셨다.

(천황)"오늘 가을비는 어느 때보다 한적한 느낌이 드는 것을, 적적한 시간을 보내는 놀이로는 이게 가장 좋을 게야"라며 바둑판을 들여왔는데, 그 바둑 상대인 가오루에게 세 판 중 한 판 차이로 지셨다. (천황)"분하구나"라며 "우선 오늘은 이곳 꽃가지 하나를 허락하노라"[1] 라 말씀하시니, 가오루는 대답도 올리지 않고 정원으로 내려가 아름다운 가지를 꺾어 다시 어전으로 돌아오셨다.

(가오루)
이것이 세상에 평범한
담 울타리에
피어 있는 꽃이었더라면
(궁중에 계신 공주님이 아니었더라면)
마음대로 꺾어서 보았으련만

노래에는 가오루의 깊은 마음 씀씀이가 엿보였다.

(천황)
서리에 견디지 못해
시들어 버린
정원의 국화이지만
남겨진 꽃의 빛깔은
바래지 않고 아름답기만 하나니
(어머니를 잃은 공주이지만
아름답게 자라나고 있다오)

라 천황은 화답하시었다.

1...기노 다다나紀斉名가 『와칸로에이슈和漢朗詠集』에서 읊은 싯구로, "꽃가지 하나에 맺힌 봄을 꺾는 것을 허락해 주시길許折一枝春"이라는 구절을 인용한 것. 남성이 사랑하는 여인의 부친에게 결혼 허락을 구하는 내용인데, 여기서는 반대로 천황이 자신의 딸을 가오루에게 허락하는 뜻으로 사용하였다.

[1-56] 도쿠가와 미술관徳川美術館 소장

◉ 등장인물

• 가오루薫: 가시와기柏木와 온나산노미야女三宮 의 아들. 히카루 겐지光源氏의 아들로 자라난다
• 천황今上帝: 스자쿠 상황朱雀院의 아들. 가오루의 숙부뻘. 온나니노미야女二宮의 부친
• 여관女房 2명

◉ 그림해설

본 그림은 천황이 사랑하는 딸 온나니노미야의 배필로 가오루를 점찍어 놓고 그를 자신의 처소로 불러 바둑을 두는 장면이다.

본 그림은 국보『겐지모노가타리에마키源氏物語絵巻』중 유일하게 궁중을 배경으로 한 그림이다.『겐지모노가타리源氏物語』본문에는 천황이 온나니노미야의 처소에 들러 딸과 같이 바둑을 두다가 가오루를 부른 것으로 되어 있으나, 그림화면을 보면 천황과 가오루가 있는 곳은 온나니노미야의 거처가 아닌, '세이료덴清涼殿'의

'아사가레이노마朝餉の間'이다. '세이료덴'은 천황의 일상적인 거처로 사용되던 전각으로, '아사가레이노마'는 세이료덴의 서쪽에 위치하며 천황이 간단한 식사를 하거나, 옷을 바꿔 입는 데 사용하던 장소였다.

본 장면을 보면, 장지문과 2층 선반으로 된 장롱厨子이 사선으로 공간을 분할하고 있다. 인물 배치는 이 가운데 사선을 경계로 하여, 오른쪽에는 천황과 가오루가 배치되어 있고, 왼쪽에는 2명의 여관이 그려져 있다.

안쪽에서 정면으로 얼굴을 보이며 바둑을 두는 이가 천황으로, 관冠을 쓰고 '아코네가사네袙襲' 차림을 하고 있다. '아코네가사네' 차림이란 맨 안쪽에 좁은 소매를 한 홑옷을 입고 그 위에 세 겹의 옷을 겹쳐 입은 후, 가장 겉에 소맷부리 아래쪽을 꿰매지 않은 넓은 소매広袖를 착용한 옷차림을 말한다. 천황 앞에 앉아 옆얼굴을 보이고 있는 이가 가오루이다. 관을 쓰고 평상복直衣 차림을 하고 있다.

천황과 가오루가 앉아 있는 장소에는 다다미畳가 깔려 있는데 천황이 앉아 있는 다다미 한 폭은 '운겐베리繧繝縁'로 되어 있어 옥좌玉座임을 표시하고 있다. 그 외의 다다미는 '고우라이베리高麗縁'로 되어 있다. 천황 뒤편으로 보이는 반쪽 장지문副障子에는 '산수화조화山水花鳥畵'가 그려져 있다. 이 실내 왼편에 놓여져 있는 2층 장롱에는 맨 위 선반에 칠현금七絃琴이 올려져 있고, 그 아래로 두루마리巻物나 서책류冊子類, 그리고 상자箱가 놓여 있다. 그 장롱 옆으로 장지문이 연결되어 있고 그 장지문 안쪽으로 놓여진 검은 궤가 '다이쇼지大床子'(천황이 식사나 이발할 때 앉는 4다리로 세워진 대台)이다. 또한, 화면 오른쪽 모퉁이에 선반 일부분이 보이는데, 그 위에는 '히토리 향로火取り香炉'(겉은 칠기, 안은 도자기로 만들어 은이나 구리로 만든 덮개를 씌운 향로. 옷이나 방에 향이 스며들게 한다)와 상자가 놓여 있다. 이와 같이 본 화면의 여러 세간 가구는 당시 궁중의 실내 정경이나 공예품을 엿볼 수 있는 귀중한 자료라 할 수 있다.

한편, 천황이 자리한 실내 공간 밖에 두 여관이 당의唐衣를 입은 정장 차림으로 대기하고 있다. 한 명은 장지문 틈으로 두 남성이 바둑을 두는 것을 엿보고 있고, 다른 한 명은 장지문에 귀 기울이며 이들의 대화를 엿들으려는 포즈를 취하고 있다.

실제로 이들 여관은 『겐지모노가타리』 원문이나 그림설명문詞書에는 등장하지 않는 존재이다.[1] 그렇다면 이와 같이 원문이나 그림설명문에 존재하지 않는 여관들을 그림화면에 등장시킨 이유는 무엇일까? 본 그림화면에 그려진 천황과 가오루의 바둑은 단순한 유희가 아닌 실은 황녀 온나니노미야와의 혼담을 걸고 하는 내기 바둑이었다. 그림설명문을 보면, 바둑을 둔 후, 가오루가 정원으로 내려가 국화 가지를 꺾어 어전으로 돌아와 혼인을 권하는 천황의 물음에 와카和歌로 답하는 내용이 기술돼 있어 본 장면이 일관되게 황녀와의 혼사를 주내용으로 다루고 있음을 확인할 수 있다. 하지만, 본 그림화면에서는 천황의 거처에서 바둑을 두는 두 사람의 모습만 그려질 뿐, 이러한 내용은 묘사되지 않고 있다. 대신, 본 그림에서는 원문이나 그림설명문에 등장하지 않는 이들 여관들을 등장시킴으로써, '황녀와의 혼사'라고 하는 중대사를 거론하는 천황과 가오루의 이야기를 놓치지 않고 들으려는 듯, 이들을 지켜보는 여관들의 모습을 담아내고 있는 것이다. 즉, 본 그림화면에서는 여관들이 천황과 가오루를 엿보는 '가이마미垣間見' 구도를 통해, '황녀와의 혼사'에 대한 세간의 관심을 형상화한 것으로 보인다.

이는 그림 속 구성요소에 의해 스토리가 묘사되는 것으로, 문자텍스트와는 다른 회화적 논리에 의한 표현체계라 할 수 있다.

1…김수미「『源氏物語絵巻』における画面構成の方法―女房の配置と存在意義」『일본연구』 제74호, 2017.12, pp.29~52.

겨우살이 2 宿木二

작품 줄거리 및 배경

니조인二条院에 작은 아씨中君를 맞아들인 니오노미야匂宮에게 또 다른 혼담이 들어온다. 상대는 당대의 권력가 유기리夕霧의 딸인 로쿠노키미六君. 유기리는 니오노미야의 모후인 아카시 중궁明石中宮의 동의를 얻어 혼담을 진행시킨다. 마음을 내켜하지 않던 니오노미야도 결국 승낙을 하게 되고, 그는 로쿠노키미를 방문하면서 점차 작은 아씨의 처소에 들르는 일이 드물어진다. 이러한 혼담 소식을 전해 들은 작은 아씨의 상심은 커져만 가고, 그녀는 아버지의 유언을 저버리고 우지宇治를 떠나온 것을 후회한다. 그 무렵 임신을 하게 된 작은 아씨의 몸은 약해져만 가고 가오루薫는 그런 그녀를 애처롭게 생각하며 연모의 정을 느낀다.

이윽고 유기리의 저택에서 니오노미야와 로쿠노키미의 성대한 혼인식이 거행된다. 3일 밤의 의식三日夜(혼인 3일째 치르는 의례)을 치르고 나서, 다음 날 니오노미야는 신부의 얼굴을 처음 보게 된다. 아름답고 청초한 그녀의 모습에 니오노미야는 마음을 빼앗기게 되고, 작은 아씨를 사랑스럽게 생각하는 마음은 여전하지만, 새 신부인 로쿠노키미에게 점차 끌리게 된다.

제2지第2紙　　제1지第1紙

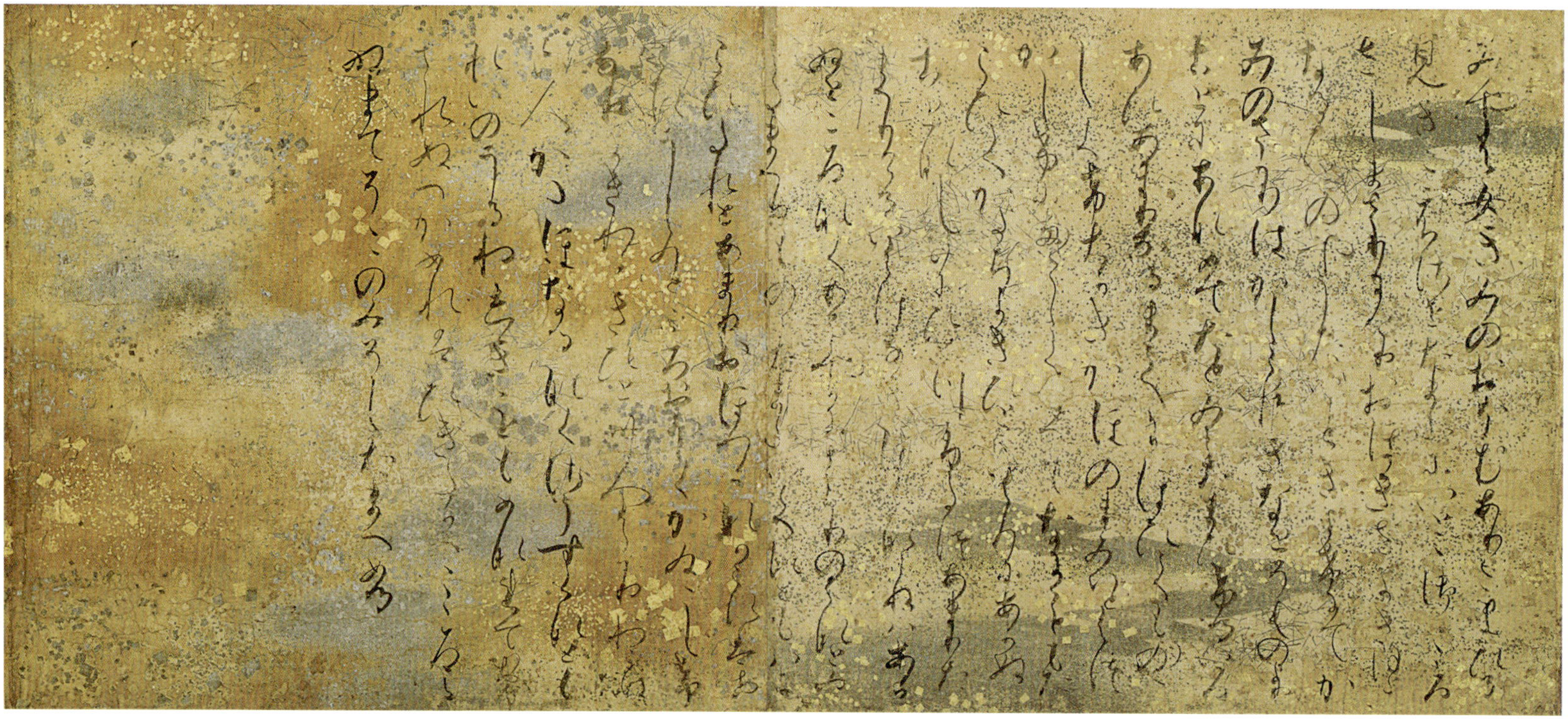

[1-57] 도쿠가와 미술관徳川美術館 소장

● 원문 原文

みやは女きみのおほむありさまひる
見きこえさせたまふにいとゝ御こゝろ
さしまさりにけりおほきさよきほと
なるひとのやうたいゝときよけにてか
みのさかりはかしらつきなとそものより
ことにあなめてたとみえたまひけるいろ
あひあまりなるまてにほひてもの〳〵
しくけたかきかほのまみいとはつ
かしけに両々しくすへてなにこともた
らひてかたちよきひとゝいはむにあかぬ
ことなし廿にひとつふたつあまりた
まへりけるいはけなきほとならねはあか
ぬところなくあさやかにさかりのはなとみ
えたまへりものゝたまふいらへなともはち
らひたれとあまりおほつかなからすはあ
らすうしみところおほくかゐ〳〵しけ
なりよきわかきひと卅人はかりわらは
六人かたほなるなくさうすくなとも
れいのうるわしきこともめなれておほ
されぬへかめれはひきたかへこゝろえ
ぬまてそこのみそしたまへめる

◉ 석문 釈文

宮は、女君の御ありさま、昼見きこえさせ給ふに、いとど御志まさりにけり。大きさよきほどなる人の、様体いと清げにて、髪の下り端、頭つきなどぞ、ものよりことに、あなめでたと見え給ひける。色合ひ、あまりなるまで匂ひて、ものものしく気高き顔の目見、いと恥づかしげにらうらうじく、すべて何事も足らひて、容貌よき人と言はむに飽かぬことなし。二十に一つ二つあまり給へりける。いはけなきほどならねば、飽かぬところなく、あざやかに、盛りの花と見え給へり。もののたまふ答へなども、恥ぢらひたれど、あまりおぼつかなからずはあらずうし[かしカ]。見どころ多く、甲斐々々しげなり。

よき若人三十人ばかり、童六人かたほなるなく、装束なども、例の、うるわしきことも、目馴れて思されぬべかめれば、引き違へ、心得ぬまでぞ、好みぞし給へめる。

◉ 한국어 번역

니오노미야匂宮는 로쿠노키미六君(유기리 우대신夕霧右大臣의 딸)의 모습을 대낮에 보시고는 끌리는 마음이 더욱더 깊어지셨다. 몸집도 적당한 분으로 용모도 매우 아리따운 데다 머리카락이 늘어진 모습이나 머리 모양새 등이 다른 여성과 비교해 봐도 각별히 빼어나서 정말이지 아름다운 분이라 보이셨다. 살결도 지나치리만큼 윤기가 나는 데다, 차분하고 기품이 있는 얼굴에, 눈가도 보는 이가 주눅이 들 정도로 우아해서 모든 것을 갖춘 빼어난 미인이라 칭하기에 부족함이 없었다. 스무 살에 한두 해를 넘기신 나이였다. 어린 나이가 아니라서 부족하다고 생각되는 구석도 없이, 눈에 띌 정도로 한창 피어나는 꽃처럼 보이셨다. 이곳 따님은 응대하는 대답 또한, 쑥스러워하면서도 너무 주저하지 않으시고 매사 뛰어난 점이 많은 만족스러운 모습이셨다.

아름다운 젊은 여관若人이 30명 정도, 여동童이 6명으로 보기 흉한 사람 하나 없었다. 옷차림 등도 평범하게 격식을 차린 정도로는 니오노미야가 눈에 익어 싫증을 내실 거라 생각했는지 취향을 색다르게 해서 지나치리만큼 새롭고 화사한 옷으로 꾸미신 듯 보였다.

[1-58] 도쿠가와 미술관徳川美術館 소장

◉ 등장인물

- 니오노미야匂宮: 천황今上帝과 아카시 중궁明石中宮의 아들. 우지宇治의 작은 아씨中君의 남편
- 로쿠노키미六君: 우대신 유기리夕霧와 도나이시노스케藤典侍 사이의 딸. 유기리의 또 다른 부인인 오치바노미야落葉宮의 양녀. 니오노미야가 부인으로 맞이한다
- 여관女房 5명

◉ 그림해설

본 그림은 유기리의 저택인 로쿠조인六条院에서 유기리의 딸인 로쿠노키미와 니오노미야가 혼인한 후, 신랑, 신부가 함께 아침을 맞이하는 정경을 그리고 있다.

고대 일본에서는 혼인하고 3일간 계속 남성이 여성의 집을 방문하는데, 셋째 날 중요한 의식을 치르게 된다. 셋째 날에는 '3일 밤의 떡三日夜餠'이 준비되고 사위는 여자 측 일가와 식사를 하는, 지금의 축하 피로연에 해당하는 '도코로아라와시露顕'를 행한다. 본 그림은 이러한 행사를 다 마친 다음 날 아침, 환한 곳에서 니오노미야가 처음 신부의 얼굴을 보게 되는 장면으로, 당시 헤이안 시대平安時代 혼인 당시 실내 정경을 엿볼 수 있는 귀중한 자료이다. [5. 기초지식 편-헤이안 시대 생활과 문화: 결혼 풍속 참조]

그림화면은 가운데 휘장과 병풍을 경계로 하여 크게 2등분 된다. 오른쪽 공간에는 니오노미야와 로쿠노키미, 두 남녀 주인공의 신방이 차려져 있고, 왼쪽은 5명의 여관들이 배치되어 있다. 니오노미야는 두건烏帽子을 쓰고 하얀 '오우치기大袿'[1]를 입고 있다. 신부의 옷자락을 감싸고 있는 니오노미야의 하얀 손이 인상적이다. 신부는 화려한 겉옷重袿을 겹쳐 입고 부끄러운 듯 얼굴을 옷자락에 묻고 있다. 여기서 신부의 얼굴을 처음 보게 되는 니오노미야는 그녀의 아름다운 용모와 자태에 마음을 빼앗기게 된다. 이러한 상황을 표현하듯, 편안한 복장의 신랑에 비해, 신부는 아름다운 의상을 몸에 걸치고 신랑이 신부를 안아 주는 듯한 포즈를 취하고 있다.

이들 신랑, 신부가 있는 자리는 신방에 어울리는 화려한 색감의 세간 도구들로 채워져 있다. 신부 앞에는 얇은 골대에 종이를 붙인 부채蝙蝠扇가 놓여 있고, 그 공간을 휘장과 병풍이 둘러싸고 있다. 짙은 색으로 염색된 4척 휘장裾濃の几帳에 '다테와쿠 문양立涌模様'(파도 무늬)[2]의 병풍屏風과 같이, 화려하고 격식 있는 실내 세간 도구를 배치하여 신방으로 꾸며진 호화로운 실내 정경을 그려 내고 있다. 또한, 바닥에는 황실에서 주로 사용하는 '운겐베리繧繝縁' 다다미畳 위에 등심초를 오색으로 염색하여 짠 멍석竜鬢筵(류빈 무시로)이 깔려져 있다. 이곳에 사용된 화려한 돗자리는 실제로 상황의 생신 축하연과 같은 특별한 경우에 사용된 것으로, 당시 황자의 결혼식에서 이러한 화려한 세간 도구를 사용할 수 있었는지는 의문이 제기된다. 이는 역사적 사실 여부와는 별도로, 차기 동궁 후보인 니오노미야를 사위로 맞이하는 당대 권력가 유기리의 권세와 배려가 엿보이는 대목이라 할 수 있다(三田村雅子説).[3]

한편, 병풍과 휘장 밖에서 대기하고 있는 여관들은 다채로운 색깔의 열두 겹 옷을 겹쳐 입고 있는데, 이를 '주니히토에十二単'의 '가라기누모 복장唐衣裳姿'(고위 여관들의 예복)이라 한다. [5. 기초지식 편-헤이안 시대 생활과 문화: 의복 참조] 여관들은 부채를 들고 두 줄로 '고우라이베리高麗縁' 다다미 위에 앉아 있다. 그림설명문詞書에 니오노미야의 화려한 성향을 의식하여 여관들이 옷차림에 신경썼다는 내용이 기술되어 있는 것처럼, 본 그림에서도 대기하는 여관들의 의상이 다른 여타 화면들보다 더욱 화려하고 정교한 문양으로 묘사되어 있다. 미타무라 마사코三田村雅子는 본 그림이 마치 '패션 카탈로그fashion catalogue'와 같은 성격을 지니고 있다고 지적한다.[4] 특히, 이 그림에서 눈에 띄는 것은 본 화면을 가득 채우고 있는 화려한 색감이다. 당시로는 진귀하고 고가高価인 군청색群青色이 화면 도처에 아낌없이 사용되고 있다.

이와 같이 본 그림은 국보『겐지모노가타리에마키源氏物語絵巻』의 작품 중에서도 가장 화려한 문양과 색감을 사용하여 이 혼인의 화사한 분위기를 잘 표현해 내고 있다.

1...우치기袿는 남성 겉옷 안에 입는 옷으로, 오우치기大袿는 일반적인 사이즈보다 소매나 길이를 크게 만든 것. 보통 축하연에 착용하거나, 하사품으로 내려졌다.

2...'다테와쿠 문양立涌模様': 귀족계급의 의복이나 가구에 사용되던 전통적인 문양有職文様 중 하나로, 수직으로 파도 같은 선이 그려져 있다. 헤이안 시대 병풍이나 귀중품 등에 많이 사용되었다.

3...三田村雅子『源氏物語天皇になれなかった皇子のものがたり』新潮社, 2008, p.62.

4...三田村雅子 前掲書, p.62.

작품 줄거리 및 배경

유기리夕霧의 딸인 로쿠노키미와六君와 성대한 혼례를 치른 이후, 작은 아씨中君 처소를 찾는 니오노미야匂宮의 발길이 점차 뜸해지자, 작은 아씨의 불안은 커져만 간다. 가오루薫는 이를 안타까워하며 그녀의 처소에 자주 들러 위로해 주다가, 큰 아씨大君와 닮아 있는 그녀의 모습에 점차 사랑의 감정을 느낀다. 작은 아씨와 대면을 하게 된 가오루는 그녀에 대한 감정을 억누르지 못하고 주렴 안으로 들어가 그녀에게 연심을 토로하지만, 선을 넘지는 않는다.

한편, 작은 아씨 처소에 들른 니오노미야는 그녀의 옷에 배어 있는 가오루의 향기를 감지하고 두 사람 사이를 의심하게 된다. 하지만 이 일이 오히려 아름다운 작은 아씨에 대한 애정을 불러일으키게 되고 새삼 질투의 감정을 느낀다. 가오루의 연심을 알게 된 작은 아씨는 곤란해하며, 대신 가오루에게 자기의 이복동생인 우키후네浮舟를 소개하여 둘을 맺어 주려 한다. 이후, 오랜만에 작은 아씨의 처소를 들른 니오노미야는 작은 아씨에게 보낸 가오루의 편지를 발견하고 마음을 졸인다. 그리고 나서 비파琵琶를 연주하며 작은 아씨와 함께 시간을 보낸다.

이윽고 다음 해 작은 아씨는 남아男兒를 출산하게 되고 성대한 축연이 베풀어진다. 니오노미야의 첫 아이 탄생에 천황의 축하 선물을 비롯하여 각 귀족들의 축하 인사가 끊이지 않고 이어졌다. 세간에서는 이러한 외형적인 상황만을 보고 그녀를 '행복한 여인幸ひ人'이라 평하며 선망의 눈길을 보냈다.

제1지第1紙

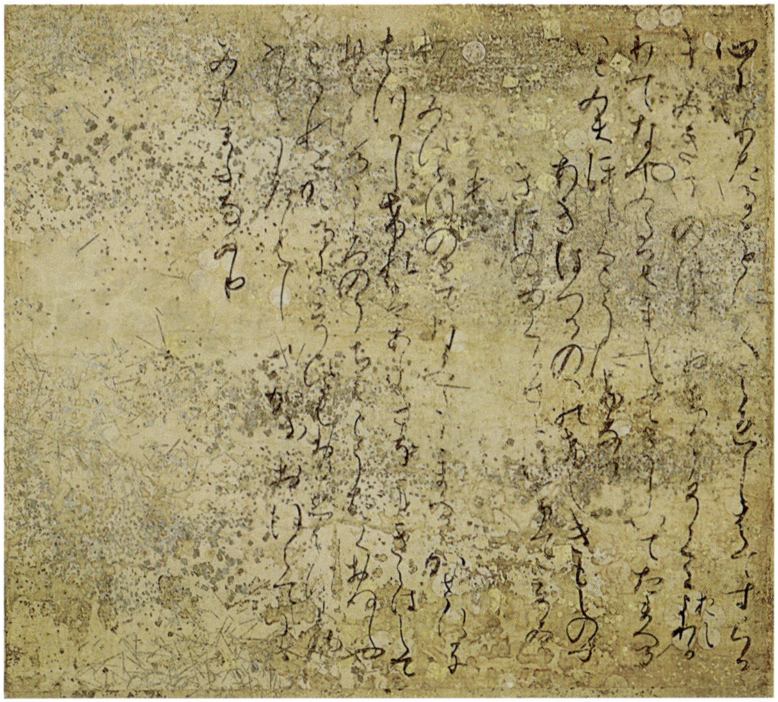

[1-59] 도쿠가와 미술관徳川美術館 소장

◉ 원문 原文

心にいりたることにてえゑしはてすちか
きみき丁のつまよりけうそくによりか
りてなやみたるさましてさしいてたまへる
いとみまほしくらうたけなり
　あきはつるのへのけしきもしのすゝ
　きほのめくかせにつけてこそみ
　れ
わかみひとつのとてなみたくまるゝかさすかに
はつかしけれはあふきをまきらはして
おはするこゝろのうちもらうたくおほしや
らるれとかゝるにこそひともおもひはなれさら
めとうたかはしきかた/\おほえてうら
みたまふなめり

◉ 석문 釈文

心に入りたることにて、え怨じ果てず。近き御几帳のつまより、脇息に寄りかりて[かかりてカ]悩みたるさまして、さし出で給へる、いと見まほしく、らうたげなり。

(中君)「秋果つる野辺のけしきもしのすすきほのめく風につけてこそ見れ

わが身一つの」とて涙ぐまるるが、さすがに恥づかしければ、扇を紛らはしておはする心の中も、らうたく思しやらるれど、かかるにこそ、人も思ひ放れざらめと、疑はしき方々覚えて、恨み給ふなめり。

◉ 한국어 번역

작은 아씨中君도 마음에 드는 곳이라 언제까지 토라져 있을 수만도 없었다. 가까이 휘장御几帳 끝에 놓여 있는 사방침脇息에 기대어 번민하는 기색으로 얼굴을 내미시는 자태가 계속 바라다 보고 싶을 정도로 귀여웠다.

(작은 아씨)
가을이 끝나 버린
들녘 풍광도
억새풀
바람에 흔들리는 그 몸짓으로
알아볼 수 있으리니
(내게 싫증 난 당신 마음도
그 몸짓으로 알아볼 수 있답니다)

"이내 몸 하나 괴로움으로 인해……"라 읊으며

작은 아씨는 눈물이 흐르는 것을 부끄러워하며 부채로 얼굴을 가리고 계셨다. 그러한 작은 아씨의 심중을 니오노미야匂宮는 안쓰럽게 생각하시면서도, 이러한 매력 때문에 가오루薫도 그녀를 단념하지 못하는 거겠지라고 생각하니, 의심스러운 구석구석이 떠올라 원망스러워 하시는 듯 보였다.

◉ 그림해설

본 그림은 가을 저녁 무렵 작은 아씨의 처소를 찾아온 니오노미야가 비파를 연주하며 그녀와 함께 시간을 보내고 있는 장면이다. 로쿠노키미六君와의 결혼 이후, 다소 소원해졌던 이들 부부가 만나 내심 복잡한 심경으로 와카和歌를 주고받는 장면을 그림으로 형상화하고 있다.

현존하는 그림설명문詞書은 겨우 한 쪽一紙 분량으로 작은 아씨에 관련된 본문 내용만이 기술되어 있다. 하지만, 이는 다른 그림설명문의 분량과 비교해 보면, 너무나도 짧은 내용이라서, 종래 연구에서는 본 그림설명문 앞부분의 내용이 소실된 것으로 추정되어 왔다.[1] 『겐지모노가타리源氏物語』 원문에는 본 그림설명문 앞부분에 정원에 관한 묘사와 더불어, 작은 아씨와 함께 있는 니오노미야의 모습과 그의 와카和歌가 게재되어 있었다. 본 그림화면이 니오노미야와 작은 아씨, 이들 부부의 모습과 관계를 형상화한 그림인 것을 고려해 보면, 원래 그림설명문에도 이와 같은 니오노미야에 관련된 기술부분이 실려 있었을 것으로 생각된다. [4. 본문비교편 참조]

그림화면은 오른쪽에 남녀 주인공이 있는 건축 공간을 배치하고, 왼쪽에 가을 풀들이 나 있는 정원을 그리고 있다. 오른쪽 툇마루와 건물 안쪽 경계선에 걸터앉아 기둥에 기대 비파를 연주하는 이가 니오노미야이다. 그는 두건烏帽子을 쓴 평상복直衣(노시) 차림으로, 푸른색 겉옷을 느슨하게 걸쳐 입고 있다. 그림설명문에는 이

[1-60] 도쿠가와 미술관德川美術館 소장

러한 니오노미야의 옷차림에 관한 내용이 실려 있지 않지만, 『겐지모노가타리』 본문을 보면, "자주 입어 부드러워진 옷에 평상복만을 입으시고 비파를 타고 계셨다なつかしきほどの御衣どもに、直衣ばかり着たまひて、琵琶を弾きゐたまへり"(「宿木巻」p.465)라고 기술되어 있어, 본 그림의 묘사와 일치하고 있음을 알 수 있다. 그 옆에 부채를 들고 얼굴을 내밀고 있는 여성이 작은 아씨이다. 회임 중인 그녀는 사방침에 몸을 기대고 엎드려 있는데, 그 얼굴에는 수심이 가득 차 있다.

이 실내공간에는 '고우라이베리高麗縁' 다다

◉ 등장인물

- 니오노미야匂宮: 천황今上帝과 아카시 중궁明石中宮의 아들. 우지宇治의 작은 아씨의 남편
- 작은 아씨中君: 우지의 하치노미야八宮의 둘째 딸. 니오노미야의 부인

미畳가 깔려 있고 두 부부가 있는 기둥 위 서까래로 주렴이 말아 올려져 있다. 그 옆으로 주렴이 내려져 있는데, 이 주렴의 나부끼는 형상으로 보아 현재 바람이 불고 있음을 알 수 있다. 이와 같은 바람의 존재는 본 그림화면 왼쪽 정원에 나 있는 가을 풀들이 심하게 나부끼는 모습으로도 파악할 수 있다. 원그림에는 잘 보이지 않지만, 복원 작업 결과, 정원에는 참억새薄, 싸리萩, 등골나물藤袴 등이 심어져 있는 것이 확인되었다. 등골나물은 가을에 엷은 보라색 꽃을 피우는 식물이며, 아름다운 여성을 표상하는 식물이다. 한편, 참억새는 가을에 꽃을 피우며 숨겨 둔 마음을 상징하고, 싸리의 노란 단풍은 변심한 마음을 나타낸다. [5. 기초지식 편-에마키의 기법:상징적 표현물 식물 참조] 이와 같이, 이들 식물이 지닌 고유한 상징적 이미지는 이 그림화면에서 이들 부부의 심경과 상황을 대변해 주는 매체로 사용되고 있다.

그림설명문을 보면, 작은 아씨는 억새풀과 바람, 그리고 가을이 지나가 버린 들녘 풍광 등에 비유하여 로쿠노키미와의 결혼 이후, 자신에게 멀어진 니오노미야의 변심을 와카로 읊고 있다. 또한, 그림설명문에는 기술되어 있지 않지만, 『겐지모노가타리』 원문에는 작은 아씨의 와카 바로 앞에, 작은 아씨와 가오루와의 관계를 의심하며 질투하는 니오노미야의 노래가 실려 있다. [4. 본문비교 편 참조] 이와 같이, 이들 부부간의 엇갈린 마음과 흔들림을 본 그림장면에서는 바람과 이에 나부끼는 억새풀 등으로 형상화하고 있는 것이다.

앞서 말한 바와 같이, 본 그림화면은 오른쪽에 남녀 주인공이 있는 건축 공간, 왼쪽에 가을 풀들이 있는 정원이 배치되어 있다. 이러한 화면 구도는 「법회御法」와 동일한 구도라 할 수 있다. 또한, 그림에서 바람, 가을 풀들을 화면 속 인물의 심정과 상황을 상징하는 표상으로 사용된 것도 「법회」의 그림장면과 일치한다. 이 화면은 국보 『겐지모노가타리에마키源氏物語絵巻』 중, 「하시히메橋姫」와 더불어 가장 긴 폭(가로: 48.9cm)으로 그려진 그림이다. 가을 풀들이 나 있는 정원과 주인공들이 있는 건물 사이에 넓은 공간을 여백으로 처리하여, 뜰에서 주인공이 있는 건축물을 향해 불어오는 바람의 흐름을 느낄 수 있게 하고 있다. 2001년 본 그림의 복원 모사를 담당한 바바 야요이馬場弥生와 미야자키 이즈미宮崎いず美는 바람에 나부끼는 풀잎을 실감 나게 그리기 위해, 실제로 남아 있던 신덴즈쿠리寝殿造 건물을 찾아가, 이 그림화면 속에 그려진 니오노미야와 작은 아씨와 같은 자리에 서서 바람을 느끼며 그 감각을 재현하려 했다고 한다. 이처럼 바람의 흐름, 풀잎, 개방된 건축물 등은 단순한 배경이 아닌 이 화면을 구성하고 등장인물의 심경을 파악하는 데 주요한 요소로 그려지고 있음을 알 수 있다.

한편, 본 그림화면에서는 니오노미야와 작은 아씨, 단 두 명만이 등장하고 있다. 『겐지모노가타리』 본문을 보면, 여관女房들이 니오노미야와 작은 아씨 뒷발치에서 연주를 들으면서 수근대는 장면이 기술되어 있지만, 본 그림에서는 이들 여관들의 존재가 생략되어 있다. 이는 「유기리夕霧」 「겨우살이1宿木一」과 같은 그림화면에서 원작에 없는 여관들의 모습을 등장시킨 것과 오히려 대조적이라 할 수 있다. 원작에서는 여관들이 이들 부부의 외면적인 모습을 보고, 작은 아씨를 '행복한 여인幸ひ人'이라 칭하며, 다시 우지宇治로 돌아가고 싶어 하는 그녀를 비판하고 있다. 하지만, 사실 본 그림은 이들 부부의 정다운 모습을 담아내고자 한 것이 아니라, 이 부부의 서로 엇갈리는 심경을 클로즈업한 것이라 할 수 있다. 따라서 본 화면에서는 오히려 원문에 등장하는 여관들을 제외함으로써, 그림화면에 이들 부부만의 관계를 담아내는 데 초점을 맞추고자 한 것으로 생각된다.[2]

1…小松茂美編『日本絵巻大成1 源氏物語絵巻·寝覚物語絵巻』中央公論社, 1977, p.35,『国宝源氏物語絵巻』五島美術館, 2010, p.174.

2…김수미「『源氏物語絵巻』における画面構成の方法—女房の配置と存在意義」『일본연구』 제74호, 2017. 12, pp.29~52.

「정자 1 東屋一」

작품 줄거리 및 배경

『겐지모노가타리源氏物語』「정자 권東屋巻」은 속편의 새로운 여주인공인 우키후네浮舟가 등장하는 권이다. 『겐지모노가타리』 속편인 '우지10조宇治十帖' 이야기를 '우키후네 모노가타리浮舟物語'라 불릴 만큼, 우키후네는 속편에서 중요한 역할을 차지하는 인물이다.

우키후네는 하치노미야八宮의 딸이지만, 어머니, 추조노키미中将君의 낮은 신분 때문에 생전에 아버지로부터 딸로서 인정을 받지 못하고 이후, 히타치 지방관常陸介과 재혼한 어머니를 따라 그곳 지방에서 자라나게 된다. 아름답게 성장한 우키후네는 사콘노쇼쇼左近少将와 약혼을 하게 되는데, 하지만 지방관의 재산을 탐낸 사콘노쇼쇼는 우키후네가 친딸이 아님을 알게 되자마자 파혼해 버린다. 딸을 가엽게 여긴 추조노키미는 배다른 자매인 작은 아씨中君에게 맡기게 되고 우키후네는 니조인二条院에서 머무르게 된다. 화려한 니조인 저택에서 가오루薫와 니오노미야匂宮의 훌륭한 용모를 보게 된 추조노키미는 자신의 딸도 이러한 남성과 인연을 맺게 해 주고 싶다고 생각한다.

어느 날 일찍 집으로 귀가한 니오노미야는 작은 아씨가 머리를 감느라 잠시 자리를 비운 사이, 우연히 우키후네를 발견하고 아름다운 그녀에게 매료된다. 그는 우키후네가 아내의 여동생인지 모르고 새로 들어온 여관女房으로만 생각하고 그녀에게 접근한다. 우키후네 곁에 들러붙어 집요하게 말을 걸며 구애하는 니오노미야에게 때마침 급히 모후의 병을 알리는 사자使者가 도착한다. 니오노미야는 어쩔 수 없이 그 자리를 뜨게 되어 우키후네는 가까스로 위험에서 벗어난다. 이 사실을 알게 된 작은 아씨는 자신의 처소로 우키후네를 불러 그림책을 보여 주며 위로를 한다. 한편, 이 소식을 전해 들은 추조노키미는 우키후네를 니조인에서 데리고 나와, 산조三条 근처 조그마한 집으로 몸을 피하게 한다.

제2지第2紙　　제1지第1紙

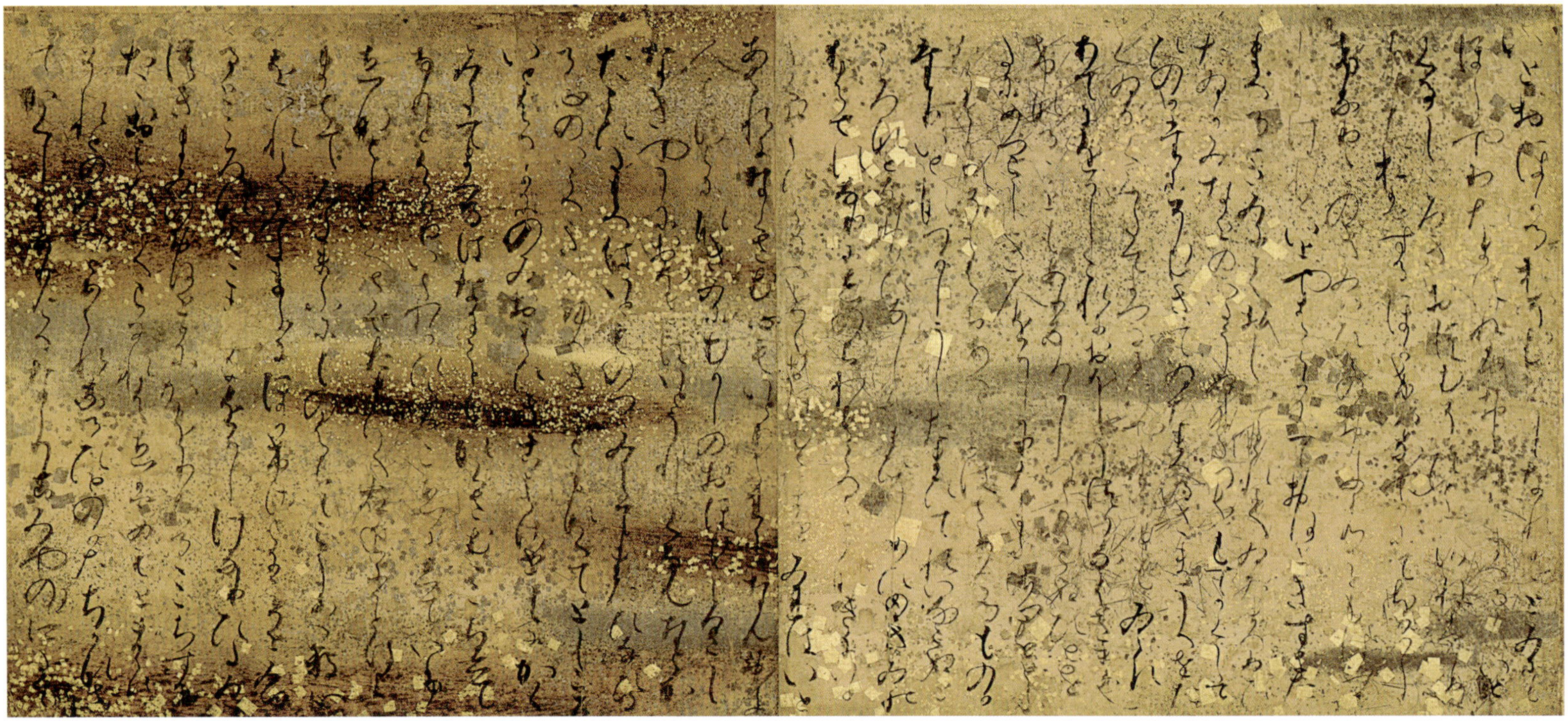

[1-61] 도쿠가와 미술관德川美術館 소장

◉ 원문 原文

いとおほかるおほむくしなれはとみにも
ほしやりたまはねはおきゐたまへるもいと
くるしゝろきおほむそひとかさねはかり
にておはするほかけけはなやかにてをかし
けなりこのきみはひとのおもふらむこともはつか
しけれといとやはらかにておほときすきた
まへるきみにておしいてられてゐたまへりひ
たゐかみなとのいたうぬれたるをもてかくして
ひのかたにそむきてゐたまへるさまうへをた
くゐなくみたてまつるにけやおとるともみえす
あてにをかしこれにおほしうつりなはさまあし
けなることもありなむかしいとかゝらぬひとを
たにめつらしき人をかしかりたまふ御心をとふ
たりはかりそえはちあへたまはさりけるものか
たりいとなつかしうしたまひてれいならぬと
ころなとなおもひなしたまひそめひめきみの
おはせすなりにしのちわすらるゝよなきにいと
よくおもひよそへらるゝおほむさまをみれはいと
あはれになくさむ心もいとあはれになむおもふ
人はさらになきみにむかしのおほむこゝろさし
なきやうにおほさはいとうれしくなむなとか
たらひたまへはいとものつゝみしてまたひなひた
る心のいらへきこゆへきこともなくてとしころ
いとはるかにのみおもひきこえさせしにかく
みたてまつるはなにこともなくさむこゝちして
なむとはかりいとわかひたるこゑにしていふ
ゑなとりいてさせたまひて右近にことはよ
ませてみたまふにものはちもえしあへす心
をいれてみたまふにほかけさらにこそとみゆ
るところなくこま□にをかしけなりひたゐ
つきまみのおほとかにかをりたるこゝちする
たゝおもひいてらるれはゐはめもとまらす
それとのみいとあはれなるひとのかたちかなさ
てかくしもありけるならむこみやの[に]にたて

제3지第3紙

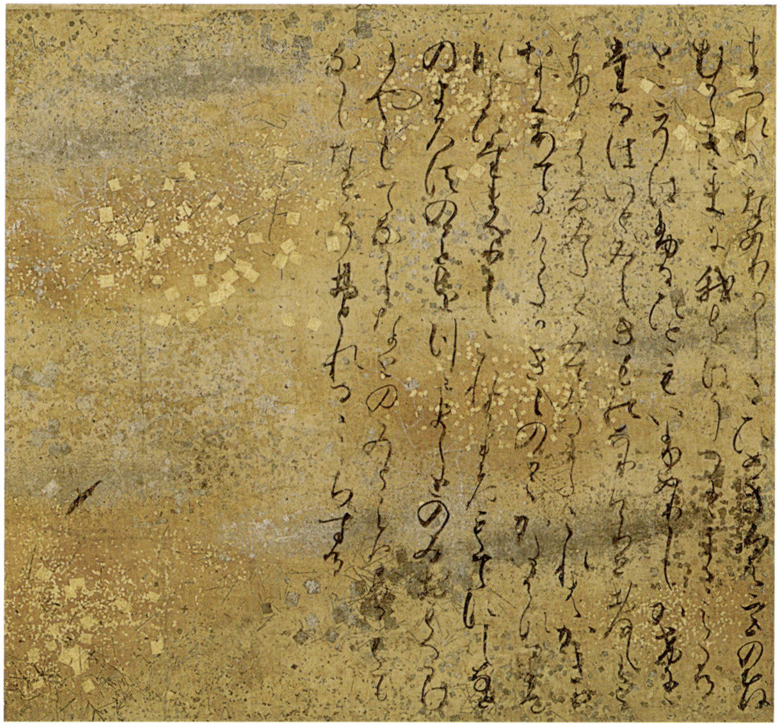

[1-62] 도쿠가와 미술관徳川美術館 소장

◉ **원문** 原文

まつれるなめりかしこひめきみは宮のおほ
むかたさまに我をはうへにゝきこえたる
とこそはふるひとゝもいふめりしかけにゝ
たるはいと(い)みしきものなりけりとおほしくら
ふるになみたくみてみたまふこれはかきり
なくあてにけたかきものからかたはなるまて
なよひたまへりしこれはまたもてなしなと
のよろつのことをつゝましとのみおもへるけ
にやもてなしなとのみところあるもて
なしなとそおとれるこゝちする

◉ **석문** 釈文

いと多かる御髪なれば、とみにもほしやり給はねば、起き居給へるも、いと苦し。白き御衣一襲ばかりにておはする灯影、はなやかにてをかしげなり。

この君は、人の思ふらむことも恥づかしけれど、いとやはらかにて、おほどき過ぎ給へる君にて、押し出でられて居給へり。額髪などのいたう濡れたるをもて隠して、灯の方に背きて、居給へるさま、上をたぐひなく見たてまつるに、けや劣るとも見えず、あてにをかし。(女房)「これに思し移りなば、さま悪しげなることもありなむかし」、(女房)「いとかからぬ人をだに、めづらしき人、をかしかり給ふ御心を」、と二人ばかりぞ、え恥ぢあへ給はざりける。物語、いとなつかしうし給ひて、(中君)「例ならぬ所など、な思ひなし給ひそ。め姫君[姫君カ]のおはせずなりにし後、忘るる世なきに、いとよく思ひよそへらるる御さまを見れば、いとあはれに、慰む心も、いとあはれになむ。思ふ人は、さらになき身に、昔の御志なきやうに思さば、いとうれしくなむ」など語らひ給へば、いとものつつみして、また鄙びたる心の答へ、きこゆべきこともなくて、(浮舟)「年ごろ、いと遥かにのみ、思ひきこえさせしに、かく見たてまつるは、何事も慰む心地してなむ」とばかり、いと若びたる声にして言ふ。

絵な[などカ]取り出でさせ給ひて、右近に詞読ませて見給ふに、もの恥ぢもえしあへず、心に入れて見給ふに、灯影、さらにこそと見ゆるところなく、細[か]に、をかしげなり。額つき、まみの、おほどかに薫りたる心地する。ただ思ひ出でらるれば、絵は目も止まらず、それとのみ、いとあはれなる人の容貌かな、さてかくしもありけるならむ、故宮に似たてまつれるなめりかし、故姫君は宮の御方ざまに、我をば上に似きこえたるとこそは、古人ども言ふめりしか。げに似たるは、いといみじきものなりけり、と思しくらぶるに、涙ぐみて見給ふ。これは、限りなくあてに気高きものから、かたはなるまで、なよび給へりし、これはまだ、もてなしなどの、よろづのことをつつましとのみ思へるけにや、もてなしなどの見所あるもてなしなどぞ、劣れる心地する。

◉ 한국어 번역

작은 아씨中君는 매우 풍성한 머리숱을 하고 있어, 감은 머리가 빨리 마르지 않았기 때문에 눕지도 못하고 일어나 계시느라 몹시 힘들었다. 하얀 옷 한 벌만 걸치고 계시는 모습이 화사하고 아름답게 보였다.

이 아가씨この君(우키후네浮舟를 가리킴)는 다른 사람들이 어찌 생각할지 부끄러웠지만, 몹시 얌전하고 지나치리만큼 느긋하신 성품인지라 유모가 권하는 대로 작은 아씨 앞에 나와 앉아 계셨다. 앞머리 등이 심하게 눈물에 젖어 있는 것을 감추면서 등불 반대쪽으로 등을 돌리고 계시는 모습은, 작은 아씨를 더할 나위 없는 미인으로 생각하던 여관女房들 눈에도 그에 뒤지지 않게 기품 있고 아름답게 비쳤다. (여관)'이 아가씨한테 니오노미야匂宮님이 마음을 빼앗긴다면 분명 볼썽사나운 일이 벌어질 텐데……' (여관)'이만큼 아름답지 않은 여자라 해도 새로운 여인만 보면 관심을 보이는 성미이니 말이야'라며 여관 두 명 정도가 부끄럼 없이 앉아 계셨다.[1] 작은 아씨는 매우 다정스럽게 말을 건네셨다. (작은 아씨)"이곳을 낯선 곳이라 생각하지 말아 주세요. 언니가 세상을 떠난 이후로 한시도 잊지 못하고 지내오던 차에, 이리도 언니와 똑 닮은 그대의 모습을 보니 너무나도 가슴이 벅차 슬픔도 위로가 되는 듯, 마음속 절절히 그리워지는군요. 이제 날 소중히 생각해 주는 이도 없는 처지인 것을, 예전처럼 내게 정을 쏟아 줄 가족이 없다는 걸 그대가 알아준다면 얼마나 기쁠까요"라 말을 건네시니, 우키후네는 매사 조심스러운 데다 촌티를 벗어 버리지 못한 마음에, 뭐라 제대로 대답할 말조차 찾지 못하다가 (우키후네)"오래전부터 멀리서 그립게만 생각하고 있었는데, 이처럼 눈으로 직접 뵈오니 세상사가 모두 위로받는 느낌입니다"라고만 매우 어린 목소리로 간신히 답하였다.

작은 아씨는 그림책을 꺼내 오게 하여 우콘右近에게 그림 옆에 적힌 글을 읽게 시키고 바라다보시니, 우키후네는 점차 부끄러움도 잊어버리고 열중해서 그림을 들여다보셨다. 등불에 비친 우키후네의 자태는 부족한 구석 없이 섬세하고 아름다웠다. 이마 주변과 눈가에 은은한 향이 전해지는 느낌으로, 큰 아씨大君를 그대로 생각나게 하는 모습이어서 작은 아씨는 그림이 눈에 들어오지도 않았다. (작은 아씨)'정말이지 너무나도 그리운 얼굴이로구나. 어찌 이리도 언니와 닮은 것일까? 돌아가신 아버지를 많이 닮은 모양이다. 돌아가신 언니는 아버지를, 나는 어머니를 닮았다고 나이 든 여관들이 말하는 듯하던데, 정말이지 닮았다는 것은 이처럼 정다운 거로구나'라 마음속으로 언니의 모습과 비교하며 눈물지으며 바라다보셨다. 언니 쪽은 한없이 우아하고 기품 있으면서도 지나치리만큼 가련한 모습이었다. 이 우키후네는 아직 몸가짐 등, 매사 조심스럽게만 생각하는 탓인지, 언동이나 눈에 띄는 태도 등이 언니에 미치지 못하는 느낌이었다.

1… 국보『겐지모노가타리에마키源氏物語絵巻』그림설명문詞書에서 "여관 두 명 정도가 부끄럼 없이 앉아 계셨다.(二人ばかりぞ、え恥ぢあへたまはざりける。"라는 구절은『겐지모노가타리源氏物語』원문에서는 "우키후네가 작은 아씨 앞에서 부끄러워하지 않고 앉아 있는 모습을 여관 두 명 정도가 바라다보고 있었다(二人ばかりぞ、御前にてえ恥ぢあへたまはねば、見ゐたりける。)"로 되어 있다. 즉, 원문의 경우, 부끄러워하지 않는 주체가 우키후네로 되어 있는 데 비해, 그림설명문의 경우, 여관으로 바뀌어 있는 것이다. 이에 대해 나카무라 요시오中村義雄는 그림설명문에서 여관이 주체가 되어 있는 것은 어법상 맞지 않고, 내용적으로도 어색하다고 지적하고 있다. 하지만 이와 같이 원문 내용을 그림설명문에서 변경한 것은 그림화면에서 우키후네와 니오노미야 관계에 대해 화제로 삼아 부끄럼 없이 이야기하는 여관들을 묘사하고자 문장을 바꾼 것으로 보인다.(김수미「『源氏物語繪卷』「東屋一」の空間配置」『일본연구』제49호, 2011. 9, pp.211~228)

[1-63] 도쿠가와 미술관徳川美術館 소장

◉ 등장인물

- 작은 아씨中君: 하치노미야八宮의 둘째 딸. 니오노미야匂宮의 부인
- 우키후네浮舟: 하치노미야와 추조노키미中将君와의 딸. 큰 아씨, 작은 아씨와 어머니가 다른 배다른 자매
- 우콘右近: 작은 아씨를 모시는 여관
- 여관女房 3명

◉ 그림해설

본 그림은 니오노미야가 우키후네를 유혹한 사실을 알게 된 작은 아씨가 자신의 처소로 우키후네를 불러 위로하고자 그림책을 보여 주며 같이 시간을 보내고 있는 장면이다.

화면 정면으로 기둥이 두 개 세워져 있고 가장 왼쪽 장지문이 반쯤 열려져 있다. 그 장지문에는 산수화山水畫가 그려져 있는데, 복원 모사를 통해, 나무와 산, 새 등 일본 풍경이 매우 세밀하게 채색되어 있는 것이 확인되었다. 반쯤 열린 장지문 사이로 '운겐베리繧繝縁' 다다미畳가

보인다. 선행 연구에서는 이 화려한 실내 공간을 '작은 아씨의 침소' '니오노미야의 방' '부부의 침실' 등으로 해석해 왔다.[1] 이케다 시노부池田忍는 그림 속에 니오노미야가 그려져 있진 않지만, "니오노미야의 존재는 화면 중앙에 그려진 장지문 안쪽의 공간을 통해 암시돼고 있다"라고 지적한다.[2] 또한, 이나모토 마리코稲本万里子도 이 실내 공간이야말로 "부재중不在中인 니오노미야가 여성들을 지배하는 공간"을 상징하고 있다고 해석한다.[3] 선행 연구에서 지적한 바와 같이, 이 그림화면에는 작은 아씨, 우키후네, 여관 등 여성들만 등장하고 니오노미야는 실제 화면 속에서 묘사되지 않고 있다. 하지만 이 그림은 니오노미야가 우키후네에게 접근한 사건 직후, 그 사건과 관련된 우키후네, 작은 아씨 등의 모습을 담아낸 것으로, 그 사건의 음영이 짙게 드리워져 있는 장면이라 할 수 있다. 즉, 본 그림에서는 그 사건 이후, 이들 여성들 사이에 내재되어 있는 니오노미야라는 존재를, 실제 인물이 아닌 그를 상징하는 실내 공간을 그림으로써, 형상화해 내고 있는 것이다.

그럼, 다음으로 본 화면의 등장인물의 배치를 살펴보도록 하자. 먼저, 우키후네와 작은 아씨의 경우, 화면 왼쪽에 배치되어 있다. 화면 왼쪽 부분에 놓여 있는 두 개의 기둥 위아래로 나무 목재(上長押·下長押)가 사선으로 가로질러 놓여 있고, 그 위쪽 서까래上長押 아래로 주렴簾이 말아 올려져 있다. 화면 윗부분에 위치한 우키후네는 열린 장지문 옆 기둥 왼쪽에서 정면으로 엎드려 그림책을 보고 있다. 작은 아씨는 우키후네와 마주 앉아 뒷모습을 보이며 긴 머리를 말리고 있다. 그녀 뒤에서 머리를 빗어 주고 있는 여관의 손이 인상적으로 묘사되어 있다.

『겐지모노가타리源氏物語』 본문을 보면, 작은 아씨가 머리를 감는 사이, 니오노미야가 우키후네에게 접근하는 사건이 일어나고 있다. 이후, 『겐지모노가타리』 본문에서는 이 사건 때문에 충격을 받은 작은 아씨의 고통스러운 심정이 기술될 때마다, 매번 반복적으로 작은 아씨의 머리가 언급되고 있다. 또한, 국보 『겐지모노가타리에마키源氏物語絵巻』에서도 작은 아씨의 젖은 머리에 관한 기술로 그림설명문詞書이 시작하고 있으며, 그림화면에서도 여관이 작은 아씨의 머리를 손질하는 모습이 그려져 있다. 즉, 이와 같은 그림설명문과 그림화면에서의 작은 아씨에 대한 묘사는 이전 사건을 상기시키고, 그로 인해 고통받는 작은 아씨의 심정을 표현하기 위한 것이라 보여진다.

본 그림장면에서 작은 아씨의 위치에 주목해 보면, 그녀는 우키후네와 열린 장지문이 동시에 보이는 자리에 배치돼 있다. 즉, 그녀의 시선은 우키후네와 니오노미야를 상징하는 실내 공간을 향하고 있는 것이다. 이러한 본 화면에서의 작은 아씨의 토포스는 부군夫君인 니오노미야와 우키후네가 관계를 맺음으로써, 향후 삼각관계가 형성되는 것을 암시하는 화면 구도라 할 수 있다.

다음으로 작은 아씨와 우키후네의 바로 오른쪽에 그려져 있는 이가 바로 여관 우콘右近이다. 그녀는 책을 들고 우키후네가 그림을 보는 동안, 옆에서 글을 읽어 주고 있다. 헤이안 시대平安時代 '모노가타리 그림物語絵'의 경우, 옆에서 여관이 그 모노가타리物語 글詞을 읽어 주면, 귀족 여성은 이를 들으면서 그림絵을 바라보는 것이 일반적인 감상법이었다. 본 그림은 이와 같은 당시 '모노가타리 그림'의 감상법을 보여 주는 귀중한 자료로서, 이를 통해 당시 귀족 여성들이 어떻게 그림과 서책을 향수했는지 확인할 수 있다. 특히, 우콘은 『겐지모노가타리』 본문에서 우키후네의 유모가 그녀에게 전후 사정을 설명해 줘서 사건의 전말을 알고 있는 여관으로 등장하고 있다. 이와 같은 본문 내용을 그림화면에 반영하듯, 우콘은 다른 여관들과는 달리, 작은 아씨와 우키후네, 두 인물과 가장 가까운 거리에서 우키후네에게 책을 읽어 주며 위로하는 역할을 담당하고 있다.

그런데 본 그림화면을 보면, 화면 중앙에 커다란 휘장几帳이 사선으로 가로질러 놓여 있다. 이 화려한 휘장의 경우, 그 끝자락이 비틀어져 있는데, 미타무라 마사코三田村雅子는 이와 같은 휘장의 모양새가 바로 작은 아씨의 복잡한 심중을 표현하는 것이라 지적한다.[4] 그 휘장 왼편으로 그 사건을 자세히 아는 작은 아씨, 우키후네, 우콘 등의 인물이 배치되어 있고, 휘장 오른쪽으로 여관 두 명이 그려져 있다. 『겐지모노가타리』 본문을 보면, 본 사건을 전해 듣고 쑥덕대는 여관들이 등장하는데, 휘장 오른쪽의 여

관 두 명이 바로 그들을 형상화한 것으로 생각된다.[5]

특히, 두 명의 여관 중, 우콘과 휘장으로 연결되어 있는 여관의 경우, 얼굴의 모양새와 그 각도가 우키후네의 얼굴과 매우 흡사하게 그려져 있다. 선행 연구에서는 우키후네와 동일한 얼굴을 한 여관을 본 화면에 등장시킨 이유로, 우키후네의 낮은 신분[6]을 표시하기 위한 것이라 파악하고 있다.[7] 이와 같은 주장과 더불어, 이들 여관들이 화제로 삼는 소문의 주체가 바로 우키후네임을 나타내기 위한 것이라는 해석도 가능하다.[8]

이와 같이, 본 그림은 인물들 간의 관계, 내면 심리, 그리고 주변 상황 등을 화면 속 시각적 매체를 통해 성공적으로 표현해 낸 작품으로, 이러한 상징적 기호를 발견, 해석하는 재미를 느낄 수 있는 장면이라 할 수 있다.

1...스즈키 게이산鈴木敬三는 "작은 아씨의 침소中君の寝所", 이나모토 마리코稲本万里子는 "니조인의 주인인 니오노미야의 방二条院の主人である匂宮の部屋"이라 설명하며, 미타무라 마사코三田村雅子는 "니오노미야의 방인 동시에 부부의 방匂宮の部屋であり´かつ夫婦の部屋"이라 지적한다.(鈴木敬三 前掲書, p.81, 稲本万里子「『源氏物語絵巻』の情景選択に関する一考察一早蕨·宿木·東屋段をめぐって」『美術史』149, 2000, pp.1~12, 三田村雅子『源氏物語 天皇になれなかった皇子のものがたり』新潮社, 2008, p.66)

2...池田忍『日本絵画の女性像一ゼンダーの美術史の視点から』筑摩書房, 1998, p.37.

3...稲本万里子「『源氏物語絵巻』の情景選択に関する一考察一早蕨·宿木·東屋段をめぐって」『美術史』49, 2000, pp.1~2.

4...三田村雅子 前掲書, p.66.

5...김수미「『源氏物語繪卷』「東屋一」の空間配置」『일본연구』제49호, 2011. 9, pp.211~228.

6...모노가타리에서 우키후네의 어머니, 추조노키미는 하치노미야의 정처正妻인 대신大臣의 딸(큰 아씨, 작은 아씨의 생모)의 조카로, 하치노미야의 시중을 드는 여관 격이었다. 어머니의 낮은 신분 탓으로, 우키후네는 하치노미야 생전 딸로 인정받지 못하였다.

7...稲本万里子 前掲論文, pp.1~12.

8...김수미 전게논문, pp.211~228.

작품 줄거리 및 배경

가오루薫는 작은 아씨中君를 통해 우키후네浮舟의 존재를 알게 되고 관심을 가지게 된다. 4월 중순 우지宇治를 들른 가오루는 우연히 하쓰세 참배初瀬詣で를 하고 돌아오던 우키후네를 엿보게 되고 그녀의 아름다운 모습에 매료된다.

그러던 중, 가오루는 우키후네가 산조三条 근처 집에 머무르고 있다는 사실을 벤弁을 통해 알게 되고 중개를 부탁한다. 비가 내리는 가을날 밤, 가오루는 우키후네 거처를 찾게 되고 그곳에서 하룻밤을 보낸다. 다음 날 아침, 가오루는 그녀를 우지 저택에 데리고 가 처소를 꾸며 준다. 큰 아씨大君와 너무나도 닮은 그녀의 모습에 가오루는 마음이 벅차오른다.

이후, 우키후네를 둘러싼 가오루, 니오노미야匂宮 간의 삼각 구도가 형성되어, 이들 세 남녀 간에 애증의 이야기가 전개된다.

원래 우키후네는 큰 아씨의 '가타시로形代'(대체물)로 작품에 등장하는 여성이었다. 작품 전반부에는 그녀의 심리상태에 대한 기술은 거의 보이지 않고 가오루, 니오노미야 그리고 주변 인물들에 의해 스토리가 전개되어 갔다. 하지만, 그녀가 두 남성의 애증 사이에서 번민하다 입수入水하여 구조된 이후부터 모노가타리物語에는 자아를 인식한 그녀의 내면 심리가 묘사되기 시작한다.

이후, 우키후네는 오노산장小野山荘에서 출가를 단행, 다시 만나고자 하는 가오루의 청을 거절하고 속세와 인연을 끊으려는 데서, 본 작품은 막을 내린다. 수동적 인생에서 탈피하여 자신의 삶을 찾고자 하는 여성, 바로 이것이 『겐지모노가타리源氏物語』가 조형해 낸 마지막 여주인공의 모습이다.

제2지第2紙　　　　제1지第1紙

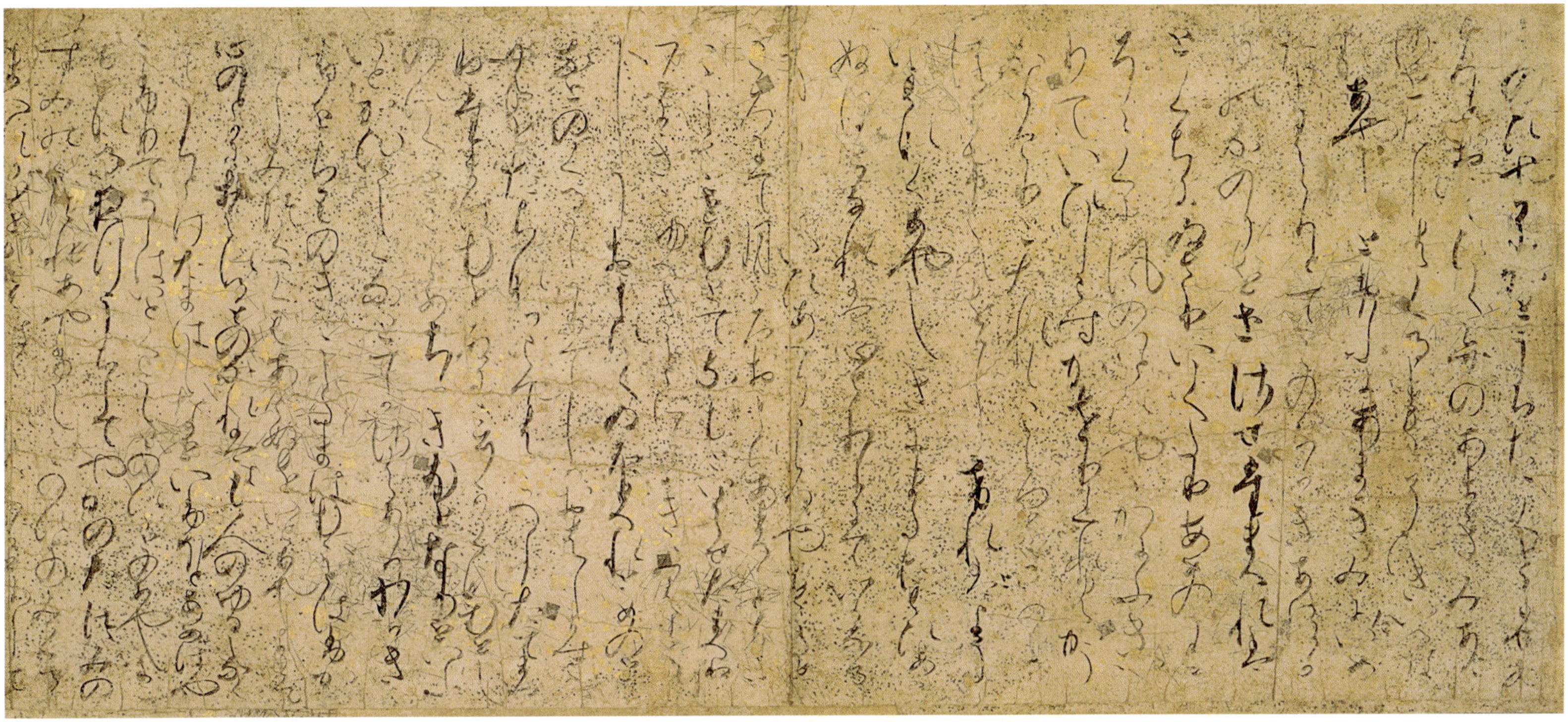

[1-64] 도쿠가와 미술관徳川美術館 소장

◉ 원문 原文

しのひやかにかとうちたゝくさにやあ
らむとおもひて弁のあまきみあけ
させたれはくるまをそひきいるな
るあやしとおもふにあまきみにいめ
たまはらむとてこのちかきあつか
りのなのりをせさせたまへれは
とくちにゐさりいてたりあめのうち
そゝくに風のいとひやゝかにふきい
りていひしらすかをりくれはかう
なりけりとたれもこゝろときめき
つきけはひをかしけれはよう
いもなくあやしきにまたおもひあへ
ぬほとなれは心さわきにていかなる
事にかといひあへりこゝろやすきと
ころにて月ころおもひあまることもき
こえさせむとてなむといはせたまへり
いかにきこゆへきことにかときみはくる
しうおもひてゐたまへれとめのと
なとのくるしかりてしかおはしますら
むをたちなからやはかへしたてまつ
りたまはむと殿にこそかくなむとし
のひてきこえめちかきほとなりといふ
いとかひ／＼しくなとてかさはあらむわかき
御とちものきこえたまはむことはふか
くしみつくへくもあらぬをいとあやしきまて
心のとかにおはするとのなれはも人のゆるしなく
てうちとけたまはしなといふほとあめはや
ゝふりてそらはいとくらしとのゐ人のあやしきこ
ゑなる夜行うちしてやかのたつみの
すみのくつれあやふしこのひとのみくる
まいれむとおもはゝいれてみかとさして

제3지第3紙

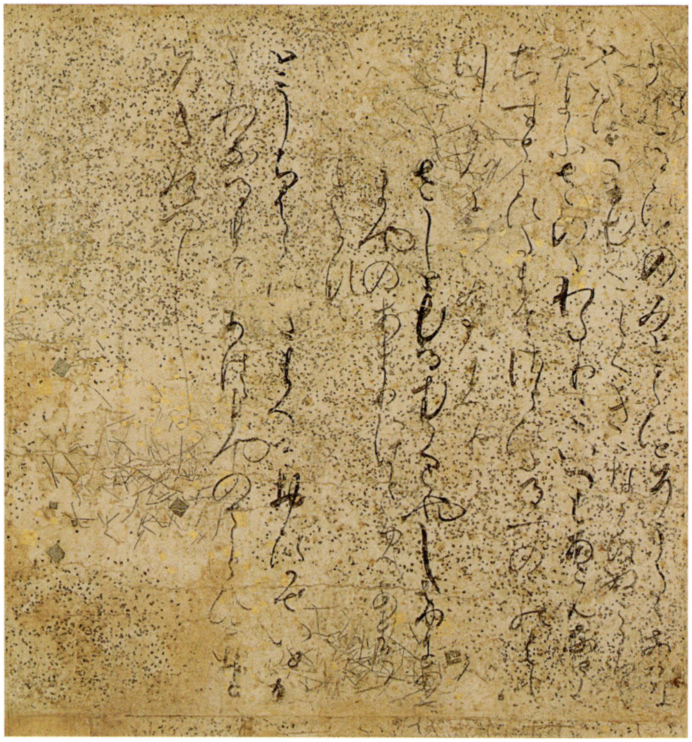

[1-65] 도쿠가와 미술관徳川美術館 소장

◉ 원문 原文

よかゝるひとのみともひとそうたゝあるな
といひあへるむく／＼しくきゝならはぬこゝちし
たまふさのゝわたりこいへもあらむなとく
ちすさひたまてさとひたるすのこのはし
つかたについゐたまへり
　さしとむるむくらやしけきあつ
　まやのあまりほとふるあまそゝ
　きかな
とうちはらひたまへるおひかせいとか
たわなるまてあつまやのさとひとおと
ろきぬへし

◉ 석문 釈文

忍びやかに、門打ち叩く。さにやあらむ、と思ひて、弁の尼君、開けさせたれば、車をぞ引き入るなる。あやしと思ふに、(薫)「尼君に対面給はらむ」とて、この近き預かりの名乗りをせさせ給へれば、戸口にゐざり出でたり。雨のうちそそくに、風のいと冷やかに吹き入りて、言ひ知らず薫り来れば、かうなりけりと、誰も心ときめきつき気配をかしければ、用意もなく、あやしきに、また思ひあへぬほどなれば、心騒ぎにて、(女房)「いかなる事にか」と言ひあへり。(薫)「心やすき所にて、月ごろ思ひあまることも聞こえさせむとてなむ」と言はせ給へり。

いかに聞こゆべきことにかと、君は苦しう思ひて居給へれど、乳母などの苦しがりて、(乳母)「しか、おはしますらむを、立ちながらやは、帰したてまつり給はむと、殿にこそ、かくなむ、と忍びて聞こえめ。近きほどなり」と言ふ。(弁の尼)「いと甲斐々々しく。などてかさはあらむ。若き御どち、もの聞こえ給はむことは、深く染みつくべくもあらぬを、いとあやしきまで、心のどかにおはする殿なれば、よも人の許しなくて、うちとけ給はじ」など言ふほど、雨はやや降りて、空はいと暗し。

宿直人のあやしき声なる、夜行うちして、(宿直人)「宅の辰巳の隅の崩れ危し。この、人の御車入れむと思はば、入れて御門さしてよ。かかる、人の御供人ぞ、うたたある」など言ひあへる、むくむくしく聞きならはぬ心地し給ふ。(薫)「佐野のわたり、小家もあらむ」など口ずさび給て、里びたる簀子の端つ方についゐ給へり。

(薫)さしとむるむぐらやしげき東屋のあまりほど
ふる雨そそきかな

とうち払ひ給へる追風、いとかたわなるまで、東国の里人、驚きぬべし。

◉ **한국어 번역**

조용히 문을 두드리는 자가 있었다. (벤弁)'누구일까'라 생각하며 여승인 벤이 하인에게 문을 열라고 시키니, 안으로 수레가 들어오는 기척이 느껴졌다. 벤이 무슨 일인지 의아하게 생각하고 있을 무렵, (가오루薫)"여승과 만나고 싶습니다"라며 이곳 가까이에 있는 관리인의 이름을 대며 전갈을 보내오니, 벤은 문 입구 쪽으로 무릎걸음으로 나와 맞이했다.

비가 흩뿌리는데 매우 차디찬 바람이 불어와 뭐라 형용할 수 없는 향기가 풍겨 오니, 가오루 님이 오신 거라 알아채고 그의 출중한 용모에 누구나 할 것 없이 마음 설렜다. 하지만 준비할 경황도 없이 누추한 곳에 찾아오신 데다 전혀 생각지도 못한 때라서 여관들은 당황하며 (여관)"어찌 된 일일까요?"라고 서로들 수군거렸다. (가오루)"이런 한적한 곳에서 오랜 세월 동안 제 가슴속에 담아 둔 이야기를 털어놓고자 찾아왔습니다"라며 가오루는 벤을 통해 전갈을 넣으셨다.

아가씨君(우키후네浮舟를 가리킴)가 뭐라 대답하면 좋을지 난감해하며 앉아 계시자, 유모 등도 보다 못해 (유모)"이처럼 찾아오셨는데 어떻게 안에 들이지도 않고 돌려보낼 수 있겠어요? 본댁에 계시는 어머니께 이런 사정을 은밀히 알리세요. 그리 멀지 않은 곳에 계시니까요"라 말하였다. (벤)"뭐 하러 그런 공연한 짓을. 뭐 그럴 필요가 있겠어요? 젊은 사람들끼리 이야기 좀 나눴다고 해서 깊은 사이가 되는 것도 아닌 것을요. 가오루 님은 신기할 정도로 느긋하신 분이시니 결코 아가씨의 허락 없이 가벼운 행동을 하시지는 않을 거예요"라고 말을 나누는 동안에, 빗줄기가 점점 굵어지면서 하늘은 매우 어두워졌다.

관리인이 밤 순찰을 하며 사투리 섞인 목소리로 (관리인)"이 저택의 동남쪽 구석은 담장이 무너져 위험합니다. 손님 수레를 안으로 들이려거든 들여놓고 나서 문을 잠가 두시오. 거기 수행원들은 정말 눈치가 없군"이라는 등 말하는 것을, 가오루는 몹시 언짢고 낯설게 듣고 계셨다. (가오루)"사노佐野 나루터에 비를 피할 오두막집이라도 있으려나"[1]라 읊조리시며, 시골티가 나는 툇마루 끝 쪽에 자리를 잡고 앉아 계셨다.

(가오루)
무성한 넝쿨 풀이
문을 가로막아 닫혀 버린 것인가
정자 처마에서 떨어지는
빗물에 젖은 채
너무 오래 기다리고 있나니[2]

라며 빗방울을 털어 내려 가오루가 움직이시자, 그 향기가 신기할 정도로 자욱하게 퍼지니 아즈마東国 촌부들은 필경 그 향기에 놀라지 않을 수 없었을 것이다.

1…『만요슈万葉集』 나가노이미키오키마로長忌寸奥麻呂의 노래, "괴롭게도 내리는 비인가. 미와사키 사노 나루터에는 이를 피할 오두막집도 없건만苦しくも降り来る雨か三輪の崎佐野の渡りに家もあらなくに"(『万葉集』 265)의 뒤 구절에 의한다. 『겐지모노가타리源氏物語』는 『만요슈』의 원문과 똑같이, "오두막집도 없을진대家もあらなくに"로 되어 있으나, 국보 『겐지모노가타리에마키源氏物語絵巻』 그림설명문詞書에는 "오두막집이라도 있으려나小家もあらむ"로 바뀌어져 있다.

2…사이바라催馬楽의 '정자東屋'(아즈마야)의 노래 "정자 오두막 근처에 그 비 낙숫물이 떨어져 나는 서서 젖었나니 집문을 열어 다오/빗장도 걸쇠도 있어야 그 집 문을 내가 잠그련만 밀어서 열고 들어오세요 나는야 남의 아내東屋の 真屋のあまりの その雨そそき われ立ち濡れぬ 殿戸開かせ / かすがひも 戸ざしもあらばこそ その殿戸 われささめ おし開いて来ませ われや人妻"에 의거한 것. 이 노래의 앞 구절은 비오는 날, 여인을 만나고자, 그 여인의 집 처마 밑에서 기다리고 있는 남성의 심정을 토로한 것. 국보 『겐지모노가타리에마키』에서는 이 노래 앞 구절을 인용하여 가오루의 심정에 빗대어 와카和歌를 읊고 있다. 일본어로 '아즈마야東屋'란, 사방에 벽이 없이 기둥만 세워 놓고 짚으로 지붕을 엮어 올려 놓은 오두막집을 말한다.

[1-66] 도쿠가와 미술관徳川美術館 소장

◉ 등장인물

- 가오루薫: 가시와기柏木와 온나산노미야女三宮의 아들. 히카루 겐지光源氏의 아들로 자라난다
- 우키후네浮舟: 하치노미야八宮와 추조노키미中将君와의 딸. 큰 아씨大君, 작은 아씨中君와는 어머니가 다른 배다른 자매
- 벤弁: 하치노미야 가문의 여관으로 하치노미야 부인과 친척뻘. 어머니가 가시와기의 유모. 출가하여 작은 아씨가 우지宇治를 떠난 후, 우지에 머무른다
- 유모乳母
- 여관女房 2명

◉ 그림해설

본 그림은 가오루가 삼조三条 근방에 있는 우키후네 집을 방문하여, 그녀를 만나려고 툇마루에서 기다리고 있는 장면을 묘사한 것이다. 때는 가을비가 내리는 밤. 화면 왼쪽 상단부에 그려진 촛대燈台가 밤이라는 시간적 배경을 나타내고 있으며, 화면 중앙 하단부 정원과 울타리 사이에 우산 일부분이 그려져 있는데, 이를 통해 비가 내리고 있음을 표현하고 있다.

그림화면은 크게 정원, 가오루가 앉아 있는 툇마루簀子 공간, 그리고 여인들이 모여 있는 실내 공간, 3부분으로 나뉘고 있다. 그림화면의 공간은 툇마루와 서까래의 건축물 선線으로 분할되고 있다. 본 화면은 기본적으로 위에서 내려다보는 부감 시점인 '후키누키야타이吹抜屋台' 기법으로 그려지고 있지만, 정면에 배치된 울타리나 정원의 화초들은 정면에서 바라다보는 시점으로 묘사되고 있다. 또한, 원근법遠近法에 의해 먼 물체일수록 작게, 가까운 물체일수록 크게 그리는 것이 아니라, 툇마루나 건축선이 화면 끝으로 갈수록 넓어지는 역원근법逆遠近法으로 묘사되어 있다.[1] 이와 같이, 본 화면은 다초점, 역원근법과 같이, 복잡한 화면 구성을 보이고 있다.

여기서 툇마루에 앉아 부채를 들고 하늘을 바라다보는 이가 가오루이다. 두건烏帽子을 쓴 평상복直衣 차림이다. 현재 탈색되어 그 흔적만 남아 있지만, 제작 당시, 가오루의 모습은 왼손을 뒤로 하고 상반신을 지탱하는 포즈로 그려졌었다는 사실이 복원 과정을 통해 확인되었다.

또한, 실내에 있는 여성 중 가장 왼쪽에 엎드려서 자그마한 뒷모습을 보이고 있는 이가 우키후네이다. 소매를 올려 얼굴을 가리고 있는 듯이 보인다. 『겐지모노가타리源氏物語』 본문을 보면, 우키후네가 엎드려 있는 포즈로 자주 등장하는데, 이는 모노가타리物語 내 우키후네라는 인물 조형과도 깊은 관련이 있다. 하시모토 유가리橋本ゆかり는 이와 같은 우키후네의 자세를 "가오루와 니오노미야, 두 남성 사이에서 어느 쪽에도 응답하지 못하고 주저하는 모습"이라 해석하며, 이는 "타자他者의 시선과 침략에 대해 거부하는 몸짓"[2]이라 지적한다. 이 그림장면에서도 우키후네는 엎드려 있는 동작으로 묘사되어 있는데, 이러한 자세는 가오루와의 대면을 주저하고 이를 권유하는 여관들에게 거부하려는 몸짓으로 해석된다.

그러한 우키후네를 중앙에 두고 그 주변을 네 명의 여관들이 둘러싸고 있다. 화면 가장 윗부분에는 촛대 앞에서 소매로 얼굴을 가리고 있는 여성(1), 장지문을 열고 들어오려는 여성(2), 우키후네 옆에서 옆얼굴로 우키후네를 내려다보는 여성(3), 가장 아래쪽에 우키후네처럼 엎드려 있는 여성(4)이 바로 그들이다. 종래 연구에서는 (1)을 유모, (3)을 여승 벤, (2)와 (4)를 여관으로 해석해 왔지만,[3] 최근 연구에서는 (2)를 여승 벤, (3)을 유모, (1)과 (4)를 여관으로 바꿔 해석하고 있다.[4] 장지문 근처에 있는 (2)의 여성의 경우, 가오루의 말을 우키후네에게 전하는 역할을 하는 여성으로, 예전에는 이름 없는 여관으로 파악한 반면, 최근에는 벤으로 해석하고 있다. 이는 그림설명문詞書에서 문 입구로 나가 가오루를 맞이하고 그의 말을 전한 이가 벤이라는 사실을 중시했기 때문이라 보여진다. 또한 우키후네 오른쪽 옆에 있는 여성(3)의 경우, 우키후네에게 말을 걸며 설득하는 모습으로, 예전에는 여승 벤으로 해석되어 왔으나, 지금은 유모라 보고 있다.

하지만, 본 그림화면은 실내에서 벤이 가오루를 맞이한 시점이라기보다, 가오루가 대면을 청하자, 유모, 벤 등 여관들이 실내에서 이를 어찌할지 서로 이야기를 나누는 장면으로 보인다. 그림설명문을 보면, 가오루 편에 서서 가오루와의 만남을 가장 적극적으로 권유하는 이가 벤이다. 따라서, 본 그림화면에서 우키후네를 내려다보며 가장 가까이에서 위압적으로 말을 거는 듯한 포즈를 취하고 있는 여관(3)을 벤으로 보는 것이 타당하다고 생각된다. 또한, (3)의 여성의 경우, 얼굴이 '히키메카기하나引目鈎鼻'의 형태가 아닌, 코의 융기가 그려진 옆얼굴로 묘사되어 있다. 이는 「햇고사리早蕨」 그림에서의 벤의 얼굴 모양새와 일치한다. 즉, 당시 60살이 넘는 노년의 나이인 그녀를 다른 여관과는 다른 얼굴 생김새로 표현하고 있음을 알 수 있다. 또한 소매로 얼굴을 가리며 걱정하는 여관(1)의 모습은 그림설명문에서 우키후네의 어머니에게 이 사실을 알리자며 염려하는 유모의 기술과 부합하는 모습이라 보여진다. 따라서 이 그림에서는 종전의 설대로, (3)을 여승 벤, (1)을 유모로 해석하는 것이 적절하리라 여겨진다.

한편, 화면 가장 오른쪽에는 갈퀴덩굴葎, 여랑화女郎花, 탱알紫苑, 참억새薄들의 풀들이 무성하게 나 있다. 미타무라 마사코三田村雅子는 니오노미야匂宮가 처음 우키후네를 발견할 당시, 우키후네가 탱알 빛깔에 여랑화 무늬의 옷을 입고 있었다고 지적하며, 여기에 심어진 식물이 여주인공인 우키후네를 상징하는 표상이라 지적한다. 또한, 탱알의 경우, 당시 묘지에 심어

고인故人을 그리는 풀로서 우키후네뿐 아니라, 죽은 큰 아씨大君를 상징하는 매체라고도 할 수 있다. 따라서, 미타무라는 본 그림의 정원에 탱알이라는 식물이 그려진 것은 가오루에게 있어서 우키후네가 죽은 큰 아씨와 닮은 꼴, 그 '대체물形代'(가타시로)로서 존재함을 상징하는 것이라고 설명한다.[5] [5. 기초지식 편-에마키의 기법: 상징적 표현물 식물 참조]

그런데, 본 그림장면에서 건축물은 다른 귀족들의 건축에 비해 매우 시골풍으로 그려져 있다. 우선 화면 정면에 판자로 된 담透垣이 놓여져 있고 그 옆 사선으로 나무 미닫이遣戸(야리도)와 열린 쌍여닫이 문妻戸(쓰마도)이 보인다. 당시 나무 미닫이의 경우, 민가民家나 시골에 사용되는 건축자재로, 국보 『겐지모노가타리에마키源氏物語絵巻』에는 이 그림에서만 등장하고 있다. 『겐지모노가타리』에서도 나무 미닫이는 우키후네와 관련하여 자주 등장하는 소재로서, 단순한 건축 자재가 아닌, 우키후네의 인물 조형과 연관된 상징물이라 할 수 있다.[6]

본 그림화면에서 가오루는 우키후네와의 만남을 청하며 허락을 구하느라 툇마루에서 앉아 기다리고 있고 실내에서는 여인들이 이를 어찌할지 의논하고 있는 모습이다. 하지만, 그림설명문에서 문이 닫혀 있으니 열어 달라고 청하는 가오루의 와카和歌 내용과는 달리, 이 그림화면을 보면, 이미 쌍여닫이문과 장지문이 활짝 열려 있는 것을 확인할 수 있다. 이 장면 이후 가오루는 이 문을 통해 실내로 들어가 우키후네와 하룻밤을 보내게 된다. 즉, 이 그림에서는 가오루가 우키후네와의 만남을 청하는 현재 시제現在時制인 '닫힌 문'을 그리고 있는 것이 아니라, 이미 '열려진 문'을 통해 가오루가 우키후네와 만나는 미래 시제未来時制를 표현하고 있는 것이다. 여기서 쌍여닫이문과 장지문은 미래 시제의 스토리 전개를 상징하는 표현 도구로서, 중층화된 시간을 나타내는 코드라 할 수 있다.[7]

이와 같이 본 그림화면 속에서 건축물과 식물, 등장인물의 위치 등은 다각적인 상징 체계를 지니며 이야기를 전달하는 수단으로 사용되고 있음을 알 수 있다.

1...高橋享『物語と絵の遠近法』ぺいかん社, 1991, p.17.
2...橋本ゆかり「抗う浮舟物語—抱かれ、臥すしぐさと身体」『源氏研究』第二号, 翰林書房, 1997, pp.101~117.
3...『国宝源氏物語絵巻』五島美術館, 2000, p.178.
4...『国宝源氏物語絵巻』五島美術館, 2010, p.194, 清水婦久子『国宝「源氏物語絵巻」をよむ』和泉書院, 2011, p.165.
5...三田村雅子『源氏物語天皇になれなかった皇子のものがたり』新潮社, 2008, p.67.
6...김수미「『源氏物語』における遣戸考—浮舟の隔て具としての意味合い」『일본문화학보』제48집, 2011.2, pp.117~131.
7...金秀美「「源氏物語絵巻」「東屋二」の時空間を読み解く」中野幸一編『平安文学の交響』勉誠出版, 2012, pp.445~455.

4장

본문비교

『겐지모노가타리源氏物語』와 국보『겐지모노가타리에마키源氏物語絵巻』

	国宝『源氏物語絵巻』詞書	『源氏物語』本文
I		秋の末つ方、いとものの心細くて嘆きたまふ。月のをかしき夜、忍びたる所にからうじて思ひたちたまへるを、時雨めいてうちそそく。おはする所は六条京極わたりにて、内裏よりなれば、すこしほど遠き心地するに、荒れたる家の、木立いとものの古りて、木暗う見えたるあり。
II	(源氏)「……なむとも言はざりし。入りて消息せよ」とのたまへば、まづ人を入れて言はす。わざとかく立ち寄らせ給へることと言はせたれば、入り……	例の御供に離れぬ惟光なむ、「故按察大納言の家にはべり。一日もののたよりにとぶらひてはべりしかば、かの尼上いたう弱りたまひにたれば何ごともおぼえずとなむ申してはべりし」と聞こゆれば、(源氏)「あはれのことや。とぶらふべかりけるを。などかさなむとものせざりし。入りて消息せよ」とのたまへば、人を入れて案内せさす。わざとかう立ち寄りたまへることと言はせたれば、入りて、(供人)「かく御とぶらひになむおはしましたる」と言ふに、おどろきて、(女房)「いとかたはらいたきことかな。この日ごろ、むげにいと頼もしげなくならせたまひにたれば、御対面などもあるまじ」と言へども、帰したてまつらむはかしこしとて、南の廂ひきつくろひて入れたてまつる。(「若紫巻」pp.235~236)

	국보『겐지모노가타리에마키』그림설명문	『겐지모노가타리』본문
I		가을 끝자락 무렵, 겐지源氏는 매우 울적해하며 한숨짓고 계셨다. 아름다운 달밤에, 남몰래 드나드시던 여인의 거처에 간신히 가 보려 마음먹고 계시는데, 늦가을비처럼 비가 내린다. 가시려던 곳은 로쿠조 교고쿠六条京極 근처로 퇴궐한 후, 들르기에는 좀 먼 듯한 기분이 들었다. 가는 도중에 황폐한 집에 정원수가 몹시 오래되어 울창하게 우거져 있는 곳이 보였다.
II		늘 이런 길에 동행하는 고레미쓰惟光가 말하길, "여기가 돌

(겐지源氏)“……얘기를 해 주지 않았는가. 들어가서 소식을 전하거라”라 말씀하시고, 먼저 사람을 저택 안으로 들여보내 말을 전하게 하였다. 겐지가 이처럼 일부러 찾아오셨다는 사실을 알리라 시키니, 수행원이 안으로 들어가……

아가신 아제치노 다이나곤按察大納言(와카무라사키若紫의 조부) 댁입니다. 얼마 전 지나던 길에 들러 문안을 드렸는데, 그 여승 님尼上(와카무라사키 조모)께서 몹시 쇠약해지셔서 어찌하면 좋을지 걱정이라고들 말하고 있었습니다” (겐지)“가엾은 일이다. 찾아뵈었어야 했던 것을. 어째서 그런 얘기를 해 주지 않았는가. 들어가서 소식을 전하거라”라 말씀하시고, 사람을 저택 안으로 들여보내 말을 전하게 하였다. 겐지가 이처럼 일부러 찾아오셨다는 사실을 알리라 시키니, 수행원이 안으로 들어가 “이처럼 겐지 님께서 문안드리러 오셨습니다”라고 말한다. 여관女房들은 놀라며 “어찌하면 좋을까요. 요 근래 몹시 쇠약해지셔서 만나 뵙는 것조차 어려우신데요.”라고 말했지만, 그렇다고 겐지를 그냥 돌아가게 하시는 것도 황송해서 남쪽 히사시南の廂 공간을 치우고 안으로 맞아들였다.

(「와카무라사키 권」 pp.235~236)

「스에쓰무하나末摘花」

I

国宝『源氏物語絵巻』詞書

『源氏物語』本文

からうじて明けぬる気色なれば、格子手づから上げたまひて、前の前栽の雪を見えたまふ。踏みあけたる跡もなく、はるばると荒れわたりて、いみじうさびしげなるに、ふり出でて行かむこともあはれにて、(源氏)「をかしきほどの空も見たまへ。つきせぬ御心の隔てこそわりなけれ」と恨みきこえたまふ。まだほの暗けれど、雪の光に、いとどきよらに若う見えたまふを、老人ども笑みさかえて見たてまつる。(女房)「はや出でさせたまへ。あぢきなし。心うつくしきこそ」など教へきこゆれば、さすがに、人の聞こゆることをえいなびたまはぬ御心にて、とかうひきつくろひて、ゐざり出でたまへり。見ぬやうにて外の方をながめたまへれど、後目はただならず、いかにぞ、うちとけまさりのいささかもあらば、うれしからむと思すも、あながちなる御心なりや。

II

…さればよと、胸つふれ給ふ。うちつぎて、あなかたはと見ゆるものは、鼻なりけり。ふと目ぞとまる。普賢菩薩の乗物と…

まづ、居丈の高く、を背長に見えたまふに、さればよと、胸つぶれぬ。うちつぎて、あなかたはと見ゆるものは鼻なりけり。ふと目ぞとまる。普賢菩薩の乗物とおぼゆ。あさましう高うのびらかに、先の方すこし垂りて色づきたること、ことのほかにうたてあり。色は雪はづかしく白うて、さ青に、額つきこよなうはれたるに、なほ下がちなる面やうは、おほかたおどろおどろしう長きなるべし。痩せたまへること、いとほしげにさらぼひて、肩のほどなど、痛げなるまで衣の上まで見ゆ。何に残りなう見あらはしつらむと思ふものから、めづらしきさまのしたれば、さすがにうち見やられたまふ。頭つき、髪のかかりはしも、うつくしげにめでたしと思ひきこゆる人々にもをさをさ劣るまじう、袿の裾にたまりて引かれたるほど、一尺ばかり余りたらむと見ゆ。(「末摘花巻」pp.291~293)

	국보『겐지모노가타리에마키』그림설명문	『겐지모노가타리』본문

I

이윽고 날이 밝아지려는 듯해서, 겐지源氏는 손수 격자문을 올리고 앞뜰 나무에 쌓인 눈雪을 바라다보셨다. 사람 발자국도 없이 멀리까지 황량하게 펼쳐진 모습이 몹시도 쓸쓸한데, 이대로 그녀를 남겨 두고 돌아가 버리는 것도 가엾은 마음이 들어 (겐지)"저 아름다운 하늘도 좀 바라다보십시오. 늘 저와 거리를 두려 하시니 섭섭합니다"라 원망을 하신다. 바깥은 아직 어둑어둑한데, 쌓인 눈에 빛이 비쳐 겐지가 더욱더 기품 있고 젊게 보이시는 것을, 늙은 여관女房들은 싱글벙글 웃으며 바라다보았다. (여관)"어서 나가 보세요. 이러고 계시면 좋지 않습니다. 온순한 성품이야말로 좋은 거예요"라 일러 주시니, 스에쓰무하나末摘花는 내성적이긴 하지만, 다른 이의 말을 거절하지 못하는 성품이시라서, 이리저리 옷매무새를 가다듬고 무릎걸음으로 밖으로 나오셨다. 겐지는 보지 않은 척 바깥쪽을 바라다보시면서, 열심히 그녀를 곁눈질하고 계셨다. 어떤 용모일는지, 생각했던 것보다 평상시 모습이 좀 나은 구석이라도 있으면 좋으련만 하고 바라시는 것도 무리한 바람이 신 듯했다.

II

……겐지源氏는 '역시 그렇군' 하고 가슴이 무너져 내렸다. 다음으로 보기 흉하게 생각되어지는 것은 코였다. 겐지는 바로 스에쓰무하나末摘花 코에 눈길이 멈춰졌다. 보현보살普賢菩薩이 탄다고 하는 코끼리 코처럼 ……

우선 앉은 키가 크고 몸통이 길게 보이시는 것을, 겐지는 '역시 그렇군' 하고 가슴이 무너져 내렸다. 다음으로 보기 흉하게 생각되어지는 것은 코였다. 겐지는 바로 스에쓰무하나 코에 눈길이 멈춰졌다. 보현보살普賢菩薩이 탄다고 하는 코끼리 코처럼 보였다. 그 코는 놀랄 정도로 높이 뻗어 있었는데, 그 끝이 약간 늘어져 붉은색을 띠는 것이 예상 외로 눈에 거슬렸다. 얼굴색은 눈이 무색할 정도로 하얗고 푸른 빛마저 돌았다. 이마는 더할 나위 없이 넓은 데다, 더욱이 얼굴 아래쪽은 거의 무서우리만큼 길쭉한 듯 보였다. 바싹 마르신 모습이 안쓰럽게 뼈만 앙상한데, 어깨 근처 골격은 애처러울 정도로 옷자락 위로도 드러나 보였다. 겐지는 뭐하러 남김없이 봐 버리고 말았을까 후회도 되었지만, 좀처럼 보기 드문 그녀의 희한한 용모로부터 역시 눈길을 뗄 수가 없으셨다. 머리 모양새, 흘러내린 머리카락 등은 아름답다고 칭송받는 분들과 견주어도 결코 뒤지지 않았고, 우치기袿(귀족여성의 겉옷) 옷자락에 찰랑찰랑 흘러내린 머리카락은 그 길이가 약 한 자 이상 되는 듯이 보였다.(「스에쓰무하나 권」 pp.291~293)

「무성한 쑥 蓬生」

I

国宝『源氏物語絵巻』詞書

卯月ばかり[に]、[花]散[里][ ][思]し出で給[ ]、忍びて出で給ふ。日ごろ降りつる名残(なごり)の雨少しそそきて、

艶あるほどの夕[月夜に]、道の程、よろづのこと、思し出でておはし[す]るに、[か][た][ ][な][ ][荒]れたる家の木立繁きを過ぎ給ふ。

『源氏物語』本文

卯月ばかりに、花散里を思ひ出できこえたまひて、忍びて、対の上に御暇聞こえて出でたまふ。日ごろ降りつるなごりの雨すこしそそきて、をかしきほどに月さし出でたり。昔の御歩き思し出でられて、艶なるほどの夕月夜に、道のほどよろづのこと思し出でておはするに、形もなく荒れたる家の、木立しげく森のやうなるを過ぎたまふ。

II	大きなる松に、藤の咲きかかりて、月影になよびたるに、柳もいたくしだりて、築泥もさはれらねば、乱れ伏したり。(源氏)「見し心地するかな」と思すは、はや、この宮なりけり。	大きなる松に藤の咲きかかりて月影になよびたる、風につきてさと匂ふがなつかしく、そこはかとなきかをりなり。橘にはかはりてをかしければさし出でたまへるに、柳もいたうしだりて、築地もさはらぬ乱れ伏したり。見し心地する木立かなと思すは、はやうこの宮なりけり。いとあはれにておしとどめさせたまふ。
III	例の、惟光は、かかる御忍びありきに後れねば、さぶらひけり。	例の、惟光はかかる御忍び歩きに後れねばさぶらひけり。召し寄せて、(源氏)「ここは常陸の宮ぞかしな」、(惟光)「しかはべる」と聞こゆ、(源氏)「ここにありし人はまだやながむらん。とぶらふべきを、わざとものせむもところせし。かかるついでに入りて消息せよ、よくたづね寄りてをうち出でよ。人違へしてはをこならむ」とのたまふ。
IV		ここには、いとどながめまさるころにて、つくづくとおはしけるに、昼寝の夢に故宮の見えたまひければ、覚めていとなごり悲しく思して、漏り濡れたる廂の端つ方おし拭はせて、ここかしこの御座ひきつくろはせなどしつつ、例ならず世づきたまひて、 (末積花)亡き人を恋ふる袂のひまなきに荒れたる軒のしづくさへ添ふ も心苦しきほどになむありける
V	入れて尋ねさせ給へば、めぐるめぐる入りて、(惟光)「人の音する方やある」と見るに、 月明くさし入りたるに、見れば、格子二間ばかり上げて、簾動く気色なり。わづかに見つけたる心地、恐ろしくさへ覚ゆれど、寄りて声づくれば、いと物古りたる声にて、まづ咳を先に立てて、(老女房)「かれは何人ぞ」と言ふ声、 いたうねび過ぎにたれど、(惟光)「聞きし老人」と聞き知りにけり。	惟光入りて、めぐるめぐる人の音する方やと見るに、いささか人げもせず。さればこそ、往き来の道に見入るれど、人住みげもなきものをと思ひて、帰り参るほどに、月明くさし出でたるに見れば、格子二間ばかりあげて、簾動くけしきなり。わづかに見つけたる心地、恐ろしくさへおぼゆれど、寄りて声づくれば、いともの古りたる声にて、まづ咳を先にたてて、「かれは誰ぞ。何人ぞ」と問ふ。名のりして、(惟光)「侍従の君と聞こえし人に対面たまはらむ」と言ふ。「それは外になんものしたまふ。されど思しわくまじき女なむはべる」と言ふ。声いたうねび過ぎたれど、聞きし老人と聞き知りたり。

くづし出でて、問はず語りもしつべければ、(惟光)「よしよし」とて、(惟光)「まづ、かうなむと聞こえむ」とて参りぬ。

内には、思ひもよらず、狩衣姿なる男、忍びやかにもてなしなごやかなれば、見ならはずなりにける目にて、もし狐などの変化にやとおぼゆれど、近う寄りて、(惟光)「たしかになむうけたまはらまほしき。変らぬ御ありさまならば、たづねきこえさせたまふべき御心ざしも絶えずなむおはしますめるかし。今宵も行き過ぎがてにとまらせたまへるを、いかが聞こえさせむ。うしろやすくを」と言へば、女どもうち笑ひて、「変らせたまふ御ありさまならば、かかる浅茅が原をうつろひたまはではべりなんや。ただ推しはかりて聞こえさせたまへかし。年経たる人の心にも、たぐひあらじとのみめづらかなる世をこそは見たてまつり過ごしはべる」と、ややくづし出でて、問はず語りもしつべきがむつかしければ、(惟光)「よしよし、まづかくなむ聞こえさせん」とて参りぬ。

VI (源氏)「などか、久しかりつる。昔の跡も見えぬ、蓬の繁さかな」と給へば、(惟光)「しかじかなむ」と、有り様聞こゆ。

いみじくあはれにて、(源氏)「かかる繁きの中に、なに心地して、過ぐし給ふらむ。今まで訪はざりけるよ」と、わが御心の情けなさも、思し知らるる。

(源氏)「などかいと久しかりつる。いかにぞ。昔の跡も見えぬ蓬のしげさかな」とのたまへば、(惟光)「しかじかなむたどり寄りてはべりつる。侍従がをばの少将といひはべりし老人なん、変らぬ声にてはべりつる」とありさま聞ゆ。

いみじうあはれに、かかるしげき中に、何心地して過ぐしたまふらむ、今までとはざりけるよ、とわが御心の情なさも思し知らる。(源氏)「いかがすべき。かかる忍び歩きも難かるべきを。かかるついでならではえ立ち寄らじ。変らぬありさまならば、げにさこそはあらめと推しはからるる人ざまになむ」とはのたまひながら、ふと入りたまはむこと、なほつつましう思さる。ゆゑある御消息もいと聞えまほしけれど、見たまひしほどの口おそさもまだ変らずは、御使の立ちわづらはむもいとほしう、思しとどめつ。惟光も、「さらにえ分けさせたまふまじき蓬の露けさになむはべる。露すこし払はせてなむ入らせたまふべき」と聞ゆれば

VII (源氏) 尋ねても我こそ訪はめ道もなく深き蓬のもとの心を

(源氏)たづねてもわれこそとはめ道もなく深き蓬のもとの心を

VIII	と、ひとりごちて、なを下り給へば、御さきの露を、馬の鞭(ぶち)してうち払ひつつ、入れ奉る。雨そそきも、秋の時雨めきてうちそそけば、(惟光)「御かさにさふふ[候(さぶらふ)カ]。げに木の下露は雨にまさりて」と聞こゆ。	と独りごちてなほ下りたまへば、御さきの露を馬の鞭して払ひつつ入れたてまつる。雨そそきも、なほ秋の時雨めきてうちそそけば、(惟光)「御かささぶらふ。げに木の下露は、雨にまさりて」と聞こゆ。御指貫の裾はいたうそぼちぬめり。昔だにあるかなきかなりし中門など、まして形もなくなりて、入りたまふにつけてもいと無徳なるを、立ちまじり見る人なきぞ心やすかりける。(「蓬生巻」pp.344~349)
	국보『겐지모노가타리에마키』그림설명문	『겐지모노가타리』본문
I	4월경 겐지源氏는 하나치루사토花散里가 생각이 나셔서 조용히 외출하셨다. 요즈음 계속 내리던 빗줄기가 조금씩 가늘어지는데, 아름다운 저녁달이 비추는 길목에서 여러 가지 일들을 떠올리며 계실 즈음, 때마침 형체도 불분명한 황량한 집에 수풀이 무성히 자라난 곳을 지나가게 되셨다.	4월경 겐지源氏는 하나치루사토花散里가 생각이 나셔서 무라사키노우에対の上에게 출타한다고 말씀드리고는 조용히 외출하셨다. 요즈음 계속 내리던 빗줄기가 조금씩 가늘어지며, 운치 있을 무렵 달이 떠올랐다. 옛날 미행을 다니시던 일들이 생각나 아름다운 저녁달이 비추는 길목에서 여러 가지 일들을 떠올리며 계실 즈음, 때마침 형체도 불분명한 황량한 집에 수풀이 무성히 자라 있어 마치 숲과 같은 곳을 지나가게 되셨다.
II	커다란 소나무에 등나무 꽃이 매달려 피어서는 달빛 아래 하늘하늘 흔들리고 있는데, 버드나무도 몹시 늘어져서는 무너진 담장도 개의치 않고 그 담장 위로 뒤엉켜 덮여 있었다. 겐지는 '어디선가 본 느낌인걸……'이라 생각이 드시는데, 그도 그럴 것이 이곳이 바로 스에쓰무하나末摘花의 저택이었던 것이다.	커다란 소나무에 등나무 꽃이 매달려 피어서는 달빛 아래 하늘하늘 흔들리고 있는데, 획 불어오는 바람에 꽃내음이 묻어와 그리움을 자아내며 그 근방이 향기로 그윽했다. 귤나무 향기와는 다른 풍취라서 수레로부터 몸을 내밀고 바라다보니, 버드나무도 몹시 늘어져서는 무너진 담장도 개의치 않고 그 담장 위로 뒤엉켜 덮여 있었다. 겐지는 '어디선가 본 듯한 나무인걸……'이라 생각이 드시는데, 그도 그럴 것이 이곳이 바로 스에쓰무하나末摘花의 저택이었던 것이다. 겐지는 몹시 마음이 저려와 수레를 멈추게 하셨다.
III	늘 그래 왔듯이 고레미쓰惟光는 이러한 겐지의 밤 나들이	늘 그래 왔듯이 고레미쓰惟光는 이러한 겐지의 밤 나들이

에 줄곧 따라다녔던지라, 이날도 겐지를 수행하고 있었다.

에 줄곧 따라다녔던지라, 이날도 겐지를 수행하고 있었다. 겐지는 고레미쓰를 불러 "여기가 히타치 친왕常陸の宮의 저택인 모양이로군." (고레미쓰)"그러합니다." (겐지)"여기 살던 여인은 지금도 외로이 지내고 있는지…… 찾아가 봐야 하겠지만 일부러 격식을 차려 방문하는 건 번거로우니 이번 기회에 들어가 기별을 넣어 보거라. 누군지 잘 알아보고 말을 걸도록 하여라. 다른 사람한테 잘못 말을 걸면 웃음거리가 될 테니 말이다"라 말씀하신다.

IV

스에쓰무하나는 한층 더 외로움이 사무치는 시기인지라 적적이 지내고 계실 즈음, 낮잠을 자다가 꿈에 돌아가신 아버지를 뵙게 되었다. 잠에서 깬 후에도 그리운 여운에 서글픈 생각이 들어, 비에 젖은 히사시廂 마루 구석을 닦게 하고, 여기저기 바닥 깔개를 정리하게 하는 등, 여느 때와는 다르게 일상사를 챙기면서

(스에쓰무하나)
돌아가신 분을
그리며 흘린 눈물에
소매 마를 틈 없어
황폐한 처마 끝에
빗방울마저 더하누나

라고 읊조리는 것도 처량한 무렵이었다.

V

겐지가 고레미쓰에게 저택에 들어가 동정을 살피게 하시니, 고레미쓰는 이곳저곳 들여다보며 '인기척이 나는 데가 없나' 하고 살펴보았다.

달빛이 환히 들어오는 곳을 바라다보니, 격자문格子이 두 칸쯤 들어 올려져 있는 곳에 주렴簾이 흔들리는 기척이 있

고레미쓰가 저택 안으로 들어가 이곳저곳 다니며 '인기척이 나는 데가 없나' 하고 살펴보는데 조금도 사람 기척이라고는 없었다. (고레미쓰)'그럼 그렇지. 지나가는 길에 안을 들여다보곤 했지만, 사람 사는 흔적이라고는 없었으니까……'라 생각하며 돌아가려는 찰나, 달빛이 환히 들어오는 곳을 바라다보니, 격자문格子이 두 칸쯤 들어 올려져 있

었다. 간신히 인기척을 발견했지만, 무서운 기분마저 들었다. 고레미쓰가 가까이 다가가서 소리를 내자, 몹시 나이 들어 쉰 목소리가 먼저 헛기침을 한 후에, "거기 누구시오?"라며 말을 건넨다.

매우 나이 든 목소리였지만, 고레미쓰는 노파의 목소리가 어디선가 들은 적이 있다는 것을 깨달았다.

여인이 말을 꺼내며 묻지도 않은 이야기를 장황하게 이어 갈 것 같아서, 고레미쓰는 "됐소. 됐소"라 말하며 "우선 그렇게 전하겠소"라며 자리를 떴다.

는 곳에 주렴簾이 흔들리는 기척이 있었다. 간신히 인기척을 발견했지만, 무서운 기분마저 들었다. 고레미쓰가 가까이 다가가서 소리를 내자, 몹시 나이 들어 쉰 목소리가 먼저 헛기침을 한 후에, "거기 뉘시오. 누구시오?"라 묻는다. 고레미쓰는 자기 이름을 대며 "지주侍従(겐지 측과 친분이 있는 스에쓰무하나의 여관)라 불리는 분과 만나 뵙고 싶습니다만"이라 말한다. "그이는 다른 곳으로 갔습니다. 하지만 그로 생각해도 될 만한 여관이 있습니다"라 말한다. 매우 나이 든 목소리였지만, 고레미쓰는 노파의 목소리가 어디선가 들은 적이 있다는 것을 깨달았다.

저택 안에서는 생각지도 않게 사냥복 차림狩衣姿의 남자가 은밀히 나타나 부드러운 언동을 보이니, 이러한 손님을 오랫동안 보지 못했던지라, 혹시 여우 따위가 둔갑한 것은 아닐까 의심이 들었다. 고레미쓰는 가까이 다가와서는 "확실히 확인해 두고 싶은 일이 있습니다. 이 댁 아가씨께서 예전과 변함없는 마음으로 계신다면, 저희 주인님께서도 여전히 아가씨를 만나 뵙고 싶어 하십니다. 오늘 밤도 이 댁을 그냥 지나칠 수 없어 수레를 멈추고 기다리고 계시는데, 뭐라 전해 드릴까요? 편하게 말씀하시지요"라 말하자, 여인들은 웃음을 지으며 "아가씨 마음이 변하셨다면 이러한 황폐한 곳을 떠나지 않고 홀로 머무르고 계시겠습니까? 잘 헤아려서 전해 주세요. 오랫동안 살아온 우리들 마음에도 유례없이 딱한 처지라 여기며 살고 있답니다"라며 여인이 띄엄띄엄 말을 꺼내며 묻지도 않은 이야기를 장황하게 이어 갈 것 같아 번거로워서, 고레미쓰는 "됐소. 됐소"라 말하며 "우선 그렇게 전하겠소"라며 자리를 떴다.

VI

(겐지)"어찌 이리 늦어졌느냐. 옛 자취라곤 남아 있지 않을 정도로 쑥이 무성하구나"라고 말씀하시니, "여차저차 된 겁니다"라고 고레미쓰가 자초지종을 전해 드렸다.

"어찌 이리 늦어졌느냐. 옛 자취라곤 남아 있지 않을 정도로 쑥이 무성하구나"라고 겐지가 말씀하시니, "여차저차하여 간신히 찾아뵈었습니다. 지주의 숙모로 쇼쇼少将라 불리는 노파가 예와 다름없는 목소리로 있었습니다"라고 겐지는 스에쓰무하나가 몹시 가련한 마음이 들어 (겐지)"이처럼 황폐한 곳에서 어떤 심정으로 지내고 계셨던 걸까? 여태껏 난 찾아오지도 않았다니……"라며 자신의 무정함을 깨달았다.

고레미쓰가 자초지종을 전해 드렸다.

겐지는 스에쓰무하나가 몹시 가련한 마음이 들어 (겐지)"이처럼 황폐한 곳에서 어떤 심정으로 지내고 계셨던 걸까? 여태껏 난 찾아오지도 않았다니……"라며 자신의 무정함을 깨달았다. (겐지)"어찌하면 좋을까. 이러한 밤나들이는 쉬이 하기는 어려울 터인데. 이번 기회가 아니면 다시 들르기 힘들 것이다. 예전과 변함없이 홀로 계신다니, 참으로 그러리라 여겨지는 성품이셨다"라 말씀하시면서도 곧바로 안에 들어가는 건 역시 주저되는 기분이셨다. 뭔가 정취 있는 편지라도 그녀에게 보내 드리고 싶었지만, 느리게 대답하시는 습관도 예전과 똑같다면, 심부름꾼이 답장을 기다리다 지쳐 버릴 게 뻔한 일이라 그만두기로 하였다. 고레미쓰도 "정말이지 헤치고 들어가기 힘들게 이슬을 머금은 쑥이 무성하군요. 이슬을 좀 털게 한 다음에 들어가셔야 겠습니다"라 말씀드린다.

VII

(겐지)
찾아가리니
내가 찾아가리니
길조차 사라져
쑥 무성한 옛집에
변함없이 자리한 그대 마음 곁으로

(겐지)
찾아가리니
내가 찾아가리니
길조차 사라져
쑥 무성한 옛집에
변함없이 자리한 그대 마음 곁으로

VIII

라고 겐지는 혼잣말로 되뇌면서 수레에서 내리시자, 고레미쓰가 겐지 발치에 있는 이슬을 채찍으로 털어 내면서 안으로 들어갔다. 이슬방울이 떨어지는 것이 마치 가을비가 흩뿌려지는 듯하자, 고레미쓰는 "여기 우산이 있습니다. 정말이지 나뭇가지에서 떨어지는 이슬방울이 비가 내리는 것보다도 더 심하군요"라 말씀드렸다.

라고 겐지는 혼잣말로 되뇌면서 주저하면서도 결국 수레에서 내리시자, 고레미쓰가 겐지 발치에 있는 이슬을 채찍으로 털어 내면서 안으로 들어갔다. 이슬방울이 떨어지는 것이 예상한 대로 마치 가을비가 흩뿌려지는 듯하자, 고레미쓰는 "여기 우산이 있습니다. 정말이지 나뭇가지에서 떨어지는 이슬방울이 비가 내리는 것보다도 더 심하군요"라 말씀드렸다. 겐지의 바지자락도 흠뻑 젖은 듯 보였다. 예전에도 있는 듯 없는 듯 서 있던 중문中門이 하물며 지금은 형체도 없어져 겐지가 안으로 들어가는 데 모양새가 나지 않았지만, 지나가며 보는 이가 없는 건 다행스런 일이었다. (「무성한 쑥」 pp.344~349)

「관문 関屋」

	国宝『源氏物語絵巻』詞書	『源氏物語』本文
I	京に住み帰りたまふて、またの年の秋ぞ常陸は上りける。	伊予介といひしは、故院崩れさせたまひて、またの年、常陸になりて下りしかば、かの帚木もいざなはれにけり。須磨の御旅居もはるかに聞きて、人知れず思ひやりきこえぬにしもあらざりしかど、伝へきこゆべきよすがだになく、筑波嶺の山を吹き越す風も浮きたる心地して、いささかの伝へだになくて、年月重なりにけり。限れることもなかりし御旅居なれど、京に帰り住みたまひて、またの年の秋ぞ常陸は上りける。
II	関入る日しも、この殿は、石山に御願はたしに詣で給ひけり。	関入る日しも、この殿、石山に御願はたしに詣でたまひけり。京より、かの紀伊守などいひし子ども、迎へに来たる人々、この殿かく詣でたまふべしと告げければ、道のほど騒がしかりなむものぞとて、まだ暁より急ぎけるを、女車多く、ところせうゆるぎ来るに、日たけぬ。 　打出の浜来るほどに、「殿は粟田山越えたまひぬ」とて、御前の人々、道も避りあへず来こみぬれば、関山にみな下りゐて、ここかしこの杉の下に車どもかきおろし、木隠れにゐかしこまりて過ぐしたてまつる。車などかたへは後らかし、前に立てなどしたれど、なほ類ひろく見ゆ。 　車十ばかりぞ、袖口、物の色あひなども漏り出でて見えたる、田舎びずよしありて、斎宮の御下り何ぞやうのをりの物見車思し出でらる。殿もかく世に栄え出でたまふめづらしさに、数もなき御前ども、みな目とどめたり。
III	九月晦日なれば、紅葉の色々こきまぜ、霜枯れの草むらむらにをかしく見えわたるに、関屋よりさと崩れ出でたる車、旅姿ど	九月晦日なれば、紅葉のいろいろこきまぜ、霜枯れの草むらむらをかしう見えわたるに、関屋よりさとはづれ出でたる旅姿ども

	も、色々の襖つきづきしき縫物、括り染の様々さる方にをかしく見ゆ。 御車は簾うちおろし給ふて、かの昔の小君、今は衛門佐なるを召し寄せて、(源氏)「今日の関迎へは、え思ひ棄て給はじ」などのたまふ。御心のうち、いとあはれに思し出づることども多かれど、おほぞうにて甲斐なし。女も、いにしへのこと人知れず忘れねば、ものあはれなり。	の、いろいろの襖のつきづきしき縫物、括り染のさまもさる方にをかしう見ゆ。 御車は簾おろしたまひて、かの昔の小君、今は衛門佐なるを召し寄せて、(源氏)「今日の御関迎へは、え思ひ棄てたまはじ」などのたまふ。御心の中いとあはれに思し出づること多かれど、おほぞうにてかひなし。女も、人知れず昔のこと忘れねば、とり返してものあはれなり。
IV	(空蝉)行くと来とせきとめがたき涙をや絶えぬ清水と人は見るらん	(空蝉)行くと来とせきとめがたき涙をや絶えぬ清水と人は見るらむ
V		え知りたまはじかしと思ふに、いとかひなし。 (「関屋巻」pp.359~361)

	국보『겐지모노가타리에마키』그림설명문	『겐지모노가타리』본문
I	이윽고 겐지源氏가 도읍으로 돌아와 살고 있을 무렵, 그 이듬해 가을 히타치노스케常陸介가 귀경하게 되었다.	이요노스케伊予介라 불리는 이는 기리쓰보 상황故院이 붕어하시던 그 이듬해, 히타치노스케常陸介에 임명되어 지방에 내려가게 되니, 하하키기帚木(우쓰세미空蟬를 일컬음)도 따라가게 되었다. 우쓰세미는 겐지源氏가 스마須磨에서 은거하고 있다는 소식을 멀리서 전해 듣고서 남몰래 그리워하는 마음이 없었던 건 아니었지만, 이를 전할 방도가 없었다. 쓰쿠바 산봉우리筑波嶺の山를 넘어 불어오는 바람한테 연통을 넣을 수도 없는 일이라서, 일말의 소식조차 전하지 못한 채 세월이 쌓여만 가고 있었다. 겐지는 언제 끝날지 기약할 수 없었던 은거였지만, 마침내 도읍으로 돌아와 살게 되었는데, 그 이듬해 가을 히타치노스케가 귀경하게 되었다.
II	히타치노스케가 오사카 관문逢坂の関으로 들어서는 바로 그 날, 겐지도 이시야마 절石山寺에 소원이 성취됨을 감사드리	히타치노스케가 오사카 관문逢坂の関으로 들어서는 바로 그 날, 겐지도 이시야마 절石山寺에 소원이 성취됨을 감사드리

러 참배하러 가는 길이었다.

러 참배하러 가는 길이었다. 기노카미紀伊守와 그 외 다른 아들들을 위시하여, 도읍에서 우쓰세미 일행을 마중 나온 사람들은 겐지가 이곳에 참배하러 올 거라는 소식을 듣고, 그러면 길이 혼잡할 거라 생각되어 새벽녘부터 일찍이 서둘렀다. 하지만, 여인들의 수레가 많아 길을 메우고 천천히 가고 있는 와중에 어느덧 해가 중천에 떠올랐다.

우치이데 호반打出の浜에 다다랐을 무렵 "겐지 님이 아와타 산栗田山을 넘으셨습니다"라 알려 오는데, 이쪽에서 미처 길을 피할 틈도 없이 겐지의 수행원들이 밀려 들어왔다. 우쓰세미 일행은 세키야마関山 부근에서 모두 수레서 내려 여기저기 삼나무 아래에다 수렛채를 내려놓고 나무 그늘에 몸을 숨기고 앉아, 겐지 행렬이 통과하는 것을 기다렸다. 수레 일부는 겐지 뒤를 따르게 하고, 일부는 앞서 가게 하였지만, 그래도 여전히 겐지의 행렬은 엄청난 규모로 보였다.

우쓰세미 행렬에는 열 채쯤 되는 여인들의 수레가 있었는데, 소맷부리, 겹쳐진 옷자락들이 색색이 그 수레 주렴 밑으로 흘러나와 있었다. 촌스럽지 않고 정취가 있는 그 옷자락의 모양새를 보고, 겐지는 사이구斎宮(고대 이세 신궁伊勢神宮을 모시던 미혼의 황녀)가 이세伊勢로 내려가던 행차 때 바라다보았던 수레를 떠올렸다. 이처럼 겐지가 전례 없이 화려하게 영전을 하게 됨에 따라, 수많은 사람들이 겐지를 수행하고 있었는데, 그들 모두 이 여인들의 수레에 시선이 쏠리었다.

III

9월 말일이라 단풍이 형형색색으로 뒤섞여 있고 서리에 시든 풀잎이 여기저기 무리 져서 아름답게 펼쳐져 있는 가운데, 그 관문関屋으로부터 갑자기 수레가 들어왔다. 겐지 일행은 갖가지 색상의 사냥복과 이에 어울리는 자수, 염색을 한 여행 복장을 하고 있었는데, 장소와 잘 어우러져 운치 있게 보였다.

9월 말일이라 단풍이 형형색색으로 뒤섞여 있고 서리에 시든 풀잎이 여기저기 무리 져서 아름답게 펼쳐져 있는 가운데, 그 관문関屋으로부터 갑자기 수레가 들어왔다. 겐지 일행은 갖가지 색상의 사냥복과 이에 어울리는 자수, 염색을 한 여행 복장을 하고 있었는데, 장소와 잘 어우러져 운치 있게 보였다.

	겐지는 수레의 주렴을 내린 채로, 지금은 우에몬노스케右衛門佐가 된 예전의 고기미小君(우쓰空蟬 동생)를 불러들여 (겐지)"오늘 관문까지 당신을 마중 나온 이 내 마음을 부디 저버리지 말아 주십시오"라 전하였다. 겐지의 흉중에는 실로 그립게 떠오르는 일들이 많았지만, 다른 이의 전언으로는 이를 제대로 전할 수가 없었다. 여인도 옛일을 남몰래 잊지 못하고 있었기에 마음이 저려 왔다.	겐지는 수레의 주렴을 내린 채로, 지금은 우에몬노스케右衛門佐가 된 예전의 고기미小君(우쓰세미 동생)를 불러들여 (겐지)"오늘 관문까지 당신을 마중 나온 이 내 마음을 부디 저버리지 말아 주십시오"라 전하였다. 겐지의 흉중에는 실로 그립게 떠오르는 일들이 많았지만, 다른 이의 전언으로는 이를 제대로 전할 수가 없었다. 여인도 옛일을 남몰래 잊지 못하고 있었기에, 그때를 떠올리니 마음이 저려 왔다.
IV	(우쓰세미) 관문을 넘어갈 때도 돌아올 때도 막기 어려웠던 이 내 눈물을 끊임없이 흐르는 샘물이라 그대는 보시는지요	(우쓰세미) 관문을 넘어갈 때도 돌아올 때도 막기 어려웠던 이 내 눈물을 끊임없이 흐르는 샘물이라 그대는 보시는지요
V		이러한 심정을 겐지 님이 알 리 없을 거라 생각하니, 실로 허무한 일이었다. (「관문 권」 pp.359~361)

「그림 경연 絵合」

	国宝『源氏物語絵巻』詞書	『源氏物語』本文
I		上はよろづのことにすぐれて絵を興あるものに思したり。たてて好ませたまへばにや、二なく描かせたまふ。斎宮の女御、いとをかしう描かせたまひければ、これに御心移りて、渡らせたまひつつ、描きかよはさせたまふ。 殿上の若き人々もこのことまねぶをば、御心とどめてをかしきものに思ほしたれば、まして、をかしげなる人の、心ばへあるさまにまほならず描きすさび、なまめかしう添ひ臥してとかく筆うちやすらひたまへる御さま、らうたげさに御心しみて、いとしげう渡らせたまひて、ありしよりけに御思ひまされるを、権大納言聞きたまひて、あくまでかどかどしくいまめきたまへる御心にて、我

		人に劣りなむやと思しはげみて、すぐれたる上手どもを召し取りて、いみじくいましめて、またなきさまなる絵どもを、二なき紙どもに描き集めさせたまふ。(権中納言)「物語絵こそ心ばへ見えて見どころあるものなれ」とて、おもしろく心ばへあるかぎりを選りつつ描かせたまふ。例の月次の絵も、見馴れぬさまに、言の葉を書きつづけて御覧ぜさせたまふ。 わざとをかしうしたれば、またこなたにてもこれを御覧ずるに、心やすくも取り出でたまはず、いといたく秘めて、この御方へ持て渡らせたまふを惜しみ領じたまへば、大臣聞きたまひて、(源氏)「なほ権大納言の御心ばへの若々しさこそあらたまりがたかめれ」など笑ひたまふ。
II	古きも新しきも、絵ども入りたる御厨子ども開かせ給ふて、女君ともろともに、いまめかしきはそれぞれと選りととのへさせ給ふ。長恨歌、王昭宮などやうなる絵は、おもしろく、あはれなれど、事の忌あるは、この度はたてまつらじと、選りとどめ給ふ。	(源氏)「あながちに隠して、心やすくも御覧ぜさせず悩ましきこゆる、いとめざましや。古代の御絵どものはべる、まゐらせむ」と奏したまひて、殿に古きも新しきも絵ども入りたる御厨子ども開かせたまひて、女君ともろともに、いまめかしきはそれそれと選りととのへさせたまふ。長恨歌、王昭君などやうなる絵は、おもしろくあはれなれど、事の忌あるはこたみは奉らじと選りとどめたまふ。
III	かの旅の御日記の箱を取り出でさせ給ふて、このついでこそ、女君にも見せ聞こえ給まひける。心深く知らで見む人だに、少しもの思ひ知らむ人は、涙惜しむまじくあはれなり。まして忘れがたく、その世の夢を思しさますおりなき御心どもには、とり返し悲しう思し出でらる。今まで見せ給はざりける恨みをぞ聞こえ給ふ。	かの旅の御日記の箱を取り出でさせたまひて、このついでにぞ女君にも見せたてまつりたまひける。心深く知らで今見む人だに、すこしもの思ひ知らむ人は、涙惜しむまじくあはれなり。まいて忘れがたく、その世の夢を思しさますをりなき御心どもには、とり返し悲しう思し出でらる。今まで見せたまはざりける恨みをぞ聞こえたまひける。(「絵合巻」pp.376~378)
	국보『겐지모노가타리에마키』그림설명문	『겐지모노가타리』본문
I		천황께서는 여러 가지 방면 중에서 그림에 가장 흥미를 지니고 계셨다. 각별히 좋아하신 탓인지, 더할 나위 없이 훌

륭하게 그리셨다. 사이구노 뇨고斎宮の女御(우메쓰보노 뇨고梅壺女御, 겐지源氏의 양녀)가 그림을 매우 훌륭하게 그리셨기 때문에, 천황은 그녀에게 마음이 옮겨 와 자주 들르셔서는 같이 그림을 그리며 마음을 나누셨다.

젊은 당상관殿上人들 중에도 그림을 배우는 자가 있으면 천황께서는 눈여겨보시고 마음에 들어 하셨다. 하물며 아름다운 그녀가 풍취 있는 모습으로 형식에 얽매이지 않고 자유롭게 붓을 들어 우아하게 몸을 기대어서는 뭔가 붓놀림을 잠시 멈추시고 생각에 잠겨 있는 듯한 자태, 그 어여쁜 모습에 천황께서는 마음이 끌려 더욱 자주 찾아오시니 예전보다 총애가 더욱더 깊어지셨다. 이를 곤다이나곤權大納言(예전 도노추조頭中将)이 전해 들으시고는 어디까지나 지기 싫어하고 화려한 성품인지라 내가 질쏘냐 하는 경쟁심이 발동해서, 뛰어난 그림의 명인들을 불러 모아 비밀리에 유례없이 훌륭한 그림들을 최고급 종이에 그리게 하여 모으셨다. (곤다이나곤)"모노가타리 그림物語絵(이야기를 주제로 그린 그림)이야말로 그 내용에 정취가 있어 볼 가치가 있는 법"이라 말씀하시며, 재미있고 풍취 있는 이야기를 고르고 골라 그림으로 제작하시었다. 여느 때처럼 '쓰키나미에月次絵'(연중 행사와 풍물을 12개월 순으로 그려 놓은 그림)도 긴 문장과 함께 새로운 취향으로 그려서 천황께 바치셨다.

특별히 공을 들인 풍취 있는 그림이라서, 천황께서는 이쪽(겐지 측인 사이구노 뇨고) 처소에서도 이 그림들을 같이 보고 싶어 하셨지만, 곤다이나곤은 쉽게 내어 주지 않고 몹시 비밀로 하며 천황께서 이 뇨고 쪽으로 그림을 가지고 건너가시는 것을 아까워하며 건네주지 않으셨다. 겐지 대신大臣은 이를 들으시고는, (겐지)"역시 곤다이나곤의 유치한 성정이 고치기 어려운 모양이군"이라 웃으셨다.

II

(겐지)"그림을 함부로 숨겨 놓고 마음 편히 보시지도 못하

겐지源氏는 옛날, 오늘날의 갖가지 그림들이 들어 있는 궤를 여셔서는, 부인女君(무라사키노우에紫上)과 함께 색다른 것을 하나하나 골라 챙겨 두셨다. 장한가長恨歌, 왕소군王昭君 등과 같은 그림은 흥미롭고 마음 저미는 것이지만, 불길한 내용이라서 이번에는 올리지 않기로 하고 선택에서 제외했다.

게 해 주상의 애를 태우다니 괘씸한 일이옵니다. 내게 옛 그림들이 있으니 이를 가져다 드리겠습니다"라 주청 드리시고는, 저택으로 돌아가 옛날, 오늘날의 갖가지 그림들이 들어 있는 궤를 여셔서는, 부인女君(무라사키노우에紫上)과 함께 색다른 것을 하나하나 골라 챙겨 두셨다. 장한가長恨歌, 왕소군王昭君 등과 같은 그림은 흥미롭고 마음 저미는 것이지만, 불길한 내용이라서 이번에는 올리지 않기로 하고 선택에서 제외했다.

III

겐지는 그 여행 일기旅の御日記('스마 그림 일기須磨絵日記'를 말함. 겐지가 스마에서 그린 그림 일기)를 담아 놓은 상자를 꺼내셔서는 이번 기회에 부인에게 보여 드렸다. 그때 사정을 자세히 모르고 그림을 보는 사람일지라도 조금이라도 사리 분별이 있는 사람이라면 눈물을 적시는 심금을 울리는 것이었다. 하물며 그 당시를 잊지 못하고 마치 악몽 같은 그 아픔에서 한시라도 헤어나지 못하고 계시던 두 분은 이 그림을 바라보시며 슬프게 옛일을 떠올리셨다. 무라사키노우에 부인은 겐지가 지금까지 이 그림을 보여 주지 않은 것에 대해 섭섭함을 토로하셨다.

겐지는 그 여행 일기旅の御日記('스마 그림 일기須磨絵日記'를 말함. 겐지가 스마에서 그린 그림 일기)를 담아 놓은 상자를 꺼내셔서는 이번 기회에 부인에게 보여 드렸다. 그때 사정을 자세히 모르고 그림을 보는 사람일지라도 조금이라도 사리 분별이 있는 사람이라면 눈물을 적시는 심금을 울리는 것이었다. 하물며 그 당시를 잊지 못하고 마치 악몽 같은 그 아픔에서 한시라도 헤어나지 못하고 계시던 두 분은 이 그림을 바라보시며 슬프게 옛일을 떠올리셨다. 무라사키노우에 부인은 겐지가 지금까지 이 그림을 보여 주지 않은 것에 대해 섭섭함을 토로하셨다. (「그림 경연 권」 pp.376~378)

「솔바람 松風」

国宝『源氏物語絵巻』詞書

『源氏物語』本文

I

秋のころほひなれば、もののあはれとり重ねたる心地して、その日とある暁に、秋風涼しくて虫の音もとりあへぬに、海の方を見出だしてゐたるに、入道、例の後夜よりも深う起きて、鼻すすりうちして行ひいましたり。いみじう言忌すれど、誰も誰もいと忍びがたし。若君は、いともいともうつくしげに、夜光りけむ玉の心地して、袖より外には放ちきこえざりつるを、見馴れてまつはしたまへる心ざまなど、ゆゆしきまでかく人に違へる身をいまいましく思ひながら、片時見たてまつらではいかでか過ぐさむとすらむと、つつみあへず。

II	(明石入道)……の涙なりけり いともろしやとて、おしのごひ隠す。尼君 (尼君)もろともに都は出できこのたびやひとり野中の道にまどはむ	(明石入道)「行くさきをはるかに祈るわかれ路にたえぬは老の涙なりけり いともゆゆしや」とて、おしのごひ隠す。尼君、 (尼君)もろともに都は出できこのたびやひとり野中の道にまどはん とて泣きたまふさまいとことわりなり。
III		ここら契りかはして積もりぬる年月のほどを思へば、かう浮きたることを頼みて棄てし世に帰るも、思へばはかなしや。御方、 (明石君)「いきてまたあひ見むことをいつとてかかぎりもしらぬ世をばたのまむ 送りにだに」と切にのたまへど、かたがたにつけてえさるまじきよしを言ひつつ、さすがに道のほどもいとうしろめたなき気色なり。(「松風巻」pp.403~404)

	국보『겐지모노가타리에마키』그림설명문	『겐지모노가타리』본문
I		때마침 가을이라 애수가 더해지는 기분이었다. 드디어 출발하는 그날 새벽, 가을바람도 서늘히 불고 벌레소리도 분주하게 들리는데, 아카시노키미明石君가 바다 쪽을 바라다보고 있었다. 뉴도入道(아카시노키미의 부친. 아카시노뉴도明石入道를 가리킴)는 늘 행하던 새벽 근행後夜보다 이른 시간에 일어나 코를 훌쩍거리며 불공을 드리고 계셨다. 출발하는 당일이라 불길한 언행을 하지 않으려 매우 조심들 하고 있었지만, 다들 슬픔을 억누르기 힘들었다. 애기씨若君(겐지源氏와 아카시노키미 사이의 딸, 아카시노히메키미明石姫君)는 너무나도 너무나고 사랑스러워 뉴도는 밤에 빛나는 구슬같이 귀히 여기며, 소매 밖으로 한시도 내놓지 않고 기르셨던 것을, 애기씨도 할아버지에게 정이 들어 바싹 달라붙어 계셨다. 뉴도는 불길하게도 출가한 몸인지라 미련을 끊어야

한다고 생각하면서도, 잠시라도 손녀를 보지 않고서 어찌 살 수 있을까라고 생각하니 눈물을 참기 어려웠다.

II

(아카시노뉴도明石入道)

……

눈물이려고

"정말이지 눈물이 많아졌구나"라며 눈물을 닦아 훔치셨다. 여승尼君(아카시노뉴도 부인)은

(여승)
도읍을 떠날 땐
그대와 함께였건만
이번 여행길은
나 홀로 들판에서
길을 헤매이려나

(아카시노뉴도)
출발해 떠나는
먼 앞길 기원하면서
이별길 참지 못해
흘리는 늙은이의
눈물이려고

"정말이지 주책맞구나"라며 눈물을 닦아 훔치셨다. 여승尼君(아카시노뉴도 부인)은

(여승)
도읍을 떠날 땐
그대와 함께였건만
이번 여행길은
나 홀로 들판에서
길을 헤매이려나

라며 눈물을 흘리시는 것도 참으로 당연한 일이었다.

III

오랫동안 부부로 인연을 나누며 살아온 세월을 돌이켜 보니, 이처럼 허무한 겐지와의 인연에 기대어서, 버리고 떠나왔던 도읍으로 홀로 되돌아가는 것이 덧없게만 느껴졌다. 아카시노키미는

(아카시노키미)
이리 떠나면
살아서 다시 뵐 날
언제이련가

어찌 앞일을 기약할 수 없는
이 세상에 의지하리오

“부디 배웅만이라도……”라며 아카시노키미는 간절히 부탁하셨다. 뉴도는 여러 차례 그래서는 안 된다고 말씀하면서도, 역시 딸이 떠나는 먼 여로旅路를 몹시 걱정하는 기색이었다. (「솔바람 권」 pp.403~404)

	国宝『源氏物語絵巻』詞書	『源氏物語』本文
I		かしこには、いとのどやかに心ばせあるけはひに住みなして、家のありさまもやう離れめづらしきに、みづからのけはひなどは、見る度ごとに、やむごとなき人々などに劣るけぢめこよなからず、容貌、用意あらまほしうねびまさりゆく。
II	……類ひなくやはと思ふべきを、世に似ぬひがものなる親の聞こえ など こそ苦しけれ、人のほどなどはさてもありぬべきものを、など おぼ す。はつかに、飽かぬほどにのみあればにや、心のどかならず立ち帰り給ふも苦しくて、「夢のわたりの浮橋か」とのみうち嘆かれて、箏の琴のあるを引き寄せて、かの明石にて小夜更(さよふ)けたりし音(ね)も、例の思し出でられて、琵琶をわりなく責め給へば、すこし掻き合はせたり。いかでかくのみ……	ただ世の常のおぼえにかき紛れたらば、さるたぐひなくやはと思ふべきを、世に似ぬひがものなる親の聞こえなどこそ苦しけれ、人のほどなどはさてもあべきを、など思す。はつかに、飽かぬほどにのみあればにや、心のどかならずたち帰りたまふも苦しくて、「夢のわたりの浮橋か」とのみうち嘆かれて、箏の琴のあるを引き寄せて、かの明石にて小夜更(さよふ)けたりし音(ね)も、例の思し出でらるれば、琵琶をわりなくせめたまへば、すこし掻き合はせたる、いかでかうのみひき具しけむと思さる。若君の御事などこまやかに語りたまひつつおはす。(「薄雲巻」 pp.440~441)

	국보『겐지모노가타리에마키』 그림설명문	『겐지모노가타리』 본문
I		그곳(아카시노키미明石君가 머무르는 오이大堰의 산장)을 매우 한적하고 정취 있는 거처로 새로 단장해서 집 모양새도 여느 집과는 다르게 색다른 취향으로 꾸몄다. 당사자인 그녀의 자태 또한, 고귀한 여인들과 비교해 봐도 뒤처지는 구

석이 없었으며, 만날 때마다 얼굴이랑 품행도 더할 나위 없이 성숙함이 더해만 갔다.

II

(겐지源氏)'……예가 없었던 것도 아니건만. 유례없이 괴짜라 소문나 버린 그녀 부친의 평판이 마음에 걸리는구나. 그녀 신분은 뭐 그런대로 괜찮기는 하다만……'이라고 생각하고 계셨다. 겐지는 잠시 그녀를 만나고 헤어지는 것이 아쉬웠던지, 서둘러 돌아가시는 것 또한 괴로워서 "꿈 나루터의 덧없는 다리浮橋이런가"라는 싯구만을 한숨지으며 읊조리셨다. 옆에 놓여 있는 쟁의금箏の琴을 겐지는 끌어당겨 놓고서, 그 아카시明石 해변에서 깊은 밤 들으셨던 그녀의 악기 음색이 또한 여느 때처럼 생각이 나셨던지, 비파琵琶를 타 달라고 재촉하셨다. 아카시노키미明石君가 겐지의 선율에 맞춰 잠시 연주를 하자, 겐지는 '어찌 이리 훌륭한 기량을 ……'

(겐지源氏)'단지 평범한 지방관의 딸이라는 평판 정도였다면, 그 정도 신분의 여인과 맺어지는 예가 없었던 것도 아니건만. 유례없이 괴짜라고 소문이 나 버린 그녀 부친의 평판이 마음에 걸리는구나. 그녀 신분은 뭐 그런대로 괜찮기는 하다만……'이라고 생각하고 계셨다. 겐지는 잠시 그녀를 만나고 헤어지는 것이 아쉬웠던지, 서둘러 돌아가시는 것 또한 괴로워서 "꿈 나루터의 덧없는 다리浮橋이런가"라는 싯구만을 한숨지으며 읊조리셨다. 옆에 놓여 있는 쟁의금箏の琴을 겐지는 끌어당겨 놓고서, 그 아카시明石 해변에서 깊은 밤 들으셨던 그녀의 악기 음색이 또한 여느 때처럼 생각이 나셨던지, 비파琵琶를 타 달라고 재촉하셨다. 아카시노키미가 겐지의 선율에 맞춰 잠시 연주를 하자, 겐지는 '어찌 이리 훌륭한 기량을 갖추었을까'라 생각하셨다. 겐지는 그녀에게 딸의 근황에 대해 소상하게 이야기해 주셨다. (「엷은구름 권」 pp.440~441)

「소녀 少女」

国宝『源氏物語絵巻』詞書

『源氏物語』本文

I

……と近くなりぬとて急がせ給ふ。

大殿には今年五節奉りたまふ。何ばかりの御いそぎならねど、童べの装束など、近うなりぬとて、急ぎせさせたまふ。東の院には、参りの夜の人々の装束せさせたまふ。殿には、おほかたのことども、中宮よりも、童、下仕の料などえならで奉れたまへり。過ぎにし年、五節などとまれりしが、さうざうしかりし積もりも取り添へ、上人の心地も常よりもはなやかに思ふべかめる年なれば、所どころいどみて、いといみじくよろづを尽くしたまふ聞こえあり。按察大納言、左衛門督、上の五節には、良清、今は近江守にて左中弁なるなん奉りける。みなとどめさせたまひて、宮仕すべく、仰せ言ことなる年なれば、むすめをおのおの奉りたまふ。

II	舞姫には、惟光朝臣の、津……	殿の舞姫には、惟光朝臣の、津の守にて左京大夫かけたるむすめ、容貌などいとをかしげなる聞こえあるを召す。からいことに思ひたれど、「大納言の、外腹のむすめを奉らるなるに、朝臣のいつきむすめ出だしたてたらむ、何の恥かあるべき」とさいなめば、わびて、同じくは宮仕やがてせさすべく思ひおきてたり。(「少女巻」pp.58~60)

	국보『겐지모노가타리에마키』 그림설명문	『겐지모노가타리』 본문
I	……날짜가 임박하여 서둘러 준비하셨다.	겐지源氏는 올해 고세치 무희五節の舞姫를 진상하시었다. 각별히 준비한 것은 아니었지만, 여동의 옷가지 등을 날짜가 임박하여 서둘러 준비하셨다. 니조히가시노인東の院(하나치루사토花散里의 거처)에서는 무희가 입궐하는 밤 동행하는 사람들의 옷가지를 만들고 계셨다. 겐지는 전반적인 일들을 준비하셨고, 중궁中宮(이전 우메쓰보노 뇨고梅壺女御)께서도 여동, 아래 시녀下仕들의 옷가지 등을 훌륭하게 만들어 보내오셨다. 지난해에는 고세치 행사 등이 중지되어서◉ 뭔가 허전한 마음이 들었던 터라, 올해에는 당상관들도 여느 때보다 더 화려하게 행사를 치르려고 마음먹고 계셨다. 무희를 바치는 가문 가문들마다 서로 경쟁하듯, 실로 만사 더할 나위 없이 훌륭하게 준비하고 계시다는 평판이었다. 공경公卿 중에서는 아제치노 다이나곤按察大納言, 사에몬노 가미左衛門督가 무희를 진상하시었고, 당상관 중에서는 현재 오우미노카미近江守이자 사추벤左中弁 직을 겸임하고 있는 요시키요良清가 무희를 진상하였다. 올해엔 행사가 끝난 후 무희들이 모두 궁궐에서 천황을 모시게 될 거라는 칙명이 따로 내려졌던 터라, 각 가문에서는 딸들을 서로 무희로 바치려 하셨다.

◉…전년에는 국모인 후지쓰보 중궁藤壺中宮이 서거해서 행사가 중지됨.

II

무희로는 고레미쓰 아손惟光朝臣인 셋쓰摂津……

겐지가 후원하는 무희로는 셋쓰노카미摂津守이자 사쿄노다이부左京大夫를 겸직한 고레미쓰 아손惟光朝臣의 딸로, 용모가 몹시 아름답다고 소문이 자자한 아가씨가 선발되었다. 고레미쓰는 당혹해했지만, "아제치노 다이나곤은 측실 소생의 딸을 진상한다 하는데, 그대 아손은 귀히 아끼는 딸을 바치려 하니, 부끄러울 게 뭐가 있겠는가"라고 주변에서 재촉하자, 고레미쓰는 곤란해하면서도, 이왕 그럴 거라면 그대로 궁중에서 천황을 모시게 할 요량으로 보내기로 결심하였다. (「소녀 권」 pp.58~60)

「반딧불이 蛍」

国宝『源氏物語絵巻』詞書

I

……人ざま容貌(かたち)など、いとかくしも具(ぐ)したらむと、え推しはかり給はじ、いとよくすき給ひぬべき心まどはさむと、構へ歩(あり)き給ふなりけり。

II

宮はえならぬ帷子の隙より見入れ給へるに、かくおぼえなき光のうちほのめくを、をかしと見給ふ。ほどもなく紛らはしつ……

『源氏物語』本文

I

何くれと言長き御答へ聞こえたまふこともなく思しやすらふに、寄りたまひて、御几帳の帷子を一重うちかけたまふにあはせて、さと光るもの、紙燭をさし出でたるかとあきれたり。蛍を薄きかたに、この夕つ方いと多くつつみおきて、光をつつみ隠したまへりけるを、さりげなく、とかくひきつくろふやうにて。にはかにかく掲焉に光れるに、あさましくて、扇をさし隠したまへるかたはら目いとをかしげなり。おどろかしき光見えば、宮ものぞきたまひなむ、わがむすめと思すばかりのおぼえに、かくまでのたまふなめり、人ざま容貌など、いとかくしも具したらむとは、え推しはかりたまはじ、いとよくすきたまひぬべき心まどはさむ、と構へ歩きたまふなりけり。まことのわが姫君をば、かくしももて騒ぎたまはじ、うたてある御心なりけり。他方より、やをらすべり出でて渡りたまひぬ。

II

宮は、人のおはするほど、さばかりと推しはかりたまふが、すこしけ近きけはひするに、御心ときめきせられたまひて、えならぬ羅の帷子の隙より見入れたまへるに、一間ばかり隔てたる見わたしに、かくおぼえなき光のうちほのめくををかしと見たまふ。ほどもなく紛らはして隠しつ。されどほのかなる光、艶なることのつまにもしつべく見ゆ。ほのかなれど、そびやかに臥したまへりつる様体のをかしかりつるを飽かず思して、げにこのこと御心にしみにけり。(「蛍巻」pp.200~201)

I

국보『겐지모노가타리에마키』그림설명문	『겐지모노가타리』본문
(겐지源氏)'……다마카즈라玉鬘의 성품이나 용모 등마저도 이처럼 훌륭히 겸비하고 있을 거라고 호타루 친왕蛍宮은 전혀 예상하지 못하고 계시겠지. 그 호색한 마음을 좀 괴롭혀 볼까'라고 이리저리 궁리하며 돌아다니셨다.	효부쿄노미야兵部卿宮(호타루노미야蛍宮를 가리킴)가 뭔가 장황하게 연정을 호소하시는데, 다마카즈라玉鬘는 대답하시는 것조차 망설이고 계셨다. 겐지源氏께서 가까이 다가오셔서는 휘장 끝자락 한 겹◉을 걷어 올리시니, 확 빛나는 것이…… 다마카즈라는 지촉紙燭을 밝혔나 싶어 깜짝 놀랐다. 겐지는 그날 저녁 반디를 잔뜩 모아 얇은 천에 싸서 빛이 새어 나가지 않게 감추어 두셨다가, 모르는 척 다마카즈라 처소로 와서 반디를 풀어놓은 것이었다. 갑자기 이처럼 환하게 빛이 비춰지자, 다마카즈라는 당황하며 부채로 얼굴을 감추셨는데, 그 옆얼굴이 매우 아름다웠다. (겐지)'갑자기 뜻하지 않게 빛이 보이면, 미야宮(호타루 친왕)도 분명 안을 엿보려 하겠지. 내 딸이라 생각하고 그 평판만으로 이처럼 구애하는 모양인데, 그녀의 성품이나 용모 등마저도 이처럼 훌륭히 겸비하고 있을 거라고는 전혀 예상하지 못하고 계시겠지. 그 호색한 마음을 좀 괴롭혀 볼까'라고 이리저리 궁리하며 돌아다니셨다. 정말로 자기 친딸이라면 이처럼 소란 피우는 일을 하지는 않으셨겠지요. 정말이지 난감한 성품이셨다. 겐지는 다른 입구로 슬며시 빠져 나가셨다. ◉...다마카즈라가 있는 안쪽 거처와 효부쿄노미야가 앉아 있는 장소 사이에 놓여져 있는 휘장. 헤이안 시대平安時代 당시 귀족들은 남녀가 대면 시, 휘장이나 병풍, 주렴 등을 사이에 두고 만나는 것이 일반적이었다.

II

미야宮(호타루 친왕)는 아름다운 휘장 틈으로 안을 들여다보셨다. 이처럼 뜻하지 않는 빛이 그녀를 어렴풋이 비추고 있는 것을 아름답다고 생각하며 바라다보고 계셨다. 곧바로 여관들이 반딧불을 보이지 않게 감추어 버렸다……

미야는 그녀가 계시는 곳이 저쯤이련가 하고 짐작하고 계셨는데, 실제로 그보다 좀더 가까운 곳에 계시는 기척인지라 가슴을 두근거리시며 아름답고 얇은 휘장 틈으로 안을 들여다보셨다. 한 칸 정도 떨어져 환히 보이는 곳에, 이처럼 뜻하지 않는 빛이 그녀를 어렴풋이 비추고 있는 것을, 미야는 아름답다고 생각하며 바라다보고 계셨다. 곧바로 여관들이 반딧불을 보이지 않게 감추어 버렸다. 하지만 이 은은한 빛은 사랑의 실마리가 될 만한 정취였다. 순식간의 일이었지만, 미야는 늘씬한 자태로 누워 계시는 그녀의 아름다운 모습이 계속 마음에 남아 생각이 났다. 실로 겐지의 예상대로, 이 반딧불 사건으로 인해 미야는 다마카즈라에게 마음을 빼앗기고 말았다. (「반딧불이 권」 pp.200~201)

I

国宝『源氏物語絵巻』詞書

……心とて、何ばかりもあらずながら、まことにき(ママ)[弾きカ]得ることは……

『源氏物語』本文

月もなきころなれば、灯籠に大殿油まゐれり。(源氏)「なほけ近くて暑かはしや、篝火こそよけれ」とて、人召して、「篝火の台一つ、こなたに」と召す。をかしげなる和琴のある、引き寄せたまひて、掻き鳴らしたまへば、律にいとよく調べられたり。音もいとよく鳴れば、すこし弾きたまひて、(源氏)「かやうのことは御心に入らぬ筋にやと、月ごろ思ひおとしきこえけるかな。秋の夜の月影涼しきほど、いと奥深くはあらで、虫の声に掻き鳴らし合はせたるほど、け近くいまめかしき物の音なり。ことごとしき調べ、もてなししどけなしや。この物よ、さながら多くの遊び物の音、拍子をととのへとりたるなむいとかしこき。大和琴とはかなく見せて、際もなくしおきたることなり。広く異国のことを知らぬ女のためとなむおぼゆる。同じくは、心とどめて物などに掻き合はせてならひたまへ。深き心とて、何ばかりもあらずながら、またまことに弾きうることは難きにやあらん。ただ今はこの内大臣になずらふ人なしかし。ただはかなき同じすが掻きの音に、よろづの物の音籠り通ひて、いふ方もなくこそ響きのぼれ」と語りたまへ

ば、ほのぼの心得て、いかでと思すことなれば、いとどいぶかしくて……(「常夏巻」pp.229~230)

국보『겐지모노가타리에마키』그림설명문

I

……비법이라 해도 뭐 그다지 대단치 않은 것이지만, 진실로 잘 연주하는 건……

『겐지모노가타리』본문

달이 아직 뜨지 않은 무렵이라, 등롱灯籠에 불을 밝혔다. (겐지源氏)"역시 등롱불이 가까이에 있으니 무덥구나. 화톳불이 좋겠다"라 말씀하시고는 사람을 시켜 (겐지)"화톳불 대篝火の台 하나를 이리로……"라 말씀하시며 가져오게 하셨다. 곁에 있던 운치 있는 육현금和琴◉을 끌어 당기셔서 줄을 튕겨 보시니, 그 선율이 매우 잘 맞춰져 있었다. 음색도 매우 훌륭하게 울려 퍼지니, 몇 자락 연주하시고는 (겐지)"그대(다마카즈라玉鬘를 가리킴)는 이러한 음악 방면에 흥미가 없으실 거라고 제가 평소 잘못 생각하고 있었군요. 가을밤 달빛이 선선할 무렵, 건물 안에서 바깥쪽으로 나와 풀벌레 소리에 맞춰 연주를 하는 것이야말로 친근하고 화사한 느낌이 듭니다. 너무 엄숙하고 격식 차린 음률은 장황한 느낌이 들지요. 허나, 이 악기는 말이지요. 자신의 음색 그대로 다른 많은 악기들의 음률, 박자에 맞춰 어울릴 수 있다는 것이 실로 훌륭한 점이라 할 수 있지요. '일본의 거문고大和琴'(야마토고토)라는 이름 탓에 대단한 악기로 보이지 않지만, 실은 매우 정교하게 만들어진 거랍니다. 널리 이국 문물을 모르는 여인들을 위해 제작된 것이라 생각됩니다. 이왕 배울 거라면 마음을 담아 다른 악기 등과 함께 맞춰서 연습을 하십시오. 어려운 비법이란 뭐 그다지 대단치 않은 것일지 모르지만, 진실로 잘 연주하는 것이란 참으로 어려운 일이 아닐는지요. 단지 당대에는 이 내대신内大臣(도노추조頭中将, 다마카즈라의 친부)과 견줄 자가 없습니다. 다른 이와 똑같이 튕기는 음률에도 만물의 음색이 깃들어 있으니 형용할 수 없이 훌륭하게 울려 퍼지는 것입니다"라 말씀하시니, 다마카즈라는 다소 음악에 소양이 있어 반드시 훌륭하게 연주하고 싶다고 생각하던 참이라 점점 더 겐지의 이야기가 듣고 싶어서……

(「패랭이꽃 권」 pp.229~230)

◉…육현금은 일본 아악 연주에 사용하는 일본 고유의 현악기. 일본식 6줄로 된 거문고. '와곤和琴', '야마토고토大和琴', '아즈마고토東琴'라고도 한다.

「가시와기 1 柏木一」

I

国宝『源氏物語絵巻』詞書

……思して、あるまじきことと思し□、夜に隠れて出でさせ給へり。

かねてさる御消息もなく、にはかに渡りおはしまいたれば、主の院もかしこまりまし給ふ。(朱雀院)「世の中を顧るまじう思ふ給へしかども、なを惑ゐ覚めがたきものは子の道になむはべりける。念誦も怠して、もし後れ先立つ道理のさまならで長く別れなば、やがてこの恨みや形見に残らむとあいなさに、この世の譏りをば知らでなむ、かくものしはべる」など聞こえ給ふ。御容貌異にて、ものなまめかしうなつかしきさまに、うち忍びやつれ給ひて、うるはしき墨染の御姿の、あらまほしく清けに[ミセケチ]らなるも、うらやましく見たてまつり給ふ。例の、涙落とし給ふ。(源氏)「わづらひ給ふさま、ことに重き長病みにもはべらず。ただ弱り給へる御身に、あやしく若々しく物などもまいることのさらになきに、かくものし給ふ。」ありさま聞こえ給ふ。

『源氏物語』本文

山の帝は、めづらしき御事たひらかなりと聞こしめして、あはれにゆかしう思ほすに、かくなやみたまふよしのみあれば、いかにものしたまふべきにかと、御行ひも乱れて思しけり。

さばかり弱りたまへる人の物を聞こしめさで日ごろ経たまへば、いと頼もしげなくなりたまひて、年ごろ見たてまつらざりしほどよりも、院のいと恋しくおぼえたまふを、(女三宮)「またも見たてまつらずなりぬるにや」といたう泣いたまふ。かく聞こえたまふさま、さるべき人して伝へ奏せさせたまひければ、いとたへがたう悲しと思して、あるまじきこととは思しめしながら、夜に隠れて出でさせたまへり。

かねてさる御消息もなくて、にはかにかく渡りおはしまいたれば、主の院驚きかしこまりきこえたまふ。(朱雀院)「世の中を、かへり見すまじう思ひはべりしかど、なほ、まどひさめがたきものはこの道の闇になむはべりければ、行ひも懈怠して、もし後れ先だつ道の道理のままならで別れなば、やがてこの恨みもやかたみに残らむとあぢきなさに、この世の譏りをば知らで、かくものしはべる」と聞こえたまふ。御容貌異にても、なまめかしうなつかしきさまにうち忍びやつれたまひて、うるはしき御法服ならず、墨染の御姿あらまほしうきよらなるも、うらやましく見たてまつりたまふ。例の、まづ涙落としたまふ。(源氏)「わづらひたまふ御さま、ことなる御なやみにもはべらず、ただ月ごろ弱りたまへる御ありさまに、はかばかしう物などもまゐらぬつもりにや、かくものしたまふこそ」など聞こえたまふ。

II	(源氏)「かたはらいたき御座なれども」とて、御帳の前に、御褥まいりて入れたてまつり給ふ。とかく人々つくろひきこえて、床の下におろしたてまつる。御几帳すこし押しやらせ給ひて、(朱雀院)「御加持の僧など心地すれば、まだ験つくばかりの行ひにもあらぬにかたはらいたし。ただおぼつかなく思ふ給ふらむさまを、さながら見給ふべきなり。」御目おし拭はせ給ふ。	(源氏)「かたはらいたき御座なれども」とて、御帳の前に、御褥まゐりて入れたてまつりたまふ。宮をも、とかう人々つくろひきこえて、床の下におろしたてまつる。御几帳すこし押しやらせたまひて、(朱雀院)「夜居加持僧などの心地すれど、まだ験つくばかりの行ひにもあらねばかたはらいたけれど、ただ、おぼつかなくおぼえたまふらむさまを、さながら見たまふべきなり」とて、御目おし拭はせたまふ。
III	宮も、いとや弱げに泣い給ひて、(女三宮)「生くべうも思ふ給へらぬに、かく渡りおはしまいたるついでに、尼にならせ給ひてよ」ときこえ給ふ。	宮も、いと弱げに泣いたまひて、(女三宮)「生くべうもおぼえはべらぬを、かくおはしまいたるついでに、尼になさせたまひてよ」と聞こえたまふ、
IV	(朱雀院)「さる志ものし給はば、いと尊きことなるを、さすがに限らぬ命の行く末遠き、かへりて事の乱れあり、世の人にも譏らるることあるをなむ、なを憚りぬべき」とのたまふて、大殿の君に、(朱雀院)「かくなむ、進み給ふときこえ給ふ。今はきりのさまならば、片時のほどにても、その助けありぬべきさまにとなむ、思ひはべる。」とのたまはす。(源氏)「日ごろもかくなむ邪気などの人の心をたぶろかして、かかる心に進むるやうもはべなるを、などて聞き入れはべらぬなり」と聞こえ給ふ。	(朱雀院)「さる御本意あらば、いと尊きことなるを、さすがに限らぬ命のほどにて、行く末遠き人は、かへりて事の乱れあり、世の人に譏らるるやうありぬべきことになん、なほ憚りぬべき」などのたまはせて、大殿の君に、(朱雀院)「かくなむ進みのたまふを、いまは限りのさまならば、片時のほどにても、その助けあるべきさまにてとなむ思ひたまふる」とのたまへば、(源氏)「日ごろもかくなむのたまへど、邪気などの人の心たぶろかして、かかる方にすすむるやうもはべなるをとて、聞きも入れはべらぬなり」と聞こえたまふ。(「柏木巻」pp.303~306)
	국보『겐지모노가타리에마키』그림설명문	『겐지모노가타리』본문
I		산에 계신 상황山の帝(스자쿠 상황朱雀院을 가리킴)은 온나산노미야女三宮가 첫 출산을 무사히 치렀다는 소식을 듣고, 사랑스러운 마음에 만나 보고 싶어 하셨지만, 이처럼 앓고 계시다는 이야기만 전해 오니, 어찌 되셨을까 생각하며, 근행도 소홀히 하고 걱정만 하고 계셨다. 이처럼 쇠약해진 몸에 음식도 드시지 않고 세월을 보내

……라 생각하시고 스자쿠 상황朱雀院은 출가한 몸으로 해서는 안 되는 일이라 생각하시면서도 어두운 밤을 틈타 산에서 내려오셨다.

미리 아무런 연통도 없이 갑자기 찾아오셨기 때문에, 주인인 겐지源氏는 황송해하셨다. (상황)"속세의 일은 뒤돌아보지 않으려 마음먹고 있었던 것을, 그래도 역시 번뇌에서 깨어나기 힘든 건 이렇듯 자식을 위하는 부모의 길인 모양입니다. 염송도 소홀히 하다가, 만일 부모자식 순서가 뒤바뀌어 온나산노미야女三宮가 먼저 세상을 떠나는 일이 생긴다면 그 원한이 그대로 남아 원통하게 생각될 듯하여 세상의 비난도 각오하고 이렇게 찾아왔습니다"라고 말씀하셨다. 스자쿠 상황은 보통 사람들과는 달리 승려 복장을 하고 계셨다. 우아하고 부드러운 모습으로 눈에 띄지 않는 차림이셨는데, 중후한 먹물 염색을 한 옷차림이 더할 나위 없이 아름다운 모습인 것을, 겐지는 부러운 듯 바라다보고 계셨다. 겐지는 여느 때처럼 눈물을 떨구며 말씀하셨다. (겐지)"미야의 병환은 특별히 위중하고 오래된 게 아닙니다. 다만 연약하신 몸에 이상하게도 어린아이처럼 식사조차도 전혀 드시지 않으니, 이렇게 탈이 나신 겁니다"라 근황을 말씀 올렸다.

II (겐지)"누추한 자리입니다만"이라 말하며, 온나산노미야 침소의 휘장 앞에다가 방석을 마련하고는 그 안으로 안내하셨다. 여관女房들이 온나산노미야의 옷매무새를 다듬어 주고 침소 아래로 내려앉게 모시었다. 스자쿠 상황은 휘장을 약간 옆으로 제치며 (상황)"가지기도加持祈祷를 올리는 승려가 된 듯한 심정이다만, 아직 영험함이 생길 정도로

시니 몹시 앞날이 염려되는 모습이었다. 평소 아버지를 뵙지 못할 때보다 더욱 그립게 생각되어 (미야)"이제 다시 뵙지 못하는 건 아닐지"라며 몹시 흐느끼셨다. 온나산노미야가 이렇게 말씀하셨다는 걸 겐지源氏가 믿을 만한 사람을 통해 스자쿠 상황에 전하게 하니, 이를 듣고서 몹시 슬픔을 억누르기 힘들어 출가한 몸으로 해서는 안 되는 일이라 생각하시면서도 어두운 밤을 틈타 산에서 내려오셨다.

미리 아무런 연통도 없이 갑자기 찾아오셨기 때문에, 주인인 겐지는 놀라며 황송해하셨다. (상황)"속세의 일은 뒤돌아보지 않으려 마음먹고 있었던 것을, 그래도 역시 번뇌에서 깨어나기 힘든 건 이처럼 암흑 같은 부모의 길인 모양입니다. 근행도 소홀히 하다가, 만일 부모자식 순서가 뒤바뀌어 온나산노미야가 먼저 세상을 떠나는 일이 생긴다면 그 원한이 그대로 남아 처량하게 생각될 듯하여 세상의 비난도 각오하고 이렇게 찾아왔습니다"라고 말씀하셨다. 스자쿠 상황은 보통 사람들과는 달리 승려 복장을 하고 계셨다. 우아하고 부드러운 모습으로 눈에 띄지 않는 차림이셨는데, 중후한 법복法服이 아닌, 먹물 염색을 한 옷차림이 더할 나위 없이 아름다운 모습인 것을, 겐지는 부러운 듯 바라다보고 계셨다. 겐지는 여느 때처럼 먼저 눈물을 떨구며 말씀하셨다. (겐지)"미야의 병환은 특별한 것이 아닙니다. 다만 요 근래 연약하신 몸에 음식조차 제대로 드시지 않은 것이 쌓인 탓인지, 이렇게 탈이 나신 겁니다"라고 말씀 올렸다.

(겐지)"누추한 자리입니다만"이라 말하며, 온나산노미야 침소의 휘장 앞에다가 방석을 마련하고는 그 안으로 안내하셨다. 여관女房들이 온나산노미야의 옷매무새를 다듬어 주고 침소 아래로 내려앉게 모시었다. 스자쿠 상황은 휘장을 약간 옆으로 제치며, (상황)"밤새 가지기도加持祈祷를 올리는 승려가 된 듯한 심정이다만, 아직 영험함이 생길 정

	수행을 쌓지 못한 것이 안타깝구나. 다만 네가 보고 싶어 했던 아비의 모습을 잘 봐 두려무나"라며 눈가의 눈물을 훔치셨다.	도로 수행을 쌓지 못한 것이 안타깝구나. 다만 네가 보고 싶어 했던 아비의 모습을 잘 봐 두려무나"라며 눈가의 눈물을 훔치셨다.
III	온나산노미야도 몹시 힘없이 눈물을 흘리시며, (미야)"도저히 살아갈 수 없을 것 같으니 이렇게 찾아오신 김에 저를 출가시켜 주세요"라 말씀드린다.	온나산노미야도 몹시 힘없이 눈물을 흘리시며, (미야)"도저히 살아갈 수 없을 것 같으니 이렇게 찾아오신 김에 저를 출가시켜 주세요"라 말씀드린다.
IV	(상황)"출가하려는 마음가짐은 실로 존귀한 것이나, 그렇다 하더라도 목숨이란 알 수 없는 일이니, 앞길 창창한 날에 오히려 번잡한 일이 생겨 세간 사람들의 비난을 받을 수도 있다. 역시 출가는 삼가는 편이 좋겠구나"라 말씀하시고, 겐지에게는 (상황)"이렇게 출가를 청하고 있으니, 더 이상 살 수 없는 목숨이라면 얼마 남지 않은 동안이라도 출가를 시켜 공덕을 받게끔 해 주고 싶소이다"라 말씀하신다. (겐지)"요 며칠 동안 그리 말씀하고 계셨지만, 귀신이 미야의 마음을 미혹시켜 그러한 마음이 들게 한 것이라 생각하여 귀 기울이지 않고 있었습니다"라 말씀하셨다.	(상황)"출가하려는 마음가짐은 실로 존귀한 것이나, 그렇다 하더라도 아직 죽을 거라 정해진 목숨이 아니니, 앞길 창창한 날에 오히려 번잡한 일이 생겨 세간 사람들의 비난을 받을 수도 있다. 역시 출가는 삼가는 편이 좋겠구나"라 말씀하시고, 겐지에게는 (상황)"이렇게 출가를 청하고 있으니, 더 이상 살 수 없는 목숨이라면 얼마 남지 않은 동안이라도 출가를 시켜 공덕을 받게끔 해 주고 싶소이다"라 말씀하시니, (겐지)"요 며칠 동안 그리 말씀하고 계셨지만, 귀신이 미야의 마음을 미혹시켜 그러한 마음이 들게 한 것이라 생각하여 귀 기울이지 않고 있었습니다"라 말씀하셨다. (「가시와기 권」 pp.303~306)

「가시와기 2 柏木二」

	国宝『源氏物語絵巻』詞書	『源氏物語』本文
I	大将の君は、常にとぶらひきこえ給ふ。御喜びに参で給へり。おはする対のほどより、こなたの御門には、馬、車たちこみて騒ぎたり。今年となりては、起き上がることもをさをさし給はねば、乱れながらえ対面したまはじと思して (柏木)「なをこなたに入らせ給へ。いと乱がはしきさまにはべる罪は、おのづから思し許してむ」とて、臥し給へる枕上の方に、僧など出だして入れたてまつり給ふ。	大将の君、常にいと深う思ひ嘆きとぶらひきこえたまふ。御よろこびにも、まづ参でたまへり。このおはする対のほとり、こなたの御門は、馬、車たちこみ、人騒がしう騒ぎみちたり。今年となりては、起き上がることもをさをさしたまはねば、重々しき御さまに、乱れながらはえ対面したまはで、思ひつつ弱りぬることと思ふに口惜しければ、(柏木)「なほこなたに入らせたまへ。いとらうがはしきさまにはべる罪は、おのづから思しゆるされなむ」とて、臥したまへる枕上の方に、僧などしばし出だしたまひて、入れたてまつりたまふ。

II

早うより、いささか隔てたてまつるふしなくきこえかはし、睦び馴らひつる御仲なれば、悲しく恋しかるべき嘆き、親・兄弟に劣らず思したりければ、喜びとて、心地よげならましと思ふも、いと口惜しく甲斐なし。

（夕霧）「などかく甲斐なくはなり給へる。今日は、かかる御喜びに、いささか健よかに、とこそ思ひはべりつれ」とて、几帳のかたびら引き上げ給へれば、（柏木）「いと口惜しく、その人にもあらずなりはべりにたりや」とて、烏帽子ばかり引き入れて、起き上がらむとし給へど、いと苦しげなり。白き衣どもの、なつかしきあまた重ねて、衾引きかけて、御座のあたり、いと清げに、気配香ばしく、心憎く住みなし給へる。うちとけながら用意ありと見ゆ。重くわづらひたる人は、日頃重なるままには、髪、髭も乱れ、ものむつかしう気配変はるわざなるを、いよいよ痩せさらぼひ給へるしも、白くもの清げになるさまして、枕をそばだてて、臥し給へり。

早うより、いささか隔てたまふことなう睦びかはしたまふ御仲なれば、別れむことの悲しう恋しかるべき嘆き、親はらからの御思ひにも劣らず。今日はよろこびとて、心地よげならましをと思ふに、いと口惜しうかひなし。

（夕霧）「などかく頼もしげなくはなりたまひにける。今日は、かかる御よろこびに、いささかすくよかにもや、とこそ思ひはべりつれ」とて、几帳のつまを引き上げたまへれば、（柏木）「いと口惜しう、その人にもあらずなりにてはべりや」とて、烏帽子ばかり押し入れて、すこし起き上がらむとしたまへど、いと苦しげなり。白き衣どもの、なつかしうなよよかなるをあまた重ねて、衾ひきかけて臥したまへり。御座のあたりもの清げに、けはひ香ばしう、心にくくぞ住みなしたまへる、うちとけながら用意ありと見ゆ。重くわづらひたる人は、おのづから髪、髭も乱れ、ものむつかしきけはひも添ふわざなるを、痩せさらぼひたるしも、いよいよ白うあてはかなるさまして、枕をそばだてて、ものなど聞こえたまふけはひいと弱げに、息も絶えつつあはれげなり。

III

（夕霧）「久しくわづらひ給ひつるほどよりは、そこなはれ給はざりけり。常の御容貌よりは、なかなかまさりてぞ、ものし給ふ」ものから、涙落として、（夕霧）「後れ先立つ隔てもなくとこそ思ひしに、いみじくもあるかな。この御心地のさまこそ、何ごととわきはべらず。かく親しきながら、おぼつかなくなむ」とのたまふに、もの言はむとは思したれど、いと弱げに息もつき給はず。（柏木）「心には、重くなるけぢめも覚えはべらず。そこと心と苦しきこともなければ、たちまちにかくしも思ひはべらざりしを、月日も経で弱りはべりにければ、今はうつし心も失せたるやうにて。惜しげなき身を、様々引きとどめらるる心地してはべること、世の別れ、避りがたき避りがたきこと、様々になむ。親にも仕うまつりさして、今更に御心を悩まし、君に仕うまつるも、なかばのほどに、身をわたる方はまして、はかばかしからぬ恨みをとどめ

（夕霧）「久しうわづらひたまへるほどよりは、ことにいたうもそこなはれたまはざりけり。常に御容貌よりも、なかなかまさりてなむ見えたまふ」とのたまふものから、涙おし拭ひて、（夕霧）「後れ先だつ隔てなくとこそ契りきこえしか、いみじうもあるかな。この御心地のさまを、何ごとにて重りたまふとだに、え聞きわきはべらず。かく親しきほどながら、おぼつかなくのみ」などのたまふに、（柏木）「心には、重くなるけぢめもおぼえはべらず。そこ所と苦しきこともなければ、たちまちにかうも思ひたまへざりしほどに、月日も経で弱りはべりにければ、今はうつし心も失せたるやうになん。惜しげなき身をさまざまにひきとどめらるる祈祷、願などの力にや、さすがにかかづらふも、なかなか苦しうはべれば、心もてなむ、急ぎたつ心地しはべる。さるは、この世の別れ、避りがたきことはいと多うなむ。親にも仕うまつりさして、今さ

つる。大方(おほかた)の嘆きをば、さるものにて、心の内に思ひ乱るることのしげくはべるを、かかる今はのきざみに、何かは漏らすべきと思ひはべれども、なを忍びがたきことは、誰にかは愁へはべらむ。これかれものすれども、様々何事にも、心にかすめはべらず。六条院にいささかなる違ひ目ありて、月ごろの心の中に、かしこまることなむはべりしを、いと本意なく、世の中心細く思ひなり、病つきぬと思ひはべりしを、召しありて、院の御賀の頃ぼひ参りて、御気色を給はりはべりしに、なを許されなきやうに御目尻(まじり)見えはべりしに、世に長らへむこと憚りあり、あぢきなくはべりしに、心騒ぎそめはべりて、かく静まらずなりぬるになむ。

人数には思し入れざりけめど、いはけなくはべしより、頼みきこゆる事はべりしに、いかなる讒言(ざうげむ)のはべりけるにか、これなむこの世の愁へにとどめはべる。論なう、かのなにしの妨げにやと思ひはべる。事のついではべらば、御耳とめて、よろしく明らめさせ給へ。亡からむ後にも、この勘事(かうじ)許されたらむなむ、御功徳にはべるべき」などのたまふままに、いと心苦しげになりまされば、いといみじくて、心の中に思ひ合はすることもあれど、さして確かなる事は、え推しはかりやらず。

らに御心どもを悩まし、君に仕うまつることもなかばのほどにて、身をかへりみる方、はた、ましてはかばかしからぬ恨みをとどめつる、おほかたの嘆きをばさるものにて、また心の中に思ひたまへ乱るることのはべるを、かかるいまはのきざみにて、何かは漏らすべきと思ひはべれど、なほ忍びがたきことを誰にかは愁へはべらむ。これかれあまたものすれど、さまざまなることにて、さらに、かすめはべらむもあいなしかし。六条院にいささかなる事の違ひ目ありて、月ごろ、心の中に、かしこまり申すことなむはべりしを、いと本意なう、世の中心細う思ひなりて、病づきぬとおぼえはべしに、召しありて、院の御賀の楽所の試みの日参りて、御気色を賜りしに、なほゆるされぬ御心ばへあるさまに御目尻を見たてまつりはべりて、いとど世にながらへむことも憚り多うおぼえなりはべりて、あぢきなう思ひたまへしに心の騒ぎそめて、かく静まらずなりぬるになむ。人数には思し入れざりけめど、いはけなうはべし時より、深く頼み申す心のはべりしを、いかなる讒言などのありけるにかと、これなむこの世の愁へにて残りはべるべければ、論なう、かの後の世の妨げにもやと思ひたまふるを、事のついではべらば、御耳とどめて、よろしう明らめ申させたまへ。亡からむ後にも、この勘事ゆるされたらむなむ、御徳にはべるべき」などのたまふままに、いと苦しげにのみ見えまされば、いみじうて、心の中に思ひあはすることどもあれど、さしてたしかにはえしも推しはからず。

IV

(夕霧)「いかなる御心の鬼にか。さらに、さやうなる御気色もなく、かく重りた[重りにカ]給ふ御心地を聞きおどろき嘆き給ふこと、限りなくこそ口惜しがりまし給ふめりしか」など、聞え給ふとや。

(夕霧)「いかなる御心の鬼にかは。さらにさやうなる御気色もなく、かく重りたまへるよしをも聞きおどろき嘆きたまふこと、限りなうこそ口惜しがり申したまふめりしか。など、かく思すことあるにては、今まで残いたまひつらむ。こなたかなた明らめ申すべかりけるものを。いまは、言ふかひなしや」とて、とり返さまほしう悲しく思さる。(「柏木巻」pp.312~317)

	국보 『겐지모노가타리에마키』 그림설명문	『겐지모노가타리』 본문
I	다이쇼 님大将の君(유기리夕霧를 가리킴)은 가시와기柏木 병문안으로 늘 들르곤 하셨는데, 이번에는 승진을 축하하러 찾아와 주셨다. 가시와기가 기거하는 다이노야対屋 건물 주변부터 이곳 문에 이르기까지 말이나 수레가 꽉 들어차 소란스러웠다. 가시와기는 올해 들어 몸을 일으키는 일조차도 제대로 할 수 없었기에, 흐트러진 모습으로는 대면하지 않으리라 생각하셨지만, (가시와기)"그래도 예전처럼 이리로 들어와 주십시오. 이토록 흐트러진 차림새로 만나 뵙는 무례는 관대히 봐주시리라 생각합니다"라 말씀을 건네시며, 승려 등을 밖으로 내보내시고 누워 계시는 머리맡 위로 유리기를 들이셨다.	다이쇼 님大将の君(유기리夕霧를 가리킴)은 늘 가시와기柏木의 병환을 깊이 걱정하시며 병문안을 하셨는데, 이번에는 승진을 축하하러 제일 먼저 찾아와 주셨다. 가시와기가 기거하는 다이노야対屋 건물 주변이나 이곳 문에는 말이나 수레가 꽉 들어차 사람들로 웅성웅성 소란스러웠다. 가시와기는 올해 들어 몸을 일으키는 일조차도 제대로 할 수 없었기에, 높은 신분인 유기리를 흐트러진 모습으로는 대면할 수 없다고 생각하면서도, 이대로 목숨이 소진해져 갈 것을 생각하니 아쉬워서, (가시와기)"그래도 예전처럼 이리로 들어와 주십시오. 이토록 흐트러진 차림새로 만나 뵙는 무례는 관대히 봐주시리라 생각합니다"라 말씀을 건네시며, 승려 등을 잠시 밖으로 내보내시고 누워 계시는 머리맡 위로 유리기를 들이셨다.
II	일찍이 두 사람은 매우 격의 없이 서로 마음을 나누는 친밀하고 익숙한 사이인지라, 슬퍼하고 그리워하며 한숨짓는 건 부모형제에도 뒤지지 않으셨다. 그러기에 승진 축하 소식에 가시와기가 기운을 차리고 있으리라 생각하고 있었던 것을, 이런 가시와기의 모습을 보게 되니 유기리는 몹시 가슴 아프고 허망했다. (유기리)"어찌 이리 허약해지셨습니까? 이처럼 경사스러운 소식에 오늘은 조금이라도 원기를 되찾았을 거라 생각하고 있었는데……"라 말씀을 건네시면서 휘장의 천을 걷어 올렸다. (가시와기)"몹시 한스러운 일입니다만, 예전의 나와는 완전히 딴사람이 되어 버리고 말았습니다"라며 두건烏帽子만을 뒤집어쓰고서 몸을 일으키려 하셨지만, 몹시 고통스러운 모습이었다. 자주 입었던 하얀 옷들을 겹겹이 껴입고는 이불을 덮고 계시는데, 그 이부자리 근처는 매우 깨끗이 정돈되어 있고 훈향이 그윽하여 우아하게 지	일찍이 두 사람은 매우 격의 없이 친밀하게 서로 마음을 나누는 사이인지라, 헤어지는 걸 슬퍼하고 그리워하며 한숨짓는 건 부모형제의 마음에도 뒤지지 않으셨다. 그러기에 오늘은 승진 축하 소식에 가시와기가 기운을 차리고 있으리라 생각하고 있었는데, 이런 가시와기의 모습을 보게 되니 유기리는 몹시 가슴 아프고 허망했다. (유기리)"어찌 이리 쇠약해지셨습니까? 이처럼 경사스러운 소식에 오늘은 조금이라도 원기를 되찾았을 거라 생각하고 있었는데……"라 말씀을 건네시면서 휘장의 끝자락을 걷어 올렸다. (가시와기)"몹시 한스러운 일입니다만, 예전의 나와는 완전히 딴사람이 되어 버리고 말았습니다"라며 두건烏帽子만을 눌러쓰고서 간신히 몸을 일으키려 하셨지만, 몹시 고통스러운 모습이었다. 자주 입었던 보드라운 하얀 옷들을 겹겹이 껴입고는 이불을 덮고 누워 계셨다. 그 이부자리 근처는 매우 깨끗이 정돈되어 있고 훈

내는 모습이셨다. 꾸미지 않은 병상이었지만, 고상한 정취는 잃지 않은 듯 보였다. 중병을 앓고 있는 사람은 나날이 병세가 악화될수록 머리나 수염도 지저분해지고 보기 흉한 모습으로 변하기 마련인 것을, 가시와기는 점점 더 야위고 초췌해지시는 것조차도 오히려 창백하고 아름다운 모습으로 병상에서 베개를 세우고 누워 계셨다.

향이 그윽하여 우아하게 지내고 계시는 모습이 꾸미지 않은 병상이었지만, 고상한 정취는 잃지 않은 듯 보였다. 중병을 앓고 있는 사람은 자연히 머리나 수염도 지저분해지고 보기 흉한 모습이 더해져 가는 법인데, 가시와기는 점점 더 야위고 초췌해지시는 것조차도 오히려 창백하고 기품 있는 모습이셨다. 병상에서 베개를 세우고 말씀하시는 모양새가 몹시 쇠진한 듯 숨도 띄엄띄엄 끊어질 듯하시니, 실로 가슴 아픈 일이었다.

III

(유기리)"오래 병상에 계신 것치고는 얼굴이 상하지 않은 것 같군요. 평상시 모습보다 오히려 나은 것 같습니다"라고 유기리는 말씀하시면서도 눈물을 떨구신다. (유기리)"서로 한날한시에 죽자고 생각하고 있었건만, 몹시 애석한 일입니다. 병세가 왜 이리 되었는지 알 수가 없군요. 이렇듯 막역한 사이이건만, 단지 그 이유가 궁금할 따름입니다"라 말씀하시자, 가시와기는 말을 꺼내려 하셨지만, 몹시 허약해진 탓인지 숨조차 제대로 쉬지 못하셨다. (가시와기)"제 심중으로도 왜 이리 제 병세가 중히 되었는지 그 원인을 알 수 없습니다. 그다지 마음속에 괴로운 일도 없었기에 갑작스레 이리 되리라고는 생각지도 못하고 있었는데, 며칠도 지나지 않아 쇠약해져 버리니, 지금은 살아 있는 것 같지도 않는 심정입니다. 아쉬울 것도 없는 몸을 어떻게든 부지해 가고 있는 심정인 것을, 그래도 이 세상과 헤어지려 하니 떠나기 아쉬운, 떠나기 아쉬운 일이 이것저것 있군요. 부모에게 효도도 족히 하지 못하고 지금까지 걱정만 끼치고 있으니…… 주상을 모시는 일도 제대로 하지 못하고 이 한 몸 살아온 평생 제대로 뜻한 바를 이루지 못했다는 한恨만을 남기게 되었으니…… 하지만 이런 누구나 갖는 후회는 제쳐 놓는다고 하더라도, 내 마음속 깊이 고민이 되는 일이 있습니다. 이렇게 마지막 가는 길에 새삼스레 말을 꺼낼 필요가 있나 하는 생각도 들지

(유기리)"오래 병상에 계신 것치고는 그리 심하게 얼굴이 상하지 않은 것 같군요. 평상시 모습보다 오히려 나아 보이십니다"라고 유기리는 말씀을 건네시면서도 눈물을 훔치신다. (유기리)"서로 한날한시에 죽자고 맹세하였는데, 몹시 애석한 일입니다. 병세가 왜 이리 중히 되었는지 도대체 알 수가 없군요. 이렇듯 막역한 사이이건만, 단지 그 이유가 궁금할 따름입니다"라 말씀하시자, (가시와기)"제 심중으로도 왜 이리 제 병세가 중히 되었는지 그 원인을 알 수 없습니다. 그다지 괴로운 일도 없었기에 갑작스레 이리 되리라고는 생각지도 못하고 있었는데, 며칠도 지나지 않아 쇠약해져 버리니, 지금은 살아 있는 것 같지도 않는 심정입니다. 아쉬울 것도 없는 몸을 어떻게든 부지해 보려고 기도, 발원 등을 한 효험인지 그래도 살아남아 있는 것도 오히려 괴롭게 여겨지기에, 스스로 일찍 세상을 뜨고 싶은 심정입니다. 그렇지만 이 세상과 헤어지려 하니 떠나기 아쉬운 일이 몹시 많이 있군요. 부모에게 효도도 족히 하지 못하고 지금까지 걱정만 끼치고 있으니…… 주상을 모시는 일도 제대로 하지 못하고 이 한 몸을 되돌아보니 이 또한 제대로 뜻한 바를 이루지 못했다는 한恨만을 남기게 되었으니…… 하지만 이런 누구나 갖는 후회는 제쳐 놓는다고 하더라도, 또한 내 마음속 깊이 고민이 되는 일이 있습니다. 이렇게 마지막 가는 길에 새삼스레 말

만, 이처럼 마음에 담아 두기 어려운 비밀을 당신 이외에 그 누구에게 털어놓겠습니까? 여기저기 피붙이가 있긴 하지만, 매사 모든 일에 관해 내 마음을 털어놓을 자가 없습니다. 로쿠조인 님六条院(겐지源氏를 가리킴)께는 조금 불미스러운 잘못을 저질러 몇 달 동안 마음속으로 송구스럽게 생각하는 일이 있었습니다만, 나로서는 전혀 본심이 아니었습니다. 이렇듯 세상에 살아 있는 것조차 불안하게 생각되어 병이 걸린 거라 생각됩니다. 그러던 차에 겐지 님의 부름이 있어, 상황 전하의 생신 축하연 때에 찾아뵙고 안색을 뵈었는데, 역시 용서하지 않은 듯이 매서운 눈초리로 절 노려보시더군요. 그날 이후로, 전 이 세상에 살아남아 있는 것이 두려워졌습니다. 이젠 어쩔 도리가 없다는 생각이 들자, 마음이 산란해져 결국 이렇게 안정을 찾지 못하게 되었습니다. 겐지 님께서는 절 대단치 않게 생각하셨겠지만, 전 어릴 적부터 겐지 님을 믿고 따랐었는데, 어떤 이간질이 있었던 듯 그것만이 이 세상의 한으로 남습니다. 필경 저세상으로 가는 길에 장애가 되겠지요. 혹여 기회가 생기면 이 말을 기억해 두었다가 겐지 님께 잘 말씀드려 주십시오. 내가 죽은 후에라도 용서를 받을 수 있다면 당신의 공덕으로 알겠습니다"라 말씀하시는 도중에도 가시와기는 고통이 더욱 심해지는 모습이었기에, 유기리는 몹시 안쓰럽게 생각하였다. 마음속으로 짐작이 가는 일도 있긴 했지만, 정확한 일은 헤아릴 길이 없었다.

을 꺼낼 필요가 있나 하는 생각도 들지만, 이처럼 마음에 담아 두기 어려운 비밀을 당신 이외에 그 누구에게 털어놓겠습니까? 여기저기 피붙이가 많이 있긴 하지만, 이런 저런 사정이 있어 내 마음을 넌지시 털어놓는 것도 부질없는 일입니다. 로쿠조인 님六条院(겐지源氏를 가리킴)께는 조금 불미스러운 잘못을 저질러 몇 달 동안 마음속으로 송구스럽게 생각하는 일이 있었습니다만, 나로서는 전혀 본심이 아니었습니다. 이렇듯 세상에 살아 있는 것조차 불안하게 생각되어 병이 걸린 거라 생각됩니다. 그러던 차에 겐지 님의 부름이 있어, 상황 전하의 생신 축하연 무렵 가쿠소楽所(아악을 관장하던 관청)의 시연 날에 찾아뵙고 안색을 뵈었는데, 역시 용서하지 못하는 심정이신 듯, 매서운 눈초리로 절 노려보시더군요. 그날 이후로, 전 점점 더 이 세상에 살아남아 있는 것조차 두렵게 느껴졌습니다. 이젠 어쩔 도리가 없다는 생각이 들자, 마음이 산란해져 결국 이렇게 안정을 찾지 못하게 되었습니다. 겐지 님께서는 절 대단치 않게 생각하셨겠지만, 전 어릴 적부터 겐지 님을 깊이 믿고 따르는 마음이었는데, 어떤 이간질이 있었던 듯합니다. 그것만이 이세상의 한으로 남아 저세상으로 가는 길에 틀림없이 장애가 될 듯하니, 혹여 기회가 생기면 이 말을 기억해 두었다가 겐지 님께 잘 말씀드려 주십시오. 내가 죽은 후에라도 용서를 받을 수 있다면 당신의 공덕으로 알겠습니다"라 말씀하시는 도중에도 가시와기는 고통이 더욱 심해지는 모습이었기에, 유기리는 안쓰럽게 생각하였다. 마음속으로 짐작이 가는 일들이 있긴 했지만, 정확하게는 헤아릴 수가 없었다.

IV

(유기리)"어찌 그리 자신을 책망하십니까? 아버님은 전혀 그런 기색도 없으셨고 이처럼 위중해지신 그대의 병중에 관해 들으시고 놀라 걱정하시며 더할 나위 없이 안타까워하시는 듯한 모습이셨습니다"라 말씀하셨다고 전해진다.

(유기리)"어찌 그리 자신을 책망하십니까? 아버님은 전혀 그런 기색도 없으셨고 이처럼 그대가 위중해지셨다는 소식을 듣고 놀라 걱정하시며 더할 나위 없이 안타까워하시는 듯한 모습이셨습니다. 어찌 그처럼 고민이 있으시면서

여태껏 내게 털어놓지 않으셨습니까? 양쪽 간에 진위를 확실히 밝혀 두어야 했을 것을…… 지금에 와서 말해도 소용없지 않은가"라며 예전으로 시간을 되돌리고 싶어 하며 슬퍼하셨다. (「가시와기 권」 pp.312~317)

「가시와기3 柏木三」

	国宝『源氏物語絵巻』詞書	『源氏物語』本文
I		御五十日に餅まゐらせたまはむとて、かたちことなる御さまを、人々、いかになど聞こえやすらへど、院渡らせたまひて、(源氏)「何か。女にものしたまはばこそ、同じ筋にていまいましくもあらめ」とて、南面に小さき御座などよそひてまゐらせたまふ。 御乳母いとはなやかに装束きて、御前の物、色々を尽したる籠物、檜破子の心ばへどもを、内にも外にも、本の心を知らぬことなれば、とり散らし、何心もなきを、いと心苦しうまばゆきわざなりやと思す。
II		宮も起きゐたまひて、御髪の末のところせう広ごりたるを、いと苦しと思して、額など撫でつけておはするに、几帳を引きやりてゐたまへば、いと恥づかしうて背きたまへる、いとど小さう細りたまひて、御髪は惜しみきこえて長うそぎたりければ、背後はことにけぢめも見えたまはぬほどなり。すぎすぎ見ゆる鈍色ども、黄がちなる今様色など着たまひて、まだありつかぬ御かたはら目、かくてしもうつくしき子どもの心地して、なまめかしうをかしげなり。 (源氏)「いで、あな心憂。墨染こそ、なほ、いとうたて目もくるる色なりけれ。かやうにても見たてまつることは絶ゆまじきぞかしと思ひ慰めはべれど、古りがたうわりなき心地する涙の人わろさを、いと、かう、思ひ棄てられたてまつる身の咎に思ひなすも、さまざまに胸いたう口惜しくなむ。取り返すものにもがなや」と、うち嘆きたまひて、(源氏)「今はとて思し離れば、まことに御心と厭ひ棄てたまひけると、恥づかしう心憂くなむおぼゆべき。なほ

あはれと思せ」と聞こえたまへば、(女三宮)「かかるさまの人は、もののあはれも知らぬものと聞きしを、ましてもとより知らぬことにて、いかがは聞こゆべからむ」とのたまへば、(源氏)「かひなのことや。思し知る方もあらむものを」とばかりのたまひさして、若君を見たてまつりたまふ。

III

御乳母たちは、やむごとなくめやすきかぎりあまたさぶらふ。召し出でて、仕うまつるべき心おきてなどのたまふ。(源氏)「あはれ、残り少なき世に生ひ出づべき人にこそ」とて、抱きとりたまへば、いと心やすくうち笑みて、つぶつぶ肥えて白ううつくし。

大将などの児生ひほのかに思し出づるには似たまはず。女御の御宮たち、はた、父帝の御方ざまに、王気づきて気高うこそおはしませ、ことにすぐれてめでたうしもおはせず。この君、いとあてなるに添へて愛敬づき、まみのかをりて、笑がちなるなどをいとあはれと見たまふ。思ひなしにや、なほいとようおぼえたりかし。ただ今ながら、まなこゐののどかに、恥づかしきさまもやう離れて、かをりをかしき顔ざまなり。宮は、さしも思しわかず、人、はた、さらに知らぬことなれば、ただ一ところの御心の中にのみぞ、あはれ、はかなかりける人の契りかなと見たまふに、おほかたの世の定めなさも思しつづけられて、涙のほろほろとこぼれぬるを、今日は事忌すべき日をとおし拭ひ隠したまふ。

(源氏)「静かに思ひて嗟くに堪へたり」とうち誦じたまふ。五十八を十とり棄てたる御齢なれど、末になりたる心地したまひて、いとものあはれに思さる。「汝が爺も」とも、諌めまほしう思しけむかし。

IV

(源氏)「この事の心を知れる女房の中にもあらむかし。その人と知らぬこそ、おこなれと見る人々はあらむかし」と安からずは思せど、(源氏)「御ための咎ならむことはあへなむ、女房のためこそ、いとをしけれ」など思して、色にも出だし給はぬに、

この事の心知れる人、女房の中にもあらむかし、知らぬこそねたけれ、をこなりと見るらん、と安からず思せど、わが御咎あることはあへなむ、二つ言はむには、女の御ためこそいとほしけれ、など思して、色にも出だしたまはず。

V	いと何心なく物語して笑ひ給ふ君、口つきなどのうつくしきが、(源氏)「心知らざらむ人は、いかがあらむ。なを、いとよくたよひたりけり」と見給ふ。(源氏)「親たちの、子だにあれかしと泣き給ふらむにも見せず、人知れぬ形見ばかりをとどめおきて、さばかり思ひ上がり、およすけたりし身を、心もて失ひつるよ」とあはれに悲しければ、めざましかりし心も引き返し、嘆かれ給ふ。	いと何心なう物語して笑ひたまへる、まみ口つきのうつくしきも、心知らざらむ人はいかがならむ、なほ、いとよく似通ひたりけり、と見たまふに、親たちの、子だにあれかしと泣いたまふらむにもえ見せず、人知れずはかなき形見ばかりをとどめおきて、さばかり思ひあがりおよすけたりし身を、心もて失ひつるよ、とあはれに惜しければ、めざましと思ふ心もひき返し、うち泣かれたまひぬ。
VI		人々すべり隠れたるほどに、宮の御もとに寄りたまひて、(源氏)「この人をばいかが見たまふや。かかる人を棄てて、背きはてたまひぬべき世にやありける。あな心憂」とおどろかしきこえたまへば、顔うち赤めておはす。
VII	(源氏)「誰が世にか種はまきしと人問はばいかが岩根の松は答へむ」	(源氏)「誰が世にか種はまきしと人問はばいかが岩根の松はこたへむ」
VIII		あはれなり」など忍びて聞こえたまふに、御答へもなうて、ひれ臥したまへり。ことわりと思せば、強ひても聞こえたまはず。いかに思すらむ、もの深うなどはおはせねど、いかでかはただには、と推しはかりきこえたまふも、いと心苦しうなむ。 (「柏木巻」pp.320~325)

	국보『겐지모노가타리에마키』 그림설명문	『겐지모노가타리』 본문
I		가오루薫가 태어난 지 오십 일째가 되어 떡을 올리는 축하연 날, 여관女房들은 출가한 온나산노미야女三宮를 그 자리에 배석시키는 것이 좋을지 주저하고 있던 와중에, 겐지源氏께서 그곳으로 건너오셔서는 (겐지)"그럴 필요 없느니라. 여아女兒라면 같은 여자라, 어머니 운명을 닮을까 불길한 마음이 들기도 하겠지만……"이라 말씀하시며, 정전의 남쪽南面에 조그마한 자리 등을 마련하고 떡을 차리게 하셨다.

유모가 실로 화려하게 차려입고, 연회 음식 등을 여러 빛깔의 바구니籠物, 노송나무로 만든 상자檜破子에 취향껏 담아 주렴 안쪽, 바깥쪽에 즐비하게 차려 놓았다. 여관들은 가오루의 출생의 비밀을 모르는지라 들떠서 왔다 갔다 하는데, 겐지께서는 그 모습을 바라다보시며, 실로 괴로워 눈을 돌리고 싶은 심정이 드셨다.

II

온나산노미야도 자리에서 일어나서 머리 끝자락이 이리저리 퍼져 있는 것을 귀찮아하시며, 얼굴 양 옆의 머리카락을 매만지고 계셨다. 그때, 겐지가 휘장을 밀어제치고 앉으시자, 미야는 실로 거북해하며 돌아 앉으셨다. 한층 더 작고 가냘프신 모습이셨다. 미야의 긴 머리카락이 아까워 보였는지 출가할 때 길이를 조금만 잘랐기 때문에, 뒤에서 보면 여승인지 언뜻 구분하기 어려울 정도였다. 겹겹이 겹쳐진 잿빛 승복에, 요즘 유행하는 황색 빛깔의 겉옷 등을 입으시고 아직 여승으로 보이지 않는 그녀의 옆얼굴 또한, 오히려 귀여운 소녀 같은 느낌이라 신선하고 아름다워 보였다.

(겐지)"아아. 이 얼마나 무정한 일입니까. 잿빛 승복이야말로 역시 몹시도 불쾌하고 눈앞이 캄캄해지는 색인 듯합니다. 이처럼 출가한 모습일지라도 계속 뵐 수 있다는 사실에 스스로 위안 삼고 있지만, 그래도 참을 수가 없어 보기 흉하게 계속 눈물만 흐릅니다. 이처럼 완전히 당신에게 버려진 것도 이 몸의 응보라 생각하니, 여러모로 가슴 아프고 아쉬운 일입니다. 다시 돌이키고 싶습니다"라 한숨지으시면서, (겐지)"이제 정말 마지막이라 생각하시고 저를 버리신다면 마음속 깊이 절 싫어해서 떠나시는 거라 생각돼 부끄럽고 비참하게 생각될 겁니다. 부디 저를 가엾게 여겨 주십시오"라 말씀드린다. (미야)"이처럼 출가한 몸은 남녀의 정리情理와는 인연이 없는 자라 들어왔습니다. 하물며 본디 이러한 방면에 어두운 저로서는 어찌 대

답해야 할지 모르겠습니다"라 답하시니, (겐지)"말한 보람이 없군요. 잘 아실 만한 일(가시와기柏木와의 불륜 사건)도 계실 터인데……"라고만 말씀하시고는, 어린 가오루를 바라다보셨다.

III

가오루의 유모도 신분이 높고 용모가 뛰어난 자로만 골라 여럿이 시중들고 있었다. 겐지는 그들을 불러서 가오루를 모실 때의 마음가짐 등에 대해 일러 두셨다. (겐지)"아아, 내 생이 얼마 남지 않았건만, 이 갓난아이를 키워야 하다니"라 말씀하시며 아이를 안으시자, 아이는 전혀 낯도 가리지 않고 방글방글 웃는 그 모습이 통통하게 살이 올라 뽀얗고 귀여웠다.

유기리 다이쇼夕霧大将(겐지의 장남) 등의 어릴 적을 어렴풋이 떠올려 보지만, 가오루와는 닮지 않으셨다. 아카시뇨고明石女御(겐지의 딸로 금상 천황의 비妃)의 황자들 또한, 부친인 금상 천황의 핏줄을 이어받아 황족답게 고귀한 모습이셨지만, 특별히 빼어나게 아름다우신 건 아니었다. 그런데, 이 아이는 몹시 기품이 있는 데다 애교가 있고 눈가가 따뜻하게 웃음을 머금고 있는 모습인지라, 겐지는 이를 매우 애처롭게 바라다보셨다. 그렇게 생각한 탓인지, 역시 가시와기와 매우 닮아 있었다. 갓난아이인데도 벌써부터 눈매가 온화하고 옆 사람이 기가 죽을 정도로 예사롭지 않은 모습으로 향기를 머금은 듯한 아름다운 얼굴이었다. 온나산노미야는 이 아이가 가시와기와 서로 닮아 있다고도 느끼지 못하셨고 다른 사람들 또한, 알아채지 못했지만, 단지 겐지 한 분만이 심중으로 '아아, 덧없는 인간의 숙명이로고'라 생각하시며, 이 세상의 무상함이 절로 떠올라 눈물이 주르르 떨어지셨지만, 오늘은 불길한 건 피해야 하는 날이기에 눈물을 훔치며 감추셨다.

(겐지)"조용히 생각하고 슬픔을 견디나니"◉라는 백락천白樂天의 시구를 읊조리신다. 백락천이 이 시를 쓴 건 58

세로, 겐지는 그보다 10살이나 더 젊은 나이셨지만, 이미 본인도 황혼기에 접어든 심정이 들어 마음속 깊이 애수를 느끼셨다. "네 아비를 (닮지 말거라)"◉◉라 일러두고 싶으셨던 것일까요.

◉…백락천白樂天이 58세 남아를 얻어 아버지가 되었을 무렵 지은 시의 일부를 인용한 것. 『백씨문집白氏文集』 제58권 칠언율시七言律詩 「자조自嘲」의 문구 "오십팔 세 늙은이에게 후사가 생겼다. 조용히 생각하고 기쁨을 억누르며 또한 슬픔을 견디나니五十八翁方有後 静思堪喜亦堪嗟"에서 "기쁨을 억누르며堪喜" 부분을 의식적으로 삭제한 것으로 보인다.

◉◉…위의 시의 뒷부분 "부디 완고하고 어리석은 너의 아비를 닮지 말거라愼頑愚汝爺勿似"를 인용한 것.

IV

(겐지源氏)'이 중에는 사건의 내막을 아는 여관女房도 있을 것이다. 그게 누구인지 내가 알아채지 못하는 걸 어리석다고 비웃는 자들도 있겠지'라고 생각하니, 겐지는 마음속이 편치 않았지만, (겐지)'나의 실책이 웃음거리가 되는 것은 참을 만하다. 그 여관이야말로 가엾게 되었구나'라 생각하시고 안색에 드러내지 않으셨다.

(겐지)'이 중에는 사건의 내막을 아는 여관도 있을 것이다. 그걸 알지 못하는 것이 유감스럽구나. 나를 어리석은 자라 여기고 있겠지'라고 마음속이 편치 않았지만, (겐지)'나의 실책이 웃음거리가 되는 것은 참을 만하다. 어느 쪽인가 하면, 여자인 온나산노미야 쪽이 가엾은 일이다'라 생각하시고 안색에 드러내지 않으셨다.

V

가오루薫가 매우 천진난만한 얼굴로 옹알거리며 방긋방긋 웃으시는데, 그 입가가 귀여웠다. (겐지)'사정을 모르는 자가 어찌 눈치챌 수 있겠는가. 정말이지 참으로 생부와 닮았구나'라 생각하며, 가오루를 바라다보신다. (겐지)'가시와기柏木 양친께서 하다못해 아이라도 있었더라면 하고 눈물짓고 계실 터인데, 이 아이를 보여 드리지도 못하는구나. 아무도 모르게 이 아이 하나만을 남겨 두고 그처럼 품위 있고 잘난 젊은이가 스스로 몸을 망쳐 버리다니'라 생각하니, 가엾고 슬픈 마음이 들어, 겐지는 가시와기를 괘씸하게 여기던 마음도 사라지고 한숨만 짓고 계셨다.

가오루가 매우 천진난만하게 옹알거리며 방실거리시는데, 그 눈매와 입가가 귀여웠다. (겐지)'사정을 모르는 자가 어찌 눈치챌 수 있겠는가. 정말이지 참으로 생부와 닮았구나'라 생각하며, 가오루를 바라다보신다. (겐지)'가시와기 양친께서 하다못해 아이라도 있었더라면 하고 눈물짓고 계실 터인데, 이 아이를 보여 드리지도 못하는구나. 아무도 모르게 덧없이 이 아이 하나만을 남겨 두고 그처럼 품위 있고 잘난 사람이 스스로 몸을 망쳐 버리다니'라 생각하니, 가엾고 안타까운 마음이 들어, 겐지는 가시와기를 괘씸하게 생각하던 마음도 사라지고 절로 눈물을 떨구셨다.

VI

여관들이 슬며시 물러나 자리를 비운 사이에 겐지는 온나산노미야 곁으로 다가가서 (겐지)"이 아이를 어찌 보십니까? 이처럼 귀여운 아이를 버리면서까지 세상과 등져야 할 무슨 사연이라도 있으셨던가요? 아아 무정도 해라"라고 말을 거시니, 온나산노미야는 얼굴을 붉히며 계셨다.

VII

(겐지)
누가 이 세상에
이런 씨앗을 뿌렸냐고
사람들이 묻는다면
바위에 난 소나무 같은 이 아이는
뭐라 대답할 것인가

(겐지)
누가 이 세상에
이런 씨앗을 뿌렸냐고
사람들이 묻는다면
바위에 난 소나무 같은 이 아이는
뭐라 대답할 것인가

VIII

가엾은 일입니다"라고 나즈막이 말씀하시니, 온나산노미야는 차마 대답하지 못하시고 엎드려 버리셨다. 겐지는 그럴 만하다고 여기셨는지 더 이상 말씀을 건네시지 않으셨다. (겐지)'무슨 생각을 하고 계신 걸까? 본디 사려가 깊은 분은 아니지만, 그래도 설마 태연하게 있을 수는 없으시겠지'라 온나산노미야의 심중을 추측해 보는 것도 실로 가슴 아픈 일이었다. (「가시와기 권」 pp.320~325)

「횡적 横笛」

国宝『源氏物語絵巻』詞書

I

横笛

この児君いたく怯(おび)えて泣き給ひて、つだみなどをし給へば、乳母も上も起き居て騒ぎ給ふ。つぶつぶと肥え、美しき御胸を開け給ひて、白く美しき御乳のかはらなるを、心をやりてくくめ慰め給ふ。児君も、をかしく美しき君なれば、男君も起き居給ひて、(夕霧)「いかなりつることぞ」などのたまふ。騒がしき夢のさ[ミセケチ]あはれも覚めぬ。

『源氏物語』本文

この君いたく泣きたまひて、つだみなどしたまへば、乳母も起き騒ぎ、上も御殿油近く取り寄せさせたまて、耳はさみしてそそくりつくろひて、抱きてゐたまへり。いとよく肥えて、つぶつぶとをかしげなる胸をあけて乳などくくめたまふ。児も、いとうつくしうおはする君なれば、白くをかしげなるに、御乳はいとかはらかなるを、心をやりて慰めたまふ。男君も寄りおはして、(夕霧)「いかなるぞ」などのたまふ。撒米し散らしなどして乱りがはしきに、夢のあはれも紛れぬべし。

II	女君、(雲居雁)「いまめかしき御歩きにあくがれ給ひて、夜深き御月めでに、例の物の怪などの入り来たりつるならむ」と、いと若き顔して畏立ち、うち笑ひて、	(雲居雁)「なやましげにこそ見ゆれ。いまめかしき御ありさまのほどにあくがれたまうて、夜深き御月めでに、格子も上げられたれば、例の物の怪の入り来たるなめり」など、いと若くをかしき顔してかこちたまへば、うち笑ひて、
III	(夕霧)「あやしの物の怪のしるべや。まろ格子上げずは、道なくて、げにえ入り来ざらまし。あまた人の親になり給ふままに、思ひやり深く、ものはのたまひたり」とて、見やり給へるまみの恥づかしければ、さすがにもののたまはず。(雲居雁)「出で給ひね。見苦し」とて、明らかなる灯影を恥ぢ給へる、憎からず。	(夕霧)「あやしの物の怪のしるべや。まろ格子上げずは、道なくて、げにえ入り来ざらまし。あまたの人の親になりたまふままに、思ひいたり深く、ものをこそのたまひなりにたれ」とて、うち見やりたまへるまみの恥づかしげなれば、さすがにものものたまはで、(雲居雁)「いで、たまひね、見苦し」とて、明らかなる灯影をさすがに恥ぢたまへるさまも憎からず。 (「横笛巻」pp.360~361)

	국보『겐지모노가타리에마키』그림설명문	『겐지모노가타리』본문
I	횡적横笛 이 어린 도련님이 몹시 겁을 먹고 우시며 젖을 토해 내시는 통에, 유모도 구모이노카리 부인雲居雁도 일어나서 허둥대셨다. 부인은 포동포동 풍만하고 아름다운 가슴을 열어 젖히시고 하얗고 아름답지만 이미 말라 버린 젖을 아이에게 물리고는 안심시키면서 달래고 계셨다. 어린 도련님도 귀엽고 아름다운 동자였기 때문에 남편인 유기리夕霧도 일어나셔서 (유기리)"어찌 된 일이오?"라고 물으셨다. 소란스러웠던 꿈의 아련함도 사라져 버렸다.	이 도련님이 몹시 우시며 젖을 토해 내는 통에, 유모도 일어나 허둥대고 구모이노카리 부인雲居雁도 촛대御殿油를 가까이 당겨서는 '미미하사미耳はさみ'(머리를 귀 뒤쪽으로 넘기는 것) 머리모양을 한 채로 바쁘게 아이를 달래며 안고 계셨다. 부인은 매우 풍만하고 포동포동 아름다운 가슴을 열어 젖히시고 젖을 아이에게 물리셨다. 아이도 매우 아름다운 동자로 하얗고 귀여운데, 젖이 몹시 말라 버린 것을 물리면서 안심시키려 달래고 계셨다. 남편인 유기리夕霧도 다가오셔서는 (유기리)"어찌 된 일이오?"라고 물으셨다. '우치마키撒米'(악령과 잡신을 물리치기 위해 쌀을 뿌리는 풍속)를 하면서 소란스러운 통에, 꿈의 아련함도 사라져 버린 듯했다.
II	부인이 말하길, (구모이노카리)"당신이 젊은 사람처럼 밤나들이를 쏘다니며 깊은 밤에 달구경을 해 대니 여느 때처럼 귀신 같은 것이 집에 들어온 게 아니겠어요?"라며 앳된	(구모이노카리)"이 아이가 아픈 것 같아요. 당신이 젊은 사람처럼 밤 나들이를 쏘다니고 깊은 밤 달구경을 한다면서 격자문格子을 열어 놓으니, 여느 때처럼 귀신 같은 것이

얼굴로 화를 내셨다. 유기리는 웃으며, (유기리)"내가 귀신을 불러들였다니 괜한 트집을 잡으시는군요. 내가 격자문格子을 열지 않았다면 길이 생기지 않았을 테니 물론 귀신이 들어오지 못했겠지요. 많은 아이을 낳으시더니 생각도 깊어졌는지 근사한 말을 하게 되셨군요"라 말씀하시며 쳐다보시니, 그 시선이 부인은 창피하게 느껴졌는지 더 이상 말을 잇지 못하셨다. (구모이노카리)"이제 그만하세요. 볼썽사납다고요"라 말하며, 환한 불빛 아래서 쑥스러워하는 모습이 밉지가 않았다.

집에 들어온 게 아니겠어요?"라며 앳되고 아름다운 얼굴로 화를 내시니, 유기리는 웃으며, (유기리)"내가 귀신을 불러들였다니 괜한 트집을 잡으시는군요. 내가 격자문을 열지 않았다면 길이 생기지 않았을 테니 물론 귀신이 들어오지 못했겠지요. 많은 아이를 낳으시더니 생각도 깊어졌는지 근사한 말을 하게 되셨군요"라 말씀하시며 쳐다보시니, 그 시선이 부인은 창피하게 느껴졌는지 더 이상 말조차 잇지 못하셨다. (구모이노카리)"이제 그만하세요. 볼썽사납다고요"라 말하며, 환한 불빛 아래서 역시 쑥스러워하는 모습 또한 밉지가 않았다.(「횡적 권」 pp.360~361)

「방울벌레 1 鈴虫一」

	国宝『源氏物語絵巻』詞書	『源氏物語』本文
I	鈴虫 十五夜の夕暮に、佛の御前に宮おはして、端近く眺め給ひつつ、念珠し給ふ。若き尼君たち二三人、花奉るとて鳴らす閼伽(あか)坏(つき)の音、水の気配(けはひ)など聞こゆ。さま変りたる営みに急ぎあへる、いとあはれなるに、	十五夜の夕暮に、仏の御前に宮おはして、端近うながめたまひつつ念誦したまふ。若き尼君たち二三人花奉るとて、鳴らす閼伽坏の音、水のけはひなど聞こゆる、さま変りたる営みにそそきあへる、いとあはれなるに、
II	例の渡り給ひて、(源氏)「虫の音いとしげく乱るる夕かな」とて、我も忍びやかに念珠し給ふ。阿弥陀の大呪のいと尊く、ほのぼの聞こゆる中に、(源氏)「鈴虫の声、いづれとなき中に、松虫なむすぐれたるとて、中宮の、遥けき野辺を分けて、いとわざと尋ねとりつつ放たせ給ふに、鳴き伝ふるる少なかなれ。名には違ひて、命のほどはかなき虫にこそあるべき。心に任せて、人聞かぬ奥山、遥けき野の松原に声惜しまぬ、いとうたて心ある虫になむありける。鈴虫は心やすく、いまめきたるこそらうたけれ」とのたまへば、	例の渡りたまひて、(源氏)「虫の音いとしげう乱るる夕かな」とて、我も忍びてうち誦じたまふ阿弥陀の大呪いと尊くほのぼの聞こゆ。げに声々聞こえたる中に、鈴虫のふり出でたるほど、はなやかにをかし。(源氏)「秋の虫の声いづれとなき中に、松虫なんすぐれたるとて、中宮の、遥けき野辺を分けていとわざと尋ねとりつつ放たせたまへる、しるく鳴き伝ふるこそ少なかなれ。名には違ひて、命のほどはかなき虫にぞあるべき。心にまかせて、人聞かぬ奥山、遥けき野の松原に声惜しまぬも、いと隔て心ある虫になんありける、鈴虫は心やすく、いまめいたるこそらうたけれ」などのたまへば、宮
III	(女三宮)おほかたの秋をばうしと知りにしをふり棄てがたき	(女三宮)おほかたの秋をばうしと知りにしをふり棄てがたき

	鈴虫の声 と忍びやかにのたまふ、いとなまめきて、あてにおほどかなり。(源氏)「いかにとかや[ミセケチ]。いでや、思ひのほかなる御言ぞ」とて、 (源氏)心もて草のいほりをいとへどもなほ鈴虫の声ぞたえせぬ	鈴虫の声 と忍びやかにのたまふ、いとなまめいて、あてにおほどかなり。(源氏)「いかにとかや。いで思ひのほかなる御言にこそ」とて、 (源氏)心もて草のやどりをいとへどもなほ鈴虫の声ぞふりせぬ
IV		など聞こえたまひて、琴の御琴召して、めづらしく弾きたまふ。宮の御数珠引き怠りたまひて、御琴になほ心入れたまへり。月さし出でていとはなやかなるほどもあはれなるに、空をうちながめて、世の中さまざまにつけてはかなく移り変るありさまも思しつづけられて、例よりもあはれなる音に掻き鳴らしたまふ。 (「鈴虫巻」pp.381~383)

	국보『겐지모노가타리에마키』 그림설명문	『겐지모노가타리』 본문
I	방울벌레鈴虫 8월 15일 해 질 무렵, 불단 앞에 온나산노미야女三宮가 툇마루 가까이에 앉아 수심에 잠겨 정원을 바라다보시며 염송을 외고 계셨다. 젊은 여승 두세 명이 꽃을 바치려고 달그락거리는 알가 그릇閼伽坏 소리, 물 따르는 소리 따위가 들려왔다. 여느 때와는 달리 근행으로 분주히 지내시는 것도 매우 애잔한 느낌이 들었다.	8월 15일 해 질 무렵, 불단 앞에 온나산노미야女三宮가 툇마루 가까이에 앉아 수심에 잠겨 정원을 바라다보시며 염송을 외고 계셨다. 젊은 여승 두세 명이 꽃을 바치려고 달그락거리는 알가 그릇閼伽坏 소리, 물 따르는 소리 따위가 들려왔다. 여느 때와는 달리 근행으로 분주히 지내시는 것도 매우 애잔한 느낌이 들었다.
II	겐지源氏가 평상시처럼 이곳으로 건너와서는 (겐지)"벌레소리가 참으로 소란하고 어지러운 저녁이로군요"라며 스스로 나지막한 목소리로 염송을 하셨다. 아미타여래다리니 소리가 매우 존엄하고 은은하게 울려 퍼지는 가운데,	겐지源氏가 평상시처럼 이곳으로 건너와서는 (겐지)"벌레소리가 참으로 소란하고 어지러운 저녁이로군요"라며 스스로 나지막한 목소리로 염송하시는 아미타여래다리니 소리가 매우 존엄하고 은은하게 들려왔다. 참으로 여러 벌레들의 울음소리가 들려오는 가운데, 방울벌레鈴虫가 마치 방울을 흔들어 대듯이 자아내는 소리가 화려하고 운치 있는 정경이었다.

(겐지)"방울벌레 소리는 어느 것 하나 빼놓을 것이 없지요. 중궁께서 청귀뚜라미松虫가 각별하다고 해서 사람을 시켜 먼 들판을 헤치고 일부러 잡아다가 뜰에다 풀어놓게 하셨지만, 들판의 음색 그대로 우는 일은 드물었다고 합니다. 이름과는 달리, 수명이 짧은 덧없는 벌레인 모양입니다. 사람이 듣지 않는 깊은 산속이나 먼 소나무 들판에서는 목청껏 소리를 아끼지 않고 울어 대니 정말이지 얄미운 벌레이지요. 그에 비해 방울벌레는 아무 데서나 격의 없이 구성진 소리를 내니 사랑스럽게 느껴집니다"라고 말씀하시자,

(겐지)"가을 벌레의 소리는 어느 것 하나 빼놓을 것이 없지요. 중궁께서 청귀뚜라미松虫가 각별하다고 해서 사람을 시켜 먼 들판을 헤치고 일부러 잡아다가 뜰에다 풀어놓게 하셨지만, 들판의 음색 그대로 우는 일은 드물었다고 합니다. 이름과는 달리, 수명이 짧은 덧없는 벌레인 모양입니다. 사람이 듣지 않는 깊은 산속이나 먼 소나무 들판에서는 목청껏 소리를 아끼지 않고 울어 대는 걸 보면 매우 낯을 가리는 벌레인가 봅니다. 그에 비해 방울벌레는 아무 데서나 격의 없이 구성지게 울어 대니 정겹게 느껴지지요" 등 말씀을 하시자, 온나산노미야가 답하시길,

III

(온나산노미야)
본디 가을이란
삭막한 계절이라는 걸
알고 있었지만
방울벌레 소리 듣고 있자니
이 또한 버리기 어려운 계절이로니

라고 나지막이 읊조리셨다. 매우 우아하고, 기품 있는 유연한 모습이셨다. 겐지는 "대체 무슨 말씀이신지요? 실로 뜻밖의 말씀이로군요"라 말씀하시며

(겐지)
본인의 의지로
이 초막草のいほり(겐지를 상징)이 역겨워
버리고 출가하셨지만
그래도 (당신은) 방울벌레처럼
변함없이 젊고 아름답기만 하네

(온나산노미야)
본디 가을이란
삭막한 계절이라는 걸
알고 있었지만
방울벌레 소리 듣고 있자니
이 또한 버리기 어려운 계절이로니

라고 나지막이 읊조리셨다. 매우 우아하고, 기품 있는 유연한 모습이셨다. (겐지)"대체 무슨 말씀이신지요? 실로 뜻밖의 말씀이로군요"라 말씀하시며

(겐지)
본인의 의지로
이 초막草のいほり(겐지를 상징)이 역겨워
버리고 출가하셨지만
그래도 (당신은) 방울벌레처럼
변함없이 젊고 아름답기만 하네

IV

라 읊조리시고는 거문고를 끌어당겨 오랜만에 연주를 하셨다. 온나산노미야는 염주를 만지작거리던 손을 잠시 멈

추시고 거문고 소리에 귀 기울였다. 달이 떠올라 몹시 아름답고 정취가 그윽한데, 겐지는 하늘을 바라다보며 세상만사 속절없이 변해 가는 모습들이 절로 떠올라서, 그 어느 때보다도 애절한 음색으로 거문고를 타고 계셨다.
(「방울벌레 권」 pp.381~383)

	国宝『源氏物語絵巻』詞書	『源氏物語』本文
I		今宵は例の御遊びにやあらむと推しはかりて、兵部卿宮渡りたまへり。大将の君、殿上人のさるべきなど具して参りたまへれば、こなたにおはしますと、御琴の音を尋ねてやがて参りたまふ。(源氏)「いとつれづれにて、わざと遊びとはなくとも、久しく絶えにたるめづらしき物の音など聞かまほしかりつる独り琴を、いとよう尋ねたまひける」とて、宮も、こなたに御座よそひて入れたてまつりたまふ。内裏の御前に、今宵は月の宴あるべかりつるを、とまりてさうざうしかりつるに、この院に人々参りたまふと聞き伝へて、これかれ上達部なども参りたまへり。虫の音の定めをしたまふ。 　御琴どもの声々掻き合わせて、おもしろきほどに、(源氏)「月見る宵の、いつとてもものあはれならぬをりはなき中に、今宵の新たなる月の色には、げになほわが世の外までこそよろづ思ひ流さるれ。故権大納言、何のをりをりにも、亡きにつけていとど偲ばるること多く、公私、もののをりふしのにほひ失せたる心地こそすれ。花鳥の色にも音にも思ひわきまへ、言ふかひある方のいとうるさかりしものを」などのたまひ出でて、みづからも、掻き合わせたまふ御琴の音にも、袖濡らしたまひつ。御簾の内にも耳とどめてや聞きたまふらんと、片つ方の御心には思しながら、かかる御遊びのほどには、まづ恋しう、内裏などにも思し出でける。(源氏)「今宵は鈴虫の宴にて明かしてん」と思しのたまふ。
II	冷泉院より御消息あり。御前(ごぜ)の月宴は、にはかに止まりぬるを、	御土器二わたりばかりまゐるほどに、冷泉院より御消息あり。御

口惜しがりて、式部大輔、右大弁、あまたの人を率ゐて、さるべきかりゐて参りたりければ、大将などは六条院にさぶらひ給ふと聞こしめしてなりけり。

前の御遊びにはかにとまりぬるを口惜しがりて、左大弁、式部大輔、また人々率ゐて、さるべきかぎり参りたれば、大将などは六条院にさぶらひたまふと聞こしめしてなりけり。

III

（冷泉院）雲の上をかけ離れたる住処（すみか）にももの忘れせぬ秋の夜の月

聞こえ給ひければ、（源氏）「何ばかりところせき身にもはべらず。今はかくのどやかにおはしますに、参り馴□ことどもをさをさなきも、本意にあら□と思しあまりて驚かい給へるなり、かたじけなし」とて、にはかなる様（や）なれど、参り給はむとす。

（源氏）月かげは同じ雲居に□わが宿からのつまぞ変はれる

異なることなかめれど、昔を□に思し比ぶるままになめり。御使に盃給ひ、録給ふ。

（冷泉院）「雲の上をかけはなれたる住みかにももの忘れせぬ秋の夜の月

同じくは」と聞こえたまへれば、（源氏）「何ばかりところせき身のほどにもあらずながら、今はのどやかにおはしますに参り馴るることもをさをさなきを、本意なきことに思しあまりておどろかさせたまへる、かたじけなし」とて、にはかなるやうなれど参りたまはんとす。

（源氏）月かげはおなじ雲居に見えながらわが宿からの秋ぞかはれる

異なることなかめれど、ただ昔今の御ありさまの思しつづけられけるままなめり。御使に盃賜ひて、禄いと二なし。

IV

人々の御車次第□をし、御前（ごぜ）の人々□ちこ□づかなりつる夜の御遊紛れて、出で給ひぬ。院の□車に、親王たち奉り、大将、左衛門督、藤宰相、おはしけるかぎり、みな参り給ふ。直衣に□かなる御装束□ば、下□ばかり奉□へて、□月やうやうさし上がり、更けたる空のおもしろきに、若き人々、わざとはなく、笛など吹かせ給ふ。忍びたる御参りのさまなり。

人々の御車次第のままに引きなほし、御前の人々立ちこみて、静かなりつる御遊び紛れて、出でたまひぬ。院の御車に、親王奉り、大将、左衛門督、藤宰相など、おはしけるかぎりみな参りたまふ。直衣にて軽らかなる御装ひどもなれば、下襲ばかり奉り加へて、月ややさしあがり、更けぬる空おもしろきに、若き人々、笛などわざとなく吹かせたまひなどして、忍びたる御参りのさまなり。

V

うるはしかるべき折々折々は、ところせくよだけき儀式を尽くし□、かた□ぜられ給ひぬ。また、いにしへのただ人ざまに思しかへりて、今宵は軽々しきさまに、ふと参り給ひければ、いたく驚き待ち喜びきこえさせ給ふ。ねびととのひ給へる御容貌、いよいよ異ものならず。いみじき御盛りのみを心と思し棄てて、静かなる御ありさまにあはれ少なからず。

うるはしかるべきをりふしは、ところせくよだけき儀式を尽くしてかたみに御覧ぜられたまひ、また、いにしへのただ人ざまに思しかへりて、今宵は軽々しきやうに、ふとかく参りたまへれば、いたう驚き待ち喜びきこえたまふ。ねびととのひたまへる御容貌、いよいよ異ものならず。いみじき御盛りの世を御心と思し棄てて、静かなる御ありさまにあはれ少なからず。

（「鈴虫巻」pp.383~386）

	국보『겐지모노가타리에마키』그림설명문	『겐지모노가타리』본문
I		

오늘 밤은 예전처럼 중추절 연회가 있을까 싶어 효부쿄노미야兵部卿宮가 이곳(겐지源氏의 거처인 로쿠조인六条院)으로 건너오셨다. 유기리 다이쇼大将の君도 당상관殿上人들 중 적당한 이들을 데리고 로쿠조인으로 찾아오셨는데, 거문고 소리를 듣고 겐지가 온나산노미야女三宮 거처에 계시는 걸 알아차리고 곧바로 이곳으로 찾아오셨다. (겐지)"실로 적적하여 색다른 연회까지는 아니더라도 오랫동안 격조했던 악기소리를 듣고 싶어서 홀로 거문고를 타고 있던 터에, 마침 잘 찾아오셨습니다"라 말씀하시고는, 이쪽에 자리를 마련해서 효부쿄노미야도 불러들이셨다. 오늘 밤은 궁궐 어전에서 달맞이 연회가 열릴 예정이었던 것이 중지되어 아쉽게 생각하고 있던 참에, 이곳 로쿠조인으로 사람들이 몰려갔다는 걸 전해 듣고서 공경上達部들도 너도나도 찾아오셨다. 벌레 소리에 대한 품평을 나누셨다.

거문고 소리 가락들이 서로 어울려서 흥취가 더해 가는 가운데, (겐지)"달이 떠있는 밤이란 늘 정취가 그윽한 법이지만, 오늘밤 생생한 달빛은 실로 현세 밖의 일까지 세상만사 모두 생각나게 합니다. 무슨 일이 있을 때마다 고 가시와기 다이나곤故柏木大納言이 생각나건만, 이제는 이 세상에 없는 사람이라 생각하니 더욱더 그립게 여겨져서, 공적으로도 사적으로도 절기마다 그 화려함을 잃어버린 듯합니다. 꽃의 아름다움이나, 지저귀는 새들의 정취를 알고 서로 이야기 나누기에는 더할 나위 없는 상대였는데……"라 말씀을 꺼내시며, 겐지 자신이 연주하시는 거문고 음색에 마치 눈물이 번지듯이 소매를 적시셨다. 주렴 안에서 온나산노미야도 귀 기울이며 듣고 계시리라 생각하니, 겐지는 마음 한쪽에 저어되는 면도 있었지만, 이러한 관현악 놀이 때에는 제일 먼저 가시와기를 그리워하셨다. 궁에 계신 주상도 그를 떠올리고 있었다. (겐지)"오늘 밤을 방울벌레

축연이라 칭하고 밤새 즐기도록 합시다"라 말씀하셨다.

II

겐지源氏가 있는 로쿠조인六条院에 레이제이 상황冷泉院으로부터 전갈이 당도했다. 어전御前에서 열릴 예정인 달맞이 연회가 갑자기 중단된 것을 아쉬워하며, 시키부노다이후式部大輔, 우다이벤右大弁 등 많은 사람들이 신분 높은 자들과 동행하여 상황 처소로 몰려오니, 상황께서는 유기리 다이쇼夕霧大将 등이 로쿠조인에 머물러 있다는 소식을 들으시고 전갈을 보내신 것이었다.

술잔이 두어 번쯤 돌았을 무렵, 레이제이 상황冷泉院으로부터 전갈이 당도했다. 어전御前에서 열릴 예정인 달맞이 연회가 갑자기 중단된 것을 아쉬워하며, 사다이벤左大弁, 시키부노다이후式部大輔, 이외 여러 사람들이 신분 높은 자들과 동행하여 상황 처소로 몰려오니, 상황께서는 유기리 다이쇼夕霧大将 등이 로쿠조인에 머물러 있다는 소식을 들으시고 전갈을 보내신 것이었다.

III

(레이제이 상황)
구름 위
구중궁궐로부터
멀어진 내 처소에도
잊지 않고 찾아와 주는
가을날 달밤이여

라 노래를 보내시니, (겐지)"나는 그다지 번거로운 몸도 아니건만, 지금 레이제이 상황께서 이렇게 느긋하게 왕좌에서 물러나 계시는데, 내가 좀처럼 찾아뵙지도 않는 것을 불만스레 생각하신 나머지, 이렇게 급히 연통을 넣으신 모양이로구나. 정말이지 황송스러운 일이다"라고 생각하시고 갑작스러운 방문이라 여겨졌지만, 상황을 찾아뵈려 하셨다.

(겐지)
달빛처럼 당신은
궁궐에 있던 예전과 다름없이
구름 위에서 빛나고 있건만
내 가옥 처마 끝은
변해 버리고 말았나니

(레이제이 상황)
구름 위
구중궁궐로부터
멀어진 내 처소에도
잊지 않고 찾아와 주는
가을날 달밤이여

(상황)"이왕이면 내 처소에서 달맞이를……"이라 노래를 보내시니, (겐지)"나는 그다지 번거로운 신분도 아니건만, 지금 레이제이 상황께서 이렇게 느긋하게 왕좌에서 물러나 계시는데, 내가 좀처럼 찾아뵙지도 않는 것을 불만스레 생각하신 나머지, 이렇게 급히 연통을 넣으신 모양이로구나. 정말이지 황송스러운 일이다"라고 생각하시고 갑작스러운 방문이라 여겨졌지만, 상황을 찾아뵈려 하셨다.

(겐지)
달빛처럼 당신은
궁궐에 있던 예전과 다름없이
구름 위에서 빛나고 있건만
내 가옥 처마 끝은
변해 버리고 말았나니

특별히 훌륭한 답가는 아니었지만, 옛일을 지금과 비교하여 생각나는 대로 읊으신 모양이다. 겐지는 사신에게 술잔을 건네고 하사품을 내리셨다.

특별히 훌륭한 답가는 아니었지만, 단지 옛일과 지금 모습을 떠오르는 대로 읊으신 모양이다. 겐지는 사신에게 술잔을 건네고 더할 나위 없는 하사품을 내리셨다.

IV

신분의 순서대로 사람들을 태운 수레 행렬이 이어졌고 수행원들로 북적거렸다. 고즈넉하게 치르던 저녁 관현악 놀이를 중단시키고 겐지 일행은 로쿠조인을 출발하셨다. 겐지의 수레에 친왕親王이 동승하고 유기리 다이쇼, 사에몬노카미左衛門督, 도사이쇼藤宰相 등, 로쿠조인에 계셨던 분들이 모두 함께 길을 나섰다. 모두 가벼운 평상복直衣 차림으로, 그 위에다 하의 관례복下襲만을 겹쳐 입고서 달이 두둥실 떠올라 하늘 풍광이 운치 있게 깊어 가는 가운데, 젊은이들은 자연스레 피리 등을 연주하셨다. 조용히 행해지는 행차의 모습이었다.

신분의 순서대로 사람들을 태운 수레 행렬이 이어졌고 수행원들로 북적거렸다. 고즈넉하게 치르던 저녁 관현악 놀이를 중단시키고 겐지 일행은 로쿠조인을 출발하셨다. 겐지의 수레에 친왕親王이 동승하고 유기리, 사에몬노카미左衛門督, 도사이쇼藤宰相 등, 로쿠조인에 계셨던 분들이 모두 함께 길을 나섰다. 모두 가벼운 평상복直衣 차림으로, 그 위에다 하의 관례복下襲만을 겹쳐 입고서 달이 두둥실 떠올라 하늘 풍광이 운치 있게 깊어 가는 가운데, 젊은이들은 자연스레 피리 등을 연주하시며, 조용히 행해지는 행차의 모습이었다.

V

공식적인 방문일 경우에는, 엄숙하고 위엄 있는 의식을 전부 갖춰서 서로 대면을 하시었다. 하지만, 오늘 밤은 겐지가 다시 예전 신하일 때처럼 간소한 차림으로 갑자기 찾아오셨기에, 레이제이 상황은 몹시 놀라면서도 기쁜 마음으로 반갑게 맞이하셨다. 나이가 들면서 더욱 훌륭해져 가는 레이제이 상황의 용모는 점점 더 겐지와 똑 닮아지셨다. 한창 전성기일 때, 스스로 천왕의 지위를 버리고 한적한 생활을 하시는 모습을 뵈오니, 겐지는 감개가 무량해졌다.

공식적인 방문일 경우에는, 엄숙하고 위엄 있는 의식을 전부 갖춰서 서로 대면을 하시었지만, 오늘 밤은 겐지가 다시 예전 신하일 때처럼 간소한 차림으로 갑자기 찾아오셨기에, 레이제이 상황은 몹시 놀라면서도 기쁜 마음으로 반갑게 맞이하셨다. 나이가 들면서 더욱 훌륭해져 가는 레이제이 상황의 용모는 점점 더 겐지와 똑 닮아지셨다. 한창 전성기일 때, 스스로 천왕의 지위를 버리고 한적한 생활을 하시는 모습을 뵈오니, 겐지는 감개가 무량해졌다.

(「방울벌레 권」 pp.383~386)

	国宝『源氏物語絵巻』詞書	『源氏物語』本文
I		大将殿は、この昼つ方、三条殿におはしにける、今宵たち返りまでたまはむに、事しもあり顔に、まだきに聞き苦しかるべしなど念じたまひて、いとなかなか年ごろの心もとなさよりも、千重にもの思ひ重ねて嘆きたまふ。
II	夕霧 (夕霧が)昼の御座にうち臥し給へるに、この御返り持て参れるが、例にもあらずと鳥の跡のやうなれば、とみにもえ見解き給はぬに、隔てたるやうなれど、いととく見つけて這ゐ寄りて、背後(うしろ)より取り給ひつ。	北の方は、かかる御歩きのけしきほの聞きて心やましと聞きゐたまへるに、知らぬやうにて君達もてあそび紛らはしつつ、わが昼の御座に臥したまへり。 　宵過ぐるほどにぞこの返り持て参れるを、かく例にもあらぬ鳥の跡のやうなれば、とみにも見解きたまはで、御殿油近う取り寄せて見たまふ。女君、もの隔てたるやうなれど、いととく見つけたまうて、這ひ寄りて、御背後より取りたまうつ。
III	(夕霧)「浅ましくて。こは、いかにし給へるわざぞ。あな、けしからず。六条の東の上の御文なり。今朝風邪起こりて、悩ましげにし給へるを、院の御前にはべりつるほどに、またも帰り参らなりぬるいとをしさ、今のほど、いかがと聞こえつるなり。見たまへ。懸想したる文かと」と聞こえて、(夕霧)「さてもさても直々しの御さまや。年月に添へていたく侮り給ふよ。思はむ心を恥ぢ給へかし」とあはめられて、(雲居雁)「年月に添ふ侮りは、御心ならひにこそ」とて、ふともさすがに見給はで持(も)給へり。	(夕霧)「あさましう。こはいかにしたまふぞ。あな、けしからず。六条の東の上の御文なり。今朝風邪おこりてなやましげにしたまへるを、院の御前にはべりて出でつるほど、またも参でずなりぬれば、いとほしさに、今の間いかにと聞こえたりつるなり。見たまへよ、懸想びたる文のさまか。さてもなほなほしの御さまや。年月にそへていたう侮りたまふこそうれたけれ。思はむところをむげに恥ぢたまはぬよ」とうちうめきて、惜しみ顔にもひこじろひたまはねば、さすがにふとも見で、持たまへり。(雲居雁)「年月そふる侮らはしさは、御心ならひなべかめり」とばかり、かくうるはしだちたまへるに憚りて、若やかにをかしきさましてのたまへば、
IV		うち笑ひて、(夕霧)「そはともかくもあらむ。世の常のことなり。またあらじかし、よろしうなりぬる男の、かくまがふ方なくひとつ所を守らへてもの怖ぢしたる鳥のせうやうの物のやうなるは。いかに人笑ふらん。さるかたくなしき者に守られたまふは、御ためにもたけからずや。あまたが中に、なほ際まさりことなるけぢめ見え

たるこそ、よそのおぼえも心にくく、わが心地もなほ古りがたく、をかしきこともあはれなる筋も絶えざらめ。かく翁のなにがし守りけんやうに、おれまどひたれば、いとぞ口惜しき。いづこのはえかあらむ」と、さすがに、この文の気色なくをこつり取らむの心にて、あざむき申したまへば、いとにほひやかにうち笑ひて、(雲居雁)「もののはえばえしさ作り出でたまふほど、古りぬる人苦しや。いといまめかしくなり変れる御気色のすさまじさも、見ならはずなりにけることなれば、いとなむ苦しき。かねてよりならはしたまはで」とかこちたまふも憎くもあらず。(「夕霧巻」pp.426~429)

	국보 『겐지모노가타리에마키』 그림설명문	『겐지모노가타리』 본문
I		유기리 다이쇼 님大将殿은 이날 낮 무렵 산조도노三条殿에 돌아와 계셨다. 오늘 밤 다시 외출을 한다면, 오치바노미야落葉宮와 마치 무슨 일이라도 있었던 것처럼 보일 터이고, 아직 관계가 확실치도 않은데 듣기 흉한 소문만 날 거라 생각되어 보고픈 마음을 억누르고 계시는데, 여태까지 애타했던 마음보다 오히려 천 곱절이나 더 번민하며 한숨짓고 계셨다.
II	유기리夕霧 유기리가 낮의 거처昼の御座에 누워 계시는데, 하인이 오노小野에서 보낸 답신을 가지고 왔다. 이치조노미야一条宮(오치바노미야落葉宮의 모후)의 편지는 예전과는 달리 새 발자국 같은 필적이라 유기리가 곧바로 읽지 못하고 있던 차에, 구모이노카리 부인雲居雁이 칸막이 저쪽에 계신 듯했지만, 재빨리 이를 발견하고는 무릎걸음으로 다가와 뒤에서 편지를 빼앗으셨다.	구모이노카리 부인北の方은 이러한 남편의 밤 나들이에 관해 어렴풋이 전해 듣고서 불쾌한 마음이 드셨지만, 모른 척하고 아이들을 상대로 마음을 달래며, 자신의 낮의 거처わが昼の御座에 누워 계셨다. 저녁이 지날 무렵, 하인이 오노小野에서 보낸 답신을 가지고 왔다. 이치조노미야一条宮(오치바노미야의 모후)의 편지는 예전과는 달리 새 발자국 같은 필적이라, 유기리夕霧가 곧바로 읽지 못하고 촛대를 가까이 끌어당겨 보려 하셨다. 이때, 그녀女君(구모이노카리雲居雁)가 칸막이 저쪽에 계신 듯했지만, 재빨리 이를 발견하고는 무릎걸음으로 다가와 유기리 뒤에서 편지를 빼앗으셨다.

III

(유기리)"황당하군요. 이게 대체 무슨 짓입니까? 정말 무례하군. 로쿠조인六条院에 계시는 동쪽 별채 어머님東の上(하나치루사토花散里를 가리킴)께서 보내신 편지입니다. 오늘 아침 어머님께서 감기에 걸려 괴로우신 것 같으셨는데, 아버님 저택에 가 있다가 다시 뵙지도 못하고 돌아온 것이 마음에 걸려 지금은 차도가 어떠신지 문안을 드린 것입니다. 보십시오. 이게 어디 연애편지입니까?"라 말씀하시고는, (유기리)"아무리… 아무리 그렇다 하더라도 볼썽사나운 행동 아닙니까? 세월이 흐를수록 나를 몹시 경멸하는군요. 내가 당신을 어찌 생각할지 부끄러워하지 않는 듯하니……"라 책망을 하자, 부인은 (구모이노카리)"세월이 지날수록 무시하는 건 당신 쪽이지요"라 말하며 편지를 가로채긴 했지만, 역시 바로 편지를 보지 못하고 들고 계셨다.

(유기리)"황당하군요. 이게 대체 무슨 짓입니까? 정말 무례하군. 로쿠조인六条院에 계시는 동쪽 별채 어머님東の上(하나치루사토花散里를 가리킴)께서 보내신 편지입니다. 오늘 아침 어머님께서 감기에 걸려 괴로우신 것 같으셨는데, 아버님 저택에 갔다가 나올 무렵, 다시 뵙지도 못하고 돌아온 것이 마음에 걸려 지금은 차도가 어떠신지 문안을 드린 것입니다. 보십시오. 이게 어디 연애편지입니까? 아무리 그렇다 하더라도 볼썽사나운 행동 아닙니까? 세월이 흐를수록 나를 몹시 경멸하는 것이 서글프군요. 내가 당신을 어찌 생각할지 전혀 부끄러워하지 않는 듯하니……"라 한숨 쉬며 연연해하는 기색으로 편지를 되찾으려 하시지도 않자, 부인도 역시 바로 편지를 보지 못하고 들고 계셨다. (구모이노카리)"세월이 지날수록 무시하는 건 당신 쪽인 것 같은데요"라고만 말씀드리며, 유기리가 이처럼 태연자약하게 구시는 것이 조심스러워, 어리고 귀여운 모습으로 응대하셨다.

IV

유기리는 웃으시며, (유기리)"그야 어느 쪽이든 무슨 상관입니까. 부부싸움이란 늘 이런 법이지요. 하지만 흔치 않은 일입니다. 나처럼 상당한 신분의 남성이 단지 부인 한 명만을 고수하며 마치 겁먹은 매처럼 지내다니 말입니다. 얼마나 세상 사람들이 비웃겠습니까? 이런 융통성 없는 남성에게 사랑을 받는다 한들 당신에게도 명예로운 일이라 할 수 없겠지요. 많은 여인들 중에서 역시 한층 더 각별히 소중하게 여겨지는 것이야말로 남들의 평판에도 품위 있어 보이고 자신으로서도 언제까지나 질리지 않고 부부간의 흥취도 애정도 끊이지 않는 법입니다. 옛 이야기에 어느 한 여성만을 섬겼다는 노인네와도 같이, 나의 미련함이 정말이지 안타까울 따름입니다. 이런 관계에 그 어디 보람이 있단 말입니까?"라 말씀하시며, 유기리는 역시 이 편지에 관심이 없는 척 속여서 다시 되찾으려는 속셈으로 맘에도 없는 말들을 늘어놓으시자, 부인은 매우 화사하게 웃으시며, (구모이노카리)“당신이 뭔가 다른 여성과 보람 있는 일들을 만들고 계시는 동안, 저처럼 구식 여자야말로 괴로운 일이지요. 정말이지 젊고 화려하게 변해 가는 당신의 속셈이 뻔히 보이는 것도 저로서는 익숙지 않은 일이라서 몹시 힘듭니다. 차라리 예전부터 이런 모습을 보여 주셨더라면……”이라 불평하시는 모습도 밉지가 않았다.

(「유기리 권」 pp.426~429)

	国宝『源氏物語絵巻』詞書	『源氏物語』本文
I		秋待ちつけて、世の中すこし涼しくなりては御心地もいささかさはやぐやうなれど、なほともすればかごとがまし。さるは身にしむばかり思さるべき秋風ならねど、露けきをりがちにて過ぐしたまふ。
II	御法 中宮は参りなむとあるを、今しばしも御覧ぜよと聞こえまほしく思せど、さかしきやにもあり、内裏の御使ひの隙なきも、わづらはしければ、さもえ聞こえ給はぬに、あなたにも参り給はねば、宮ぞ参り給ふ。かたはらいたけれど、げにえ見たてまつらねば、甲斐なしとて、こなたに御しつらひ、ことにせさせ給ふ。	中宮は参りたまひなんとするを、いましばしは御覧ぜよとも聞こえまほしう思せども、さかしきやうにもあり、内裏の御使ひの隙なきもわづらはしければ、さも聞こえたまはぬに、あなたにもえ渡りたまはねば、宮ぞ渡りたまひける。かたはらいたけれど、げに見たてまつらぬもかひなしとて、こなたに御しつらひをことにせさせたまふ。
III	いとどこよなく痩せ細り給へれど、かくてこそ、あてになまめかしきさままさりて、盛りにめでたかりけれど、来し方はあまり匂ひ多く、あざあざとものし給ひし盛りは、なをこの世の花の匂ひにぞ、よそへられ給ひしを、限りなくらうたげに、をかしげなる御さまにて、いとかりそめに世を思ひ給へる、心苦しく、すずろにもの悲し。 風の気色すごく吹き出でたる夕暮に、前栽見給ふとて、脇息	こよなう痩せ細りたまへれど、かくてこそ、あてになまめかしきことの限りなさもまさりてめでたかりけれと、来し方あまりにほひ多くあざあざとおはせし盛りは、なかなかこの世の花のかをりにもよそへられたまひしを、限りもなくらうたげにをかしげなる御さまにて、いとかりそめに世を思ひたまへる気色、似るものなく心苦しく、すずろにもの悲し。 風すごく吹き出でたる夕暮に、前栽見たまふとて、脇息によ

に寄りかかりて居給へるを、院渡り給ひて、(源氏)「今日は、いとよく起き居給へるは。この御前にて、こよなく御心地晴々しきなめりかし」と聞こえ給ふ。かばかりの隙あるをも、いとうれしと思ほしたる御気色を見給ふも、いと心苦しく、ついにいかに思し騒がむと思ふも、あはれなれば、

りゐたまへるを、院渡りて見たてまつりたまひて、(源氏)「今日は、いとよく起きゐたまふめるは。この御前にては、こよなく御心もはればれしげなめりかし」と聞こえたまふ。かばかりの隙あるをもいとうれしと思ひきこえたまへる御気色を見たまふも心苦しく、つひにいかに思し騒がんと思ふに、あはれなれば、

IV

(紫上)おくと見るほどぞはかなきともすれば風にみだるる萩の上露

げにぞ、折れ返り止まるべくもあらぬに、花の露はよそへられ、折さへぞ忍びがたきと、見出だし給ひても、

(源氏)ややもせば消えを争ふ露の世に後れ先立つほど経ずもがな

とて、涙をのごひもあへ給はず。

(明石中宮)秋風にしばし止まらぬ露の世をたれか草葉の上とのみ見む

と聞こえかはし給へる御容貌どもの、見る甲斐あるにつけても、かくて千歳を過ぐすわざかなと思さるれど、心にかなはぬことなれば、かけ止めがたく悲しかりけり。

(紫上)おくと見るほどぞはかなきともすれば風にみだるる萩のうは露

げにぞ、折れかへりとまるべうもあらぬ、よそへられたるをりさへ忍びがたきを、見出だしたまひても、

(源氏)ややもせば消えをあらそふ露の世におくれ先だつほど経ずもがな

とて、御涙を払ひあへたまはず。宮、

(明石中宮)秋風にしばしとまらぬつゆの世をたれか草葉のうへとのみ見ん

と聞こえかはしたまふ御容貌どもあらまほしく、見るかひあるにつけても、かくて千年を過ぐすわざもがなと思さるれど、心にかなはぬことなれば、かけとめん方なきぞ悲しかりける。

V

(紫上)「今は渡らせ給ひね。乱り心地、いと悪しくはべり。言ふ甲斐なくなりにてはべるほどと言ひながら、いとなめげにかたはらいたく」とて、御几帳引き寄せて臥し給へるさまの、常よりもいと頼もしげなく見え給へば、(中宮)「いかに覚え給ふにか」とて、宮ま[宮もカ]御手をとらへたてまつり給て、泣く泣く見たてまつり給ふに、まことに消えゆく露の心地して、限りに見え給へば、御修行の使、数もなく立ち騒ぎたり。先々も、かくて生き出で給ひし折にならひて、御物の怪のしわざと疑ひ給ひて、夜一夜、様々のことをし尽くさせ給へど、明け行くほどに、絶え果てさせ給ひぬ。

(紫上)「今は渡らせたまひね。乱り心地いと苦しくなりはべりぬ。言ふかひなくなりにけるほどといひながら、いとなめげにはべりや」とて、御几帳ひき寄せて臥したまへるさまの、常よりもいと頼もしげなく見えたまへば、「いかに思さるるにか」とて、宮も御手をとらへたてまつりて泣く泣く見たてまつりたまふに、まことに消えゆく露の心地して限りに見えたまへば、御誦経の使ども数も知らずたち騒ぎたり。さきざきもかくて生き出でたまふをりにならひたまひて、御物の怪と疑ひたまひて夜一夜さまざまのことをし尽くさせたまへど、かひもなく明けはつるほどに消えはてたまひぬ。(「御法巻」pp.503~506)

	국보『겐지모노가타리에마키』그림설명문	『겐지모노가타리』본문
I		기다리고 있던 가을이 되어 날씨가 다소 선선해지자, 무라사키노우에紫上의 기분도 어느 정도 상쾌해지신 듯 보였지만, 자칫하면 또다시 용태가 악화되곤 하였다. 가을 바람은 몸에 사무칠 정도는 아니었지만, 무라사키노우에는 이슬이 내리듯 자주 눈물 적시는 나날을 보내고 계시었다.
II	법회御法 아카시 중궁明石中宮이 환궁하려 하는 것을 무라사키노우에紫上는 잠시라도 더 머무르다 가라고 부탁드리고 싶었지만, 너무 나서는 것 같은 데다, 천황께서 사신을 잇달아 보내 환궁을 재촉하시는 것도 번거로워서 차마 말을 꺼내지 못하고 계셨다. 그러던 차에, 무라사키노우에가 중궁이 계시는 곳으로 갈 수 없을 정도로 중한 병환인지라 중궁께서 이쪽으로 건너오셨다. 이렇게 중궁을 맞이하는 건 황송한 일이었지만, 그렇다고 뵙지 못하는 건 덧없고 아쉬운 일이라 생각하시고, 이곳 거처에 자리를 따로 마련하셨다.	아카시 중궁明石中宮이 환궁하려 하는 것을 무라사키노우에는 잠시라도 더 머무르다 가라고 부탁드리고 싶었지만, 너무 나서는 것 같은 데다, 천황께서 사신을 잇달아 보내 환궁을 재촉하시는 것도 번거로워서 차마 말을 꺼내지 못하고 계셨다. 그러던 차에, 무라사키노우에가 중궁이 계시는 곳으로 건너갈 수 없을 정도로 중한 병환인지라 중궁께서 이쪽으로 건너오셨다. 이렇게 중궁을 맞이하는 건 황송한 일이었지만, 그렇다고 뵙지 못하는 것도 덧없고 아쉬운 일이라 생각하시고, 이곳 거처에 자리를 따로 마련하셨다.
III	무라사키노우에는 몹시 더할 나위 없이 마르고 야위어지셨지만, 그 때문에 오히려 우아함과 화사함이 더해지고 한창때처럼 아름다우셨다. 지난 세월 몹시 향기 넘치고 화사하게 계시던 한창때에는 역시 이 세상 아름다운 꽃에 비견될 정도였는데, 지금은 더할 나위 없이 가련하고 사랑스러운 모습으로 이 세상을 덧없이 스쳐 가는 곳이라 생각하시는 모습도 애잔하고 공연스레 슬퍼지는 것이었다. 바람 기색이 몹시 불어치는 저녁 무렵, 무라사키노우에는 앞뜰을 바라다보시려고 사방침에 기대어 계시는데, 겐지源氏께서 건너오셔서는 (겐지)"오늘은 다행히 일어나 계시는군요. 중궁이 곁에 계시니 기분도 몹시 상쾌해 보이십	무라사키노우에는 더할 나위 없이 마르고 야위어지셨지만, 그 때문에 오히려 한층 더 우아함과 화사함이 더해지고 아름다우셨다. 지난 세월 몹시 향기 넘치고 화사하게 계시던 한창때에는 오히려 이 세상 아름다운 꽃에 비견될 정도였는데, 지금은 더할 나위 없이 가련하고 사랑스러운 모습으로 이 세상을 덧없이 스쳐 가는 곳이라 생각하시는 기색이 너무나도 애잔하고 공연스레 슬퍼지는 것이었다. 바람 기색이 몹시 불어치는 저녁 무렵, 무라사키노우에는 앞뜰을 바라다보시려고 사방침에 기대어 계시는데, 겐지源氏께서 건너오셔서 그녀의 모습을 보시고는 (겐지)"오늘은 다행히 일어나 계시는군요. 중궁이 곁에 계시니 기분

니다"라고 말씀을 건넨다. 이 정도로 병환이 잠시 소강상태를 보이는 것조차 겐지가 몹시 기뻐하시는 기색이라, 이를 바라보시는 무라사키노우에는 마음이 아파 왔다. 결국 내가 눈을 감는 마지막 순간에는 얼마나 슬퍼하며 한탄을 하실까 생각을 하니 안쓰러운 마음이 들어

도 몹시 상쾌해 보이십니다"라고 말씀을 건넨다. 이 정도로 병환이 잠시 소강상태를 보이는 것조차 겐지가 몹시 기뻐하시는 기색이라, 이를 바라보시는 무라사키노우에는 마음이 아파 왔다. 결국 내가 눈을 감는 마지막 순간에는 얼마나 슬퍼하며 한탄을 하실까 생각을 하니 안쓰러운 마음이 들어

IV

(무라사키노우에)
내가 일어나 있는 걸
보는 것도 한순간
덧없음이리니
자칫하면 바람이 흩날리는
싸리 위에 놓인 이슬처럼

이 노래처럼, 실제로 바람에 싸리나무가 휘청거리며, 그 위에 놓인 이슬이 잠시도 머무르지 못하고 곧 떨어지려 하는데, 하필 이러한 때 무라사키노우에가 자기 목숨을 싸리꽃 이슬에 비유하니, 겐지는 참을 수 없이 서글픈 마음이 들어 정원을 내려다보시며

(겐지)
서로 앞다투어
사라지는 이슬처럼
허망한 이 세상에
먼저 가고 뒤에 남는 일 없이
그대와 한날한시에 죽으리오다

라 노래를 읊으며, 차마 눈물을 다 닦아 내시지도 못하셨다.

(무라사키노우에)
내가 일어나 있는 걸
보는 것도 한순간
덧없음이리니
자칫하면 바람이 흩날리는
싸리 위에 놓인 이슬처럼

이 노래처럼, 실제로 바람에 싸리나무가 휘청거리며, 그 위에 놓인 이슬이 잠시도 머무르지 못하고 곧 떨어지려 하는데, 하필 이러한 때 무라사키노우에가 자기 목숨을 싸리꽃 이슬에 비유하니, 겐지는 참을 수 없이 서글픈 마음이 들어 정원을 내려다보시며

(겐지)
서로 앞다투어
사라지는 이슬처럼
허망한 이 세상에
먼저 가고 뒤에 남는 일 없이
그대와 한날한시에 죽으리오다

라 노래를 읊으며, 차마 눈물을 다 닦아 내시지도 못하셨다. 아카시 중궁께서도

(아카시 중궁)
가을바람에 곧 흩어져 버리는
이슬처럼 허망한 이 세상 목숨인 것을
그 누가 풀잎에 맺힌 이슬만의 일이라
여길 수 있으리오.
우리 모두 같은 운명이리니

라 서로 노래를 읊으시는 그 모습들이 눈이 흡족할 정도로 아름다우시니, 겐지는 이대로 천년만년 살고 싶다고 생각하셨지만, 이룰 수 없는 일이기에 단지 그녀를 이 세상에 머무르게 할 방도가 없는 것이 서글픈 일이었다.

(아카시 중궁)
가을바람에 곧 흩어져 버리는
이슬처럼 허망한 이 세상 목숨인 것을
그 누가 풀잎에 맺힌 이슬만의 일이라
여길 수 있으리오.
우리 모두 같은 운명이리니

라 서로 노래를 읊으시는 그 모습들이 더할 나위 없이 눈이 흡족할 정도로 아름다우시니, 겐지는 이대로 천년만년 살고 싶다고 생각하셨지만, 이룰 수 없는 일이기에 단지 그녀를 이 세상에 머무르게 할 방도가 없는 것이 서글픈 일이었다.

IV

(무라사키노우에)"이제 돌아가 주세요. 기분이 어지러워 몹시 좋지 않습니다. 이처럼 쇠약해져 어쩔 수 없는 몸이라고는 하지만, 예를 갖추기 어려우니 정말 송구스러울 따름입니다"라 말하며, 휘장御几帳을 끌어당겨 누우시는 모습이 보통 때와는 달리 몹시 기운이 소진된 듯 보였기 때문에 (중궁)"기분이 좀 어떠십니까?"라며 중궁도 무라사키노우에의 손을 잡으시고 울며 울며 바라다보신다. 무라사키노우에는 정말로 곧 사라지는 이슬처럼 마지막이라 생각되는 모습이셨기 때문에, 저택 안에서는 수행승御修行을 부르기 위해 모여든 심부름꾼들로 꽉 차 소란스러웠다. 이전에도 이처럼 목숨이 위태로웠다가 소생하신 적이 있었던지라, 겐지는 그때의 일을 상기시키며 이번에도 귀신御物の怪의 소행일 거라 의심하시고는 밤을 새워 온갖 방법을 다해 기도를 올리셨다. 하지만, 동이 틀 무렵 무라사키노우에는 끝내 숨을 거두고 마시었다.

(무라사키노우에)"이제 돌아가 주세요. 기분이 어지러워 몹시 괴롭습니다. 이처럼 쇠약해져 어쩔 수 없는 몸이라고는 하지만, 이래서야 예를 갖추기 어려우니……"라 말하며, 휘장御几帳을 끌어당겨 누우시는 모습이 보통 때와는 달리 몹시 기운이 소진된 듯 보였기 때문에 (중궁)"기분이 좀 어떠십니까?"라며 중궁도 무라사키노우에의 손을 잡으시고 울며 울며 바라다보신다. 무라사키노우에는 정말로 곧 사라지는 이슬처럼 마지막이라 생각되는 모습이셨기 때문에, 저택 안에서는 독경승御誦経을 부르기 위해 모여든 심부름꾼들로 꽉 차 소란스러웠다. 이전에도 이처럼 목숨이 위태로웠다가 소생하신 적이 있었던지라, 겐지는 그때의 일을 상기시키며 이번에도 귀신御物の怪의 소행일 거라 의심하시고는 밤을 새워 온갖 방법을 다해 기도를 올리셨다. 하지만, 그 보람도 없이 동이 틀 무렵 무라사키노우에는 끝내 숨을 거두고 마시었다.

(「법회 권」 pp.503~506)

	国宝『源氏物語絵巻』詞書	『源氏物語』本文
I	四位侍従も参り給へり。そこら大人しき若君達も、あまた様々、いづれか悪び給へる、みなめやすかりつる中に、この君の立ち後れてさし出で給へる、いとこよなう目止まる。例のものめでする若人たち「なを、ことなり」など言ふものの、「姫君のかたはらには、これをこそ、さし並べて見め」と聞きにくく言ふ。げに若うをかしげに、なまめかしきさまして、うちふるまひ給へる追ひ風、世の常ならず。姫君といふとも、心おはせむは、げに、人よりはまされりと見給ふらむかしとぞ思ゆる。	夕つけて四位侍従参りたまへり。そこらおとなしき君達も、あまたさまざまに、いづれかはわろびたりつる、みなめやすかりつる中に、立ちおくれてこの君の立ち出でたまへる、いとこよなく目とまる心地して、例のものめでする若き人たちは、「なほことなりけり」など言ふ。「この殿の姫君の御かたはらには、これをこそさし並べて見め」と聞きにくく言ふ。げにいと若うなまめかしきさましして、うちふるまひたまへる匂ひ香など世の常ならず。姫君と聞こゆれど、心おはせむ人は、げに人よりはまさるなめりと見知りたまふらむかしとぞおぼゆる。
II	尚侍の君の御念誦堂におはしまして、(玉鬘)「こなたに」とのたまへば、東の御階より上りて、戸口の御簾の前に居給へり。御前近き若木の梅の、心もとなくつぼみて、鶯初声、いとおほどかなる。いと透かせたてまつらまほしきさまのし給へれば、中将の君と聞こえて、上臈の詠みかけきこゆる。 (中将の君)折りて見ばいとど匂ひもまさるやとすこし色めけ梅の初花 口はやしと聞きて、	尚侍の殿、御念誦堂におはして、(玉鬘)「こなたに」とのたまへれば、東の階より上りて、戸口の御簾の前にゐたまへり。御前近き若木の梅心もとなくつぼみて、鶯の初声もいとおほどかなるに、いとすかせたてまつらまほしきさまのしたまへれば、人々はかなきことを言ふに、言少なに心にくきほどなるをねたがりて、宰相の君と聞こゆる上臈の詠みかけたまふ。 (宰相の君)折りて見ばいとどにほひもまさるやとすこし色めけ梅の初花 口はやしと聞きて、
III	(薫)「よそに見てもぎ木なりとや定むらむ下に匂へる花のしづくを さらば袖ふれて心見給へ」などすさぶるに、(女房)「誠に、色よりも」など、引き動かしつべう。	(薫)「よそにてはもぎ木なりとやさだむらんしたに匂へる梅の初花 さらば袖ふれて見たまへ」など言ひすさぶに、(女房)「まことは色よりも」と、口々、ひきも動かしつべくさまよふ。 (「竹河巻」pp.68~69)

	국보『겐지모노가타리에마키』그림설명문	『겐지모노가타리』본문
I	시이노지주四位侍従(가오루薫를 가리킴)도 (다마카즈라玉鬘 저	저녁 무렵이 되어, 시이노지주四位侍従(가오루薫를 가리킴)가

택에) 찾아오셨다. 성인이 된 많은 젊은 귀공자들도 모두 제각기 훌륭하니 그 누가 모자란 이가 있으시겠는가. 모두 무난해 보이는데, 그중에서도 가오루가 한발 늦게 도착해서 그 모습을 드러내시니 더할 나위 없이 시선이 모아졌다. 늘 그렇듯 금방 다른 것에 마음이 쏠리곤 하는 젊은 여관若人들은 "역시 다른 분들과는 다르다니까"라고들 수군거리면서, "아가씨 곁에 이런 분이야말로 (사위로 맞아) 나란히 뫼었으면 좋겠네요"라며 듣기 거북한 말을 해 댄다. 참으로 젊고 아름다운 데다 우아한 모습을 하고 계셨는데, 가오루가 거동하실 때마다 스치는 향기는 마치 이 세상 것 같지가 않았다. 아무리 여염집 아가씨라 할지라도 인간의 마음을 지닌 분이라면 정말이지 가오루가 다른 사람보다 뛰어나다는 걸 납득할 거라 생각했다.

II

간노키미尙侍の君(다마카즈라를 가리킴)가 염송당에 계시면서, (다마카즈라)"이쪽으로 오십시오"라 부르시니, 가오루는 동쪽 계단으로 올라가 입구 앞에 걸려 있는 주렴 앞에 앉으셨다. 정원 가까이에 서 있는 어린 매화나무에는 봉오리가 미덥지 못하게 맺혀 있고 휘파람새의 첫 울음소리가 아련히 들려왔다. 이때 가오루는 연애 상대로 삼고 싶을 정도로 멋진 모습을 하고 계셨기에, 추조노키미中將の君라 불리는 상급 여관上臈이 그에게 와카和歌를 건넸다.

(추조노키미)
꺾어서 보면
더욱더 그 향기도
그윽할지니
조금은 호색함을 보여 주시지요
첫 매화 같은 그대여

(다마카즈라玉鬘 저택에) 찾아오셨다. 성인이 된 많은 귀공자들도 모두 제각기 훌륭하니 그 누가 모자란 이가 있겠는가. 모두 무난해 보이는데, 그중에서도 가오루가 한발 늦게 도착해서 그 모습을 드러내시니 더할 나위 없이 시선이 모아졌다. 늘 그렇듯 금방 다른 것에 마음이 쏠리곤 하는 젊은 여관若き人들은 "역시 다른 분들과는 다르다니까"라고들 수군거렸다. "이 댁 아가씨 곁에 이런 분이야말로 (사위로 맞아) 나란히 뫼었으면 좋겠네요"라며 듣기 거북한 말을 해 댄다. 참으로 젊고 우아한 모습을 하고 계셨는데, 가오루가 거동하실 때마다 퍼지는 향기는 마치 이 세상 것 같지가 않았다. 아무리 여염집 아가씨라 할지라도 인간의 마음을 지닌 분이라면 정말이지 가오루가 다른 사람보다 뛰어나다는 걸 납득할 거라 생각했다.

간노키미尙侍の君(다마카즈라를 가리킴)가 염송당에 계시면서, (다마카즈라)"이쪽으로 오십시오"라 부르시니, 가오루는 동쪽 계단으로 올라가 입구 앞에 걸려 있는 주렴 앞에 앉으셨다. 정원 가까이에 서 있는 어린 매화나무에는 봉오리가 미덥지 못하게 맺혀 있고 휘파람새의 첫 울음소리가 아련히 들려왔다. 이때 가오루는 연애 상대로 삼고 싶을 정도로 멋진 모습을 하고 계셨기에, 여관들이 장난으로 농을 걸어 오는데, 이를 말수도 적게 점잖게 응대하시는 것이 얄미워서 사이쇼노키미宰相の君라 불리는 상급 여관上臈이 그에게 와카和歌를 건넸다.

(사이쇼노키미)
꺾어서 보면
더욱더 그 향기도
그윽할지니
조금은 호색함을 보여 주시지요
첫 매화 같은 그대여

	가오루는 재빠른 솜씨라 여기며	가오루는 재빠른 솜씨라 여기며
III	(가오루) 남들 눈에는 나를 마른 고목이라 정해 버린 모양이군요. 마음속에는 향기로운 꽃이슬이 맺혀 있을진대 (가오루)"실제로 내 소매를 만져 확인해 보시지요"라며 가오루는 농을 걸어 오니, 여관들은 "정말이지 매화 색깔보다도 가오루 님의 향기가 더……"라 말하며, 소매를 끌어당길 듯이……	(가오루) 남들 눈에는 나를 마른 고목이라 정해 버린 모양이군요. 마음속은 향기로운 첫 매화꽃일진대 (가오루)"실제로 내 소매를 만져 확인해 보시지요"라며 가오루는 농을 걸어 오니, 여관들은 "정말이지 매화 색깔보다도 가오루 님의 향기가 더……"라고 서로들 말하며, 소매를 끌어당기기라도 할 듯 가오루 주위를 서성댔다. (「다케카와 권」 pp.68~69)

「다케카와 2 竹河二」

	国宝『源氏物語絵巻』詞書	『源氏物語』本文
I	弥生になりて、桜あるは散りかゐ曇り、大方(おほかた)盛りなる心のどかにおはすると、心は紛るることなく、端近くおはする罪もあるまじかめり。その人十八九ほどやおはしましけむ。御容貌、心ばへ、とりどりにぞおかしき。姫君は、いとあざやかに気高く、いまめかしきさまし給ひて、げに、ただ人にて見たてまつらむは似げなくぞ見え給はむ。桜の細長、山吹などの、折に合ひたる色あひ、なつかしきほどに重なりたる裾まで、愛敬のこぼれ落ちたるやうに見ゆる。もてなしなどもうをかしく、心うつしき気さへ、添ひ給へり。いま一所は、薄紅梅に、御髪いろにて、柳の糸のやうにたをたをと見ゆ。いとそびやかに、なまめかしう澄むたるさまして、重りかに心深き気は、まさり給へれど、匂ひやかなる気配(けはひ)は、こよなくとぞ、人も思へる。	三月になりて、咲く桜あれば散りかひ曇り、おほかたの盛りなるころ、のどやかにおはする所は、紛るることなく、端近なる罪もあるまじかめり。そのころ十八九のほどやおはしけむ、御容貌も心ばへもとりどりにぞをかしき。姫君はいとあざやかに気高ういまめかしきさましたまひて、げにただ人にて見たてまつらむは似げなうぞ見えたまふ。桜の細長、山吹などのをりにあひたる色あひのなつかしきほどに重なりたる裾まで、愛敬のこぼれ落ちたるやうに見ゆる、御もてなしなどもらうらうじく心恥づかしき気さへそひたまへり。いまーところは、薄紅梅に、御髪いろにて、柳の糸のやうにたをたをと見ゆ。いとそびやかになまめかしう澄みたるさまして、重りかに心深きけはひはまさりたまへれど、にほひやかなるけはひはこよなしとぞ人思へる。

II	碁打ち給ふとて、さし向かひ給へる額のかかりたるさま、いと見所あり。侍従の君、見証し給ふとて、近くさぶらひ給ふに、兄君たち、さしのぞきて、「侍従の君、こよなくなりにけり。御碁の見証、許されにけり」とて、大人しきさまして、突いゐ給へば、御前なる人々、とかく居直る。中将、「宮仕へ、忙しくなりはべるほどに、人に劣りにたれば、いと本意なきわざかな」と愁へ給へば、(右中弁)「弁は参りて、私の宮仕へ、怠りぬべきままに、さのみやは、思し棄てむ」など申し給ふ。碁打ちさして恥ぢらひておはするを、いとをかしげなり。(中将)「内裏わたりなどまかり歩きて、故殿おはしまさましかば、と思ふ給へらるること多く」など、涙ぐみて見たてまつり給ふ。二十七八のほどにものし給へば、いとよく過ごして、この御ありさまどもを、いかで、古思しをきてしに、違へずもがなと、思ひ居給へり。	碁打ちたまふとて、さし向かひたまへる髪ざし、御髪のかかりたるさまども、いと見どころあり。侍従の君、見証したまふとて近うさぶらひたまふに、兄君たちさしのぞきたまひて、「侍従のおぼえこよなうなりにけり。御碁の見証ゆるされにけるをや」とて、おとなおとなしきさまして突いゐたまへば、御前なる人々とかうゐなほる。中将、「宮仕のいそがしうなりはべるほどに、人に劣りにたるは。いと本意なきわざかな」と愁へたまへば、(右中弁)「弁官は、まいて、私の宮仕怠りぬべきままに、さのみやは思し棄てん」など申したまふ。碁打ちさして恥ぢらひておはさうずる、いとをかしげなり。(中将)「内裏わたりなどまかり歩きても、故殿おはしまさましかば、と思ひたまへらるること多くこそ」など、涙ぐみて見たてまつりたまふ。二十七八のほどにものしたまへば、いとよくととのひて、この御ありさまどもを、いかでいにしへ思しおきてしに違へずもがなと思ひゐたまへり。
III	御前の花の木どもの中にも、匂ひまさりて、桜を折らせて、(姫君)「外のには似ずこそ」などもて遊び給ふを、(中将)「幼くおはしましし時、この花をわがぞわがぞと、争ひ給ひしを、故殿は、姫君の御花ぞと定め、上は、若君の木ぞと定め給ひし。いとさは泣きののしらねど、安からず、みな思ふ給へられしはや、この桜の老木になりにけるにつけて、過ぎにける齢を思ふ給へ出づれば、あまたの人に後れはべりにける身の愁へも、止めがたくこそ」と、泣きみ笑ひみ、聞こえ給ひて、例よりは、のどかにおはす。人の婿になりて、心静かにも今は見え給はぬを、花に心止めて、ものし給ふ。	御前の花の木どもの中にも、にほひまさりてをかしき桜を折らせて、(姫君)「外のには似ずこそ」などもてあそびたまふを、(中将)「幼くおはしましし時、この花はわがぞわがぞと争ひたまひしを、故殿は、姫君の御花ぞと定めたまふ、上は、若君の御木と定めたまひしを、いとさは泣きののしらねど、安からず思ひたまへられしはや」とて、(中将)「この桜の老木になりにけるにつけても、過ぎにける齢を思ひたまへ出づれば、あまたの人に後れはべりにける身の愁へもとめがたうこそ」など、泣きみ笑ひみ聞こえたまひて、例よりはのどやかにおはす。人の婿になりて、心静かにも今は見えたまはぬを、花に心とどめてものしたまふ。
IV	尚侍の君、かく大人しき人の親になり給ひ、御年のほどは思ふよりは、いと若う清げに、なを盛りの御容貌と見え給へり。冷泉院の帝は、多うは、この御ありさまのゆかしう、恋しう思し出でられければ、何につけてかはと思しめぐらして、姫き[姫君カ]の御事を、あながちに聞こえ給ふにぞありける。	尚侍の君、かくおとなしき人の親になりたまふ御年のほど思ふよりはいと若うきよげに、なほ盛りの御容貌と見えたまへり。冷泉院の帝は、多くは、この御ありさまのなほゆかしう昔恋しう思し出でられければ、何につけてかはと思しめぐらして、姫君の御事を、あながちに聞こえたまふにぞありける。

院へ参り給はむことは、この君たちぞ、「なをものの映えなき心地すべけれ。よろづのこと、時につけたるをこそ、世人も許すめれ、げに、いと見たてまつらまほしき御ありさまは、この世にたぐひなく、おはしますめれど、盛りならぬ心地ぞするや。琴·笛の調べ、花·鳥の色の色をも音をも、時に従ひて、人の耳も止まるものなれ。東宮はいかが」など申し給へば、(玉鬘)「いさや。はじめより、やむごとなき人の、かたはらもなきやうにて、ものし給ふめればこそ。なかなかにてまじらはむは、胸いたく、人笑はれなることやあらむとつつましければ。殿おはせましかば、行く末の御宿世々々は知らず、ただ今は甲斐あるさまにもてなしたまひて[給ひてカ]まし」などのたまひ出でて、みなものあはれなり。

院へ参りたまはんことは、この君たちぞ、「なほもののはえなき心地こそすべけれ。よろづのこと、時につけたるをこそ、世人もゆるすめれ、げにいと見たてまつらまほしき御ありさまは、この世にたぐひなくおはしますめれど、盛りならぬ心地ぞするや。琴笛の調べ、花鳥の色の色をも音をも、時に従ひてこそ、人の耳もとまるものなれ。春宮はいかが」など申したまへば、(玉鬘)「いさや、はじめよりやむごとなき人の、かたはらもなきやうにてのみものしたまふめればこそ。なかなかにてまじらはむは、胸いたく人笑へなることもやあらむとつつましければ。殿おはせましかば、行く末の御宿世世は知らず、ただ今はかひあるさまにもてなしたまひてましを」などのたまひ出でて、みなものあはれなり。

V

中将など立ち給ひて後、打ちさし給へる碁打ち給ふ。昔より争ひ給ふ桜を、賭物にて、「三番に数一つ勝ち給はむ方に、花を寄せて」など、戯れきこえ給ふ。暗うなれば、端近うて打ち給う。御簾捲き上げて、人々、みないどみ念じきこゆ。折しも、例の中将の君、侍従の君の御曹司に来たりけるを、うち連れて出で給ひければ、大方人少ななるに、廊の戸の開きたるに、やをら寄りて、のぞきけり。かくうれしき折を見つけたるは、仏などの現はれ給ひたらむに、合ひたる心地するも、はかなき心になむ。夕暮の霞の紛れは、さやかならねど、つくづくと見れば、桜の色の文目も、それと見分きつ。匂ひ多く見え給ふを、いとど異ざまになり給なむこと、いとわびしう思ひまさる。若き人々のうちとけ姿ども、夕映えをかしう見ゆ。右勝たせ給ぬ。(女房)「高麗のうざう[ら声カ]のをかしや」など、はやりかに言ふもあり。(女房)「右に心寄せ給て、西の御前にまりて[寄りてカ]侍にかたにて、年ごろの御遊びのかかれぱありつるぞかし」と、右方は、心地よげに励まかしきこゆ。何事と知らねど、をかしと聞きて、さしらへもせまほしけれど、うちとけ給へる折、心地なくやはと、思て出でて去ぬ。またかかる紛れもやと、かたに添ひてぞ、うかがひ歩きける。

中将など立ちたまひて後、君たちは打ちさしたまへる碁打ちたまふ。昔より争ひたまふ桜を賭け物にて、「三番に数一つ勝ちたまはむ方に花を寄せてん」と戯れかはしきこえたまふ。暗うなれば、端近うて打ちはてたまふ。御簾捲き上げて、人々みないどみ念じきこゆ。をりしも、例の少将、侍従の君の御曹司に来たりけるを、うち連れて出でたまひにければ、おほかた人少ななるに、廊の戸の開きたるに、やをら寄りてのぞきけり。かううれしきをりを見つけたるは、仏などのあらはれたまへらんに参りあひたらむ心地するも、はかなき心になん。夕暮の霞の紛れはさやかならねど、つくづくと見れば、桜色の文目もそれと見分きつ。げに散りなむ後の形見にも見まほしく、にほひ多く見えたまふを、いとど異ざまになりたまひなんことわびしく思ひまさらる。若き人々のうちとけたる姿ども夕映えをかしう見ゆ。右勝たせたまひぬ。(女房)「高麗の乱声おそしや」などはやりかに言ふもあり。(女房)「右に心寄せたてまつりて西の御前に寄りてはべる木を、左になして、年ごろの御争ひのかかればありつるぞかし」と、右方は心地よげにはげましきこゆ。何ごとと知らねどをかしと聞きて、さしいらへもせまほしけれど、うちとけたまへるをり心地なく

		やはと思ひて出でて去ぬ。またかかる紛れもやと、蔭にそひてぞうかがひ歩きける。
VI	君たちは、花の争ひをして、明かしく暮らし給ふ。	君たちは、花の争ひをしつつ明かし暮らしたまふに、風荒らかに吹きたる夕つ方、乱れ落つるがいと口惜しうあたらしければ、負方の姫君 (大君) 桜ゆゑ風に心のさわぐかな思ひぐまなき花と見る見る 御方の宰相の君、 咲くと見てかつは散りぬる花なれば負くるを深きうらみともせず と聞こえたすくれば、右の姫君、 (中君)風に散ることは世のつね枝ながらうつろふ花をただにしも見じ この御方の大輔の君、 心ありて池のみぎはに落つる花あわとなりてもわが方に寄れ 勝方の童べ下りて、花の下に歩きて、散りたるをいと多く拾ひて持て参れり。 (童)大空の風に散れども桜花おのがものとぞかきつめて見る 左のなれき、 「桜花にほひあまたに散らさじとおほふばかりの袖はありやは心せばげにこそ見ゆめれ」など言ひおとす。 (「竹河巻」pp.75~81)
	국보『겐지모노가타리에마키』그림설명문	『겐지모노가타리』본문
I	삼월이 되어 벚꽃이 하늘하늘 떨어져 하늘을 뒤덮으며 여기저기 벚꽃이 한창일 무렵, 한가로이 지내시며 별다른 할 일도 없어 아가씨들이 툇마루 가까이 나와 계셔도 뭐라 책망할 사람도 없는 듯했다. 아씨들의 나이는 18~19살 정도가 되었을까요? 용모도 심성도 모두 아름다웠다. 큰 아씨大君는 매우 또렷한 이목구비에 기품이 있고 세련된 아름다운 모습을 하고 계셔서, 과연 일반 신하와 혼인을 맺기	삼월이 되어 피어 있는 벚꽃이 있는가 하면 하늘을 뒤덮으며 하늘하늘 떨어지는 벚꽃이 있는 등 여기저기 벚꽃이 한창일 무렵, 한가로이 지내시는 다마카즈라玉鬘 저택에서는 별다른 할 일도 없어 아가씨들이 툇마루 가까이 나와 계셔도 뭐라 책망할 사람도 없는 듯했다. 아씨들의 나이는 18~19살 정도가 되었을까요? 용모도 심성도 모두 아름다웠다. 큰 아씨大君는 매우 또렷한 이목구비에 기품이 있고

에는 아깝다고 생각될 정도였다. 벚꽃 겉옷에 황매화색 등 계절에 어울리는 빛깔의 옷을 부드럽게 겹쳐 입고 있었는데, 그 소매까지 애교가 넘쳐흐르는 듯이 보였다. 그 몸가짐 등 또한, 보는 이가 마음을 빼앗길 정도로 아름다움을 갖추고 계셨다. 다른 쪽인 작은 아씨中君는 옅은 홍매화 옷에 머리카락도 반지르르 윤기가 흐르고 버들가지처럼 찰랑찰랑 부드러워 보였다. 실로 늘씬한 몸매에 우아하고 진중한 모습을 하고 있었는데, 기품 있고 사려 깊게 보이는 느낌은 언니를 능가하였지만, 화려하고 아름다운 기색은 언니 쪽이 각별하다고 여관들도 생각하였다.

세련된 아름다운 모습을 하고 계셔서, 과연 일반 신하와 혼인을 맺기에는 아깝다고 생각될 정도였다. 벚꽃 겉옷에 황매화색 등 계절에 어울리는 빛깔의 옷을 부드럽게 겹쳐 입고 있었는데, 그 소매까지 애교가 넘쳐흐르는 듯이 보였다. 그 몸가짐 등 또한, 보는 이가 주눅이 들 정도로 사랑스러움을 갖추고 계셨다. 다른 쪽인 작은 아씨中君는 옅은 홍매화 옷에 머리카락도 반지르르 윤기가 흐르고 버들가지처럼 찰랑찰랑 부드러워 보였다. 실로 늘씬한 몸매에 우아하고 진중한 모습을 하고 있었는데, 기품 있고 사려 깊게 보이는 느낌은 언니를 능가하였지만, 화려하고 아름다운 기색은 언니 쪽이 각별하다고 여관들도 생각하였다.

II

바둑을 두시려고 서로 마주 앉아 계시는데, 앞이마에 흘러내리는 머리 모양새가 참으로 볼 만한 풍경이었다. 지주노키미侍従の君(도지주藤侍従를 가리킴)께서 심판을 보신다고 하여 아씨들 곁에 대기하고 계시는데, 형들이 그곳을 들여다보며 "누이에게 지주가 각별한 모양입니다. 바둑 심판을 허락한 걸 보면……"이라 말을 걸며 짐짓 어른스레 그곳에 끼어 앉으시니, 그 앞에 앉아 있던 여관들이 여기저기서 몸가짐을 고쳐 앉는다. 추조中将가 "궁중 생활에 시간을 쫓겨 지주에게 선수를 빼앗기고 말았으니 정말이지 안타까운 일이야"라며 아쉬워하시니, 우추벤右中弁이 말하길, "벤弁으로 궁중에 출사하여 집안일을 소홀히 한 사이에 이처럼 누이에게 버려지게 되다니요"라고 푸념을 한다. (이를 듣고) 아씨들이 바둑 두는 것을 잠시 멈추고 부끄러워하시는 모습은 실로 아름다워 보였다. (추조)"궁중 부근을 출입하면서 아버님이 살아 계셨더라면 하고 생각될 때가 많습니다"라며 눈물을 머금고 누이들을 바라다보신다. 이 추조는 나이가 27~28세 정도로 매우 훌륭히 성장해 계셨기에, 이 누이들을 어떻게 해서든 아버님이 생전에 정해 두신 대로 입궁시켜야겠다고 마음먹고 계시었다.

바둑을 두시려고 서로 마주 앉아 계시는데, 앞이마 머리 주변, 머리카락이 흘러내리는 자태 등은 참으로 볼 만한 풍경이었다. 지주노키미侍従の君(도지주藤侍従를 가리킴)께서 심판을 보신다고 하여 아씨들 곁에 대기하고 계시는데, 형들이 그곳을 들여다보며 "누이들이 지주를 각별하게 생각하는군요. 바둑 심판을 허락하다니……"라 말을 걸며 짐짓 어른스레 그곳에 끼어 앉으시니, 그 앞에 앉아 있던 여관들이 여기저기서 몸가짐을 고쳐 앉는다. 추조中将가 "궁중 생활에 시간을 쫓겨 지주에게 선수를 빼앗기고 말았으니 정말이지 안타까운 일이야"라며 아쉬워하시니, 우추벤右中弁이 말하길, "벤칸弁官인 저야말로 더군다나 바빠서 집안일을 소홀히 한 사이에 이처럼 누이이게 버려지게 되다니요"라고 푸념을 한다. (이를 듣고) 아씨들이 바둑 두는 것을 잠시 멈추고 부끄러워하시는 모습은 실로 아름다워 보였다. (추조)"궁중 부근을 출입하면서 아버님이 살아 계셨더라면 하고 생각될 때가 많습니다"라며 눈물을 머금고 누이들을 바라다보신다. 이 추조는 나이가 27~28세 정도로 충분히 한 사람 몫으로 훌륭히 성장해 계셨기에, 이 누이들을 어떻게 해서든 아버님이 생전에 정해 두신 대로 입궁시켜야겠다고 마음먹고 계시었다.

III 아씨들은 뜰 앞에 있는 꽃나무 중에서 가장 윤기 나는 벚꽃을 꺾어 오게 해서는 "다른 곳의 꽃들과는 비교도 안 될 정도로 예쁘지요"라 칭찬을 하며 즐거워하셨다. (추조)"누이들이 아직 어리셨을 적에, 이 꽃을 서로 자기 거라 다투셨는데, 그때 아버님은 큰 누이 꽃이라 정하셨고 어머님은 작은 누이 나무라 정하셨지요. 저는 그다지 울거나 소란을 피우지는 않았지만, 내심 불만이었지요. 이 벚꽃이 어느덧 노목이 되어 버린 걸 보니, 지난 세월이 절로 생각이 나서, 많은 분들을 먼저 떠나보내고 나 홀로 이렇게 남아 있는 것이 참을 수 없이 한스럽게 생각됩니다"라며 눈물짓다가 웃음을 보이다가 하며 이야기를 하시면서 여느 때보다 한가로이 그곳에 머물러 계셨다. 추조는 다른 집안의 사위가 되어 요즘은 본 저택에 느긋하게 들르지도 못하셨던 것을, 오늘은 꽃에 마음을 빼앗겨 이처럼 머무르고 계시는 것이었다.

아씨들은 뜰 앞에 있는 꽃나무 중에서 가장 윤기 나고 아름다운 벚꽃을 꺾어 오게 해서는 "다른 곳의 꽃들과는 비교도 안 될 정도로 예쁘지요"라 칭찬을 하며 즐거워하셨다. (추조)"누이들이 아직 어리셨을 적에, 이 꽃을 서로 자기 거라 다투셨는데, 그때 아버님은 큰 누이 꽃이라 정하셨고 어머님은 작은 누이 나무라 정하셨지요. 저는 그다지 울거나 소란을 피우지는 않았지만, 내심 불만이었지요"라 말하며, (추조)"이 벚꽃이 어느덧 노목이 되어 버린 걸 보니, 지난 세월이 절로 생각이 나서, 많은 분들을 먼저 떠나보내고 나 홀로 이렇게 남아 있는 것이 참을 수 없이 한스럽게 생각됩니다"라며 눈물짓다가 웃음을 보이다가 하며 이야기를 하시면서 여느 때보다 한가로이 그곳에 머물러 계셨다. 추조는 다른 집안의 사위가 되어 요즘은 본 저택에 느긋하게 들르지도 못하셨던 것을, 오늘은 꽃에 마음을 빼앗겨 이처럼 머무르고 계시는 것이었다.

IV 간노키미尚侍の君(다마카즈라玉鬘를 가리킴)는 이처럼 성인이 된 분들의 부모라고 하기엔 나이가 생각보다 너무 젊고 아름다워서 오히려 한창때의 용모라 생각될 정도셨다. 레이제이 상황冷泉院은 아직도 다마카즈라를 잊지 못하고 그리워하고 계셨기에, 무슨 일을 핑계 삼아 만날까 궁리하다가 따님의 입궁을 무리하게 청하신 것이었다.

하지만 레이제이 상황과의 혼사에 관해 아들 형제들은 "역시 이러한 혼인은 맥빠진 일이지요. 만사 시대의 추세에 따르는 것이야말로 세상 사람들도 납득하는 법입니다. 레이제이 상황의 용안은 실로 계속 바라다보고 싶을 정도로 이 세상에서도 더할 나위 없이 아름다우시지만, 역시 한창때는 지난 듯한 느낌이지요. 거문고와 피리의 선율도, 꽃의 빛깔, 새의 지저귐도 계절과 어울려야 비로소 사람의

간노키미尚侍の君(다마카즈라를 가리킴)는 이처럼 성인이 된 분들의 부모라고 하기엔 나이가 생각보다 너무 젊고 아름다워서 오히려 한창때의 용모라 생각될 정도셨다. 레이제이 상황冷泉院은 아직도 다마카즈라 부인을 잊지 못하고 그리워하고 계셨기에, 무슨 일을 핑계 삼아 만날까 궁리하다가 따님의 입궁을 무리하게 청하신 것이었다.

하지만 레이제이 상황과의 혼사에 관해 아들 형제들은 "역시 이러한 혼인은 맥빠진 일이지요. 만사 시대의 추세에 따르는 것이야말로 세상 사람들도 납득하는 법입니다. 레이제이 상황의 용안은 실로 계속 바라다보고 싶을 정도로 이 세상에서도 더할 나위 없이 아름다우시지만, 역시 한창때는 지난 듯한 느낌이지요. 거문고와 피리의 선율도, 꽃의 빛깔, 새의 지저귐도 계절과 어울려야 비로소 사람의

귀에도 머무르는 법입니다. 차라리 동궁과 인연을 맺는 게 어떨는지요?"라 말씀드리니, (다마카즈라)"글쎄요. 그건 어떨는지. 동궁 곁에는 먼저 입궁한 고귀한 분이 견줄 자가 없을 정도로 늘 함께 계시는 모양이니…… 공연히 입궁을 하였다가 속상하고 남의 웃음거리가 되는 일이 생기는 게 아닐까 조심스러워서…… 만일 아버님이 살아 계셨더라면, 앞으로의 운명, 숙명까지는 알 수 없다 할지라도 우선 당장은 입궁한 보람이 있게끔 든든히 보살펴 주셨을 텐데……"라 말씀을 꺼내시니, 모두들 마음이 저려 왔다.

V

추조 등 오라버니가 물러간 후에, 아씨들은 멈추던 바둑을 다시 두기 시작하셨다. 어릴 적부터 자기 거라 서로 다투셨던 벚꽃을 내기 삼아 "세 번 중 두 번 이기신 쪽에게 꽃을 양보하도록 하지요"라고들 농을 주고받았다. 날이 어두워지니, 툇마루 가까이에 앉아서 바둑을 두셨다. 주렴을 올려놓고 여관들도 모두들 편을 갈라 경쟁하듯 응원하였다. 때마침 일전의 추조노키미中将の君(구로토노쇼쇼蔵人の少将를 가리킴)가 지주의 방에 찾아오셨는데, 이 집 형제들이 지주를 데리고 나가셨기 때문에 인기척조차 느껴지지 않을 정도로 조용하였다. 복도 문이 열려 있었기에 추조는 살며시 다가가 안을 들여다보았다. 이처럼 반가운 기회가 마치 부처님을 우연히 만난 것 같은 심정이 드는 건 아마도 부질없는 연심戀心 때문이겠지요. 저녁 무렵 안개 때문에 뚜렷이 보이지는 않았지만, 뚫어지게 쳐다보니 벚꽃색 옷자락이 보이는 걸로 보아 그녀라는 걸 알아챌 수 있었다. 너무나도 아름다운 모습이셨기에, 이 여인을 다른 남자에게 빼앗기는 것이 더욱더 안타깝게 생각되었다. 젊은 여관들이 긴장을 풀고 편안하게 앉아 있는 모습이 저녁노을에 비쳐 아름답게 보였다. 결국 오른쪽인 작은 아씨가 이기셨다. (여관)"고려악을 합주하는 가락이 멋지군요"라는 등

귀에도 머무르는 법입니다. 차라리 동궁과 인연을 맺는 게 어떨는지요?"라 말씀드리니, (다마카즈라)"글쎄요. 그건 어떨는지. 동궁 곁에는 먼저 입궁한 고귀한 분이 견줄 자가 없을 정도로 늘 함께 계시는 모양이니 말입니다. 공연히 입궁을 하였다가 속상하고 남의 웃음거리가 되는 일이 생기는 건 아닌가 하고 조심스러워서…… 만일 아버님이 살아 계셨더라면, 앞으로의 운명, 숙명까지는 알 수 없다 할지라도 우선 당장은 입궁한 보람이 있게끔 든든히 보살펴 주셨을 텐데……"라 말씀을 꺼내시니, 모두들 마음이 저려 왔다.

추조 등 오라버니가 물러간 후에, 아씨들은 멈추던 바둑을 다시 두기 시작하셨다. 어릴 적부터 자기 거라 서로 다투셨던 벚꽃을 내기 삼아 "세 번 중 두 번 이기신 쪽에게 꽃을 양보하도록 하지요"라고들 농을 서로 주고받았다. 날이 어두워지니, 툇마루 가까이에 앉아서 바둑을 두셨다. 주렴을 올려놓고 여관들도 모두들 편을 갈라 경쟁하듯 응원하였다. 때마침 일전의 쇼쇼少将(구로토노쇼쇼蔵人の少将를 가리킴)가 지주의 방에 찾아오셨는데, 이 집 형제들이 지주를 데리고 나가셨기 때문에 거의 인기척 없이 조용하였다. 복도 문이 열려 있었기에 쇼쇼는 살며시 다가가 안을 들여다보았다. 이처럼 반가운 기회가 마치 부처님을 우연히 만난 것 같은 심정이 드는 건 아마도 부질없는 연심戀心 때문이겠지요. 저녁 무렵 안개 때문에 뚜렷이 보이지는 않았지만, 뚫어지게 쳐다보니 벚꽃색 옷자락이 보이는 걸로 보아 그녀라는 걸 알아챌 수 있었다. 실로 꽃이 져 버린 후, 그 꽃의 자취라도 보고 싶다 생각될 정도로 너무나도 아름다운 모습이셨기에, 이 여인을 다른 남자에게 빼앗기는 것이 더욱더 안타깝게 생각되었다. 젊은 여관들이 긴장을 풀고 편안하게 앉아 있는 모습이 저녁노을에 비쳐 아름답게 보였다. 결국 오른쪽인 작은 아씨가 이기셨다. (여관)"고

기세 좋게 떠들어 대는 여관들도 있다. (여관)"저 벚꽃나무는 원래부터 오른쪽 편이어서 작은 아씨의 서쪽 방 앞에서 있었던 거예요. 그런 걸 괜스레 결론을 내려고 그동안 이 놀이를 계속해 왔던 거지요"라며 오른편은 기분이 좋아 작은 아씨 편을 들며 말을 거든다. 추조는 무슨 이야기인지 정확히 알아들을 수는 없어도 흥미롭게 듣고 있다가 자기도 한마디 끼어들고 싶었지만, 아씨들이 느긋하게 즐기고 계시는데 눈치 없는 행동이라 생각하고 그 자리를 떴다. 그러면서 또 이렇게 엿볼 기회가 없을까 하고 한쪽 구석에 붙어 엿보면서 어슬렁대고 있었다.

려악의 합주 가락이 늦어지는군요"라는 등 기세 좋게 떠들어 대는 여관들도 있다. (여관)"저 벚꽃나무는 원래부터 오른쪽 편이어서 작은 아씨의 서쪽 방 앞에 서 있었던 거예요. 그런 걸 왼쪽 편이라 우겨서 그동안 다툼이 계속되었던 거지요"라며 오른편은 기분이 좋아 작은 아씨 편을 들며 말을 거든다. 쇼쇼는 무슨 이야기인지 정확히 알아들을 수는 없어도 흥미롭게 듣고 있다가 자기도 한마디 끼어들고 싶었지만 아씨들이 느긋하게 즐기고 계시는데 눈치 없는 행동이라 생각하고 그 자리를 떴다. 그러면서 또 이렇게 엿볼 기회가 없을까 하고 그늘에 붙어 엿보면서 어슬렁대고 있었다.

VI

이렇듯 아씨들은 꽃을 놓고 겨루며 세월을 보내고 계시었다.

이렇듯 아씨들은 꽃을 놓고 겨루며 세월을 보내고 계시었다. 바람이 거칠게 불어오는 저녁 무렵, 꽃잎이 하늘하늘 져서 흩어지는 것이 아쉽고 아깝게 생각되어 진 편인 큰 아씨가 한 수 읊는다.

(큰 아씨)
저 벚꽃 탓에
바람이 불 때마다
마음이 애가 타네
내게 냉정한 꽃이란 걸
알고 있으면서도

큰 아씨 편인 사이쇼노키미宰相の君가

(사이쇼노키미)
피었다 싶으면
금방 져 버리는
꽃이기에
내기에 진다 한들

심히 아쉽지 않으리니

라 읊으며 한몫 거들자, 오른편 작은 아씨가

(작은 아씨)
바람에 꽃이 지는 건
이 세상 순리이지만
가지 통째로
내게 넘어온 벚꽃을
마음 편히 보기 어려울진대

작은 아씨 편인 다이후노키미大輔の君가

(다이후노키미)
이쪽에 마음이 있어
연못가 – 오른편으로
떨어지는 꽃이여
거품이 되어서라도
우리 쪽으로 다가오려무나

이긴 편 여동이 정원으로 내려가 꽃나무 아래를 걸어 다니며 떨어진 꽃잎을 한가득 주워 가지고 왔다.

(여동)
드넓은 하늘 바람에
떨어졌다 해도
벚꽃은 우리의 것
꽃잎을 모아 모아
바라봅니다

왼편인 나레키なれき는

(나레키)
벚꽃의 향기
널리 퍼지지 않게 하려 해도
이를 덮어 버릴 정도로
커다란 소매를
지닐 수 있는 법인가요
－벚꽃을 자신의 소유라 욕심내도 소용없는 일입니다

"마음이 좁아 보입니다"라며 질책하였다.
(「다케가와 권」 pp.75~81)

「하시히메 橋姫」

	国宝『源氏物語絵巻』詞書	『源氏物語』本文
I	あなたに通ふべかめる透垣を、すこし押し開けて見給へば、月のをかしきほどに霧わたれるを眺めて、簾すこし巻き上げて、人々居たり。簀子に、萎えばみたる童、同じさまなる大人居たり。	あなたに通ふべかめる透垣の戸を、すこし押し開けて見たまへば、月をかしきほどに霧りわたれるをながめて、簾を短く巻き上げて人々ゐたり。簀子に、いと寒げに、身細く萎えばめる童一人、同じさまなる大人などゐたり。
II	上なる人、一人柱にすこし居隠れて、琵琶を前に置きて、撥を手まさぐりにしては、隠れたりつる月の、にはかに、いと明くさし出でたれば、(中君)「扇ならで、これしても、月は招きつべかりけり」とて、さしのぞき給へる顔つき、いみじう美しげなり。	内なる人、一人は柱にすこしゐ隠れて、琵琶を前に置きて、撥を手にまさぐりにしつつゐたるに、雲隠れたりつる月のにはかにいと明くさし出でたれば、(中君)「扇ならで、これしても月はまねきつべかりけり」とて、さしのぞきたる顔、いみじくらうたげににほひやかなるべし。
III	添ひ臥し給へる人は、琴の上にかたぶきかかりて、(大君)「入る日を返す撥こそありけれ。さま異にも通ひ給へる御心かな」と、うち笑ひ給へる。いますこし重りかに愛敬づき給へり。	添ひ臥したる人は、琴の上にかたぶきかかりて、(大君)「入る日をかへす撥こそありけれ、さま異にも思ひおよびたまふ御心かな」とて、うち笑ひたるけはひ、いますこし重りかによしづきたり。
IV		(中君)「およばずとも、これも月に離るるものかは」など、はかなきことをうちとけのたまひかはしたるけはひども、さらによそに思ひやりしには似ず、いとあはれになつかしうをかし。昔物語など

に語り伝へて、若き女房などの読むをも聞くに、かならずかやうのことを言ひたる、さしもあらざりけんと憎く推しはからるるを、げにあはれなるものの隈ありぬべき世なりけりと心移りぬべし。

霧の深ければ、さやかに見ゆべくもあらず。また、月さし出でなんと思すほどに、奥の方より、「人おはす」と告げきこゆる人やあらん、簾おろしてみな入りぬ。おどろき顔にはあらず、なごやかにもてなしてやをら隠れぬるけはひども、衣の音もせずいとなよよかに心苦しうて、いみじうあてにみやびかなるをあはれと思ひたまふ。(「橋姫巻」pp.139~140)

	국보『겐지모노가타리에마키』 그림설명문	『겐지모노가타리』 본문
I	가오루薫가 저쪽으로 통하는 듯 보이는 울타리 문透垣을 조금 열어젖히고 들여다보시니, 달이 아름답게 비칠 무렵 여인들이 주렴을 조금 말아 올리고 안개가 자욱한 풍경을 바라다보며 앉아 있었다. 툇마루簀子에는 풀기가 빠진 낡은 옷을 입은 여동과 그와 같은 차림새를 한 여관이 앉아 있다.	가오루薫가 저쪽으로 통하는 듯 보이는 울타리 문透垣을 조금 열어젖히고 들여다보시니, 달이 아름답게 비칠 무렵 여인들이 주렴을 짧게 말아 올리고 안개가 자욱한 풍경을 바라다보며 앉아 있었다. 툇마루簀子에는 풀기가 빠진 낡은 옷을 입고 매우 추워 보이는 여동 한 명과 그와 같은 차림새를 한 여관 등이 앉아 있다.
II	위쪽上에 있는 분 중, 한 여인은 기둥에 살짝 몸을 감추고 비파琵琶를 앞에 두고서 술대를 손으로 만지작거리고 있는데, 구름 속에 숨어 있던 달이 홀연히 나와 밝게 비추니 (작은 아씨中君)"부채가 아니라 이 술대로도 달을 불러올 수가 있군요"라 말하며, 달을 엿보시는 그 얼굴 생김새가 몹시 아름다웠다.	안쪽内에 있는 분 중, 한 여인은 기둥에 살짝 몸을 감추고 비파琵琶를 앞에 두고서 술대를 손으로 만지작거리며 앉아 있는데, 구름 속에 숨어 있던 달이 홀연히 나와 밝게 비추니, (작은 아씨中君)"부채가 아니라 이 술대로도 달을 불러올 수가 있군요"라 말하며, 달을 엿보시는 그 얼굴 생김새가 몹시 아름답고 청초하게 보였다.
III	그 곁에 엎드려 계시는 아씨는 쟁의금箏の琴 위로 몸을 기대면서, (큰 아씨大君)"저물어 가는 해를 불러오게 하는 술대가 있다는 말은 들어 봤지만, 달이라니…… 별난 걸 생각해 내는구나"라며 웃으셨다. 좀 더 진중하고 애교가 있는 듯 보이셨다.	그 곁에 엎드려 계시는 아씨는 쟁의금箏の琴 위로 몸을 기대면서, (큰 아씨大君)"저물어 가는 해를 불러오게 하는 술대가 있다는 말은 들어 봤지만, 달이라니…… 별난 걸 생각해 내는구나"라며 웃으시는 모습이 좀더 진중하고 우아해 보이셨다.

IV

(작은 아씨)"술대로 달을 부를 수는 없다 하더라도 이것도 달과 전혀 무연無緣한 물건은 아니지요"라는 등, 두 아가씨들이 마음을 터놓고 가벼운 농담을 주고받고 계시는 모습은 밖에서 상상한 것과는 달리, 매우 정감 있고 흥취 있어 보였다. (가오루)'전해져 오는 옛 이야기昔物語 가운데, 젊은 여관 등이 읽어 주는 내용을 들어 보면, 반드시 이와 같은 여인들의 이야기가 있었었지. 설마 실제로 그러한 일이 있을 수 있을까 하고 내심 못 미더워하고 있었는데, 정말로 남의 이목에 띄지 않는 곳에서 이처럼 정취 있는 일도 존재하는 거로구나'라 생각하며, 가오루는 아씨들에게 마음이 동하는 듯했다.

안개가 짙어 아씨들의 모습이 확실히 보이지 않았다. 다시 달이 나와 줬으면 하고 생각할 무렵에, 안쪽으로부터 "누군가 오셨나 봐요"라 알리는 사람이 있었는지 주렴을 내리고 모두 안으로 들어가 버렸다. 두 아가씨는 당황하는 기색도 없이 부드러운 몸놀림으로 살며시 몸을 감추었다. 옷자락 스치는 소리도 내지 않고 사라지는 모습이 안스럽고 너무나도 기품 있고 우아해서 가오루는 마음속 깊이 벅차오름을 느꼈다. (「하시히메 권」 pp.139~140)

「햇고사리 早蕨」

I

国宝『源氏物語絵巻』詞書

思ほしのたまはせつるを語りつつ、弁は、いとど慰めがたう、くれ惑(まど)ゐて居(ゐ)たり。皆人、心ゆきたるさまにて、物縫ひ営みつつ、老いひがめるさまをつくろひさまよふに、いよいよやつして、

(弁)人はみな急ぎ立つめる袖のうらにひとり藻塩を垂るるあまかな

と愁ゑきこゆれば、

『源氏物語』本文

思ほしのたまへるさまを語りて、弁は、いとど慰めがたくくれまどひたり。皆人は、心ゆきたる気色にて、物縫ひいとなみつつ、老いゆがめる容貌も知らず、つくろひさまよふに、いよいよやつして、

(弁) 人はみないそぎたつめる袖のうらにひとり藻塩をたるるあまかな

と愁へきこゆれば、

<table>
<tr><td>II</td><td>(中君)「しほたるるあまの衣に劣らめや浮きたる波に濡るるわが袖</td><td>(中君)「しほたるるあまの衣にことなれや浮きたる波にぬるるわが袖</td></tr>
<tr><td>III</td><td></td><td>世に住みつかむことも、いとありがたかるべきわざとおぼゆれば、さまに従ひてここをば散れはてじとなむ思ふを、さらば対面もありぬべけれど、しばしのほども、心細くて立ちとまりたまふを見おくに、いとど心もゆかずなむ。かかるかたちなる人も、かならずひたぶるにしも絶え籠らぬわざなめるを、なほ世の常に思ひなして、時々も見えたまへ」など、いとなつかしく語らひたまふ。昔の人のもて使ひたまひし、さるべき御調度どもなどは、みなこの人にとどめおきたまひて、(中君)「かく、人より深く思ひ沈みたまへるを見れば、前の世もとりわきたる契りもやものしたまひけむと思ふさへ、睦ましくあはれになむ」とのたまふに、いよいよ童べの恋ひて泣くやうに、心をさめん方なくおぼほれゐたり。(「早蕨巻」pp.360~361)</td></tr>
<tr><td></td><td>국보 『겐지모노가타리에마키』 그림설명문</td><td>『겐지모노가타리』 본문</td></tr>
<tr><td>I</td><td>벤弁은 가오루薫가 남기신 말씀을 작은 아씨中君에게 전해드리며, 한층 더 슬픔을 억누르기 어려워 어찌할 바를 모르고 앉아 있다. 다른 사람들은 모두 흡족한 모습으로 바느질하며 늙고 비뚤어진 모습을 치장하느라 분주하기만 한데, 벤은 더욱더 야윈 모습으로

(벤)
사람들은 모두 재봉질하며
상경 준비를 서두르건만
나 홀로 소매 안자락이
해수 물에 젖은 해녀처럼
눈물에 젖어 있는 여승이로니</td><td>벤弁은 가오루薫가 남기신 말씀을 작은 아씨中君에게 전해드리며, 한층 더 슬픔을 억누르기 어려워 어찌할 바를 몰라 하고 있다. 다른 사람들은 모두 흡족한 기색으로 바느질하며 늙고 추레한 자신의 모습을 잊어버리고 치장하느라 분주하기만 한데, 벤은 더욱더 야윈 모습으로

(벤)
사람들은 모두 재봉질하며
상경 준비를 서두르건만
나 홀로 소매 안자락이
해수 물에 젖은 해녀처럼
눈물에 젖어 있는 여승이로니</td></tr>
</table>

	라며 슬픔을 노래로 읊조리자,	라며 슬픔을 노래로 읊조리자,
II	(작은 아씨) 해수 물에 적시듯 눈물 젖은 그대의 승복 옷자락에 뒤질 리가 있으리오 파도에 떠다니는 듯 불안함에 내 소매 또한 눈물에 젖어 있나니	(작은 아씨) 해수 물에 적시듯 눈물 젖은 그대의 승복 옷자락과 다를 게 무엇이리요 파도에 떠다니는 듯 불안함에 내 소매 또한 눈물에 젖어 있나니
III		(작은 아씨)"도읍에 정착하는 것도 실로 어려운 일이라 생각되어지기 때문에, 그때그때 상황에 따라 이곳으로 되돌아오는 일도 있을 거예요. 그렇게 된다면 다시 그대와 만나게 될 수도 있겠지만, 잠시라도 그대가 외로운 심정으로 이곳에 남겨질 것을 생각하니 더욱더 떠날 마음이 나지 않습니다. 당신처럼 여승이 된 사람이라 할지라도 계속 산리山里에 칩거하고 있는 건 아닌 모양이니, 역시 보통 사람들처럼 때때로 도읍으로 날 보러 찾아와 주세요"라고 매우 다정하게 말씀하셨다. 옛날 돌아가신 언니가 사용하던 추억이 담긴 세간살이들은 모두 이 여승 벤에게 남겨 주고서는 (작은 아씨)"이렇듯 그대가 다른 사람들보다 깊이 슬퍼하시는 모습을 보니 전생에 특히 언니와 각별한 인연이 있었던 듯하여 더욱더 친근하고 그립게 생각됩니다"라 말씀하시자, 벤은 마치 어린아이가 부모를 그리며 우는 것처럼 더욱더 마음을 가눌 길 없어 눈물을 떨구며 앉아 있었다. (「햇고사리 권」 pp.360~361)

	国宝『源氏物語絵巻』詞書	『源氏物語』本文
I		御碁など打たせたまふ。暮れゆくままに、時雨をかしきほどにて、花の色も夕映えしたるを御覧じて、人召して、(帝)「ただ今、殿上には誰々か」と問はせたまふに、「中務の親王、上野の親王、中納言源朝臣さぶらふ」と奏す。
II	(帝)「中納言の朝臣、こなたに」と仰せられて、召し出づる甲斐(かひ)ありて、遠くよりかほれる匂ひよりはじめ、人より異なるさまし給へり。 (帝)「今日の時雨、常よりも、ことにのどかなるを、いたづらに日を送る戯れにて、これなむよかるべき」とて、碁盤召し出でて、御碁敵(かたき)に、三番に数一つ、負けさせ給ひぬ。	(帝)「中納言の朝臣こなたへ」と仰せ言ありて参りたまへり。げに、かくとりわきて召し出づるもかひありて、遠くよりかをれる匂ひよりはじめ人に異なるさましたまへり。 (帝)「今日の時雨、常よりことにのどかなるを、遊びなどすさまじき方にて、いとつれづれなるを、いたづらに日を送る戯れにて、これなんよかるべき」とて、碁盤召し出でて、御碁の敵に召し寄す。いつもかやうに、け近くならしまつはしたまふにならひにたれば、さにこそはと思ふに、(帝)「よき賭物はありぬべけれど、軽々しくはえ渡すまじきを、何をかは」などのたまはする御気色、いかが見ゆらん、いとど心づかひしてさぶらひたまふ。さて打たせたまふに、三番に数一つ負けさせたまひぬ。
III	(帝)「ねたきわざかな」とて、(帝)「今日は、まづこの花一枝(ひとえだ)、許す」とのたまへば、御答へ聞こえさせで、下りて、おもしろき枝折りて、参り給へり。	(帝)「ねたきわざかな」とて、(帝)「まづ、今日は、この花一枝ゆるす」とのたまはすれば、御答へ聞こえさせで、下りておもしろき枝を折りて参りたまへり。
IV	(薫)世の常の垣根に咲ける花ならば心のままに折りて見えまし 用意浅さからず見ゆ。	(薫)世のつねの垣根ににほふ花ならば心のままに折りて見ましを と奏したまへる、用意あさからず見ゆ。
V	(帝)霜にあへず枯れにし園の菊の花残りの色はあせずもあるかな とのたまはす。	(帝)霜にあへず枯れにし園の菊なれどのこりの色はあせずもあるかな とのたまはす。(「宿木巻」pp.377~379)

	국보『겐지모노가타리에마키』그림설명문	『겐지모노가타리』본문
I		천황께서는 온나니노미야女二宮와 바둑을 두고 계셨다. 날이 저물어 가고 가을비가 운치 있을 무렵, 석양에 비쳐 꽃들의 빛깔 또한 반짝거리는 풍경을 바라다보시며, 사람을 불러서는 (천황)"지금 궁궐 덴조殿上에는 누가 있는가"라 물으시니, "나카쓰카사 친왕中務の親王, 간쓰케 친왕上野の親王, 추나곤 미나모토노 아손中納言源朝臣이 있습니다"라 아뢴다.
II	(천황)"추나곤中納言(가오루薫를 일컬음)을 이리로 들게 하라"라는 명을 내려 가오루를 불러들였다. 그러한 분부가 내려질 만큼, 가오루는 멀리서도 풍겨지는 향기는 물론이고, 보통 사람들과는 달리 훌륭한 풍채를 지니고 계셨다. (천황)"오늘 가을비는 어느 때보다 한적한 느낌이 드는 것을, 적적한 시간을 보내는 놀이로는 이게 가장 좋을 게야"라며 바둑판을 들여왔는데, 그 바둑 상대인 가오루에게 세 판 중 한 판 차이로 지셨다.	(천황)"추나곤中納言(가오루薫를 일컬음)을 이리로 들게 하라"라 명하시니, 가오루가 예궐하였다. 실로 이처럼 천황의 특별한 부름을 받을 정도로, 가오루는 멀리서도 풍겨지는 향기는 물론이고, 보통 사람들과는 달리 훌륭한 풍채를 지니고 계셨다. (천황)"오늘 가을비는 어느 때보다 한적한 느낌이 드는 것을, 상중喪中이라 연회도 마음이 내키지 않고 실로 무료하니, 적적한 시간을 보내는 놀이로는 이게 가장 좋을 게야"라며 바둑판을 들여와, 그 바둑 상대로 가오루를 가까이 부르신다. 가오루는 늘 그랬듯이 천황의 부름을 받는 일에는 익숙해져 있어서, 오늘도 평상시처럼 생각하고 있었는데, (천황)"좋은 내기 상품이 있는데 그리 쉬이는 넘겨줄 수 있는 것이 아니라서…… 자, 뭐가 좋을까"라 말씀하시는 용안을 가오루는 어떤 심정으로 바라보고 있었을까. 가오루는 더욱더 긴장하며 몸가짐을 바로 하였다. 그리하여 바둑을 두시는데, 가오루에게 세 판 중 한 판 차이로 지셨다.
III	(천황)"분하구나"라며 "우선 오늘은 이곳 꽃가지 하나를 허락하노라"라 말씀하시니, 가오루는 대답도 올리지 않고 정원으로 내려가 아름다운 가지를 꺾어 다시 어전으로 돌아오셨다.	(천황)"분하구나"라며 "우선 오늘은 이곳 꽃가지 하나를 허락하노라"라 말씀하시니, 가오루는 대답도 올리지 않고 정원으로 내려가 아름다운 가지를 꺾어 다시 어전으로 돌아오셨다.

IV	(가오루) 이것이 세상에 평범한 담 울타리에 피어있는 꽃이었더라면 (궁중에 계신 공주님이 아니었더라면) 마음대로 꺾어서 보았으련만 노래에는 가오루의 깊은 마음 씀씀이가 엿보였다.	(가오루) 이것이 세상에 평범한 담 울타리 향기로운 꽃이었더라면 (궁중에 계신 공주님이 아니었더라면) 마음대로 꺾어서 보았으련만 라 읊으시는 노래에는 가오루의 깊은 마음 씀씀이가 엿보였다.
V	(천황) 서리에 견디지 못해 시들어 버린 정원의 국화이지만 남겨진 꽃의 빛깔은 바래지 않고 아름답기만 하나니 (어머니를 잃은 공주이지만 아름답게 자라나고 있다오) 라 천황은 화답하시었다.	(천황) 서리에 견디지 못해 시들어 버린 정원의 국화이지만 남겨진 꽃의 빛깔은 바래지 않고 아름답기만 하나니 (어머니를 잃은 공주이지만 아름답게 자라나고 있다오) 라 천황은 화답하시었다. (「겨우살이 권」 pp.377~379)

「겨우살이 2 宿木二」

	国宝『源氏物語絵巻』詞書	『源氏物語』本文
I	宮は、女君の御ありさま、昼見きこえさせ給ふに、いとど御志(こころざし)まさりにけり。大きさよきほどなる人の、様体いと清げにて、髪の下り端、頭つきなどぞ、ものよりことに、あなめでたと見え給ひける。色合ひ、あまりなるまで匂ひて、ものものしく気高き顔の目見(まみ)、いと恥づかしげにらうらうじく、すべて何事も足らひて、容貌よき人と言はむに飽かぬことなし。	宮は、女君の御ありさま昼見きこえたまふに、いとど御心ざしまさりけり。大きさよきほどなる人の、様体いときよげにて、髪の下り端、頭つきなどぞ、ものよりことにあなめでたと見えたまひける。色あひあまりなるまでにほひて、ものものしく気高き顔の、まみいと恥づかしげにらうらうじく、すべて何ことも足らひて、容貌よき人と言はむに飽かぬところなし。

II	二十に一つ二つあまり給へりける。いはけなきほどならねば、飽かぬところなく、あざやかに、盛りの花と見え給へり。 もののたまふ答へなども、恥ぢらひたれど、あまりおぼつかなからずはあらずうし[かしカ]。見どころ多く、甲斐々々しげなり。	二十に一つ二つぞあまりたまへりける。いはけなきほどならねば、片なりに飽かぬところなく、あざやかに盛りの花と見えたまへり。限りなくもてかしづきたまへるに、かたほならず。げに、親にては、心もまどはしたまひつべかりけり。ただ、やはらかに愛敬づきらうたきことぞ、かの対の御方はまづ思ほし出でられける。もののたまふ答へなども、恥ぢらひたれど、また、あまりおぼつかなくはあらず、すべていと見どころ多く、かどかどしげなり。
III	よき若人三十人ばかり、童六人かたほなるなく、装束なども、例の、うるわしきことも、目馴れて思されぬべかめれば、引き違へ、心得ぬまでぞ、好みぞし給へめる。	よき若人ども三十人ばかり、童六人かたほなるなく、装束なども、例のうるはしきことは目馴れて思さるべかめれば、ひき違へ、心得ぬまで好みそしたまへる。三条殿腹の大君を、春宮に参らせたまへるよりも、この御事をば、ことに思ひおきてきこえたまへるも、宮の御おぼえありさまからなめり。 (「宿木巻」 pp.419~420)

	국보『겐지모노가타리에마키』 그림설명문	『겐지모노가타리』 본문
I	니오노미야匂宮는 로쿠노키미六君(유기리 우대신夕霧右大臣의 딸)의 모습을 대낮에 보시고는 끌리는 마음이 더욱더 깊어지셨다. 몸집도 적당한 분으로 용모도 매우 아리따운 데다 머리카락이 늘어진 모습이나 머리 모양새 등이 다른 여성과 비교해 봐도 각별히 빼어나서 정말이지 아름다운 분이라 보이셨다. 살결도 지나치리만큼 윤기가 나는 데다, 차분하고 기품이 있는 얼굴에, 눈가도 보는 이가 주눅이 들 정도로 우아해서 모든 것을 갖춘 빼어난 미인이라 칭하기에 부족함이 없었다.	니오노미야匂宮는 로쿠노키미六君(유기리 우대신夕霧右大臣의 딸)의 모습을 대낮에 보시고는 끌리는 마음이 더욱더 깊어지셨다. 몸집도 적당한 분으로 용모도 매우 아리따운 데다 머리카락이 늘어진 모습이나 머리 모양새 등이 다른 여인과 비교해 봐도 각별히 빼어나서 정말이지 아름다운 분이라 보이셨다. 살결도 지나치리만큼 윤기가 나는 데다, 차분하고 기품이 있는 얼굴에, 눈가도 보는 이가 주눅이 들 정도로 우아해서 모든 것을 갖춘 빼어난 미인이라 칭하기에 부족함이 없었다.
II	스무 살에 한두 해를 넘기신 나이였다. 어린 나이가 아니라서 부족하다고 생각되는 구석도 없이, 눈에 띌 정도로 한창 피어나는 꽃처럼 보이셨다.	스무 살에 한두 해를 넘기신 나이였다. 어린 나이가 아니라서 미숙하고 부족하다고 생각되는 구석도 없이, 눈에 띌 정도로 한창 피어나는 꽃처럼 보이셨다. 더할 나위 없이 귀하게 자란 분이라 무엇 하나 결점조차 찾아볼 수 없었

이곳 따님은 응대하는 대답 또한, 쑥스러워하면서도 너무 주저하지 않으시고 매사 뛰어난 점이 많은 만족스러운 모습이셨다.

다. 실로 부모가 애지중지하는 것도 당연한 일이었다. 다만, 인품이 온화하고 애교와 귀여운 점에 있어서는 제일 먼저 별채 아씨対の御方(하치노미야八宮의 작은 아씨中君를 가리킴)를 떠올리셨다. 이곳 따님은 응대하는 대답 등도 쑥스러워하면서도 한편 너무 주저하지 않으시고 매사 뛰어난 점이 많은, 재기가 넘치는 분이셨다.

III

아름다운 젊은 여관若人이 30명 정도, 여동童이 6명으로 보기 흉한 사람 하나 없었다. 옷차림 등도 평범하게 격식을 차린 정도로는 니오노미야가 눈에 익어 싫증을 내실 거라 생각했는지 취향을 색다르게 해서 지나치리만큼 새롭고 화사한 옷으로 꾸미신 듯 보였다.

아름다운 젊은 여관若人들이 30명 정도, 여동童이 6명으로 보기 흉한 사람 하나 없었다. 옷차림 등도 평범하게 격식을 차린 정도로는 니오노미야가 눈에 익어 싫증을 내실 거라 생각했는지 취향을 색다르게 해서 지나치리만큼 새롭고 화사한 옷으로 꾸미신 듯 보였다. 우대신은 산조도노三条殿(정처인 구모이노카리雲居雁) 태생인 큰 아씨大君(유기리의 큰 딸)를 시집보내실 때보다도 이 혼사에 더욱 정성을 쏟아 준비하셨다. 그도 니오노미야의 평판과 인품에 따른 일이겠지요. (「겨우살이 권」 pp.419~420)

「겨우살이 3 宿木三」

国宝『源氏物語絵巻』詞書 / 『源氏物語』本文

I

(国宝『源氏物語絵巻』詞書: 없음)

枯れ枯れなる前栽の中に、尾花の、物よりことに手をさし出でて招くがをかしく見ゆるに、まだ穂に出でさしたるも、露をつらぬきとむる玉の緒、はかなげにうちなびきたるなど、例のことなれど、夕風なほあはれなるころなりかし。

(匂宮)穂にいでぬもの思ふらししのすすき招くたもとの露しげくして

なつかしきほどの御衣どもに、直衣ばかり着たまひて、琵琶を弾きゐたまへり。黄鐘調の掻き合はせを、いとあはれに弾きなしたまへば、

II

心に入りたることにて、え怨じ果てず。近き御几帳のつまより、脇息に寄りかりて[かかりてカ]悩みたるさまして、さし出で給へ

女君も心に入りたまへることにて、もの怨じもえしはてたまはず、小さき御几帳のつまより、脇息に寄りかかりてほのかにさし

<table>
<tr><td></td><td>る、いと見まほしく、らうたげなり。</td><td>出でたまへる、いと見まほしくらうたげなり。</td></tr>
<tr><td>III</td><td>(中君)「秋果つる野辺のけしきもしのすすきほのめく風につけてこそ見れ
わが身一つの」とて涙ぐまるるが、さすがに恥づかしければ、扇を紛らはしておはする心の中(うち)も、らうたく思しやらるれど、かかるにこそ、人も思ひ放れざらめと、疑はしき方々覚えて、恨み給ふなめり。</td><td>(中君)「秋はつる野辺のけしきもしのすすきほのめく風につけてこそ知れ
わが身ひとつの」とて涙ぐまるるが、さすがに恥づかしければ、扇を紛らはしておはする心の中も、らうたく推しはからるれど、かかるにこそ人もえ思ひ放たざらめと疑はしき方ただならで恨めしきなめり。(「宿木巻」 pp.465~466)</td></tr>
<tr><td></td><td>국보『겐지모노가타리에마키』그림설명문</td><td>『겐지모노가타리』본문</td></tr>
<tr><td>I</td><td></td><td>시들고 말라 가는 뜰 안에 억새풀 꽃잎이 다른 풀과는 달리, 더 손을 내밀어 부르는 듯한 모양새인 것이 더욱 홍취 있어 보였다. 막 싹이 나온 이삭이나 구슬을 꿰어 놓은 듯한 이슬이 덧없이 바람에 흔들리는 모습 등은, 여느 때와 마찬가지로 늘 보는 가을 풍경이지만, 여전히 스치는 저녁 바람에 한층 마음이 사무치는 계절이었다.

(니오노미야匂宮)
싹을 피우지 않고
속으로 사랑을
하고 있나 보군요
억새풀처럼 손짓하는
소매에 눈물을 적시면서
(그댈 유혹하는 가오루薫의 편지가
빈번한 걸 보니)

니오노미야는 부드럽게 착용한 옷에 평상복直衣만을 걸쳐 입으시고 비파를 타고 계셨다. 가벼이 튕기시는 오시키조黄鐘調 가락이 매우 가슴을 울리니</td></tr>
</table>

II	작은 아씨中君도 마음에 드는 곳이라 언제까지 토라져 있을 수만도 없었다. 가까이 휘장御几帳 끝에 놓여 있는 사방침脇息에 기대어 번민하는 기색으로 얼굴을 내미시는 자태가 계속 바라다보고 싶을 정도로 귀여웠다.	작은 아씨中君도 마음에 드시는 곳이라 언제까지 토라져 있을 수만도 없으셔서 조그마한 휘장御几帳 끝에 놓여 있는 사방침脇息에 기대어 슬며시 얼굴을 내미시는 자태가 계속 바라다보고 싶을 정도로 귀여운 모습이었다.
III	(작은 아씨) 가을이 끝나 버린 들녘 풍광도 억새풀 바람에 흔들리는 그 몸짓으로 알아볼 수 있으리니 (내게 싫증 난 당신 마음도 그 몸짓으로 알아볼 수 있답니다) "이내 몸 하나 괴로움으로 인해……"라 읊으며 작은 아씨는 눈물이 흐르는 것을 부끄러워하며 부채로 얼굴을 가리고 계셨다. 그러한 작은 아씨의 심중을 니오노미야匂宮는 안쓰럽게 생각하시면서도, 이러한 매력 때문에 가오루薫도 그녀를 단념하지 못하는 거겠지라고 생각하니, 의심스러운 구석구석이 떠올라 원망스러워 하시는 듯 보였다.	(작은 아씨) 가을이 끝나 버린 들녘 풍광도 억새풀 바람에 흔들리는 그 몸짓으로 알아챌 수 있으리니 (내게 싫증 난 당신 마음도 그 몸짓으로 알아챌 수 있답니다) "이내 몸 하나 괴로움으로 인해……"라 읊으며 작은 아씨는 눈물이 흐르는 것을 부끄러워하며 부채로 얼굴을 가리고 계셨다. 그러한 작은 아씨의 심중을 니오노미야는 안쓰럽게 여기시면서도, 이러한 매력 때문에 가오루도 그녀를 단념하지 못하는 거겠지라고 생각하니, 의심스러운 마음이 뭉게뭉게 일어나 원망스러워 하시는 듯 보였다. (「겨우살이 권」 pp.465~466)

「정자1 東屋一」

	国宝『源氏物語絵巻』詞書	『源氏物語』本文
I		上、いとほしく、うたて思ふらんとて、知らず顔にて、(中君)「大宮なやみたまふとて参りたまひぬれば、今宵は出でたまはじ。泔のなごりにや、心地もなやましくて起きゐはべるを、渡りたまへ。つれづれにも思さるらん」と聞こえたまへり。(浮舟)「乱り心地のいと苦しうはべるを、ためらひて」と乳母して聞こえたまふ。(中君)「いかなる御心地ぞ」と、たち返りとぶらひきこえたまへば、(浮舟)「何心地ともおぼえはべらず。ただいと苦しくはべり」

		と聞こえたまへば、少将、右近、目まじろきをして、「かたはらぞいたく思すらむ」と言ふも、ただなるよりはいとほし。いと口惜しう心苦しきわざかな、大将の心とどめたるさまにのたまふめりしを、いかにあはあはしく思ひおとさむ、かくのみ乱りがはしくおはする人は、聞きにくく、実ならぬことをもくねり言ひ、また、まことにすこし思はずならむことをも、さすがに見ゆるしつべうこそおはすめれ、この君は、言はでうしと思はんこと、いと恥づかしげに心深きを、あいなく思ふこと添ひぬる人の上なめり、年ごろ見ず知らざりつる人の上なれど、心ばへ、容貌を見れば、え思ひはなつまじう、らうたく心苦しきに、世の中はありがたく、むつかしげなるものかな、わが身のありさまは、飽かぬこと多かる心地すれど、かくものはかなき目も見つべかりける身の、さははふれずなりにけるにこそ、げにめやすきなりけれ、今は、ただ、この憎き心添ひたまへる人のなだらかにて思ひ離れなば、さらに何ごとも思ひ入れずなりなん、と思ほす。
II	いと多かる御髪なれば、とみにもほしやり給はねば、起き居(ゐ)給へるも、いと苦し。白き御衣(おほむぞ)一襲ばかりにておはする灯影、はなやかにてをかしげなり。	いと多かる御髪なれば、とみにもえほしやらず、起きゐたまへるも苦し。白き御衣一襲ばかりにておはする、細やかにをかしげなり。
III	この君は、	この君は、まことに、心地もあしくなりにたれど、乳母、「いとかたはらいたし。事しもあり顔に思すらむを。ただおほどかにて見えたてまつりたまへ。右近の君などには、事のありさまはじめより語りはべらん」とせめてそそのかしたてて、こなたの障子のもとにて、(乳母)「右近の君にもの聞こえさせん」と言えば、立ちて出でたれば、(乳母)「いとあやしくはべりつることのなごりに、身もあつうなりたまひて、まめやかに苦しげに見えさせたまふを、御前にて慰めきこえさせたまへとてなん。過ちもおはせぬ身を、いとつつましげに思ほしわびためるも、いささかにても世を知りたまへる人こそあれ、いかでかはと、ことわりにいとほしく見たてまつる」とて、ひき起こして参らせたてまつる。

IV

人の思ふらむことも恥づかしけれど、いとやはらかにて、おほどき過ぎ給へる君にて、押し出でられて居給へり。額髪などのいたう濡れたるをもて隠して、灯の方に背きて、居給へるさま、上をたぐひなく見たてまつるに、けや劣るとも見えず、あてにをかし。(女房)「これに思し移りなば、さま悪しげなることもありなむかし」、(女房)「いとかからぬ人をだに、めづらしき人、をかしかり給ふ御心を」、と二人ばかりぞ、え恥ぢあへ給はざりける。物語、いとなつかしうし給ひて、(中君)「例ならぬ所など、な思ひなし給ひそ。め姫君[姫君カ]のおはせずなりにし後、忘るる世なきに、いとよく思ひよそへらるる御さまを見れば、いとあはれに、慰む心も、いとあはれになむ。思ふ人は、さらになき身に、昔の御志なきやうに思さば、いとうれしくなむ」など語らひ給へば、いとものつつみして、また鄙びたる心の答へ、きこゆべきこともなくて、(浮舟)「年ごろ、いと遥かにのみ、思ひきこえさせしに、かく見たてまつるは、何事も慰む心地してなむ」とばかり、いと若びたる声にして言ふ。

我にもあらず、人の思ふらむことも恥づかしけれど、いとやはらかにおほどき過ぎたまへる君にて、押し出でられてゐたまへり。額髪などのいたう濡れたるをもて隠して、灯の方に背きたまへるさま、上をたぐひなく見たてまつるに、け劣るとも見えず、あてにをかし。これに思しつきなば、めざましげなることはありなんかし、いとかからぬをだに、めづらしき人をかしうしたまふ御心を、と二人ばかりぞ、御前にてえ恥ぢあへたまはねば、見ゐたりける。物語いとなつかしくしたまひて、(中君)「例ならずつつましき所など、な思ひなしたまひそ。故姫君のおはせずなりにし後、忘るる世なくいみじく、身も恨めしく、たぐひなき心地して過ぐすに、いとよく思ひよそへられたまふ御さまを見れば、慰む心地してあはれになむ。思ふ人もなき身に、昔の御心ざしのやうに思ほさば、いとうれしくなん」など語らひたまへど、いとものつつましくて、また鄙びたる心に、答へきこえんこともなくて、(浮舟)「年ごろ、いと遥かにのみ思ひきこえさせしに、かう見たてまつりはべるは、何ごとも慰む心地しはべりてなん」とばかり、いと若びたる声にて言ふ。

V

絵な[などカ]取り出でさせ給ひて、右近に詞読ませて見給ふに、もの恥ぢもえしあへず、心に入れて見給ふに、灯影、さらにこそと見ゆるところなく、細かに、をかしげなり。額つき、まみの、おほどかに薫りたる心地する。ただ思ひ出でらるれば、絵は目も止まらず、それとのみ、いとあはれなる人の容貌かな、さてかくしもありけるならむ、故宮に似たてまつれるなめりかし、故姫君は宮の御方ざまに、我をば上に似きこえたるとこそは、古人ども言ふめりしか。げに似たるは、いといみじきものなりけり、と思しくらぶるに、涙ぐみて見給ふ。これは、限りなくあてに気高きものから、かたはなるまで、なよび給へりし、これはまだ、もてなしなどの、よろづのことをつつましとのみ思へるけにや、もてなしなどの見所あるもてなしなどぞ、劣れる心地する。

絵など取り出でさせて、右近に詞読ませて見たまふに、向ひてもの恥ぢもえしあへたまはず、心に入れて見たまへる灯影、さらにここと見ゆるところなく、こまかにをかしげなり。額つきまみのかをりたる心地して、いとおほどかなるあてさは、ただそれとのみ思ひ出でらるれば、絵はことに目もとどめたまはで、いとあはれなる人の容貌かな、いかでかうしもありけるにかあらん、故宮にいとよく似たてまつりたるなめりかし、故姫君は宮の御方ざまに、我は母上に似たてまつりたるとこそは、古人ども言ふなりしか、げに似たる人はいみじきものなりけり、と思しくらぶるに、涙ぐみて見たまふ。かれは、限りなくあてに気高きものから、なつかしうなよよかに、かたはなるまで、なよなよとたわみたるさまのしたまへりしにこそ、これは、まだ、もてなしのうひうひしげに、よろづのことをつつましうのみ思ひたるけにや、見どころ多かるなまめかしさぞ劣りたる、ゆゑゆゑしきけはひだにもてつけたらば、大将の見たまはんにも、さらにかたはなるまじ、など、このかみ心に思ひあつかはれたまふ。(「東屋巻」pp.68~73)

국보『겐지모노가타리에마키』그림설명문

I

『겐지모노가타리』본문

부인上(작은 아씨中君를 가리킴)은 우키후네浮舟가 가엾게도 분명 괴로워하고 있을 거라 생각하고 전혀 이 사건을 모르는 것처럼 전갈을 넣었다. (작은 아씨)"니오노미야 님匂宮은 중궁께서 편찮으시다고 해서 입궐하셨기 때문에 오늘 밤은 돌아오지 않으실 겁니다. 나도 머리를 감은 탓인지 기분이 좋지 않아서 일어나 있으니, 이곳으로 건너오지 않으시겠습니까. 그대도 적적하게 지내고 계시는 듯하니……" (우키후네)"정말이지 기분이 몹시 좋지 않습니다. 좀 나아진 후에……"라 유모를 통해 전하였다. (작은 아씨)"상태가 어느 정도이신지요"라 안부를 되물어 보시자, (우키후네)"어떤 상태인지 딱히 가늠하지 못하고 있습니다. 단지 몹시 괴로울 따름입니다"라 대답하니, 쇼쇼少将, 우콘右近이 서로 눈짓하며 "불편하게 생각되시겠지요"라 말하였다. 이에 작은 아씨는 이 일이 알려지게 된 것 같아 우키후네가 더욱 가련하게 생각하였다. (작은 아씨)'정말이지 딱하고 안타까운 일이로구나. 가오루 다이쇼 님大将께서 우키후네에게 관심이 있는 듯이 말씀하시곤 하셨는데, 이 일로 얼마나 가벼운 여자라 업신여기실까. 니오노미야 님처럼 바람기 있는 남자는 사실이 아닌 일을 듣기 흉하게 왜곡해서 말하긴 해도, 한편으로 실로 조금 합당치 않은 일이라도 또한 대충 넘어가는 때도 있는 듯하다. 이분この君(가오루薫를 가리킴)은 심중에 불쾌하게 생각하는 일이 있어도 말로 내뱉지는 않으시지만, 실로 멋쩍을 정도로 세심하게 마음 쓰시는 분이라, 오히려 쓸데없는 일로 우키

후네 신상에 걱정거리가 더해진 듯하구나. 오랫동안 보지 못하고 동생이라 알지도 못하고 지냈건만, 막상 마음씨, 용모를 보게 되니 지나치기 어려울 정도로 귀엽고 가련한 아이였다. 남녀 관계란 참으로 어렵고 번거로운 일이구나. 나 자신의 상황도 만족지 못한 점이 많이 있긴 하지만, 그녀처럼 의지할 곳이 없는 처지이면서도 그와 같이 영락하지 않게 된 것이야말로 정말이지 다행스러운 일이었다. 지금은 단지 내게 저 얄궂은 연심을 품고 계시는 가오루 님이 조용히 단념해 주신다면 더 이상 아무런 걱정거리가 없을 터인데……'라 생각하시었다.

II

작은 아씨中君는 매우 풍성한 머리숱을 하고 있어, 감은 머리가 빨리 마르지 않았기 때문에 눕지도 못하고 일어나 계시느라 몹시 힘들었다. 하얀 옷 한 벌만 걸치고 계시는 모습이 화사하고 아름답게 보였다.

작은 아씨는 매우 풍성한 머리숱을 하고 있어 감은 머리가 빨리 마르지 않았기 때문에 눕지도 못하고 일어나 계시느라 몹시 힘들었다. 하얀 옷 한 벌만 걸치고 계시는 모습이 화사하고 아름답게 보였다.

III

이 아가씨この君(우키후네浮舟를 가리킴)는

이 아가씨この君(우키후네를 가리킴)는 실로 몸 상태가 좋지 않게 느껴졌지만, 유모가 "그러시면 좋지 않아요. 작은 아씨가 무슨 일이라도 생긴 거라 생각하실 터인데. 그냥 대범하게 행동하고 찾아뵙도록 하세요. 우콘 등에게는 제가 사건의 자초지종을 말해 놓을게요"라고 강하게 재촉하고서는 이쪽 장지문 근처로 와서 (유모)"우콘에게 할 말이 있습니다"라고 말을 건네었다. 우콘이 일어나 나오자 (유모)"아까 실로 망측한 일이 있어 그 여파로 아가씨 몸이 편치 않게 되어 정말로 괴로우신 듯 보이는 것을, 작은 아씨께서 위로의 말이라도 건네주셨으면 합니다. 우리 아가씨는 아무런 잘못이 없으신데, 몹시 조심스러워하며 괴로워하고 계십니다. 조금이라도 연애를 아는 사람이라면 모를까, 이러한 일에 전혀 경험이 없어 힘들어하는 것도 당연한 일인지라 보기 안쓰럽기만 합니다"라고 사정을 말해 놓고서, 우키후네를 일으켜 작은 아씨 앞으로 데리고 갔다.

IV

다른 사람들이 어찌 생각할지 부끄러웠지만, 몹시 얌전하고 지나치리만큼 느긋하신 성품인지라 유모가 권하는 대로 작은 아씨 앞에 나와 앉아 계셨다. 앞머리 등이 심하게 눈물에 젖어 있는 것을 감추면서 등불 반대쪽으로 등을 돌리고 계시는 모습은, 작은 아씨를 더할 나위 없는 미인으로 생각하던 여관女房들 눈에도 그에 뒤지지 않게 기품 있고 아름답게 비쳤다. (여관)'이 아가씨한테 니오노미야匂宮 님이 마음을 빼앗긴다면 분명 볼썽사나운 일이 벌어질 텐데……' (여관)'이만큼 아름답지 않은 여자라 해도 새로운 여인만 보면 관심을 보이는 성미이니 말이야'라며 여관 두 명 정도가 부끄럼 없이 앉아 계셨다.

작은 아씨는 매우 다정스럽게 말을 건네셨다. (작은 아씨)"이곳을 낯선 곳이라 생각하지 말아 주세요. 언니가 세상을 떠난 이후로 한시도 잊지 못하고 지내오던 차에, 이리도 언니와 똑 닮은 그대의 모습을 보니 너무나도 가슴이 벅차 슬픔도 위로가 되는 듯 마음속 절절히 그리워지는군요. 이제 날 소중히 생각해 주는 이도 없는 처지인 것을, 예전처럼 내게 정을 쏟아 줄 가족이 없다는 걸 그대가 알아준다면 얼마나 기쁠까요"라 말을 건네시니, 우키후네는 매사 조심스러운 데다 촌티를 벗어 버리지 못한 마음에, 뭐라 제대로 대답할 말조차 찾지 못하다가 (우키후네)"오래전부터 멀리서 그립게만 생각하고 있었는데, 이처럼 눈으로 직접 뵈오니 세상사가 모두 위로받는 느낌입니다"라고만 매우 어린 목소리로 간신히 답하였다.

우키후네는 정신을 가누지 못하고 다른 사람들이 어찌 생각할지 부끄러웠지만, 몹시 얌전하고 지나치리만큼 느긋하신 성품인지라 유모가 권하는 대로 작은 아씨 앞에 나와 앉아 계셨다. 앞머리 등이 심하게 눈물에 젖어 있는 것을 감추면서 등불 반대쪽으로 등을 돌리고 계시는 모습은, 작은 아씨를 더할 나위 없는 미인으로 생각하던 여관女房들 눈에도 그에 뒤지지 않게 기품 있고 아름답게 비쳤다. (여관)'이 아가씨한테 니오노미야 님이 마음을 빼앗긴다면 분명 눈꼴사나운 일이 벌어질 텐데……' (여관)'이만큼 아름답지 않은 여자라 해도 새로운 여인만 보면 관심을 보이는 성미이니 말이야'라며 우키후네가 작은 아씨 앞에서 부끄러워하지 않고 앉아 있는 모습을 여관 두 명 정도가 바라다보고 있었다. 작은 아씨는 매우 다정스럽게 말을 건네셨다. (작은 아씨)"이곳을 낯설고 조심스런 곳이라 생각하지 말아 주세요. 언니가 세상을 떠난 이후로 한시도 잊지 못해 서글프고 나 자신도 원망스러워 더할 나위 없이 불행한 심정으로 지내오던 차에, 이리도 언니와 똑 닮은 그대의 모습을 보니 슬픔도 위로가 되는 듯 마음속 절절히 그리워지는군요. 이제 날 소중히 생각해 주는 이도 없는 처지인 것을, 그 옛날 언니처럼 그대가 나를 생각해 준다면 얼마나 기쁠까요"라 말을 건네시니, 우키후네는 매사 조심스러운 데다 촌티를 벗어 버리지 못한 상태라서 뭐라 제대로 대답할 말조차 찾지 못하다가 (우키후네)"오래전부터 멀리서 그립게만 생각하고 있었는데, 이처럼 눈으로 직접 뵈오니 세상사가 모두 위로받는 느낌입니다"라고만 매우 어린 목소리로 간신히 답하였다.

V

작은 아씨는 그림책을 꺼내오게 하여 우콘右近에게 그림 옆에 적힌 글을 읽게 시키고 바라다보시니, 우키후네는 점차 부끄러움도 잊어버리고 열중해서 그림을 들여다보셨다.

작은 아씨는 그림책을 꺼내오게 하여 우콘에게 그림 옆에 적힌 글을 읽게 시키고 바라다보시니, 우키후네도 마주보고 점차 부끄러움도 잊어버리고 열중해서 그림을 들여다

등불에 비친 우키후네의 자태는 부족한 구석 없이 섬세하고 아름다웠다. 이마 주변과 눈가에 은은한 향이 전해지는 느낌으로, 큰 아씨大君를 그대로 생각나게 하는 모습이어서 작은 아씨는 그림이 눈에 들어오지도 않았다. (작은 아씨)'정말이지 너무나도 그리운 얼굴이로구나. 어찌 이리도 언니와 닮은 것일까? 돌아가신 아버지를 많이 닮은 모양이다. 돌아가신 언니는 아버지를, 나는 어머니를 닮았다고 나이 든 여관들이 말하는 듯하던데, 정말이지 닮았다는 것은 이처럼 정다운 거로구나'라 마음속으로 언니의 모습과 비교하며 눈물지으며 바라다보셨다. 언니 쪽은 한없이 우아하고 기품 있으면서도 지나치리만큼 가련한 모습이었다. 이 우키후네는 아직 몸가짐 등, 매사 조심스럽게만 생각하는 탓인지, 언동이나 눈에 띄는 태도 등이 언니에 미치지 못하는 느낌이었다.

보셨다. 등불에 비친 우키후네의 자태는 어디 부족한 구석 없이 섬세하고 아름다웠다. 이마 주변과 눈가에 은은한 향이 전해지는 느낌으로, 매우 느긋하고 고상한 모습이 큰 아씨를 똑 닮아 그대로 생각나게 하는 모습이어서 작은 아씨는 그림이 눈에 들어오지도 않았다. (작은 아씨)'정말이지 너무나도 그리운 얼굴이로구나. 어찌 이리도 언니와 닮은 것일까? 돌아가신 아버지를 많이 닮은 모양이다. 돌아가신 언니는 아버지를, 나는 어머니를 닮았다고 나이 든 여관들이 말하는 듯하던데, 정말이지 닮은 사람이란 이처럼 정다운 거로구나'라 마음속으로 언니의 모습과 비교하며 눈물지으며 바라다보셨다. (작은 아씨)'언니 쪽은 한없이 우아하고 기품 있으면서도 친근하고 부드러워 지나치리만큼 가냘프고 연약한 모습이었지. 이 우키후네는 아직 몸가짐이 미숙하고 매사 조심스럽게만 생각하는 탓인지, 눈에 띄는 우아함은 언니에 미치지 못하는구나. 좀 더 진중한 기색을 갖추었더라면 가오루 다이쇼 님의 상대로도 결코 뒤처지지 않았을 텐데……'라는 등, 언니 된 마음으로 이것저것 염려를 하고 계셨다.

(「정자 권」 pp.68~73)

「정자 2 東屋二」

国宝『源氏物語絵巻』詞書

I

忍びやかに、門打ち叩く。さにやあらむ、と思ひて、弁の尼君、開けさせたれば、車をぞ引き入るなる。あやしと思ふに、(薫)「尼君に対面給はらむ」とて、この近き預かりの名乗りをせさせ給へれば、戸口にゐざり出でたり。雨のうちそそくに、風のいと冷やかに吹き入りて、言ひ知らず薫り来れば、かうなりけりと、誰も心ときめきつき気配をかしければ、用意もなく、あやしきに、また思ひあへぬほどなれば、心騒ぎにて、(女房)「いかなる事にか」と言ひあへり。(薫)「心やすき所にて、月ごろ思ひあまることも聞こえさせむとてなむ」と言はせ給へり。

『源氏物語』本文

宵うち過ぐるほどに、宇治より人参れりとて、門忍びやかにうちたたく。さにやあらん、と思へど、弁開けさせたれば、車をぞ引き入るなる。あやしと思ふに、(薫)「尼君に対面たまはらむ」とて、この近き御庄の預りの名のりをせさせたまへれば、戸口にゐざり出でたり。雨すこしうちそそくに、風はいと冷やかに吹き入りて、言ひ知らずかをり来れば、かうなりけりと、誰も誰も心ときめきしぬべき御けはひをかしければ、用意もなくあやしきに、まだ思ひあへぬほどなれば、心騒ぎて、(女房)「いかなることにかあらん」と言ひあへり。(薫)「心やすき所にて、月ごろの思ひあ

		まることも聞こえさせんとてなむ」と言はせたまへり。
II	いかに聞こゆべきことにかと、君は苦しう思ひて居給へれど、乳母などの苦しがりて、(乳母)「しか、おはしますらむを、立ちながらやは、帰したてまつり給はむと、殿にこそ、かくなむ、と忍びて聞こえめ。近きほどなり」と言ふ。(弁の尼)「いと甲斐々々しく。などてかさはあらむ。若き御どち、もの聞こえ給はむことは、深く染みつくべくもあらぬを、いとあやしきまで、心のどかにおはする殿なれば、よも人の許しなくて、うちとけ給はじ」など言ふほど、雨はやや降りて、空はいと暗し。	いかに聞こゆべきことにかと、君は苦しげに思ひてゐたまへれば、乳母見苦しがりて、「しかおはしましたらむを、立ちながらやは帰したてまつりたまはん。かの殿にこそ、かくなむ、と忍びて聞こえめ。近きほどなれば」と言ふ。(弁の尼)「うひうひしく。などてかさはあらん。若き御どちもの聞こえたまはんは、ふとしもしみつくべくもあらぬを、あやしきまで心のどかに、もの深うおはする君なれば、よも人のゆるしなくて、うちとけたまはじ」など言ふほど、雨やや降り来れば、空はいと暗し。
III	宿直人のあやしき声なる、夜行うちして、(宿直人)「宅の辰巳の隅の崩れ危し。この、人の御車入れむと思はば、入れて御門さしてよ。かかる、人の御供人ぞ、うたたある」など言ひあへる、むくむくしく聞きならはぬ心地し給ふ。(薫)「佐野のわたり、小家もあらむ」など口ずさび給て、里びたる簀子の端つ方につい居給へり。	宿直人のあやしき声したる、夜行うちして、(宿直人)「家の辰巳の隅の崩れいと危し。この、人の御車入るべくは、引き入れて御門鎖してよ。かかる、人の供人こそ、心はうたてあれ」など言ひあへるも、むくむくしく聞きならはぬ心地したまふ。(薫)「佐野のわたりに家もあらなくに」など口ずさびて、里びたる簀子の端つ方にゐたまへり。
IV	(薫)さしとむるむぐらやしげき東屋のあまりほどふる雨そそきかな とうち払ひ給へる追風、いとかたわなるまで、東国の里人、驚きぬべし。	(薫)さしとむるむぐらやしげき東屋のあまりほどふる雨のそそきかな とうち払ひたまへる追風、いとかたはなるまで東国の里人も驚きぬべし。(「東屋巻」pp.90~91)
	국보『겐지모노가타리에마키』그림설명문	『겐지모노가타리』본문
I	조용히 문을 두드리는 자가 있었다. (벤弁)'누구일까'라 생각하며 여승인 벤이 하인에게 문을 열라고 시키니, 안으로 수레가 들어오는 기척이 느껴졌다. 벤이 무슨 일인지 의아하게 생각하고 있을 무렵, (가오루薫)"여승과 만나고 싶습니다"라며 이곳 가까이에 있는 관리인의 이름을 대며 전갈을 보내오니, 벤은 문 입구 쪽으로 무릎걸음으로 나와	초저녁이 지날 무렵, 우지宇治로부터 사람이 왔다며 조용히 문을 두드리는 자가 있었다. (벤弁)'누구일까'라 생각하면서 여승인 벤이 하인에게 문을 열라고 시키니, 안으로 수레가 들어오는 기척이 느껴졌다. 벤이 무슨 일인지 의아하게 생각하고 있을 무렵, (가오루薫)"여승과 만나고 싶습니다"라며 이곳 가까이에 있는 장원莊園 관리인의 이름을 대

맞이했다. 비가 흩뿌리는데 매우 차디찬 바람이 불어와 뭐라 형용할 수 없는 향기가 풍겨 오니, 가오루 님이 오신 거라 알아채고 그의 출중한 용모에 누구나 할 것 없이 마음 설렜다. 하지만 준비할 경황도 없이 누추한 곳에 찾아오신 데다 전혀 생각지도 못한 때라서 여관들은 당황하며 (여관)"어찌 된 일일까요?"라고 서로들 수군거렸다. (가오루)"이런 한적한 곳에서 오랜 세월 동안 제 가슴속에 담아 둔 이야기를 털어놓고자 찾아왔습니다"라며 가오루는 벤을 통해 전갈을 넣으셨다.

며 전갈을 보내오니, 벤은 문 입구 쪽으로 무릎걸음으로 나와 맞이했다. 비가 조금씩 흩뿌리는데 매우 차디찬 바람이 불어와 뭐라 형용할 수 없는 향기가 풍겨 오니, 가오루 님이 오신 거라 알아채고 그의 출중한 용모에 누구나 할 것 없이 모두들 마음 설레어 했다. 하지만 준비할 경황도 없이 누추한 곳에 찾아오신 데다 전혀 생각지도 못한 때라서 여관들은 당황하며 (여관)"어찌된 일일까요?"라고 서로들 수근거렸다. (가오루)"이런 한적한 곳에서 오랜 세월 동안 제 가슴속에 담아 둔 이야기를 털어놓고자 찾아왔습니다"라며 가오루는 벤을 통해 전갈을 넣으셨다.

II

아가씨君(우키후네浮舟를 가리킴)가 뭐라 대답하면 좋을지 난감해하며 앉아 계시자, 유모 등도 보다 못해 (유모)"이처럼 찾아오셨는데 어떻게 안에 들이지도 않고 돌려보낼 수 있겠어요? 본댁에 계시는 어머니께 이런 사정을 은밀히 알리세요. 그리 멀지 않은 곳에 계시니까요"라 말하였다. (벤)"뭐 하러 그런 공연한 짓을. 뭐 그럴 필요가 있겠어요? 젊은 사람들끼리 이야기 좀 나눴다고 해서 깊은 사이가 되는 것도 아닌 것을요. 가오루 님은 신기할 정도로 느긋하신 분이시니 결코 아가씨의 허락 없이 가벼운 행동을 하시지는 않을 거예요"라고 말을 나누는 동안에, 빗줄기가 점점 굵어지면서 하늘은 매우 어두워졌다.

아가씨君(우키후네浮舟를 가리킴)가 뭐라 대답하면 좋을지 난감해하며 앉아 계시자, 유모 등도 보다 못해 (유모)"이처럼 찾아오셨는데 어떻게 안에 들이지도 않고 돌려보낼 수 있겠어요? 본댁에 계시는 어머니께 이런 사정을 은밀히 알리세요. 그리 멀지 않은 곳에 계시니까요"라 말하였다. (벤)"눈치 없게…… 뭐 그럴 필요가 있겠어요? 젊은 사람들끼리 이야기 좀 나눴다고 해서 그리 금방 깊은 사이가 되는 것도 아닌 것을요. 가오루 님은 신기할 정도로 느긋하고 사려가 깊은 분이시니 결코 아가씨의 허락 없이 가벼운 행동을 하시지는 않을 거예요"라고 말을 나누는 동안에, 빗줄기가 점점 굵어지면서 하늘은 매우 어두워졌다.

III

관리인이 밤 순찰을 하며 사투리 섞인 목소리로 (관리인)"이 저택의 동남쪽 구석은 담장이 무너져 위험합니다. 손님 수레를 안으로 들이려거든 들여놓고 나서 문을 잠가 두시오. 거기 수행원들은 정말 눈치가 없군"이라는 둥 말하는 것을, 가오루는 몹시 언짢고 낯설게 듣고 계셨다. (가오루)"사노佐野 나루터에 비를 피할 오두막집이라도 있으려나"라 읊조리시며, 시골티가 나는 툇마루 끝 쪽에 자리를 잡고 앉아 계셨다.

관리인이 밤 순찰을 돌며 사투리섞인 목소리로 (관리인)"이 저택의 동남쪽 구석은 담장이 무너져 실로 위험합니다. 손님 수레를 안으로 들여놓을 거면 들여놓고 나서 문을 잠가 두시오. 거기 수행원들은 정말 눈치가 없군"이라는 둥 말하는 것마저도, 가오루는 몹시 언짢고 낯설게 듣고 계셨다. (가오루)"사노佐野 나룻터에 비를 피할 오두막집도 없을진대"라 읊조리며, 시골티가 나는 툇마루 끝 쪽에 자리를 잡고 앉아 계셨다.

IV	(가오루) 무성한 넝쿨 풀이 문을 가로막아 닫혀 버린 것인가 정자 처마에서 떨어지는 빗물에 젖은 채 너무 오래 기다리고 있나니 라며 빗방울을 털어 내려 가오루가 움직이시자, 그 향기가 신기할 정도로 자욱하게 퍼지니, 아즈마東国 촌부들은 필경 그 향기에 놀라지 않을 수 없었을 것이다.	(가오루) 무성한 넝쿨 풀이 문을 가로막아 닫혀 버린 것인가 정자 처마에서 떨어지는 빗물에 젖은 채 너무 오래 기다리고 있나니 라며 빗방울을 털어 내려 가오루가 움직이시자, 그 향기가 신기할 정도로 자욱하게 퍼지니, 아즈마東国 촌부들도 필경 그 향기에 놀라지 않을 수 없었을 것이다. (「정자 권」 pp.90~91)

5장

기초지식

문학과 그림

모노가타리物語

고대古代에 발생한 다양한 신화나 전설은 구승되어 후세에 계승됐다. 그중 일부는 나라 시대奈良時代에 이르러 『고지키古事記』나 『니혼쇼키日本書紀』에 수록되어 공적인 기록으로 권위가 부여됐으나, 그 외에 많은 고전설古伝説은 민간에 유포되어 전승되어 갔다. 헤이안 시대平安時代에 이르면, 중국 사서史書나 소설류의 영향을 받아 이러한 고전설 등이 한문으로 필사되었다. 이러한 토대 위에, 헤이안 시대 가나 문자仮名文字가 발전, 점차 보급되게 되면서 일상어에 의한 자유로운 표현이 가능해지게 되자, 가나 문자로 기록된 고전설의 형태에 의거한 새로운 일본 문학 형식이 탄생하게 되었는데, 이를 '모노가타리物語'라 한다.

일본어로 '모노가타리'란 동사인 '모노가타루物語る'의 명사형으로 '이야기'를 뜻한다. 즉, 순서와 구성이 존재하는 문장의 구성체로, 허구의 이야기를 가리킨다. 하지만, '모노가타리'란 장르는 단순히 허구의 내용뿐 아니라, 역사상 이야기나 설화 이야기 등도 포괄하고 있다.

초기 모노가타리는 형태상 '허구 모노가타리作り物語'와 '우타 모노가타리歌物語'로 구분된다. '허구 모노가타리'는 전기적伝奇的인 내용으로 구성되며 고전설, 고전승古伝承을 바탕으로 픽션의 형태를 취한다. 일본 최초의 모노가타리로 알려진 『다케토리모노가타리竹取物語』는 이러한 '허구 모노가타리'의 대표적인 작품으로, 9세기 말부터 10세기 초에 성립된 것으로 보인다. 이후 이러한 '허구 모노가타리' 작품의 계보를 잇는 것으로 『우쓰호모노가타리うつほ物語』 『오치쿠보모노가타리落窪物語』가 등장하는데, 이들 작품은 『다케토리모노가타리』에 비해 픽션이면서도 사실적이고 현실적인 성격을 띠고 있다.

한편, '우타 모노가타리'는 우타歌(노래)를 중심으로 한 이야기로서 '허구 모노가타리'에 비해 허구화의 정도가 심하지 않은 사실적인 내용으로 되어 있다. '우타 모노가타리'의 발생은 원래 우타의 '고토바가키詞書'(와카 앞부분에 그 노래의 장소, 배경, 지은 동기 등을 적어 놓은 문장)가 장문화되어 점차 이야기의 형태로 발전되어 간 것으로 보인다. 대표작으로는 『이세모노가타리伊勢物語』 『야마토모노가타리大和物語』 등이 있다.

이러한 '허구 모노가타리'와 '우타 모노가타리'를 집대성한 작품이 11세기 초에 성립된 『겐지모노가타리源氏物語』라 할 수 있다. 『겐지모노가타리』를 정점으로 하여 이후, 모노가타리는 『겐지모노가타리』를 모방한 작품군이 많이 만들어지게 된다.

헤이안 후기平安後期에 이르면, 모노가타리 창작의욕이 엷어지고 귀족 사회의 퇴조가 나타나면서, 화려한 과거의 영광과 역사를 회고하려는 풍조가 나타난다. 이러한 역사 의식에 근거하여 새로이 '역사 모노가타리歴史物語'가 등장하게 된다. '역사 모노가타리'는 역사적 내용을 소재로 하고 있으나, 사서史書와는 달리, 가나 문자로 기록되며 허구적인 구성을 지니는 데에 그 특색이 있다. 대표작으로 『에이가모노가타리栄華物語』 『오카가미大鏡』 『이마카가미今鏡』 등이 남아 있다.

또한, 헤이안 말기平安末期에는 설화를 소재로 한 '설화 모노가타리説話物語'가 나타나는데, 이는 12세기 전반 불교 설화, 세속 설화를 집대성한 『곤자쿠모노가타리슈今昔物語集』가 그 대표작이라 할 수 있다.

중세에 이르면 전란과 변동이 계속되는 중에, 인간과 시대에 대한 의식과 성찰이 강하게 나타난다. 이를 바탕으로 무사 계급을 소재로 한 작품이 나타나는데 이를 '군기 모노가타리軍記物語'라 한다. 이는 한문체로 쓰여 있으며 기록성이 강한 것이 특색이다. 대표작으로는 『호겐모노가타리保元物語』 『헤이지모노가타리平治物語』 『헤이케모노가타리平家物語』 등이 있다.

〈허구 모노가타리作り物語〉

『다케토리모노가타리竹取物語』 9세기 말~10세기 初

— 『우쓰호모노가타리うつほ物語』 10세기 후반

— 『오치쿠보모노가타리落窪物語』 10세기 말

〈우타 모노가타리歌物語〉

— 『이세모노가타리伊勢物語』 10세기 초~중

— 『야마토모노가타리大和物語』 10세기 중

→ 『겐지모노가타리源氏物語』 11세기 초

와카和歌

'와카和歌'란 일본 상대上代부터 현대까지 계속 그 명맥을 이어 온 대표적 전통 시가伝統詩歌이다. 일본인의 고유한 심성을 가나 문자仮名文字로 표현한 운문으로, 한시漢詩에 대해 일본 고유의 시가詩歌를 가리킨다. '야마토우타大和歌'라고도 한다.

일본 최초의 가집歌集으로는 나라 시대奈良時代 말기 오토모노 야카모치大伴家持(717?~785년)가 편집한 『만요슈万葉集』를 들 수 있다. 이 가집에는 진토쿠 천황비仁徳天皇皇后의 작품으로 일컬어지는 노래부터 759년 준인 천황淳仁天皇(733~765년) 시대에 이르기까지 약 350년간의 노래, 약 4,500여 수가 실려 있다. 작자로는 천황에서부터 귀족, 일반 서민, 기타큐슈北九州의 병사防人에 이르기까지 다양한 계층의 노래가 실려 있으며, 그 형태 또한 단가短歌(5.7.5.7.7), 장가長歌(5.7.5.7.5.7……5.7.7), 세도카旋頭歌(5.7.7.5.7.7), 불족석가체仏足石歌体(5.7.5.7.7.7) 등 다양한 형식의 노래가 존재한다. 이러한 다양한 형태의 노래를 통틀어서 '와카'라 부르기도 하지만, 일반적으로는 와카라 하면, 협의의 의미로 단가만을 지칭하는 경우가 많다.

헤이안 시대平安時代 905년 다이고 천황醍醐天皇의 칙명에 의해, 최초의 '칙찬 와카슈勅撰和歌集'(천황이나 상황의 칙명에 의해 편찬된 와카슈)인 『고킨와카슈古今和歌集』가 편찬된다. 『고킨와카슈』는 『만요슈』 이후부터 당대까지의 노래, 약 1,100여 수를 모아 놓은 것으로, 한자로 된 서문真名序과 가나로 된 서문

仮名序이 동시에 실려 있다. 우타는 장가 5수, 세도카 4수를 제외하면 모두 단가로 구성되어 있다. 총 20권으로, 봄春, 여름夏, 가을秋, 겨울冬, 축하賀, 이별離別, 사물 이름物名, 사랑恋, 애상哀傷, 기타雑 등의 주제로 구분되어 있는데, 이 분류법은 이후 와카슈和歌集의 규범이 되어 계승되어 갔다. 『고킨와카슈』가 편찬된 이래, 헤이안 전기부터 가마쿠라鎌倉 초기까지 8차례 '칙찬 와카슈'가 편찬될 정도로 와카가 성행하게 되는데, 『고센와카슈後撰和歌集』(951년), 『슈이와카슈拾遺和歌集』(1005~1007년경), 『고슈이와카슈後拾遺和歌集』(1086년경), 『긴요와카슈金葉和歌集』(1127년경), 『시카와카슈詞花和歌集』(1151~1154년경), 『센자이와카슈千載和歌集』(1187년), 『신고킨와카슈新古今和歌集』(1205년) 등 많은 '칙찬 와카슈'들이 『고킨와카슈』를 규범으로 하여 제작되었다. '칙찬 와카슈' 제작을 위해 951년 처음으로 궁중에 '와카도코로和歌所'라고 하는 관청이 만들어져 전문적으로 와카 제작을 담당하게 된다.

특히, 헤이안 시대에는 '우타아와세歌合'라 불리는 행사가 널리 행해졌다. '우타아와세'란 좌우 팀에서 와카를 읊어 승부를 정하는 유희로서, 좌우 팀에서 한 명씩 나와 우타歌 한 수씩 읊고 그 우위를 판자判者가 정하였다. 이는 헤이안 초기부터 행해져 왔는데, 헤이안 중기 이후, 궁중이나 귀족 저택에서 성행하여 와카의 유행을 촉진시켰다. 이후, 와카는 행사나 경연 시 행하는 문학의 차원을 넘어, 일반 귀족들이 갖추어야 할 필수적인 교양으로 인식되었으며, 사적인 장소에도 자신의 감정을 토로하거나, 연애 및 커뮤니케이션의 수단으로도 사용되었다.

가라에唐絵와 야마토에大和絵

고대 일본의 회화絵画는 대륙의 영향에 의해 발전하였다. 특히, 7세기 이후 당나라唐와의 교류는 일본 회화에 커다란 영향을 끼쳐, 당나라 회화의 주제, 기법, 양식 등이 일본 회화에 유입되기 시작하였다. 이와 같은 나라 시대奈良時代 회화의 경향은 헤이안 시대平安時代에 이르러서도 계승되어져, 중국의 산수山水나 풍속을 그린 그림이 궁중이나 귀족들에게 성행되어 갔다. 9세기 후반에서 10세기 초반 일본에서는 한시漢詩와 더불어, 일본의 전통적인 시가詩歌인 와카和歌가 궁중 문예에서 영역을 확장하던 시기였는데, 회화 면에서도 마찬가지로, 당나라 회화 기법을 바탕으로 하여 일본 고유의 풍경과 풍속을 그린 그림들이 그려지기 시작하였다.

당나라 영향을 받은 9세기 초 산수화는 격렬한 선묘에 입체감이 강하였고 공상적인 표현이 강조되기도 하였으나, 10세기 말에서 11세기 초 『겐지모노가타리源氏物語』가 쓰여진 시기에 이르면, 이러한 당나라풍의 생경한 표현에서 점차 온화하고 완만한 일본의 산수 풍경으로 양식様式의 전환이 이루어진다. 이후, 병풍에 그린 그림屛風画과 시가屛風歌가 귀족들 사이에서 향수됨에 따라, 일본적인 정취 있는 풍경에 자신의 심상을 의탁하여 화면을 관조하는 감상법이 유행하게 되었다.

이와 같이 중국 전래의 주제를 그린 그림을 '가라에唐絵'라 하고, 이에 비해 일본 고유의 풍경과 풍속을 그린 그림을 '야마토에大和絵'라 부른다. 이 두 개의 용어는 주제를 구별하는 것으로, 기법이나 양식의 명확한 차이를 의미하지는 않았다.

하지만, 안타깝게도 이 당시 그림은 현재 거의 전해져 오지 않고 그 기록만이 와카나 모노가타리物語 등에 남아 있을

[2-1] **국보 산수병풍**山水屏風
교토 국립박물관京都国立博物館 **소장**
교토·도지 절東寺에 전래돼 온 것으로 병풍에 그려져 있다. 초암에서 시상詩想을 구상하고 있는 은자白楽天(백락천)를 귀인이 방문하는 내용으로, 중국의 문물을 그린 '가라에'에 속하는 그림이다. 하지만, 그림 배경을 이루는 산수의 완만한 곡선과 기법, 화면 구성 등은 '야마토에'와 일치하는 부분이 많다.

[2-2] **뵤도인 봉황당**平等院鳳凰堂 **동쪽 문 그림**東扉絵 **중품상생도**中品上生図 **部分**
뵤도인平等院 **소장**
뵤도인 봉황당은 1053년 후지와라노 요리미치藤原頼通(992~11074)가 건립한 아미타당으로 그 벽과 문에는 『관무량수경観無量寿経』을 근거로 한 정토종浄土宗 회화가 그려져 있다. 여기에는 아미타부처의 왕림하는 내용이 사계절의 풍물과 더불어 온화한 필치로 묘사돼 있다.

뿐이다. 다만 11세기 작품으로 현재 교토 국립박물관京都国立博物館에 소장되어 있는 국보 산수 병풍山水屏風 과 뵤도인平等院 봉황당鳳凰堂 문의 그림이 현존하여 전해 오고 있다.

모노가타리 그림物語絵과 온나에女絵

9세기 말에서 10세기 초 일본은 와카和歌와 모노가타리物語, 그림絵이 긴밀한 관계를 맺고 발전해 갔다. 헤이안 전기平安前期 궁중에서는 중국에서 전래된 한시문漢詩文을 소재로 한 그림이 향수되었는데, 이는 이후 가나仮名로 된 '모노가타리'와 '모노가타리 그림物語絵'의 창조로 이어졌다.

가나로 된 낭만적인 내용의 모노가타리는 헤이안 시대 주로 여성들에게 즐겨 읽혀졌는데, 당시 여성들은 모노가타리의 작자이면서 동시에 독자층을 형성하여 갔다. 이들 여성은 모노가타리를 탐독·향수했을 뿐만 아니라, 모노가타리 내용을 소재로 한 그림을 즐겨 그렸다. 이와 같이 주로 여성이 그린 '모노가타리 그림'을 '온나에女絵'라 한다. 당시 공적인 장소에서 전문 화가인 남성에 의해 그려진 그림을 '오토코에男絵'라 부르는 데 비해, '온나에'는 사적인 장소에서 여성에 의해 그려진 낭만적인 그림을 일컫는다. '온나에'는 원래는 남녀의 사랑을 주 테마로 한 가벼운 필치의 간략한 그림이었지만, 이후 그 기법과 양식이 점차 발전하게 된다.

'모노가타리 그림'은 모노가타리가 발전, 널리 유포됨에 따라 그 수요도 점차 증가해 갔다. 현존하는 '모노가타리 그림'의 스타일이 완성된 시기는 11세기 말 이후로 추정되는데, 이는 '온나에'가 가지고 있는 소박함에 불화仏画가 지닌 세밀함을 흡수한 것으로 보인다. 즉, '온나에'가 지니고 있는 소박하고 상징적인 기법, 유형적인 표현에다, 불화가 지닌 본격적인 농채화濃彩画 기법과 세밀하고 사실적인 표현이 더해진 것이 현재 우리가 알고 있는 '모노가타리 그림'의 완성된 양식이라 할 수 있다.

이와 같은 '모노가타리 그림'의 양식은 원정기院政期 초 상황上皇과 여원女院의 주도하에 대규모 '모노가타리 에마키物語絵巻'를 제작하는 과정에서 그 표현 기법이 더욱 발전한 것으로 보인다. '모노가타리 에마키'란 두루마기와 같이 연결된 종이나 천에 모노가타리를 소재로 하여 그 내용을 그린 그림을 말한다. 당시 권력가의 비호하에 당대 유명한 화가, 서예가가 동원되어 고가의 종이와 그림도구를 사용하여 호화로운 장식미를 자랑하는 '모노가타리 에마키'가 제작되었다. 이는 원래 사적인 장소에서 영위되던 '모노가타리 그림', '온나에'가 이후 공적인 장소에서 영위되면서 점차 왕조의 화려한 장식성과 결합하여 그 양식을 완성시킨 것이라 할 수 있다. 이러한 '모노가타리 에마키'를 대표하는 작품이 바로 12세기 초반에 완성된 국보『겐지모노가타리에마키源氏物語絵巻』이다.

모노가타리 에마키物語絵巻와 설화 에마키説話絵巻

12세기부터 '설화 회화説話画'의 표현 기법도 '모노가타리 그림物語絵'의 기법과 명확히 구분되기 시작한다.『성덕태자전 그림聖徳太子伝絵』(1069년)과 같이, 헤이안 중기平安中期에 그려진 세속화世俗画에는, '쓰쿠리에 기법'(밑그림을 선으로 먼저 그리고 채색을 한 다음 다시 윤곽선을 그리는 기법)과 활달한 선묘線描 기법이 병존하였는데, 이후 '쓰쿠리에 기법'은 세밀함·세련됨이 더해져 '모노가타리 그림'으로 편성되어 갔고, 한편 활달한 선묘 기법은 굵은 필선의 '설화 회화'의 표현으로 수렴돼 갔다.

원정기院政期의 에마키絵巻는 주제상 크게 '모노가타리 에마키物語絵巻'와 '설화 에마키説話絵巻'로 나누어진다. 이 두 종류의 에마키는 동시대에 그려진 작품이라 할지라도, 화면의 형식과 구도, 표현 양식에 커다란 차이를 보이고 있다. 이와 같은 기법의 차이를 단적으로 보여 주는 것이 '모노가타리 에마키' 작품인 국보『겐지모노가타리에마키源氏物語絵巻』와 '설화 에마키'인『시키산엔기에마키信貴山縁起絵巻』『반다이나곤에마키伴大納言絵巻』라 할 수 있다.

에마키絵巻의 기법

시간 표현과 인물 이동

'에마키絵巻'란 손에 작품을 들고 조금씩 펼쳐 가며 그림설명문(그림장면을 설명하는 문장으로, 고토바가키詞書, 혹은 에고토바絵詞라고도 한다)과 그림화면을 감상하는 것으로, 그 형태에 따라 '연속식 에마키連続式絵巻'와 '단락식 에마키段落式絵巻'로 나뉜다.

'연속식 에마키'란 종이를 계속 이어서 화면을 길게 만들어 연속하여 그림을 그린 것으로 대표적인 작품으로 『시키산엔기에마키信貴山緣起絵巻』와 『반다이나곤에마키伴大納言絵巻』가 있다. 또한, '단락식 에마키'는 한 장에 그림 한 장면이 완결되도록 그린 것으로, 국보 『겐지모노가타리에마키源氏物語絵巻』가 그 대표적인 예다.

'연속식 에마키'의 경우, 에마키 화면을 오른쪽에서 왼쪽으로 펼쳐 가며 보는 것으로, 화면 오른쪽에서 왼쪽으로의 진행 방향이 시간의 경과를 나타낸다. 즉, 오른쪽은 과거, 왼쪽은 미래라고 하는 시간축을 지니며, 시간의 흐름은 오른쪽 → 왼쪽이라고 하는 방향성을 지닌다. 『시키산엔기에마키』 『반다이나곤에마키』와 같은 '설화 에마키'의 경우, 이러한 에마키의 특성을 잘 활용하여 사건의 전개, 시간 경과를 역동적으로 화면에 잘 담아내고 있다.

이에 반해, '단락식 에마키'는 한 장에 한 장면을 그리는 것으로, 시간이 정지된 화면을 그리는 것을 원칙으로 한다. 감상자는 손에 화면을 펼쳐 들고 느긋하게 화면의 구석구석을 바라보면서 화면의 정취와 인물의 심리 등을 파악한다. 따라서 화면의 흐름에 따라 스토리 전개를 쫓아가는 것이 아니라, 모노가타리物語의 정취가 어떻게 한 화면 안에 묘사되고 있는가를 파악하는 데에 중점이 놓여 있다. 화면 속의 구도, 경물, 인물의 포즈나 배치 등은 여러 가지 상징적 의미를 함축하는 소재이며, 이러한 표현에는 화가의 해석이 반영되고 있다.

하지만, 근래 연구에 의해, 국보 『겐지모노가타리에마키』가 정지된 화면만이 아니라, 중층된 시간을 반영된 화면이라는 사실이 입증되었다.[1] 즉, 현재 시제現在時制만이 아니라, 과거, 미래 시제過去·未來時制를 상징하는 모티프가 하나의 화면에 공존함으로써, 보는 사람으로 하여금 중층된 시간을 느끼게 한다는 것이다. 이와 더불어, 최근에는 사건의 전개나 스토리텔링과 같이, 주로 '연속식 에마키'에서 사용되던 시간의 흐름을 나타내는 표현 양식이 국보『겐지모노가타리에마키』 화면에서도 사용되었다는 견해가 보고된 바 있다.[2]

후키누키야타이吹抜屋台

국보『겐지모노가타리에마키源氏物語絵巻』의 그림 대부분은 실내에 있는 인물들의 모습과 정경을 담아내고 있다. 이때, 화면은 건물의 지붕이나 천정을 그리지 않고 실내의 모습을 위에서 사선으로 내려다보는 부감 시점俯瞰視点으로 그려지고 있다. 이러한 일본 회화에 사용된 독특한 구도법構圖法을 '후키누키야타이吹抜屋台'라 부른다.

이 기법은 실내에 있는 인물의 모습이나 실내의 정경을 그림화면에 효과적으로 담아내기 위해 고안된 방법으로, 헤이안 시대平安時代와 가마쿠라 시대鎌倉時代에 제작된 에마키絵巻에 널리 사용되었다. 특히, 이 기법은 남녀 간의 사랑을 주제로 하는 '온나에女絵' 작품에 압도적으로 많이 사용되었는데, 이는 그림에 그려진 남녀 간의 낭만적인 이야기, 본래 외부에서 바라다볼 수 없는 실내 공간의 드라마를, 감상자는 위에서 지붕이 없는 공간을 통해 자신의 감정을 이입하여 바라다볼 수 있기 때문이다. 사노 미도리佐野みどり는 '후키누키야타이' 기법이란, 감상자가 마치 모노가타리 작자物語の語り手와 같은 전지적 시점全知視点에서 그림화면을 바라다보는 것이라 설명하며, 이를 '인형 하우스ドールハウス'와 같은 구조라고 파악한다.[3]

이와 같은 '후키누키야타이'의 기법이 언제 처음 사용되었는지 그 정확한 시기는 알려져 있지 않다. 하지만 현존하는 작품으로 가장 오래된 예는 1069년 호류지法隆寺 도인에덴東院絵殿 장지문에 그려진 그림障子絵, 『성덕태자전 그림聖徳太子伝絵』으로 추정되며, 적어도 11세기 중반에는 이 기법이 사용된 것으로 확인된다. 중국의 오래된 회화에서 이 기법이 사용되지 않는 것으로 봐서 현재 일본 고유한 그림 기법으로 평가받고 있다.

한편 치노 가오리千野香織는 '후키누키야타이' 기법은 일본 건축의 구조상 특질을 반영하는 것이라 설명한다. 즉, 서양 건축과는 달리, 일본 목조 건축물은 기둥을 세우고 그 위에 들보梁와 도리桁라 불리는 수평 건축재를 사용하여 그 위에 지붕을 얹는 방식으로 만들어지는데, 이러한 건축물의 특성상 지붕을 떼어 내기 쉬운 구조이기 때문에, 일본 건축에서는 천정이나 지붕을 떼어 낸다고 하는 사고방식이 쉽게 성립한다는 것이다.[4]

특히, 이러한 일본 건축 구조는 국보『겐지모노가타리에마키』에서 그림화면을 공간 분할하는 데 자주 사용되고 있다. 그림화면에서 실내 공간은 서까래長押, 툇마루簀子, 난간高欄, 주렴簾, 병풍屏風, 휘장几帳 등과 같은 건축물과 건축 도구의 선線에 의해 공간이 분할되어 있으며, 그 각 공간에 각각의 인물들이 배치돼 있다. 때로는 실내에, 혹은 툇마루나 정원 등과 같이, 각각 다른 공간에 그려져 있는 등장인물들을 하나의 화면에 전부 담아낼 수 있는 독특한 구도법이 바로 '후키누키야타이' 기법이라 할 수 있다.

히키메카기하나引目鉤鼻

국보『겐지모노가타리에마키源氏物語絵巻』에 나오는 인물의 경우, 남녀 모두 판에 박힌 듯한 유형적인 얼굴 모양을 하고 있다. 둥그런 타원형의 얼굴에 두꺼운 눈썹, 눈은 가늘게 일직선으로 그려져 있다. 코는 단순하게 갈고리 모양으로 그리고, 입은 붉은색으로 작게 묘사하는 것이 특징이다. 이러한 얼굴 형태를 '히키메카기하나引目鈎鼻'라 부른다. 그림화면 속에서 등장인물의 얼굴이 정면으로 그려지는 예는 거의 없다. 대부분 정면에서 약간 비스듬한 각도로 그려지거나, 후면에서 비스듬히 바라보는 옆얼굴로 묘사되어져 있다. 드물게 인물의 옆얼굴이나, 혹은 뒷모습이 그려지기도 한다.

이러한 얼굴 기법은 『시기산엔기에마키信貴山縁起絵巻』『반다이나곤에마키伴大納言絵巻』와 같은 '설화 에마키説話絵巻'의 기법과는 판이하게 차이가 난다. '설화 에마키'의 경우, 코의 융기나 눈동자를 뚜렷이 그리고 표정을 과장되게 희극적으로 그리는 것이 특징이다. 이러한 얼굴 표현을 통해 그림화면 속에서 인물의 감정과 상황을 생생하게 표현해 내고 있다. 이에 반해, 국보 『겐지모노가타리에마키』의 '히키메카기하나' 기법은 마치 모든 인물들이 노能의 가면을 쓰고 있는 것처럼, 표면적으로는 얼굴 표정이 드러나 있지 않다. 하지만 그러한 단순하고 유형적인 얼굴 형태 속에 다양한 인물들의 감정을 녹여 내려 하고 있는 것이다.

이는 일견 간단한 기법같이 보이지만, 고도의 기술을 요하는 것이다. 하나의 선처럼 보이는 눈의 경우도 가느다란 선을 여러 겹 겹쳐서 표현한 것으로, 자세히 보면, 그 선들 위에 눈동자에 해당하는 부분에는 점을 찍어 두고 있다.[5] 이와 같은 기법은 육안으로 판별하기 힘들어서 복원할 당시, 현대 화가들이 현미경을 사용해 작업할 정도로 세밀하고 상당한 테크닉을 요하는 것이라 한다.

하지만, 국보 『겐지모노가타리에마키』의 경우에도, 예외가 있다. 고레미쓰惟光, 스에쓰무하나末摘花의 나이 든 여관老女房, 여승 벤弁の尼과 같이 귀족 계급이 아닌 조연으로 등장하는 인물들의 경우, '히키메카기하나'의 기법과는 대조적인 얼굴 형태로 그려져 있다. 이들은 모두 옆얼굴로 그려져 있는데, 코의 융기와 광대뼈가 명확히 드러나 있어, '설화 에마키'의 얼굴 표현과도 상통하는 모습으로 묘사되어 있다.

쓰쿠리에つくり絵

국보 『겐지모노가타리에마키源氏物語絵巻』를 비롯하여 헤이안 시대平安時代 모노가타리 그림物語絵은 '쓰쿠리에つくり絵'라 불리는 기법으로 그려져 있다. '쓰쿠리에' 기법이란, 선으로 밑그림을 먼저 그리고 채색을 한 다음, 다시 윤곽선으로 마무리하는 기법으로, 그 과정을 구체적으로 살펴보면 다음과 같다.

① 대강의 밑그림あたり: 먼저 가볍고 가는 묵선墨線으로 화면에 인물, 구도 등의 대강의 윤곽선을 그린다.

② 밑선下描き: 이어서 진하고 부드러운 묵선으로 그리고자 하는 각 사물들을 섬세하게 밑선을 그린다.

③ 문자 표시書き入れ文字: 주임 화가가 대강의 밑그림 및 밑선을 그린 후, 다른 화가에게 채색을 맡기기 전에 본인이 그

1...국보 『겐지모노가타리에마키』의 중층된 시간에 관해서는 근래 미술 방면에서 치노 가오리千野香織, 사노 미도리佐野みどり의 연구가 보고되었고, 문학 방면에서는 가와조에 후사에河添房江의 논문이 발표된 바 있다(千野香織 『岩波日本美術の流れ 3 10~13世紀の美術』 岩波書店, 1993, p.93, 佐野みどり 「絵巻の時間」『じっくり見たい 源氏物語絵巻』 小学館, 2000, pp.90~91, 河添房江 「『橋姫』の段の多層的時間」『文学』 7-5, 岩波書店, 2005, pp.116~129).

2...김수미 「『源氏物語絵巻』「東屋一」の空間配置」『일본연구』 제49호, 2011. 9, pp.211~227, 金秀美 「「源氏物語絵巻」「東屋二」の時空間を読み解く」 中野幸一編 『平安文学の交響』 勉誠出版, 2012, pp.445~455.

3...佐野みどり 「吹抜屋台の手法」『じっくり見たい 源氏物語絵巻』 小学館, 2000, pp.92~93.

4...千野香織·西和夫 『フイクションとしての絵画』 ぺりかん社, 1991, pp.168~176.

5...佐野みどり 「顔の表現」『じっくり見たい 源氏物語絵巻』 小学館, 2000, pp.98~99.

린 부분의 사물 명칭을 문자로 표시해 놓는 과정이다. 실제로 「방울벌레1鈴虫一」 그림화면에는 채색이 벗겨진 화면 아래로 '정원수やりみず' '휘장き丁' '뜰にわ' '방울벌레すゝむし'와 같은 문자 표시가 그대로 보이고 있다.

④ 채색彩色: 색은 흰색, 빨강, 주황색, 황색, 갈색, 녹색, 청색, 검정색, 금색, 은색 등을 주로 사용하며, 색을 혼합하거나 겹쳐 칠하기보다, 색의 대비, 조합에 의해 다양하고 화려한 색감을 표현하고 있다. 순서는 인물, 가구, 배경 등 넓은 부분부터 먼저 칠한 다음, 의상이나 얼굴 등 자세한 부분을 나중에 색칠한다. 밑종이를 그대로 놓아두고 색칠을 하지 않는 부분이 있기도 하지만, 대부분은 여백을 남겨 두지 않고 두껍고 세밀하게 채색하는 것이 특징이다.

⑤ 완성仕上げ: 마지막으로 의상이나 가구 등의 문양을 세밀하게 그린 다음, 인물의 얼굴 등 윤곽선을 다시 섬세히 그려 냄으로써 그림을 완성시킨다.

원근법과 역원근법 등

◉ **원근법**遠近法(Perspective)**과 역원근법**逆遠近法(Inverted Perspective)

'원근법'은 넓은 의미로는 회화나 도면에 있어 원근감을 표현하는 수법을 말하지만, 협의로는 '투시화법透視画法', 혹은 '선원근법線遠近法'을 지칭하는 경우가 일반적이다. '투시화법', 혹은 '선원근법'이란 어느 한 점을 시점으로 해서 인간의 눈에 비치는 것과 마찬가지로 멀리 있는 물체는 작게, 가까운 것은 크게 그리는 화법을 말한다. 이와 같은 '선원근법' 이외에, 공기나 색채의 농담濃淡으로 원근을 표현하는 '공기원근법空気遠近法' '색채원근법色彩遠近法' 등이 있다. 또한, '투시화법' '선원근법'과는 반대로, 가까이에 있는 사물은 작게, 멀리 있는 것은 크게 그리는 화법을 '역원근법逆遠近法'이라 한다.

이러한 수학적, 기하학적 '투시화법'은 15세기 초 이탈리아 르네상스 화가들에 의해 정립된 것으로 보이며, 이후, 이 화법은 서양 근대회화의 기본 구도가 되었다. 요시다 히데카즈吉田秀和는 비잔틴, 로마네스크, 고딕과 같이, 르네상스 시대 이전의 서양 회화에서는 이 기법이 사용되지 않았으며, 중국, 이집트, 페르시아 회화에서도 사용되지 않았다고 설명한다.[6] 하지만, 서양에서도 고대, 중세에 원근에 관한 개념과 기법이 있었던 것으로 보이며, 중국에서도 당대唐代의 산수화山水画에 '원遠'의 개념이 시도되고 있었다. 특히, 중국에서는 11세기 송대宋代에 이르러 곽희郭熙가 고원高遠, 심원深遠, 평원平遠이라 분류되는 삼원법三遠法[7]을 정립하여, 묵의 농담에 의해 수묵화의 화면 안에 원근감을 표현해 내고 있다.

한편, 멀리 있는 사물을 크게 그리고, 뒤로 갈수록 선이나 공간이 넓어지는 '역원근법'은 고대, 중세의 서양 회화뿐 아니라, 중국이나 일본 등의 동양 회화에서도 자주 발견할 수 있다.[8] 국보 『겐지모노가타리에마키源氏物語絵巻』에서도 이러한 '역원근법'이 사용되고 있는데, 「다케카와1竹河一」「하시히메橋姫」「정자2東屋二」 등의 그림화면을 보면, 툇마루 선과 공간이 뒤로 갈수록 넓어지는 '역원근법'이 사용되고 있다. 특히, 「정자2」에서는 이러한 역원근법 이외에, 가오루薫가 앉아 있는 툇마루와 여인들의 실내 공간은 위에서 내려다보는 부감 시점인 '후키누키야타이吹抜屋台' 기법으로 그려져 있고, 정원의 수풀 등은 관찰자적 시점인 수평으로 표현되어 있다. 이와 같이, 본 작품에서는 하나의 그림 안에 여러 시점이 존재하는 '다초점多焦點'으로 구성된 화면이 존재하기도 한다.[9]

또한, 국보 『겐지모노가타리에마키』에서는 인물이나 사

물의 크기를 원근법에 의해 사실적으로 묘사하지 않는 예가 존재한다. 예를 들어, 「정자2」의 그림화면에서 가오루는 다른 인물들에 비해 크게 그려지는 데 비해, 우키후네浮舟나 여관女房 한 명의 인물 크기는 실제보다 매우 작게 그려지고 있다. 또한, 「법회御法」 장면의 아카시 중궁明石中宮의 경우, 실제 나이와는 달리, 극도로 작게 묘사되어 있다. 동·서양의 회화에서 원근법과 관계없이 주요한 인물, 혹은 중요한 사항을 크게 묘사하는 건 널리 사용된 방식이지만,[10] 본 작품의 우키후네나 아카시 중궁의 예와 같이, 주요 인물을 비현실적으로 작게 묘사한 것은 매우 이례적인 일이라 할 수 있다. 이러한 인물들의 크기는 원근법, 역원근법과 같은 회화적 논리에 의한 것이 아니라, 그 장면에서 그 인물을 통해 표현하고자 하는 해석, 상징성을 반영한 결과라 생각된다. 즉, 국보 『겐지모노가타리에마키』에서는 원작 텍스트에서 문자로 표현된 등장인물들의 존재와 성격을 그림화면 속에서 다양한 시각적 표현을 통해 구현시켜 나가고 있는 것이다.[11]

◉ 트리밍 기법Trimming

'트리밍'이란 화면을 화가의 의도대로 표현하기 위해 불필요한 부분을 없애는 기법을 말한다. 원래 '트리밍'이란 용어는 암실暗室이나 컴퓨터로 사진의 화상 처리画像処理를 하는 데 있어 화면 일부를 떼어 내어 가공한 것을 가리키는데, 헤이안 시대平安時代 에마키絵巻에 널리 사용된 '후키누키야타이'의 기법도 넓게는 '트리밍' 기법에 해당된다. 이와 같이, 일본 회화에서 흔히 볼 수 있는 '트리밍' 기법은 이후 프랑스 인상파 화가들에게 영향을 미쳤다.[12]

국보 『겐지모노가타리에마키』를 보면, 이러한 '트리밍' 기법이 모노가타리物語 내용을 담아내는 화면 구성법으로 효과적으로 사용되고 있다. 「법회」 장면을 보면, 겐지가 앉아 있는 건축 공간에 서까래上長押와 주렴簾 일부가 생략돼 있고 그 자리에 정원의 가을 풀들이 그려 넣어져 있음을 알 수 있다. 이와 같이, 본 작품에서는 그림화면에서 당연히 있어야 할 건축 요소를 의도적으로 제거, 생략하고 화가가 필요하거나 강조하고 싶은 부분으로 화면을 재구성하고 있는 것이다.

◉ 좌우대칭左右對稱(Symmetry)과 비대칭非對稱(Asymmetry)

그림화면의 구도는 '좌우대칭'과 '비대칭'으로 나누어 볼 수 있다. 안정감과 균형감을 주는 '좌우대칭'에 비해, '비대칭'은 불안정성, 틀에 얽매이지 않는 불균형을 주는 구도라 할 수 있다.

일본의 문화예술, 특히 일본 건축물의 특징으로, '비대칭성'의 경향이 현저하게 나타난다는 점을 들 수 있다. 요시다 히데카즈는 중국에서는 전통적으로 '시멘트리'(좌우대칭)을 중시하는 사유, 미학을 지니고 있는 데 비해, 일본의 경우, '어시멘트리'(비대칭)의 예술·문화를 지니며, 이는 일본인 내면과 사회 구조 전반에 걸쳐 있다고 주장한다.[13]

국보 『겐지모노가타리에마키』를 보면 비대칭의 구도가 현저하게 눈에 띈다. 「가시와기1柏木一」 「법회」 「다케카와1」 「다케카와3」 「정자2」 등 그림을 보면 화면을 사선으로 분할하여 한쪽 면에는 건축물을, 다른 쪽에는 정원을 배치하는 식으로 구성되어 있다. 이와 같이 '좌우대칭'을 해체하는 화

6...吉田秀和 『吉田秀和全集17』 白水社, 2001, p.105.

7...삼원三遠은 고원高遠(산 아래서 정상을 올려다보는 시점), 심원深源(산 앞에서 뒤편을 넘겨 그리는 시점), 평원平遠(가까운 산에서 먼 산을 바라다보는 시점)을 말한다.

8...高橋亨 『物語と絵の遠近法』 ぺりかん社, 1991, p.12.

9...吉田秀和 前掲書, pp.111~119, 高橋亨 前掲書, pp.9~11.

10...吉田秀和 前掲書, p.115.

11...김수미 「그림의 전달력·문자의 표현력—『국보 겐지모노가타리에마키国宝 源氏物語絵巻』를 중심으로」 『일본연구』 제78호, 2018.12, pp.67~90.

12...吉田秀和 『吉田秀和全集17』 白水社, 2001, p.99.

13...吉田秀和 前掲書, pp.85~86, 94.

면구도는 세부적인 사물을 전체로 수렴하는 구조가 아니라, 각각의 사물의 독립성을 중시하는 비논리성의 미학을 추구한 결과라 보여진다.

가이마미垣間見

'가이마미垣間見'란, 담垣 사이로 그 건물 안에 있는 여성, 혹은 남성의 모습을 엿보는 것을 의미한다. 이는 단순한 용어의 차원이 아닌, 헤이안 시대平安時代 모노가타리物語 장르에 있어서 이야기를 전개하는 방법으로 주로 사용돼 왔다. 이마이 겐에이今井源衛는 '가이마미'를 모노가타리 구성 양식 중 하나로 규정하고 '가이마미'를 발단으로 해서 남녀 간의 사랑 이야기가 전개된다고 설명한다.[14] 『이세모노가타리伊勢物語』 「초관初冠」을 비롯하여, 『겐지모노가타리源氏物語』 「우쓰세미 권空蟬巻」 「와카무라사키 권若紫巻」 「하시히메 권橋姫巻」 등 많은 모노가타리 작품에서 사랑 이야기의 발단 부분에 '가이마미'가 등장한다. 이들 장면에서는 여성을 엿보는 것을 계기로 그 여성에게 반한 남성이 대면, 침입과 같은 행동을 일으켜 여성과의 관계를 만들어 가는 식으로 이야기가 진행된다.

그런데, 이러한 이야기 구조에 등장하는 '가이마미'는 당시의 생활 문화, 건축물의 구조와 밀접한 관련을 맺고 있다. 우선 헤이안 시대 관습을 보면, 당시 귀족 여성들은 남편, 친부모, 형제 이외의 남성에게 얼굴을 보여서는 안 되었다. 연애를 할 경우, 남성은 여성에 관한 풍문을 듣고 구애하는 와카和歌를 보내 마음을 전하고 그 다음에 대면을 청하는 식으로 연애가 이루어졌는데, 대면할 때에도 남녀는 칸막이를 사이에 두고 만나야 했다. 따라서, '가이마미'란 당시 쉽게 만날 수 없고 서로 얼굴을 볼 수 없었던 남녀에게 그 모습을 볼 수 있는 기회를 제공하는 것이라 할 수 있다. 초기에 '가이마미'는 담장 밖에 있는 남성이 집 안에 있는 여성을 엿보는 것이 일반적이었으나, 이후 점차 집 안에 있는 남성이 실내에 있는 여성을 엿보는 식으로 건축물 내부에서 '가이마미'가 행해졌다. 또한, 실내에 있는 여성, 혹은 여관女房이 남성을 엿보는 경우도 존재한다. 이와 같은 '가이마미'는 헤이안 시대 '신덴즈쿠리寝殿造'라고 하는 건축물과도 깊이 연관되어 있다. '신덴즈쿠리'는 실내에 고정적인 벽이 거의 없고, 장지문障子, 주렴簾, 휘장几帳, 병풍屛風 등과 같은 이동 가능한 건축 도구를 사용하여 실내를 구획하고 있었다. 이와 같은 건축 도구의 유동적인 틈새, 그 찰나에 '가이마미'가 이루어지는 것이다.

남녀 간 서로 얼굴을 보는 데 익숙한 현대와는 달리, 헤이안 시대에 '가이마미'란 여성이 모르는 남성에게 얼굴을 보이는 충격적인 사건이라 할 수 있다. 이는 에마키絵巻와 같은 그림화면에 있어 남녀 주인공들의 사랑 장면으로 자주 회화화되고 있다. 이 경우, 에마키의 감상자들은 그림화면에 그려진 남녀의 '가이마미' 구도를 보면서, 자신들의 감정을 주인공에 이입시켜 보게 되는 것이다. 현재 국보『겐지모노가타리에마키源氏物語絵巻』에도 '가이마미' 장면이 다수 존재한다. 「다케카와2竹河二」 「하시히메橋姫」와 같이 남성이 여자 주인공을 엿보는 장면뿐 아니라, 「다케카와1」 「겨우살이1宿木一」과 같이 여관들이 남자 주인공을 엿보는 장면도 그려지고 있다.

상징적 표현물: 식물

국보『겐지모노가타리에마키源氏物語絵巻』에는 많은 식물들이 그려져 있다. 이들 식물은 정원뿐 아니라, 장지문이나 병풍과 같은 '화중화画中画' 속에 등장하기도 하고「관문関屋」과 같이 풍경화 속에 점묘되기도 한다. 이 식물들은 고유한 이미지를 지닌 기호로서 그림화면 속에서 다각적인 의미를 표현하는 표상으로 그려지고 있다.

◉—벚꽃桜(사쿠라): 장미과의 낙엽수. 봄에 꽃을 피운다. 일본의 대표적인 경물로 유명. 중국 문화의 영향이 강했던 나라 시대奈良時代에는 와카和歌에서 꽃이라고 하면 매화梅를 지칭하였다.『만요슈万葉集』에 매화를 읊은 노래가 118수인 데 비해, 벚꽃을 읊은 노래는 44수에 지나지 않았지만, 그 후, 헤이안 시대平安時代에 국풍 문화가 배양되면서 점차 벚꽃의 인기도 높아져 꽃이라 하면 벚꽃을 지칭하게 되었다. 사가 천황嵯峨天皇이 벚꽃을 사랑하여 이 시기에 벚꽃놀이花見를 시작하였다고 전해진다.[15] 벚꽃은 꽃이 피는 만개한 모습뿐 아니라, 지는 모습 또한 일본인으로부터 사랑받았다. 급히 피었다가 갑자기 지는 모습은 제행무상諸行無常을 나타내며, 인생의 덧없음을 투영하는 대상으로 여겨지기도 하였다. 에도 시대江戸時代 국학자 모토오리 노리나가本居宣長는 벚꽃을 '모노노아와레もののあはれ'를 기조로 하는 일본인의 심성을 대표하는 꽃으로 간주하였다.『겐지모노가타리源氏物語』에서는 무라사키노우에紫上의 아름다운 용모를 벚꽃에 비유하고 있으며, 가시와기柏木가 온나산노미야女三宮를 가이마미垣間見 할 당시, 벚꽃이 지는 풍경이 그려지고 있다.

◉—매화梅(우메): 장미과의 낙엽수. 중국이 원산지로,『만요슈』시인에게 이국의 꽃으로 널리 사랑받았다. 나라 시대 중국에서 들어온 매화는 흰 매화로, 홍매화는 9세기 이후에 일본에 도래하였다.[16] 특히, 홍매화는 아름다운 색채를 지닌 꽃으로 유명하며, 흰 매화는 그윽한 향기로 인해 그리움의 상징으로 주로 와카에 등장하였다. 이후 헤이안 시대에는 벚꽃이 중심이 되고 매화는 옛 고을의 조용한 아름다움과 문화적 향수를 간직한 꽃으로 이미지가 자리 잡아, 추억의 표상으로 여겨졌다. 헤이안 시대 궁궐인 시신덴紫宸殿 앞에는 왼쪽에 벚꽃, 오른쪽에는 귤나무가 심어져 있는데, 원래에는 벚꽃이 아니라 매화가 심어져 있었다고 한다.

◉—소나무松(마쓰): 소나무과의 상록수. 천세千歳를 누리는 장수長壽의 나무로 알려져 건강이나 장수를 기원하는 행사에 사용되었다. 스미요시住吉의 경물로 유명하다. 소나무는 일본어로 '마쓰'라 하는데, 이는 '기다리다'(마쓰: 待つ)라는 단어와 동음이의어로서, 와카에서는 이를 '가케고토바掛詞'(동음이의어를 이용하여 한 단어에 두 가지 이상의 의미를 내포하게 하는 수사법)라 한다.

◉—등나무藤(후지): 덩쿨 낙엽수로, 늦은 봄에서 초여름에 걸쳐 꽃이 핀다. 꽃은 엷은 보라색을 띠며, 이에 보라색을 흔히 후지 색藤色이라고도 부른다. 궁궐 안에 있는 후지쓰보藤壺 전각 앞에 심어져 있다.

◉—버드나무柳(야나기): 버드나무과의 낙엽수.

14…今井源衛「物語構成上の一手法—かいま見について」『王朝物語の研究』角川書店, 1970, pp.30~54.

15…C·W·ニコル '歴史は眠らない' 프로그램(제목: サクラと日本人), NHK 2010년 4월 방송분(知楽遊学シリーズ『NHKテレビテキスト 歴史は眠らない』日本放送協会出版会, 2010 수록, p.14)

16…平田喜信·身崎寿『和歌植物表現辞典』東京堂出版, 1994, pp.47~53.

국보 『겐지노모가타리에마키源氏物語絵巻』 그림화면에 등장하는 식물들

그림 권명巻名	그림에 그려진 식물
「와카무라사키若紫」	벚꽃나무桜木
「무성한 쑥蓬生」	소나무松, 등나무藤, 버드나무柳, 쑥蓬, 모초茅
「관문関屋」	단풍나무紅葉の木
「방울벌레1鈴虫一」	여랑화女郎花, 등골나물藤袴, 억새薄
「법회御法」	싸리萩, 여랑화, 도라지桔梗, 억새, 등골나물
「다케카와1竹河一」	매화나무梅木
「다케카와2竹河二」	벚꽃나무
「하시히메橋姫」	담쟁이넝쿨蔦
「햇고사리早蕨」	도라지, 억새
「겨우살이3宿木三」	싸리, 참억새, 등골나물
「정자2東屋二」	갈퀴덩굴葎, 여랑화, 참억새

◉—**쑥**蓬(요모기): 국화과의 다년초. 무성하게 자라난 쑥은 그 저택의 황폐함을 상징하기도 하고, 또는 자신의 저택을 겸손하게 말할 때 사용되기도 한다. 대표적인 예로 스에쓰무하나末摘花 저택 정원에 무성한 쑥이 심어져 있는 것을 들 수 있다.

◉—**모초**茅(치가야): 볏과의 다년초. 쑥과 함께 저택의 황폐함을 상징한다. 색이 변한 모초는 덧없는 인생의 비유로 사용되기도 한다.

◉—**담쟁이넝쿨**蔦(쓰타): 포도과의 다년초 넝굴풀. 줄기가 나무나 돌, 담에 늘어진 형태로 달라붙어 있다. 우지宇治의 경물로 유명하며, 가을에 단풍이 든다.

◉—**여랑화**女郎花(오미나에시): 여랑화과의 다년초. 그 이름으로 인해, 젊고 아름다운 여성의 표상으로 여겨졌다. 『겐지모노가타리』에서는 다마카즈라玉鬘, 유기리夕霧의 딸인 로쿠노기미六君, 하치노미야八宮의 딸인 큰 아씨大君, 작은 아씨中君, 우키후네浮舟 등의 여인을 비유할 때 여랑화가 사용되고 있다.

◉—**도라지**桔梗(기쿄): 도라지과의 다년초. 가을에 푸른 보라색靑紫色의 종 모양 꽃이 핀다. 일명 아사가오朝顔.

◉—**등골나물**藤袴(후지바카마): 국화과의 다년초. 줄기와 잎에 향기가 있고 가을에 엷은 보라색 꽃을 피운다.

◉—**억새**薄(스즈키): 볏과의 다년초. 오바나尾花라고도 한다. 가을에 꽃을 피우며 숨겨 둔 마음을 상징한다.

◉—**싸리**萩(하기): 콩과의 낙엽수. 당시에는 풀로 여겼다. 싸리의 노란 단풍은 변심한 마음을 상징하며, 싸리잎의 이슬은 무상함의 표상으로 여겨졌다. 「법회御法」에서 무라사키노우에, 겐지源氏, 아카시 중궁明石中宮의 와카에 등장한다.

◉—**탱알**紫苑(시온): 국화과에 속하는 다년초 식물. 키가 크고 가을에 엷은 보라색 꽃을 피운다. 고인을 그리워하며 묘지에 심었다고 한다. 「정자2東屋二」의 그림에 등장하는 탱알은 죽은 하치노미야의 큰 아씨를 상징하는 식물로 그려져 있다.(三田村雅子說)[17]

◉—**갈퀴덩굴**葎(무구라): 1년생 넝쿨풀. 무성하게 뻗은 넝굴풀을 8겹 갈퀴덩굴八重葎라 한다. 적막하고 황폐한 저택을 상징한다.

17…三田村雅子 『源氏物語天皇になれなかった皇子のものがたり』 新潮社, 2008, p.67.

헤이안 시대平安時代 생활과 문화

건축 공간: 신덴즈쿠리寝殿造

『겐지모노가타리源氏物語』는 10세기 후반을 시대 배경으로 하여, '신덴즈쿠리寝殿造'라 일컬어지는 당시 건축 조형물을 중심으로 이야기가 펼쳐진다. 국보 『겐지모노가타리에마키源氏物語絵巻』의 경우도, 「무성한 쑥蓬生」과 「관문関屋」을 제외하고 대부분 이 '신덴즈쿠리' 건물 안에 있는 인물들로 그려지고 있다.

'신덴즈쿠리'란, 헤이안 시대平安時代에 성립한 귀족 주택 양식으로 9세기~10세기에 거의 완성되었다고 추정된다. 이 양식은 가마쿠라 시대鎌倉時代에도 계승되어 갔지만, 점차 그 형태가 변화하여 이후 '쇼인즈쿠리書院造' 양식으로 발전되었다.

'신덴즈쿠리'의 기본적인 형식은 담으로 둘러싼 부지에 정식 건물인 '신덴寝殿'을 중앙에 놓고 그 동서 방향으로 '다이노야対屋'를 배치한 것이다. 이 외에 북·북동·북서 방향으로 '다이対'라는 건물이 설치되는 경우가 있다. 이러한 '신덴'과 '다이'는 '와타도노渡殿'로 연결된다. '와타도노'란 건물과 건물 사이를 잇는 복도의 형태로, 위에 지붕이 있는 것이 특징이다. '신덴'은 남쪽 방향을 향해 놓이며, 그 앞으로 정원이 펼쳐진다. 그 남쪽으로 연못이 있고 그 연못 가운데 '나카지마中島'라고 하는 인공 섬을 만들어 놓았다.

'신덴'과 '다이노야'의 건물 내부는 안쪽에서부터 '모야母屋'(건물의 안쪽 공간), '히사시廂'(모야와 스노코 사이의 공간), '스노코簀子'(툇마루)로 되어 있으며 중심에 위치할수록 격格이 높고 주변으로 갈수록 격이 낮은 공간으로 인식되었다. 이는 건축물에도 반영되어 '모야'보다 '히사시'의 경우, 마루가 한 단 낮게 만들어졌으며, 위에 지붕이 없는 '스노코'에 비해 '모야'와 '히사시'는 지붕으로 가려져 있었다. 그중에서도, '모야'는 높은 천정天井으로 되어 있는 데 반해, '히사시'는 그보다 낮은 천정이거나, 용마루나 서까래 등이 보이는 구조化粧屋根裏로 되어 있다.[18]

'신덴즈쿠리' 건축물에서는 신분 위계에 따라 신분이 높을수록 안쪽에 위치하였다. 또한, 남녀의 경우에는 건물 안쪽에 여성이, 바깥쪽에 주로 남성이 자리하였고, 주객의 경

18...『平安時代史事典 本編下』角川書店, 1994, p.1978, 『国史大辞典』11巻, 吉川弘文館, 1990, p.892.

[2-3] 『**가옥잡고**家屋雜考』 신덴즈쿠리寢殿造

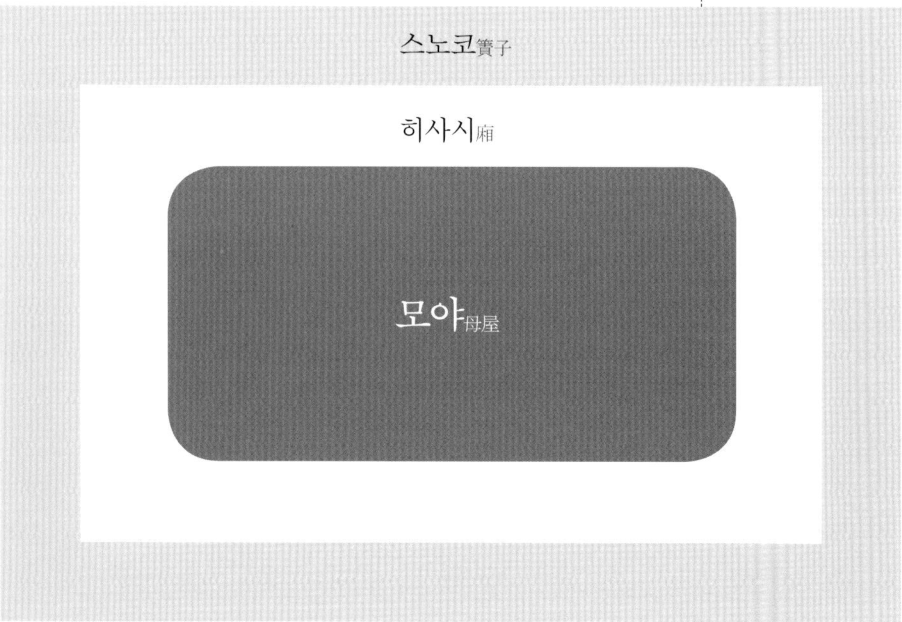

[2-4] 신덴즈쿠리寢殿造의 내부

우 건물 안쪽에 주인이, 바깥쪽에 손님이 위치하는 것이 일반적이었다. 이러한 '신덴즈쿠리'에서의 위치 질서는 국보 『겐지모노가타리에마키』의 그림화면에서도 그대로 적용되고 있다. 「방울벌레2鈴虫二」의 장면을 보면, 연회 당시, 레이제이 상황冷泉院은 '히사시' 안쪽, 겐지源氏와 호타루 친왕蛍宮은 '히사시' 바깥쪽, 귀공자들은 '스노코'와 같은 식으로 건물 내 남성들의 위치가 신분에 따라 엄격하게 적용되고 있음을 알 수 있다.

이와 같은 '신덴즈쿠리'의 건축 내부는 고정적인 벽이 거의 없는 것이 특징이다. '모야'와 '히사시'의 경계와 '히사시'와 '스노코'의 경계 부분에는 장지문障子이나 병풍屏風, 주렴簾 등과 같은 이동 가능한 건축 도구를 사용하여 공간을 구획해 왔다. 따라서, '신덴즈쿠리' 공간은 건축 도구를 장치하면 고정된 방이 되기도 하고, 그 건축 도구를 제거하면 '모야'와 '히사시', '스노코'가 연결되는 개방적인 공간이 되기도 하였다. 이러한 공간의 특성을 이용하여 평상시에는 각각의 방으로 사용하다가, 연회나 행사 시에는 커다란 하나의 공간으로 바꾸는 등, 그때그때의 용도에 따라 다양하게 공간 활용이 가능하였다. 이와 같은 건축물과 건축도구(히사시, 스노코, 서까래, 다다미, 장지문, 병풍, 주렴 등)의 선線은 국보『겐지모노가타리에마키』의 그림화면에서 실내 공간을 구획하는 주요한 역할을 담당하고 있다.

그런데 이러한 '신덴즈쿠리'의 개방적인 건축 구조 중, 유일하게 고정된 벽으로 이루어진 '누리고메塗籠'라고 불리는 공간이 존재한다. '누리고메'는 모야에 위치한 밀실로, 당시 침실이나 창고로 주로 사용하였다. 헤이안 시대 '누리고메'는 단순히 침소, 방으로서의 기능뿐 아니라, 신령이나 악령, 수호령 등이 깃드는 성스러운 장소로서 인식되어 가보를 안치하고 집주인이 재생再生하는 비일상적 공간으로 활용되기도 하였다.[19]

의복

고대 일본에서는 복식에 관한 규정이 율령에 의해 정해져 있었다. 701년 다이호 율령大宝律令과 718년 요로 율령養老律令에 보이는 '의복령衣服令'이 바로 그것이다. 요로 율령의 '의복령'은 14조로 되어 있는데, 황태자, 친왕, 황녀, 관리, 여관 이하 노비에 이르기까지 여러 계급의 의복 종류와 색깔 등에 대한 구체적인 조항이 마련되어 있다. 이는 690년 지토 천황持統天皇 시기에 정해진 복식에 관한 규정을 근본으로 하여 정비한 것으로,[20] 당나라 법제의 영향을 받아 만들어진 것으로 보인다. 이와 같이, 나라 시대奈良時代에는 신분에 따라 의복·복식에 대한 구체적인 규정을 정해 놓음으로써, 당시 율령국가로서의 질서를 구축, 유지하고자 하였다.[21]

헤이안 시대平安時代 '쇼조쿠装束'란 의복, 장신구을 지칭하는 용어임과 동시에, 실내 장식이나 인테리어를 지위, 직업, 연령에 맞게 꾸미는 것까지 포괄하였다.[22] 의복은 남녀 성별, 연령에 따라 구분되어 있었으며, 계절에 따라 4월 1일부터 여름 복장夏装束을 착용하였고, 10월 1일부터는 겨울 복장冬装束으로 바꿔 입었다. 또한 공식적인 의례가 있거나 특별한 날에 입는 의복을 '하레노쇼조쿠晴装束', 또는 '하레기晴着'라 하였는데, 이 날은 그날 하루만 특별한 문양이나 색채 등이 허용되었다. 이와는 달리 일상적인 날 입는 평상복의 경우, '게노쇼조쿠褻装束'라 칭하였다.

헤이안 말기 미나모토노 마사스케源雅亮가 저술한 『마사스케 쇼조쿠쇼雅亮装束抄』에는 의복과 착용법에 관해 기록되어 있어 당시의 실상을 파악할 수 있는 유용한 자료가 되고 있다. 또한, 국보 『겐지모노가타리에마키源氏物語絵巻』를 비롯한 동시대 에마키絵巻와 같은 시각적 자료와 더불어, 사료史料, 모노가타리物語, 일기日記 등의 문헌적 자료를 통해, 당시 의복에 관련된 사항을 확인할 수 있으나, 아직 파악되지 않는 부분도 아직 많이 남아 있는 실정이다.

일본의 의복은 상대上代의 복식이 헤이안 시대 중기까지 계승되었으나, 이후 점차 일본 독자적인 형태로 발전된 것으로 보인다. 헤이안 시대 남녀 귀족의 대표적인 복장은 다음과 같다.[23]

귀족 남성의 의복

헤이안 시대 귀족 남성의 의복으로는 예복礼服, 속대束帯와 의관衣冠, 노시直衣, 가리기누狩衣 등이 있다.

◉ 예복礼服

예복은 즉위식이나 다이조에大嘗会(천황 즉위 후, 11월에 처음 행하는 궁중 제사), 설날元旦 등과 같이 큰 행사에 한하여 입었다.

◉ 속대束帯

속대는 궁궐에 출사하거나 일반 행사에 착용하는 의복으로 주로 낮에 조정에 출사할 때 착용하였기 때문에 '낮의 의복昼の装束'이라 불리기도 하였다. 속대는 허리에 석대石帯를 두르고 겉옷으로 포袍를 착용하였다.

19...池浩三『源氏物語—その住まいの世界』中央公論美術出版, 1989, pp.186~191.
20...『国史大辞典』「衣服令」p.778.
21...『平安時代史事典』「衣服令」p.177.
22...『平安時代史事典』「装束」pp.1229~1230.
23...헤이안 시대 귀족 남녀 복장에 대한 해설은 秋山虔·小町谷照彦『源氏物語図典』小学館, 1997과 風俗博物館 홈페이지 참조(http://www.iz2.or.jp/fukushoku/f_disp.php?). 2018/12/10 검색.

[2-5] 좌: 문관 속대文官束帶/우: 무관 속대武官束帶

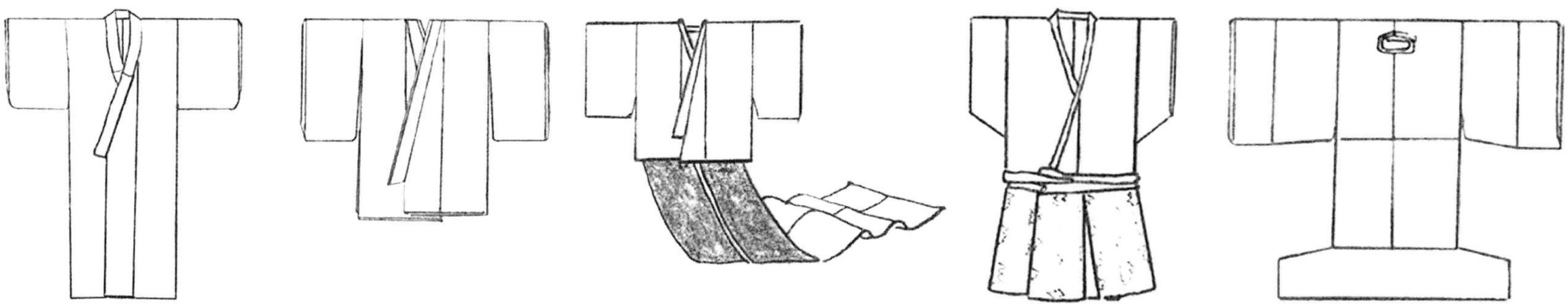

[2-6] 왼쪽부터, 히토에單, 아코메袙, 시타가사네下襲, 한피半臂, 포袍

속대는 일반적으로 문관들이 착용하는 문관 속대文官束帶와 무관들이 입는 무관 속대武官束帶로 나누어지는데, 문관의 경우, 옆트임을 하지 않은 호에키의 포縫腋の袍를 착용하였고, 무관의 경우, 활동하기 편하게 옆트임을 한 겟테키 포闕腋の袍를 착용하였다. 또한 문관의 경우 스이에이의 관垂纓の冠을, 무관의 경우 겐에이의 관巻纓の冠을 착용하였다.

속대의 옷차림으로는 히토에單, 아코메袙, 시타가사네下襲, 한피半臂, 포袍 순으로 착용하였다. 하의로는 우에노하카마表袴와 그 위에 오구치바카마大口袴를 착용하였다.

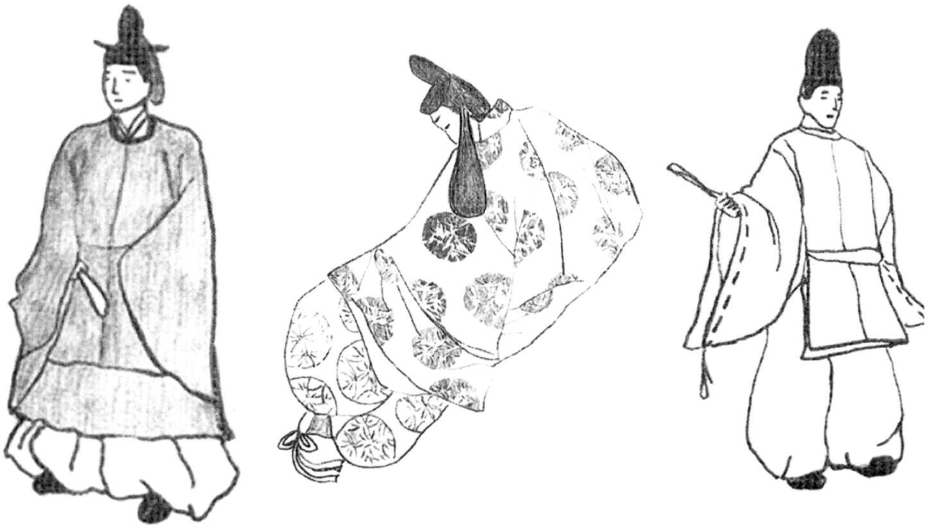

[2-7] 좌: 의관衣冠/중간: 간무리노시冠直衣/우: 가리기누狩

◉ **의관**衣冠

속대보다 간단한 예복으로 의관을 착용하였다. 주로 밤에 궁궐에서 숙직할 때 사용하였기 때문에 '밤의 의복宿直衣'이라 칭하였다. 의관의 경우, 속대와는 달리, 한피, 시타가사네, 아코메, 석대를 착용하지 않고, 포에 허리띠腰帯(고시오비)를 두르고 하의로는 시타바카마下袴, 사시누키指貫를 착용하였다.

◉ **노시**直衣

귀족들의 평상복으로 의관과 동일하지만, 옷의 색감을 관위와 관계없이 사용할 수 있어 잡포雑袍라 불리기도 하였다. 노시에는 일반적으로 두건烏帽子(에보시)을 착용하였다. 하지만 천황의 칙명이 있을 경우, 머리에 두건 대신 관冠(간무리)을 쓰고 입궁할 수 있었는데, 이러한 옷차림을 '간무리노시 복장直衣姿'이라 한다. 이 복장으로 궁궐 출입을 허가받는 이는 천황에게 신임을 받는 고관대작에 한하였다. 또한, 이 복장은 입궁 이외에도 불사佛事, 혹은 다른 이의 저택 방문 등 격식을 차려야 할 경우에도 착용하였다.

◉ **가리기누**狩衣

사냥복이라는 의미를 지닌 명칭으로, 원래 수렵 시 착용하는 의상으로 사용되었으나, 이후 귀족들의 평상복으로 발전하였다. 가리기누는 노시보다 간소하고 활동적인 의상으로, 상의의 좌우로 옆트임을 해서 활동하기 편하게 만든 것이다. 간략하게는 두건을 쓰고 속옷을 입은 후, 하의로 사시누키, 상의로 가리기누만을 착용하였다. 이 복장으로는 궁궐 출입이 허용되지 않았다.

귀족 여성의 의복

◉ **가라기누모 복장**唐衣裳姿

'가라기누모 복장'은 가라기누唐衣와 모裳를 착용한 것으로 조정에 출사하는 묘부命婦 이상의 고위 여관高位女官의 예복을 말한다. '여관 복장女房裝束'이라고도 하고 근세 이후에는 여러 겹 겹쳐 입는다고 해서 '주니히토에十二単'라 칭해지기도 하였다.[24]

옷의 구성으로는 상의로 가라기누, 우와기表着, 우치기누打衣, 우치키袿, 히토에単, 하의로 하카마袴에 모를 착용하였다.

◉ **우치키 복장**袿姿 **/고우치키 복장**小袿姿

'우치키 복장'은 귀족 여성이나 여관들의 일상복이다. 원래 우치키袿는 히토에単와 우와기表着 사이에 입는 옷으로, 여러 겹 겹쳐 입는 것으로 온도를 조절하고 멋을 표현하였다.

때로는 가라기누나 우치키보다 약식의 복장인 고우치키

24...근세 이전 '주니히토에'란 명칭은 히토에 위에 열두 겹의 우치키를 겹쳐 입는 옷차림으로, 예복이 아니라, 평상시 입는 의복으로 보인다(秋山虔·小町谷照彦編『源氏物語図典』小学館, 1997, p.96).

[2-8] 가라기누모 복장唐衣裳

[2-9] 좌: 가라기누唐衣/우: 모裳

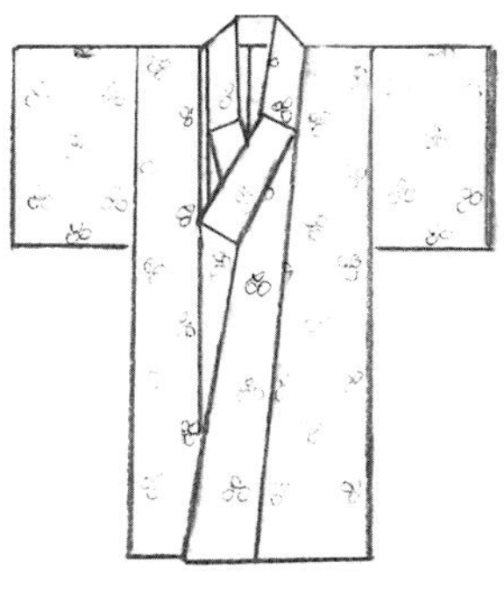

[2-10] 우치키袿

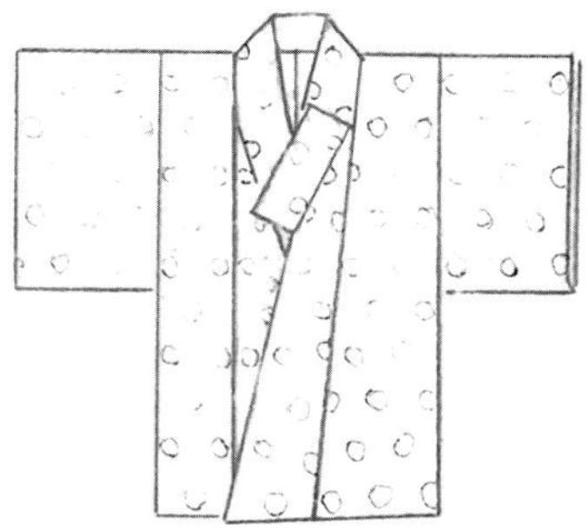

[2-11] 고우치키小袿

小袿를 우와기 위에 입었는데 이를 '고우치키 복장'이라 한다. 고우치키는 문양이 있는 견직물로 우치키보다 짧게 만든 것이다. '고우치키 복장'에는 가라기누, 모를 착용하지 않았으며, 주로 귀족 여성들의 약식 정장으로 사용되었다.

◉ **호소나가**細長

호소나가는 가라기누 끝자락을 길게 늘어트린 의복. 우치키 복장 위에 겹쳐 입었다. 주로 고귀한 여성이나 미혼의 귀족 여성의 일상복으로 사용되었다.

[2-12] 좌: 고우치키 복장小袿姿/우: 호소나가細長

결혼 풍속

일본 고대 율령제에는 중국의 가부장제와 일부일처다첩제一夫一妻多妾制를 계승한 가족·혼인 제도에 관한 규정이 기록되어 있다.[25] 757년 시행된 '요로 율령養老律令'을 보면, "무릇 남자는 15세, 여자는 13세 이상 혼인할 수 있다凡男年十五、女年十三以上、聽婚嫁"(戸令24条)와 같이, 혼인 가능한 연령이 기재되어 있으며, 이외에도 혼인 및 이혼과 관련된 여러 조항들이 실려 있다.[26] 하지만, 일본 율령제에 도입된 이러한 가족·혼인 제도가 실제로 고대 일본 사회에서 그대로 지켜지고 있었는지 의문이 제기되며, 헤이안 시대平安時代에 이르러서 이러한 규정은 이미 사실상 유명무실해진 것으로 보인다.[27]

헤이안 시대 전기에는 귀족의 경우, 2~3의 부인을 두는 일부다처제一夫多妻制가 행해졌지만, 9세기 후반에 이르러 정처正妻가 사회적으로 공인된 유일한 부인으로 정립된 것으로 보인다.[28] 귀족 간의 혼인은 주로 동일한 계층, 신분 간에 행해졌으며, 당시 부자, 형제자매를 제외한 근친혼도 가능하였다.[29]

헤이안 시대 혼인은 연애 결혼과 중매 결혼으로 그 형태가 나뉜다. 당사자들의 연애에 의한 결혼의 경우, 개인마다 다양한 형태가 존재하며, 연애와 혼인의 구별이 명확하지 않지만, 일정 기간 지난 후, 정처로 결정, 공인된 것으로 보고 있다.[30]

가문에 의한 중매의 경우, 남성 측에서 상대 여성 집에 중개인媒介, 仲人을 보내 결혼 의사를 타진한다. 이후, 남성 측에서는 혼인을 결정하면, 여성 집에 구혼을 청하는 편지를 보내게 되는데, 이 편지를 '요바이부미よばい文'라 한다. 이 편지에는 남성이 반드시 여성에게 구애하는 와카和歌를 같이 적어 보내게 되어 있다.

이와 같이, 남성 측에서 보낸 구혼의 편지가 여성 집에 전달되면, 여성 측에서는 양친, 형제, 유모 등이 그 남자가 사위로 적당한지를 의논하게 된다. 특히, 결혼의 결정에는 양친 중, 어머니의 발언권이 강하였다. 그 판단 기준으로는 가문, 성격, 출세 정도 등이 고려되었지만, 자신의 집안과 적당한지가 중요한 요소로 작용하였다. 그 남성을 자기 집안의 사위로 맞아들일지 결정을 마치게 되면 여성 집에서는 답신을 보낸다. 처음에는 보통 양친이나 여관女房 등이 대필로 보내게 되고 수차례 편지의 왕래가 이루어진 다음에야 혼인할 여성이 직접 서신을 써서 보내었다. 그 후, 남녀 간의 대면이 이루어지게 되는데, 이때도 서로 얼굴을 직접 보는 것이 아니라, 여성과 남성은 주렴簾이나 휘장几帳 등 칸막이를 사이에 두고 대면을 하게 된다. 이후 양친에 의해 길일을 받아 정식 혼인 날짜가 정해지게 된다.

헤이안 시대 혼인에 관한 의례 및 절차는 헤이안 후기 오에 마사후사大江匡房가 집필한 예법서인 『고케시다이江家次第』 제20권 「사위 맞이하기執聟事」 편에 기록되어 있는데, 이를 중심으로 살펴보면 다음과 같다.

혼례 당일, 남성 측은 먼저 여성의 집에 심부름꾼을 보내 출발한다는 전갈을 보낸다. 그날 저녁, 남성은 동행인과 함께 여성의 집을 방문한다. 신랑이 신덴寝殿에 들어서면, 계단에 벗어 놓은 신발을 신부 측 양친이 품에 품고 잔다. 또한 이날 침실에는 신랑이 가져온 불과 신부 측 집에 있었던 불을

25…胡潔『平安貴族の婚姻慣習と源氏物語』風間書房, 2001, p.27.
26…井上光貞の他『日本思想大系3 律令』「戸令第八」岩波書店, 1976, pp.233~235.
27…山中裕·鈴木一雄『平安時代の儀礼と歳事』至文堂, 1994, pp.118~125.
28…高橋秀樹「婚姻」『平安時代史事典 上』角川書店, 1993, pp.944~945.
29…高橋秀樹 前掲書, pp.944~945.
30…高橋秀樹 前掲書, pp.944~945.

합쳐서 등촉을 키게 되는데, 이를 '히아와세火合わせ'라 한다. 이 불은 결혼식이 진행되는 3일 동안 계속 끄지 않고 켜 놓아야 한다. 신랑, 신부가 침소에 들면, 여관이 이들 부부 위로 이불을 덮어 준다. 이와 같이 결혼 초야의 의식을 '니마쿠라新枕'의 의례라 한다.

첫날밤을 보낸 후, 아침이 밝기 전에 신랑은 신부 집을 나서야 한다. 그리고 자신의 집에 돌아가서 부인에게 편지를 보내야 하는데 이를 '기누기누의 편지後朝の文'라 한다. 둘째 날은 첫날과 동일하게 진행된다. 셋째 날에는 '3일 밤의 떡三日夜餅'이 준비된다. 세 개의 은쟁반에 조그마한 떡이 나무젓가락과 함께 놓여진다. 남성은 세 개의 떡을 씹지 않고 삼켜야 한다. 여성은 특별히 숫자의 제한이 없었던 듯하다. 다음 날 사위는 여성 측 집에서 준비한 두건烏帽子(에보시)과 옷狩衣(가리기누)을 입고 여성 측 양친, 형제 등 가까운 일가와 식사를 하게 된다. 이를 '도코로아라와시露顕'의 의례라 하는데, 지금의 결혼 축하연에 해당되는 것이라 할 수 있다. 그 후, 사위는 길일을 택해 여성 측 욕실湯殿에서 목욕을 하고, 다시 길일을 정해 여성 집에 출사한다. 이리하여 부부로 연을 맺는 혼례가 성립되게 된다.

이와 같이, 3일간 진행되는 혼인의 절차는 헤이안 중기에는 4~15일에 걸쳐 행해지기도 하였으며, 헤이안 후기에는 하루 만에 진행되어 초야 다음 날 신랑이 보내는 '기누기누의 편지'가 생략되기도 하였다고 한다.[31]

31…高橋秀樹 前揭書, pp.944~945.

참고문헌

도판圖版 목록 및 출처

참고문헌

저서

秋山光和『平安時代世俗画の研究』吉川弘文館, 1964,(2002 復刊).

______「『若紫』図残欠と『源氏物語絵巻』」『図説日本の古典7源氏物語』集英社, 1978.

阿部秋生·秋山虔·今井源衛 校注『新編日本古典文学全集 源氏物語』小学館, 1994~1998.

池浩三『源氏物語ーその住まいの世界』中央公論美術出版, 1989.

池田忍『日本絵画の女性像ーゼンダーの美術史の視点から』筑摩書房, 1998.

井上光貞の他『日本思想大系3 律令』「戸令第八」岩波書店, 1976.

折口信夫「源氏物語における男女両主人公」『折口信夫全集』第八巻, 中央公論社, 1955.

川名淳子『物語世界における絵画的領域ー平安文学の表現方法』ブリュッケ, 2005.

金秀美「物語絵と絵合」『源氏物語の鑑賞と基礎知識 No20.絵合·松風』至文堂, 2002.

胡潔『平安貴族の婚姻慣習と源氏物語』風間書房, 2001.

五島美術館編『国宝源氏物語絵巻』五島美術館, 2010.

小松茂美編『日本絵巻大成1 源氏物語絵巻·寝覚物語絵巻』中央公論社, 1977.

佐野みどり『じっくり見たい 源氏物語絵巻』小学館, 2000.

清水婦久子『国宝「源氏物語絵巻」をよむ』和泉書院, 2011.

鈴木敬三『初期絵巻物の風俗史的研究』[新装ワイド板] 吉川弘文館, 2010.

高橋亨『物語と絵の遠近法』ぺりかん社, 1991.

田坂栄一『豪華源氏絵の世界 源氏物語』[新訂版] 学習研究社, 1999.

玉上琢弥『源氏物語評釈』3巻, 角川書店, 1965.

千野香織·西和夫『フイクションとしての絵画』ぺりかん社, 1991.

______『岩波日本美術の流れ 3 10~13世紀の美術』岩波書店, 1993.

徳川義宣「『源氏物語絵巻』成立の背景とその形態」『日本絵巻大成1 源氏物語絵巻·寝覚物語絵巻』中央公論社, 1977.

武田宗俊『源氏物語の研究』岩波書店, 1954.

三谷邦明·三田村雅子『源氏物語絵巻の謎を読み解く』角河書店, 1998.

三田村雅子『源氏物語天皇になれなかった皇子のものがたり』新潮社, 2008.

______『草木のなびき、心の揺らぎ 源氏物語絵巻を読み直す』フエリス女学院大学, 2006.

山中裕·鈴木一雄『平安時代の儀礼と歳事』至文堂, 1994.

吉田秀和『吉田秀和全集17』白水社, 2001.

四辻秀記「国宝『源氏物語絵巻』について」『国宝源氏物語絵巻』五島美術館, 2010.

和辻哲郎『日本精神史研究』岩波書店, 1926.

논문

김수미「『源氏物語』における遣戸考―浮舟の隔て具としての意味合い」『일본문화학보』제48집, 2011. 2.

______「『源氏物語繪巻』「東屋一」の空間配置」『일본연구』제49호, 2011. 9.

______「『源氏物語絵巻』における人物移動の構図―「蓬生」「関屋」を一例にして」『일본연구』제34집, 2013. 2.

______「復元模写「源氏物語絵巻」に関する一考察―女三宮の不在の意味」『일본어문학』제55집, 2013.12.

______「『国宝 源氏物語絵巻』詞書と絵―夕霧段の解釈をめぐって」『일본문화학보』제62집, 2014. 8.

______「『국보 겐지모노가타리에마키国宝 源氏物語絵巻』의 독자적인 場面에 관한 考察」『일어일문학연구』제102집, 2017. 8. pp.241~261.

______「『源氏物語絵巻』における画面構成の方法―女房の配置と存在意義」『일본연구』제74호, 2017. 12.

______「그림의 전달력·문자의 표현력―『국보 겐지모노가타리에마키国宝 源氏物語絵巻』를 중심으로」『일본연구』제78호, 2018. 12.

阿部秋生(青柳秋生)「源氏物語執筆の順序上」『国語と国文学』1939. 8.

______「源氏物語執筆の順序下」『国語と国文学』1939. 9.

稲垣敬二「『源氏秘義抄』附載の仮名陳状」『国語と国文学』1964. 6.

稲本万理子「『源氏物語絵巻』の詞書と絵をめぐって―雲居雁·女三宮·紫上の表象」『交渉することば　叢書 想像する平安文学』第4巻 勉誠出版, 1999.

______「『源氏物語絵巻』の情景選択に関する一考察―早蕨·宿木·東屋段をめぐって」『美術史』49, 2000.

今井源衛「物語構成上の一手法―かいま見について」『王朝物語の研究』角川書店, 1970.

河添房江「復元模写から読み解く『源氏物語絵巻』と『源氏物語』」『国語と国文学』2006, 6.

______「「橋姫」の段の多層的時間」『文学』7-5 岩波書店, 2005.

金秀美「「源氏物語絵巻」「東屋二」の時空間を読み解く」中野幸一編『平安文学の交響』勉誠出版, 2012.

源豊宗「源氏物語絵巻に就て」『宝雲』24号, 1939. 6.

橋本ゆかり「抗う浮舟物語―抱かれ, 臥すしぐさと身体」『源氏研究』第二号, 翰林書房, 1997.

横島菜穂子「国宝源氏物語絵巻に関する一考察―「横笛」における襖障子の機能について」『日本美術研究』1, 筑波大学芸術学系 日本美術史研究室, 2001.

横溝博「国宝『源氏物語絵巻』にあらわれる〈男〉と〈女〉」『男と女の文化史』東北大学大学院文学研究科出版企画委員会編, 東北大学出版会, 2013.

자료·사전류

『国史大辞典』吉川弘文館, 1990.

『平安時代史事典』角川書店, 1994.

秋山虔·小町谷照彦編『源氏物語図典』小学館, 1997.

片桐洋一『歌枕歌ことば辞典』角川書店, 1983.

平田喜信·身崎寿『和歌植物表現辞典』東京堂出版, 1994.

‘よみがえる源氏物語絵巻~浄土を夢見た女たち’ NHKハイビジョン特集, 2005年11月17日放送

NHK名古屋取材班 斎藤敦·森山真彦『よみがえる源氏物語絵巻一全巻復元に挑む』NHK出版, 2006.

C·W·ニコル ‘歴史は眠らない’ 프로그램(제목: サクラと日本人) NHK 2010年4月放送(知楽遊学シリーズ『NHKテレビテキスト 歴史は眠らない』日本放送協会出版会, 2010 수록)

風俗博物館 홈페이지 참조.(http://www.iz2.or.jp/fukushoku/f_disp.php?) 2018. 12. 10 검색.

도판圖版 목록과 출처

3장—국보『겐지모노가타리에마키源氏物語絵巻』

[1-1] 「와카무라사키若紫」 그림 단간絵断簡

가로 21.2cm 세로 21.2cm, 도쿄 국립박물관東京国立博物館 소장

[1-2] 「와카무라사키若紫」 그림설명문 단간詞書断簡

가로 4.6cm 세로 21.6cm, 개인 소장

본 도판은『国宝源氏物語絵巻』(五島美術館, 2010, p.22)에 게재된 사진을 복사전재複写伝載하여 사용함

[1-3] 「스에쓰무하나末摘花」 그림설명문 단간詞書断簡

가로 3.9cm 세로 21.8cm, 서예문화원書芸文化院 소장

본 도판은『国宝源氏物語絵巻』(五島美術館, 2010, p.23)에 게재된 사진을 복사전재하여 사용함

[1-4] 「무성한 쑥蓬生」 그림설명문詞書 제1지第1紙/제2지第2紙

가로 45.4cm 세로 21.2cm, 도쿠가와 미술관徳川美術館 소장

© 徳川美術館イメージアーカイブ/DNPartcom

[1-5] 「무성한 쑥蓬生」 그림설명문詞書 제3지第3紙/제4지第4紙

가로 47.4cm 세로 21.4cm, 도쿠가와 미술관徳川美術館 소장

© 徳川美術館イメージアーカイブ/DNPartcom

[1-6] 「무성한 쑥蓬生」 그림絵

가로 48.2cm 세로 21.5cm, 도쿠가와 미술관徳川美術館 소장

© 徳川美術館イメージアーカイブ/DNPartcom

[1-7] 「관문関屋」 그림설명문詞書 제1지第1紙/제2지第2紙

가로 45.8cm 세로 21.6cm, 도쿠가와 미술관徳川美術館 소장

© 徳川美術館イメージアーカイブ/DNPartcom

[1-8] 「관문関屋」 그림絵

가로 47.2cm 세로 21.5cm, 도쿠가와 미술관徳川美術館 소장

[1-9] 「그림 경연絵合」 그림설명문詞書 제1지第1紙/제2지第2紙

가로 48.8cm 세로 21.7cm, 도쿠가와 미술관徳川美術館 소장

© 徳川美術館イメージアーカイブ/DNPartcom

[1-10] 「솔바람松風」 그림설명문 단간詞書断簡

가로 13.5cm 세로 20.7cm, 서예문화원書芸文化院 소장

본 도판은『国宝源氏物語絵巻』(五島美術館, 2010, p.44)에 게재된 사진을 복사전재하여 사용함

[1-11] 「엷은 구름薄雲」 그림설명문 단간詞書断簡

가로 23.3cm 세로 21.7cm, 예전에 마에다 가문 소장前田家旧蔵 소재불명所在不明

현재 모사품. 본 도판은『国宝源氏物語絵巻』(五島美術館, 2010, p.44)에 게재된 사진을 복사전재하여 사용함

[1-12] 「소녀少女」 그림설명문 단간詞書断簡

가로 4.5cm 세로 20.9cm, 개인 소장

본 도판은『国宝源氏物語絵巻』(五島美術館, 2010, p.44)에 게재된 사진을 복사전재하여 사용함

[1-13] 「반딧불이蛍」 그림설명문 단간詞書断簡

가로 17.3cm 세로 19.9cm, 개인 소장

본 도판은 『国宝源氏物語絵巻』(五島美術館, 2010, p.45)에 게재된 사진을 복사전재하여 사용함

[1-14] 「패랭이꽃常夏」 그림설명문 단간詞書断簡

가로 5.5cm 세로 21.2cm, 서예문화원書芸文化院 소장

본 도판은 『国宝源氏物語絵巻』(五島美術館, 2010, p.45)에 게재된 사진을 복사전재하여 사용함

[1-15] 「가시와기1柏木一」 그림설명문 단간1詞書断簡一

가로 5.6cm 세로 18.6cm, 개인소장. 모사본模写本

본 도판은 『国宝源氏物語絵巻』(五島美術館, 2010, p.47)에 게재된 사진을 복사전재하여 사용함

[1-16] 「가시와기1柏木一」 그림설명문 단간2詞書断簡二

가로 6.6cm 세로 20.9cm, 서예문화원書芸文化院 소장

본 도판은 『国宝源氏物語絵巻』(五島美術館, 2010, p.47)에 게재된 사진을 복사전재하여 사용함

[1-17] 「가시와기1柏木一」 그림설명문詞書 제1지第1紙/제2지第2紙

가로 45.5cm 세로 21.9cm, 도쿠가와 미술관徳川美術館 소장

© 徳川美術館イメージアーカイブ/DNPartcom

[1-18] 「가시와기1柏木一」 그림설명문詞書 제3지第3紙

가로 22.6cm 세로 22.0cm, 도쿠가와 미술관徳川美術館 소장

© 徳川美術館イメージアーカイブ/DNPartcom

[1-19] 「가시와기1柏木一」 그림絵

가로 48.3cm 세로 21.8cm, 도쿠가와 미술관徳川美術館 소장

© 徳川美術館イメージアーカイブ/DNPartcom

[1-20] 「가시와기2柏木二」 그림설명문詞書 제1지第1紙/제2지第2紙

가로 47.2cm 세로 21.8cm, 도쿠가와 미술관徳川美術館 소장

© 徳川美術館イメージアーカイブ/DNPartcom

[1-21] 「가시와기2柏木二」 그림설명문詞書 제3지第3紙/제4지第4紙

가로 48.2cm 세로 21.8cm, 도쿠가와 미술관徳川美術館 소장

© 徳川美術館イメージアーカイブ/DNPartcom

[1-22] 「가시와기2柏木二」 그림설명문詞書 제5지第5紙/제6지第6紙

가로 47.0cm 세로 21.8cm, 도쿠가와 미술관徳川美術館 소장

© 徳川美術館イメージアーカイブ/DNPartcom

[1-23] 「가시와기2柏木二」 그림설명문詞書 제7지第7紙/제8지第8紙

가로 46.9cm 세로 21.8cm, 도쿠가와 미술관徳川美術館 소장

© 徳川美術館イメージアーカイブ/DNPartcom

[1-24] 「가시와기2柏木二」 그림絵

가로 48.4cm 세로 21.9cm, 도쿠가와 미술관徳川美術館 소장

© 徳川美術館イメージアーカイブ/DNPartcom

[1-25] 「가시와기3柏木三」 그림설명문詞書 제1지第1紙/제2지第2紙

가로 46.4cm 세로 21.9cm, 도쿠가와 미술관徳川美術館 소장

© 徳川美術館イメージアーカイブ/DNPartcom

[1-26] 「가시와기3柏木三」 그림絵

가로 48.1cm 세로 21.9cm, 도쿠가와 미술관徳川美術館 소장

© 徳川美術館イメージアーカイブ/DNPartcom

[1-27] 「횡적横笛」 그림설명문詞書 제1지第1紙/제2지第2紙

가로 47.2cm 세로 21.8cm, 도쿠가와 미술관徳川美術館 소장

© 徳川美術館イメージアーカイブ/DNPartcom

[1-28] 「횡적横笛」 그림絵

가로 38.7cm 세로 21.9cm, 도쿠가와 미술관徳川美術館 소장

© 徳川美術館イメージアーカイブ/DNPartcom

[1-29] 「방울벌레1鈴虫一」 그림설명문詞書 제1지第1紙/제2지第2紙

가로 46.6cm 세로 21.8cm, 고토 미술관五島美術館 소장

[1-30] 「방울벌레1鈴虫一」 그림설명문詞書 제3지第3紙

가로 23.3cm 세로 21.8cm, 고토 미술관五島美術館 소장

[1-31] 「방울벌레1鈴虫一」 그림絵

가로 47.4cm 세로 21.8cm, 고토 미술관五島美術館 소장

[1-32] 「방울벌레2鈴虫二」 그림설명문詞書 제1지第1紙/제2지第2紙

가로 46.2cm 세로 21.8cm, 고토 미술관五島美術館 소장

[1-33] 「방울벌레2鈴虫二」 그림설명문詞書 제3지第3紙/제4지第4紙

가로 46.2cm 세로 21.8cm, 고토 미술관五島美術館 소장

[1-34] 「방울벌레2鈴虫二」 그림絵

가로 48.2cm 세로 21.8cm, 고토 미술관五島美術館 소장

[1-35] 「유기리夕霧」 그림설명문詞書 제1지第1紙/제2지第2紙

가로 48.5cm 세로 21.9cm, 고토 미술관五島美術館 소장

[1-36] 「유기리夕霧」 그림설명문詞書 제3지第3紙

가로 23.6cm 세로 21.8cm, 고토 미술관五島美術館 소장

[1-37] 「유기리夕霧」 그림絵

가로 39.5cm 세로 21.8cm, 고토 미술관五島美術館 소장

[1-38] 「법회御法」 그림설명문詞書 제1지第1紙/제2지第2紙

가로 46.6cm 세로 21.8cm, 고토 미술관五島美術館 소장

[1-39] 「법회御法」 그림설명문詞書 제3지第3紙/제4지第4紙

가로 47.6cm 세로 21.8cm, 고토 미술관五島美術館 소장

[1-40] 「법회御法」 그림설명문詞書 제5지第5紙

가로 23.6cm 세로 21.8cm, 고토 미술관五島美術館 소장

[1-41] 「법회御法」 그림絵

가로 48.3cm 세로 21.8cm, 고토 미술관五島美術館 소장

[1-42] 「다케카와1竹河一」 그림설명문詞書 제1지第1紙/제2지第2紙

가로 46.4cm 세로 22.0cm, 도쿠가와 미술관徳川美術館 소장

© 徳川美術館イメージアーカイブ/DNPartcom

[1-43] 「다케카와1竹河一」 그림설명문詞書 제3지第3紙

가로 22.6cm 세로 22.0cm, 도쿠가와 미술관徳川美術館 소장

© 徳川美術館イメージアーカイブ/DNPartcom

[1-44] 「다케카와1竹河一」 그림絵

가로 46.9cm 세로 22.0cm, 도쿠가와 미술관徳川美術館 소장

© 徳川美術館イメージアーカイブ/DNPartcom

[1-45] 「다케카와2竹河二」 그림설명문詞書 제1지第1紙/제2지第2紙

가로 46.0cm 세로 21.7cm, 도쿠가와 미술관徳川美術館 소장

© 徳川美術館イメージアーカイブ/DNPartcom

[1-46] 「다케카와2竹河二」 그림설명문詞書 제3지第3紙/제4지第4紙

가로 46.7cm 세로 22.0cm, 도쿠가와 미술관徳川美術館 소장

© 徳川美術館イメージアーカイブ/DNPartcom

[1-47] 「다케카와2竹河二」 그림설명문詞書 제5지第5紙/제6지第6紙

가로 47.7cm 세로 22.0cm, 도쿠가와 미술관徳川美術館 소장

© 徳川美術館イメージアーカイブ/DNPartcom

[1-48] 「다케카와2竹河二」 그림설명문詞書 제7지第7紙/제8지第8紙

가로 47.9cm 세로 22.0cm, 도쿠가와 미술관徳川美術館 소장

© 徳川美術館イメージアーカイブ/DNPartcom

[1-49] 「다케카와2竹河二」 그림絵

가로 48.1cm 세로 22.0cm, 도쿠가와 미술관徳川美術館 소장

© 徳川美術館イメージアーカイブ/DNPartcom

[1-50] 「하시히메橋姫」 그림설명문詞書 제1지第1紙/제2지第2紙

가로 47.3cm 세로 22.1cm, 도쿠가와 미술관徳川美術館 소장

© 徳川美術館イメージアーカイブ/DNPartcom

[1-51] 「하시히메橋姫」 그림설명문詞書 제3지第3紙

가로 23.5cm 세로 22.0cm, 도쿠가와 미술관徳川美術館 소장

© 徳川美術館イメージアーカイブ/DNPartcom

[1-52] 「하시히메橋姫」 그림絵

가로 48.9cm 세로 22.0cm, 도쿠가와 미술관徳川美術館 소장

© 徳川美術館イメージアーカイブ/DNPartcom

[1-53] 「햇고사리早蕨」 그림설명문詞書 제1지第1紙/제2지第2紙

가로 29.9cm 세로 21.4cm, 도쿠가와 미술관徳川美術館 소장

© 徳川美術館イメージアーカイブ/DNPartcom

[1-54] 「햇고사리早蕨」 그림絵

가로 39.2cm 세로 21.4cm, 도쿠가와 미술관徳川美術館 소장

© 徳川美術館イメージアーカイブ/DNPartcom

[1-55] 「겨우살이1宿木一」 그림설명문詞書 제1지第1紙/제2지第2紙

가로 48.5cm 세로 21.3cm, 도쿠가와 미술관徳川美術館 소장

© 徳川美術館イメージアーカイブ/DNPartcom

[1-56] 「겨우살이1宿木一」 그림絵

가로 38.2cm 세로 21.5cm, 도쿠가와 미술관徳川美術館 소장

© 徳川美術館イメージアーカイブ/DNPartcom

[1-57] 「겨우살이2宿木二」 그림설명문詞書 제1지第1紙/제2지第2紙

가로 47.1cm 세로 21.5cm, 도쿠가와 미술관徳川美術館 소장

© 徳川美術館イメージアーカイブ/DNPartcom

[1-58] 「겨우살이2宿木二」 그림絵

가로 37.8cm 세로 21.4cm, 도쿠가와 미술관徳川美術館 소장

© 徳川美術館イメージアーカイブ/DNPartcom

[1-59] 「겨우살이3宿木三」 그림설명문詞書 제1지第1紙

가로 23.9cm 세로 21.5cm, 도쿠가와 미술관徳川美術館 소장

© 徳川美術館イメージアーカイブ/DNPartcom

[1-60] 「겨우살이3宿木三」 그림絵

가로 48.9cm 세로 21.5cm, 도쿠가와 미술관徳川美術館 소장

© 徳川美術館イメージアーカイブ/DNPartcom

[1-61] 「정자1東屋一」 그림설명문詞書 제1지第1紙/제2지第2紙

가로 47.3cm 세로 21.8cm, 도쿠가와 미술관徳川美術館 소장

© 徳川美術館イメージアーカイブ/DNPartcom

[1-62] 「정자1東屋一」 그림설명문詞書 제3지第3紙

가로 23.0cm 세로 21.6cm, 도쿠가와 미술관徳川美術館 소장

© 徳川美術館イメージアーカイブ/DNPartcom

[1-63] 「정자1東屋一」 그림絵

가로 39.2cm 세로 21.5cm, 도쿠가와 미술관徳川美術館 소장

© 徳川美術館イメージアーカイブ/DNPartcom

[1-64] 「정자2東屋二」 그림설명문詞書 제1지第1紙/제2지第2紙

가로 47.7cm 세로 21.5cm, 도쿠가와 미술관徳川美術館 소장

© 徳川美術館イメージアーカイブ/DNPartcom

[1-65] 「정자2東屋二」 그림설명문詞書 제3지第3紙

가로 20.4cm 세로 21.5cm, 도쿠가와 미술관徳川美術館 소장

© 徳川美術館イメージアーカイブ/DNPartcom

[1-66] 「정자2東屋二」 그림絵

가로 47.9cm 세로 21.4cm, 도쿠가와 미술관徳川美術館 소장

© 徳川美術館イメージアーカイブ/DNPartcom

5장 — 기초지식 편

[2-1] 국보 산수병풍山水屛風

6폭 1쌍六曲一双 各 가로 42.7cm, 세로 146.4cm, 11세기 작품. 도지 절東寺에 전래

현재 교토 국립박물관京都国立博物館 소장

[2-2] 뵤도인 봉황당平等院鳳凰堂 동쪽 문 그림東扉絵 중품상생도中品上生図 일부분

1053년, 뵤도인平等院 소장

본 도판은 『日本美術全集第8巻 王朝絵巻と装飾経』(講談社, 1990, p.151)에 게재된 사진을 복사전재하여 사용함

[2-3] 『가옥잡고家屋雜考』의 신덴즈쿠리寝殿造

본 도판은 『改訂増補 故実叢書 25巻』(明治図書出版社, 1993, p.235)에 게재된 사진을 복사전재하여 사용함

[2-4] 신덴즈쿠리寝殿造 의 내부 그림

[2-5] 문관 속대文官束帯, 무관 속대武官束帯

그림: 김수미

[2-6] 히토에単, 아코메衵, 시타가사네下襲, 한피半臂, 포袍

그림: 김수미

[2-7] 의관衣冠, 간무리노시冠直衣, 가리기누狩衣

그림: 김수미

[2-8] 가라기누모 복장唐衣裳姿

그림: 김수미

[2-9] 가라기누唐衣, 모裳

그림: 김수미

[2-10] 우치키袿

그림: 김수미

[2-11] 고우치키小袿

그림: 김수미

[2-12] 고우치키 복장小袿姿, 호소나가細長

그림: 김수미

김수미金秀美

고려대학교 일어일문학과를 졸업하고, 일본 와세다대학早稲田大学에서 석사, 박사 학위를 취득(일본문학전공)했다. 현재 고려대학교 일어일문학과 교수로 재직 중이며, 일본고전문학, 일본문화학을 전공 분야로 연구하고 있다. 주요 연구업적으로 「国宝『源氏物語絵巻』断簡に関する一考察—場面選択の方法を中心にして」(『일본연구』 2019. 12), 「그림의 전달력·문자의 표현력—『국보 겐지모노가타리에마키国宝 源氏物語絵巻』를 중심으로」(『일본연구』 2018. 12), 『동아시아학의 이해』(공저, 고려대학교 출판문화원, 2018), 『몽고습래에고토바—일본역사를 그림으로 읽다』(공저, 한국학술정보, 2017), 『源氏物語の空間表現論』(武蔵野書院, 2008) 등이 있다.

국보 『겐지모노가타리에마키源氏物語絵巻』
일본 고전문학을 그림으로 읽다

초판 발행 1쇄 2020년 2월 28일

지은이 김수미
펴낸곳 고려대학교출판문화원
www.kupress.com
kupress@korea.ac.kr
(02841) 서울특별시 성북구 안암로 145
Tel 02-3290-4230, 4232
Fax 02-923-6311
찍은곳 한국컴퓨터인쇄정보

ISBN 979-11-90205-26-9 93830

값 50,000원
※ 잘못 만들어진 책은 바꿔드립니다.